顾 问：李行杰

编委会：
    主 任
        于翠成
    副主任
        徐一冰　李春雷　程灿谟
    委 员
        孙　强　韩乘飞　于瑶成　于巧惠

    主 编
        邢　军
    副主编
        刘中富　朱葆华
    编 者（以汉语拼音为序）
        刘中富　牛云龙　邢　军　朱葆华

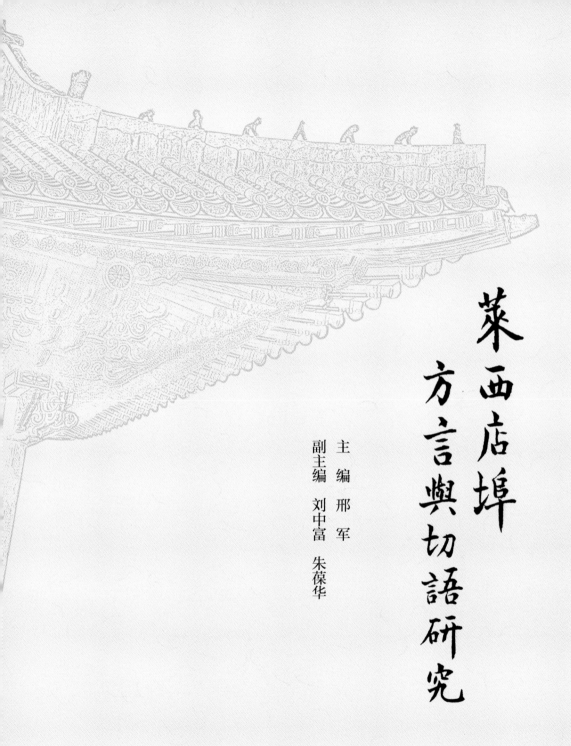

莱西店埠方言与切语研究

主　编　邢　军
副主编　刘中富　朱葆华

北京大学出版社
PEKING UNIVERSITY PRESS

图书在版编目(CIP)数据

莱西店埠方言与切语研究 / 邢军主编. —北京：北京大学出版社，2017.2
ISBN 978-7-301-27948-9

Ⅰ.①莱⋯ Ⅱ.①邢⋯ Ⅲ.①北方方言—方言研究—莱西 Ⅳ.①H172.1

中国版本图书馆CIP数据核字(2016)第324070号

书　　名	莱西店埠方言与切语研究 Laixi Dianbu Fangyan yu Qieyu Yanjiu
著作责任者	邢　军　主编　刘中富　朱葆华　副主编
责任编辑	唐娟华
标准书号	ISBN 978-7-301-27948-9
出版发行	北京大学出版社
地　　址	北京市海淀区成府路205号　100871
网　　址	http://www.pup.cn　　新浪微博:@北京大学出版社
电子信箱	zpup@pup.cn
电　　话	邮购部 62752015　发行部 62750672　编辑部 62767349
印　刷　者	北京中科印刷有限公司
经　销　者	新华书店 720毫米×1020毫米　16开本　16.5印张　268千字 2017年2月第1版　2017年2月第1次印刷
定　　价	49.00元

未经许可，不得以任何方式复制或抄袭本书之部分或全部内容。
版权所有，侵权必究
举报电话: 010-62752024　电子信箱: fd@pup.pku.edu.cn
图书如有印装质量问题，请与出版部联系，电话:010-62756370

　　店埠博物馆通过深入挖掘镇域历史、民俗、文化、经济内涵,并采用多种生动活泼的形式加以表现,充分展现了店埠历史变革、风土人情和经济社会发展的巨大变化。一楼民俗、文化展区内设有切语,展示切语的历史发展及在当地的使用情况。

寨西头承兴寺庙会。每月的初一、十五有庙会。"赶庙会",当地人称"赶山""赶会"。

国家级现代农业园是引领店埠现代农业发展、特别是智慧农业发展的核心园区。

青岛国际农副产品交易物流港位于青岛莱西市店埠镇东庄头蔬菜批发市场南侧500米、同三高速公路店埠出口1公里处，交通便利，地理位置优越。

物流港包括两部分，一部分是建立于1993年的莱西市东庄头老蔬菜批发市场，以大宗蔬菜批发交易为主，占地360亩，是农业部定点市场，国内产地50强批发市场，产品销往全国20多个省、市、自治区，并出口俄罗斯、韩国、日本等国家和地区；一部分是新建设的国际农副产品交易物流港，总占地3500亩，分三期投资建设，目前一期已全面开工。新建园区的定位是现代农副产业交易服务平台，是前景非常广阔的农副产品产业一体化综合运营园区。

序 言

　　十几年前,我到莱西调查方言,国土局于翠成局长接待。吃饭时谈起,店埠方言很有特色,尤其是前张管寨,流行一种切语,当地中年以上的人,日常可以用来交流,外人完全听不懂。当时,文化局程灿谟局长也在座,他说,他们做过一些音像材料,但是无力深入研究。于局长是店埠人,热心家乡文化事业,希望我能帮助进行研究。我对切语这种语言现象很感兴趣,答应帮忙。

　　此后多年,一则因为年事已高,惰性增加,二则手头也还有些杂事,这件事一直没有着手。但于局长很执着,多次催问此事。徐一冰书记主政店埠镇以后,当地面貌发生了巨大的变化。徐书记不仅善于领导经济建设,而且十分重视文化事业。他非常希望,店埠切语这一非物质文化遗产,能够在专业人士的帮助下,得到深入研究和完整保护。

　　事情不好再拖,但我已经无力完成这项工作,只能请方家帮忙。

　　刘中富教授、朱葆华教授、邢军博士、牛云龙副教授,都是从事语言教学和研究的专家,请他们来完成店埠方言与切语的研究,是再合适不过的了。他们几位,都是我的朋友,我请他们帮忙,尽管他们各自的教学与研究工作都很繁重,但都很愉快地答应挤出时间,帮助完成这一有意义的工作。

　　反切是古人为汉字注音的方法,大约产生于魏晋时期。其方法是用两个字为一个字注音,取前一个字的声母和后一个字的韵母相拼。切语是在反切的影响下产生的,起于民间,是一种秘密语,多在盲人中流行,也会在普通人群中传播。这种秘密语,在很多方言中都曾经存在,形式多种多样,范围各不相同。

　　莱西店埠前张管寨的切语,结构比较复杂,形式丰富多样,最突出的特点是流行人群非常广泛,鼎盛时期,全村有五六百人会说,几乎成为日常交流的第二语言。不过,随着社会生活的急速发展变化,当地能够使用切语的人越来越少。切语这种特殊的语言文化现象,正逐渐消失,抢救和保存这一语言文化遗产,成为一项重要工作。

　　反切是用两个字为一个字注音，两个字都有音有字。切语是口头用语，有的有音有字，有些则有音无字，这给记录切语增加了困难，不得不采用一些变通的办法。店埠切语有两种形式，基本形式是两字切，如：鸟——捏绞、口——开狗、满——埋敢；其派生形式，是在两字切的声母字和韵母字中间加两个衬字。如：鸟——捏个列绞、口——开个来狗、满——埋个来敢。衬字没有具体意义，但一定占两个音节的位置，写出来就是四个字，可以用四字切指称。

　　详尽地罗列语言事实，是方言研究的重要评价依据。切语研究，也属于方言研究的范畴，要记录尽可能多的语言事实。本书从字、词、句、长篇语料四个方面，较为详细地呈现了前张管寨切语的面貌。除了全部采用国际音标记音之外，对切语例字和例词，另加了汉字注音，这样做，便于当地普通读者阅读和练习。本书从大量切语事实中，归纳出了店埠切语的构造规律。大量切语事实的罗列，至少还有三项作用：其一，让读者对切语有一个感性认识；其二，供有兴趣的研究者做研究资料，可能借以得出不一样的结论；其三，切语这种秘密语，在不久的将来就会消失，大量具体材料，可以为历史留下一份较为真实的切语样本。

　　切语的基础是方言，研究切语，必须深入了解方言。前张管寨位于莱西、即墨、平度三市交汇处，是山东方言东潍片和东莱片的过渡地带，其方言很有特色。本书系统地记录了该村的语音、词汇、语汇和语法，并且指明其特点。稍可注意的是，单独列出一章——语汇。

　　成语、歇后语、谚语、惯用语，是不同于词的语言单位，通常都被当作词收入辞典中，这是不很妥当的。最新的分类方法，是把这些语言单位称作语汇。本书认同这种观点，单列一章语汇，以之与语音、词汇、语法平行，以期更全面地反映方言面貌。

李行杰
2016 年 10 月

目 录

上编 方言 1

概 述 3

第一章 语音 7
第一节 语音系统 7
第二节 音节表和同音字表 12
第三节 历时语音演变 34

第二章 词汇 39
第一节 概 说 39
第二节 方言与普通话词汇对照 41

第三章 语汇 93
第一节 概 说 93
第二节 成 语 98
第三节 惯用语 105
第四节 谚 语 117
第五节 歇后语 137

第四章 语法 154
第一节 词 法 154
第二节 句 法 171

下编 切语 175

概 述 177

第五章 切语的历史发展和空间分布 179
第一节 切语的历史发展 179
第二节 现代切语的空间分布 190

第六章 店埠前张管寨切语构造规律 193
第一节 两字切 193
第二节 四字切 199
第三节 500 常用字切语 203

第四节　常用词语切语..223
第七章　店埠前张管寨方言及切语语料..................................228
　　第一节　常用句式..228
　　第二节　语　　料..236
参考文献..252
后　　记..254

上编 方言

概　述

店埠镇，位于山东省青岛莱西市西南30公里，地处北纬36°39′30″——36°44′，东经120°17′——120°24′之间，西与平度、南与即墨交界。境内地势平坦，有胶东第一大河——大沽河，小沽河和五沽河蜿蜒流过，水源充足，土壤肥沃，物产丰富，历史上有"膏腴桃花乡"之美誉。现建有桃花溪农业休闲谷国家3A级旅游景区，占地1200亩。2015年，全镇总面积107.5平方公里，辖66个行政村，人口5.8万。

金元以来，店埠隶属多变，建置不详。元世祖中统年间在桃花寨子设军寨，由昭信校尉、总领都提控巡检崔琳镇守。清光绪年间的《增修登州府志》记载"桃花寨明属登州府莱阳县"。清隶莱阳县桃花乡。1928年改为莱阳县第三区，区治店埠；1929年属莱阳县第九区，区治店埠；1930年九区区治迁夏格庄，店埠设镇；1934年改为莱阳县店埠乡农学校，乡校驻店埠；1939年改乡校为区，店埠为莱阳县第十区；1942年属莱西南县店埠区；1945年分属莱西南县店埠区和河套区。1950年分属莱西县十一、十二区；1952年属第十区；1955年改称店埠区；1958年改为店埠乡，9月改为店埠公社，12月朴木公社并入店埠公社；1963年朴木公社析出；1984年4月，分别改称店埠乡、朴木乡；1993年10月，撤销朴木乡，设立朴木镇；1994年8月，撤销店埠乡，设立店埠镇；2001年2月，撤销朴木镇，并入店埠镇。[①]

在店埠镇的西南角有一个村叫前张管寨村（又称前寨村），紧靠大沽河。明初，有张姓将军在此立过营寨，始称张官寨。清末，分前、后两村，民国末期，演化为张管寨。该村居前，称前张管寨。在当地一直流行着一种当地人称为"切字语"（切语）的秘密语，只有本地人听得懂，外村人听不懂。这种切语是以店埠前张管

[①] 资料主要来自店埠乡志编纂领导小组.《店埠乡志》，青岛黄海印刷厂，1986.

寨村方言为基础的。

莱西方言属于汉语北方方言的胶辽官话，在山东境内，则处于山东东区方言东莱片西南端。处在东莱片和东潍片的交界地带，方言呈现出由东莱片向东潍片过渡的特点。莱西方言内部分为东北和西南两片，方言之间有明显差异。店埠方言是莱西西南片方言的代表。店埠方言内部也有明显差异，分为南北两片，店埠镇是北片的代表，前张管寨村属于南片。两片的差异主要表现在音系上，具体表现在声母上，韵母、声调基本相同。店埠镇方言有21个声母，37个韵母，3个声调；前张管寨方言有27个声母、37个韵母，3个声调。店埠方言声母数量与普通话一致，但没有 ts、tsʻ、s，有舌叶音 tʃ、tʃʻ、ʃ。普通话读 ts、tsʻ、s 的，店埠读 tʃ、tʃʻ、ʃ 和 tʂ、tʂʻ、ʂ，如 "精 tʃəŋ²¹³、清 tʃʻəŋ²¹³、修 ʃou²¹³，遭 tʂɔ²¹³、曹 tʂʻɔ⁴²、散 ʂã⁴²"。前张管寨村方言声母中有五套塞擦音和擦音 tθ、tθʻ、θ，ts、tsʻ、s，tʂ、tʂʻ、ʂ，tʃ、tʃʻ、ʃ 和 tɕ、tɕʻ、ɕ。普通话读 ts、tsʻ、s 的前张管寨读 tθ、tθʻ、θ，如 "祖 tθu⁵⁵、残 tθʻã⁴²、丝 θɿ²¹³"；普通话读 tɕ、tɕʻ、ɕ 的前张管寨读 ts、tsʻ、s 和 tɕ、tɕʻ、ɕ，如 "精 tsiŋ²¹³、清 tsʻiŋ²¹³、修 siou²¹³，经 tɕiŋ²¹³、丘 tɕʻiou²¹³、休 ɕiou²¹³"；普通话读 tʂ、tʂʻ、ʂ 的，前张管寨读 tʃ、tʃʻ、ʃ 和 tʂ、tʂʻ、ʂ，如 "招 tʃɔ²¹³、穿 tʃʻuã²¹³、声 ʃəŋ²¹³，找 tʂɔ²¹³、窗 tʂʻuɑŋ²¹³、生 ʂəŋ²¹³"。五套塞擦音和擦音是山东中部地区方言声母的一大特色，在全国汉语方言中比较少见。韵母方面，店埠镇和前张管寨都是37个，特点是单韵母较丰富，没有动程较大的复合元音。普通话的复合元音ai，au，在店埠镇和前张管寨方言中都读为ɛ，ɔ；没有n韵尾，有鼻化元音。声调只有3个，普通话读为去声的字，在方言中大都合入阳平，有的读为阴平。

比起语音，店埠镇和前张管寨村方言在词汇和语法上的差异较小。本书研究的切语是建立在店埠前张管寨村方言的基础上，因此本书方言部分主要就店埠前张管寨方言做较系统的研究，下面主要概述店埠前张管寨方言的词汇和语法特点。

店埠前张管寨方言的子缀词、儿化词和轻声词比较丰富。儿化词的构成有系统的规律，声母成套变化，如 tʃ 组声母儿化后变为 tʂ 组声母，如 "主 tʃu⁵⁵→主儿 tʂuer⁵⁵、场 tʃʻaŋ⁵⁵→场儿 tʂʻãr⁵⁵、事 ʃɿ⁴²→事儿 ʂer⁴²"；轻声词中读轻声的字，韵母的主要元音往往会发生音变，变为高元音，甚至失去主要元音，如 "盘缠 pʻã⁴²tʃʻẽ、蛐蟮 tɕʻy²¹³ʃẽ、胳膊 kɑ²¹³pu"。

子缀词较丰富，一些普通话不带子尾的词在店埠方言中带子尾。例如，懒汉子、遗腹子、二套子（再嫁的女人）、带脚子（拖油瓶）、杠眼子（爱抬杠的人）、锢露子（锔锅碗的）、拐肘头子（肘）、奶子、犍子（公牛）、牛灭子（牛犊）、衬子（尿布）、钱插子（褡裢）、坠子（耳环）、胰子（肥皂）、嚼子（嚼环）、拥车子（独轮车）、麦茬子、雹子（冰雹）、水窝子（水坑）、泉子（泉）、围子（围墙）、坊子（饭店）、零蛋子（零分）、香油果子（油条）、鸡子、摆山子（喝酒）、闯门子（串门儿）、溜沟子（拍马屁）。

儿化词也比较丰富，有些口语词必须儿化。例如，侄儿、姊妹儿（姐妹）、锅腰儿（驼背）、瘸拐儿（瘸子）、破唇儿（豁嘴）、瓜渍翁儿（后脑勺窝儿）、风门儿（太阳穴）、眼睛儿（瞳孔）、鼻翅儿（鼻翼）、手脖儿（手腕）、手骨棍儿（手指节）、波罗盖儿（膝盖）、模样儿、汗溜儿（背心、汗衫）、围裙儿、晌午儿饭（午饭）、下晚儿饭（晚饭）、包儿（包子）、山楂糕儿、打通腿儿、冷的景儿（忽然）、理儿（理睬）。

店埠方言的儿化词不仅数量多，而且能表达更多的语法意义。比如，用动词儿化表示完成态，"下儿课了"，功能相当于动态助词"了"；还可以表示动作的处所、目的、方向等，如"躲儿家儿去了""搬儿烟台去了"等。

店埠方言中有一些特有的词语，例如，害淡（害羞）、下民（小气）、山猫（家兔）、攒火（生气）、皮才（顽皮）、杂母地（贫瘠地）、转莲（向日葵）、插意话（悄悄话）、甘露丝雨（下得不紧不慢的雨）、麻杆儿雨（大雨）等。有的表达方式较特别，如，捎头脚（捎东西）、一壶乱汤（乱七八糟）等。此外，方言中还保留了一些古语词，例如，观目（相貌）、夜来（昨天）、将媳妇（娶媳妇）、墼（土坯）、杌子（一种方凳）。

方言是人民千百年来的生产、生活实践创造出来的精神财富，是地域文化最重要的载体。方言词语记录了当地各种风俗习惯；方言俗语浓缩了当地人民对自然的认知、对社会的理解，都体现了人们的价值观，是文化传承的重要依据，是潜移默化的教科书。鉴于店埠方言在现代化浪潮中正在走向磨损和萎缩，以方言为载体的切语已然濒危，当地政府为了保存这份丰厚的精神文化遗产，特决定组织专家编写本书，全面而扼要地进行记录和保存，用音标和文字的形式加以描写和分析，如实地将此原貌留给子孙后代查考和研究。

除了作为历史文化遗产来记录和保存，以供后人学习和了解，使它不致失传之外，店埠方言还有重要的语言学研究价值。第一，店埠处在山东方言东潍片和东莱片交界处，店埠镇内不同小方言点的差异反映了山东东部方言的不同特点，比较这些差异对理解山东方言的分区有重要意义；第二，店埠切语是在前张管寨村方言基础上形成的，其内容可以提供给语言学家作为研究切语类型、方言和切语关系的样品。

第一章 语 音

第一节 语音系统

一、店埠方言音系

店埠方言有 21 个声母、37 个韵母，3 个声调。

（一）声母 21 个

p	布步	pʻ	怕盘	m	门面	f	飞冯
t	到道	tʻ	太同	n	难女	l	吕连
tʂ	糟争	tʂʻ	仓窗			ʂ	丝税
ʦ	精蒸	ʦʻ	晴穿			ʃ	线声
tɕ	经结	tɕʻ	丘旗			ɕ	休虚
k	贵跪	kʻ	开葵			x	化话
ø	岸闻言元而日						

说明：

1. n 与齐齿呼和撮口呼相拼时实际音值是 ȵ。
2. tɕ、tɕʻ、ɕ 的发音略靠后，但不到舌面中。
3. 开口呼零声母，前面带有实际音值介于 ŋ 和 ɣ 之间的声母。

（二）韵母 37 个

ɑ	爬割	iɑ	家牙	uɑ	花瓜		
ə	车舌姐	iə	铁野	uə	鹅过	yə	确缺
ɚ	耳二						
ɿ	资知						
ʅ	丝支诗	i	第梨	u	故猪祖	y	雨虚

ɛ	盖待	iɛ	介矮	uɛ	怪帅		
ei	倍对			uei	喂桂		
ɔ	饱保	iɔ	条				
ou	斗收秋	iou	流				
ã	胆短	iã	间衔	uã	船官	yã	权圆
ẽ	根吞	iẽ	林	uẽ	温	yẽ	群勋
aŋ	桑党	iaŋ	良	uaŋ	床窗		
əŋ	登争精	iŋ	形英	uŋ	东忠横翁	yŋ	雄拥

说明：

1. 复韵母 ei 的动程没有普通话那么大，舌位稍有变动。
2. u 在舌叶音声母 ʧ、ʧ'、ʃ 后面是舌叶圆唇元音 ʯ。

（三）声调 3 个

阴平	213	高父正
阳平	42	穷人是菜大让月白
上声	55	古五一

说明：

阴平 213 升的趋势更明显，但不是升调，实际音值接近 223。

二、前张管寨村方言声韵调及语流音变

前张管寨村方言有 27 个声母、37 个韵母，3 个声调。

（一）声母 27 个

p	布步	p'	怕盘	m	门面	f	飞冯		
t	到道	t'	太同	n	难女			l	吕连
tθ	糟祖	tθ'	仓醋			θ	丝苏		
ts	精焦	ts'	全秋			s	修旋		
tʂ	找争	tʂ'	虫窗			ʂ	生税		
ʧ	蒸主	ʧ'	穿除			ʃ	声石		
tɕ	经结	tɕ'	丘旗			ɕ	休虚		

k　贵跪　　　kʻ　开葵　　　　　　x　化话

ø　岸闻言元而日

说明：

1. 有五套塞擦音和擦音，分别是：齿间音 tθ、tθʻ、θ，舌尖前 ts、tsʻ、s，舌尖后 tʂ、tʂʻ、ʂ，舌叶音 tʃ、tʃʻ、ʃ 和舌面音 tɕ、tɕʻ、ɕ。这是山东中部地区方言声母的一大特色，在全国汉语方言中比较少见。

2. 声母 n 拼齐齿呼和撮口呼时，实际读音为舌面鼻音 ȵ。

3. tɕ、tɕʻ、ɕ 的发音略靠后，但不到舌面中。

4. 开口呼零声母，前面带有接近舌根浊擦音 ɣ 声母。

（二）韵母 37 个

ɑ	爬割	iɑ	家牙	uɑ	花瓜		
ə	车舌	iə	铁野	uə	鹅过	yə	确缺
ər	耳二						
ɿ	资知						
ʅ	支诗	i	第梨	u	故猪	y	雨虚
ɛ	盖待	iɛ	介矮	uɛ	怪帅		
ei	倍对			uei	喂桂		
ɔ	饱保	iɔ	条				
ou	斗收	iou	流				
ã	胆短	iã	间衔	uã	船官	yã	权圆
ẽ	根吞	iẽ	林	uẽ	温	yẽ	群勋
ɑŋ	桑党	iɑŋ	良	uɑŋ	床窗		
əŋ	登争	iŋ	形英	uŋ	东忠横翁	yŋ	雄拥

说明：

1. ei 舌位稍有变动，动程很小。

2. u 在舌叶音声母 tʃ、tʃʻ、ʃ 后面是舌叶圆唇元音；在 tʂ、tʂʻ、ʂ 后是卷舌元音。

（三）声调 3 个：

阴平　　213　　高父正

阳平　42　穷人是菜大让月白

上声　55　古五一

（四）两字组连读变调

表 2　前张管寨方言两字组变调表

前字 后字	阴平 213	阳平 42	上声 55
阴平 213	213＋213→55＋213 天空　中央	42＋213（不变） 毛巾　留心	55＋213（不变） 小葱　眼光
阳平 42	213＋42（不变） 天气　天日	42＋42→ （1）21＋42　毛重　文物 （2）213＋42　调皮　传神	55＋42（不变） 小寒　小麦
上声 55	213＋55（不变） 天理　天国	42＋55（不变） 毛纺　毛笔	55＋55→42＋55 主考　冷眼
轻声	213＋轻声→213＋4 刀子　玻璃	42＋轻声→ （1）42＋3　料子　画家 （2）55＋4　门上　棉花	55＋轻声→ （1）55＋4　手里　椅子 （2）45＋4　尾巴　里头

说明：

1．"阳平＋阳平"有两种变调形式，基本上是两可的，皆按发音人的习惯记录。

2．阴平在阳平、上声前，收尾比原调略低，实为212；两个阳平相连，前字收尾比2略高，实为43。两者皆按不变处理。

前张管寨方言轻声后，有韵母的主要元音高化现象。如，盘缠 p'$\tilde{a}_{55}^{42}$ tʂ'ẽ、皮材 p'i_{55}^{42} tθ'ei（顽皮）、闲散 ɕia_{55}^{42} θẽ（冷清）、地道 ti$_{55}^{42}$ tou、欹下 tɕ'i$ə^{213}$ ɕia·（躺下）、稀罕 ɕi$_{45}^{55}$ xẽ（喜欢）等。

（五）前张管寨村方言儿化韵

共有儿化韵 26 个。

儿化韵	原韵母	例词
ar	a	刀把儿　号码儿
iar	ia	豆芽儿
uar	ua	牙刷儿　花儿

ər	ə	山坡儿	小车儿
iər	iə	蝶儿	叶儿
uər	uə	错儿	干活儿
yər	yə	角儿	药儿
er	ʅ	字儿	刺儿
	ʅ	事儿	翅儿
	ei	宝贝儿	格儿
	ẽ	本儿	门儿
ier	i	皮儿	鸡儿
	iẽ	心儿	今儿
uer	u	醭儿	主儿
	uei	墨水儿	一会儿
	uẽ	文儿	
yer	y	小雨儿	句儿
	yẽ	云儿	群儿
εr	ε	牌儿	盖儿
	ã	盘儿	蓝儿
iεr	iε	小鞋儿	小街儿
	iã	天儿	片儿
uεr	uε	筷儿	
	uã	官儿	团儿
yεr	yã	卷儿	院儿
ɔr	ɔ	刀儿	枣儿
iɔr	iɔ	苗儿	调儿
our	ou	豆儿	小楼儿
iour	iou	妞儿	袖儿
ãr	ɑŋ	鞋帮儿	帮忙儿
iãr	iɑŋ	亮儿	秧儿
uãr	uɑŋ	小窗儿	网儿

ẽr	əŋ	棚儿	坑儿
iẽr	iŋ	钉儿	影儿
õr	uŋ	洞儿	葱儿
iõr	yŋ	熊儿	蚕蛹儿

前张管寨方言儿化后不仅韵母发生变化，声母也有成套的改变。

1．声母 tʃ、tʃʻ、ʃ 变为 tʂ、tʂʻ、ʂ。如"小周儿 tʃou²¹³—tʂour²¹³、场儿 tʃʻaŋ⁵⁵—tʂʻãr⁵⁵、树儿 ʃu⁴²—ʂuer⁴²"。

2．ts、tsʻ、s 变为 tθ、tθʻ、θ，韵母也相应地由齐齿呼、撮口呼，变为开口呼、合口呼。如"眼睛儿（瞳孔）tsiŋ²¹³—tθẽ²¹³、有趣儿 tsʻy⁴²—tθʻuər⁴²、星儿 siŋ²¹³—θẽ²¹³"。

3．声母 l 儿化后变为 z̞, z̞摩擦很轻。如"轮儿 luẽ⁴²—z̞uer⁴²"。齐齿呼、撮口呼变成相应的开口呼、合口呼，如"阴凉儿 liaŋ⁴²—z̞ãr⁴²"。有时 l 声母脱落，如"提溜儿（量词）ti²¹³our⁴²、汗溜儿（背心）xã⁴²ourˑ"。

后文中词汇、语法及语料等的记音，轻声和儿化没有记实际读音，只是用轻声符号"ˑ"和本韵后加"r"表示。

第二节　音节表和同音字表

一、音节表

声母＼韵母	开口呼												撮口呼			
	ɑ	ə	ər	ɿ	ʅ	ɛ	ei	ɔ	ou	ã	ẽ	aŋ	əŋ	y	yə	yã	yẽ	yŋ
p	爸	波				败	贝	保		班	本	帮	崩					
pʻ	怕	迫				派	配	袍		攀	盆	胖	棚					
m	妈	沫				埋	梅	毛		慢	门	忙	梦					
f	发						飞	否		饭	分	放	风					
t	大	得				呆	对	刀	豆	胆	盾	党	灯					
tʻ	塔	特				态	退	掏	头	谈	吞	糖	藤					
n	拿					耐	内	脑	耨	南	恁	囊	能	女				

续表

声母\韵母	开口呼													撮口呼				
	ɑ	ə	ər	ɿ	ʅ	ɛ	ei	ɔ	ou	ã	ẽ	ɑŋ	əŋ	y	yə	yã	yẽ	yŋ
l	蜡	勒				来	累	劳	楼	兰	论	狼	扔	驴	略			
tθ	杂	则		紫		灾	堆	早	走	赞	遵	脏	增					
tθ'	擦	策		雌		猜	催	草	凑	餐	村	仓	层					
θ	洒			撕		腮	碎	扫		三	孙	嗓	僧					
ts														聚	绝		俊	
ts'														苴	鹊	全	皴	
s														徐	雪	选	损	
tʃ		遮		知				赵	咒	绽	镇	张	证					
tʃ'		车		池				朝	臭	铲	陈	厂	乘					
ʃ	傻	蛇		世				少	手	闪	神	上	绳					
tʂ	炸				支	斋	责	罩	皱	站			争					
tʂ'	茶	侧			翅	柴	策	抄	愁	馋	衬	疮	撑					
ʂ	杀				是	筛	色	捎	瘦	衫	参		生					
tɕ														居	决	卷	军	
tɕ'														去	缺	拳	群	穷
ɕ														许	学	悬	熏	熊
k	割	格				改	隔	告	狗	甘	跟	缸	更					
k'	磕	苛				楷	客	考	口	看	垦	康	坑					
x	喝					海	黑	好	后	汉	很	航	衡					
ø	阿	扼	儿			碍		袄	欧	安	恩	昂		如	虐	冤	云	绒

声母\韵母	齐齿呼										合口呼								
	i	iɑ	iə	iɛ	iɔ	iou	iã	iẽ	iɑŋ	iŋ	u	uɑ	uə	uɛ	uei	uã	uẽ	uɑŋ	uŋ
p	币		别	表			贬	宾		病	补								
p'	批		撇	漂		片		品		瓶	普								
m	迷		灭	苗			面	民		名	模								

续表

声母\韵母	i	iɑ	iɔ	iɛ	iɛi	iou	iɑ̃	iẽ	iɑŋ	iŋ	u	uɑ	uɔ	uai	uei	uɑ̃	uẽ	uɑŋ	uŋ
f											夫								
t	低	爹	吊			丢		典		钉	赌		朵						动
tʻ	体		条	贴				天		听	土		妥						同
n	你			捏	鸟	扭	粘		娘	宁	奴		糯						
l	例	俩		裂	聊	刘	镰	林	量	铃	路		骡				轮		龙
tθ											租		坐						宗
tθʻ											粗		锉						聪
θ											苏		锁						松
ts	挤			姐	焦	酒	尖	进	酱	静									
tsʻ	妻			且	悄	秋	千	亲	枪	清									
s	西			些	笑	修	线	信	想	星									
tʃ											猪		拙				转	准	
tʃʻ											除					船	春		
ʃ											书		勺				顺		
tʂ											猪	抓	桌	拽	追	赚		壮	钟
tʂʻ											初		戳	揣	吹			创	冲
ʂ											数	耍	所	摔	睡	栓		霜	
tɕ	鸡	家	揭	界	骄	舅	肩	金	姜	经									
tɕʻ	启	掐		茄	桥	求	牵	琴	强	轻									
ɕ	溪	虾	协	鞋	器	休	现	欣	香	形									
k											姑	瓜	锅	拐	瑰	观	滚	广	工
kʻ											苦	夸	课	快	亏	宽	困	旷	空
x											胡	花	火	坏	灰	欢	荤	黄	红
ø	艺	牙	夜	矮	要	幼	烟	阴	让	硬	五	娃	卧	歪	位	弯	文	王	翁

二、同音字表

凡 例

1．本字汇是店埠前张管寨村的同音字表，共收字约 3000 个。按韵、声、调的顺序排列，具体顺序分别见前文"前张管寨村方言声韵调"。

2．213、42、55 分别表示阴平、阳平、上声。

3．无适当的字可写的用"□"表示。

4．有歧义的字加例词或释义，例词中用"～"代替本字。释义用（）标出。

5．又读在字的右下角加注"又"字；新旧读音分别在字的右下角标注"新""旧"。

6．文白异读分别在字下打"＿""＿"号。

a

pa	213 疤霸又	42 巴把霸又爸拔雹	55 八
p'a	213 怕	42 爬耙	
ma	213 妈	42 麻骂	55 马码
fa	42 乏罚	55 法发	
ta	213 大又	42 答达大又	55 打搭
t'a	213 他	55 踏又塔塌	
na	213 那□（大拇指到中指的距离）	42 拿纳捺	55 哪
la	213 腊蜡辣	55 拉	
tθa	42 杂砸		
tθ'a	55 擦		
θa	213 卅仨	55 洒撒	
ʃa	55 傻		
tʂa	213 查山～渣踏又拃（大拇指到食指的距离）		
	42 榨炸爆～乍炸用油～	55 眨闸扎札	
tʂ'a	213 叉差～不多	42 茶查调～察差	55 搽插
ʂa	213 沙纱杉～木	55 杀	
ka	55 割胳		
k'a	55 磕渴		

xɑ	42 虾~蟆	55 蛤喝	
ɑ	213 阿啊		

iɑ

liɑ	55 俩		
tɕiɑ	213 家加佳	42 架驾嫁价	55 假真~贾假放~夹甲
tɕ'iɑ	55 恰掐		
ɕiɑ	213 虾霞	42 吓~一跳厦~门下夏春~狭匣	55 瞎
iɑ	42 牙芽讶	55 雅鸦哑亚鸭压	

uɑ

tʂuɑ	55 抓爪		
ʂuɑ	55 耍刷		
kuɑ	213 瓜挂卦	55 寡剐刮	
k'uɑ	213 夸	42 跨	55 垮
xuɑ	213 花华中~	42 化华~山画话滑划	
uɑ	213 洼挖	42 娃蛙袜	55 瓦

ə

pə	213 波玻	42 簸~箕博薄脖<u>勃渤</u>	
	55 簸~一~播拨		
p'ə	213 破又	42 破又婆	55 坡泼迫
mə	213 摸	42 魔磨~刀磨石~模又，~子，~范沫	
	55 抹		
tə	55 <u>得</u>		
t'ə	213 <u>他</u>	55 特	
lə	55 勒又		
tθə	42 则新<u>择</u>		
tθ'ə	42 <u>策</u>测		
tʂə	213 遮这又	42 蛰惊~这又	
	55 哲折~断折弄~了摺者		

tʂʻə	213 车	42 彻	55 扯
ʂə	213 赊	42 蛇射舍宿~社涉舌设射	
	55 舍~不得赦		
tʂʻə	55 侧测		
kə	55 鸽格革	42 个又	
kʻə	55 苛		
ə	42 额扼~杀		

iə

piə	42 别又	55 憋	
pʻiə	55 撇		
miə	213 灭	55 咩	
tiə	213 爹	42 叠	55 跌
tʻiə	55 帖贴铁		
niə	213 捏	42 镊摄孽	
liə	213 猎裂	42 劣	
tsiə	213 借	42 截	55 姐接捷节
tsʻiə	55 且切		
siə	213 些泄	42 泻卸邪斜谢屑	55 写
tɕiə	42 杰洁	55 劫怯揭竭结	
tɕʻiə	213 歇	42 茄~子	55 怯
ɕiə	42 携	55 胁协歇蠍血	
iə	213 热	42 爷夜叶业腋	55 惹野噎

uə

tuə	213 多	42 舵剁惰堕夺	55 朵躲
tʻuə	213 拖	42 驮	55 妥脱托
nuə	42 糯挪	55 诺	
luə	42 骡膈（手指纹）裸摞~起来烙骆络罗锣		
tθuə	213 左	42 做坐座做作昨凿	

tθ'uə	213 搓锉错	42 矬（矮）措错	55 撮一~米
θuə	213 蓑唆	55 锁琐索缩	
tʃuə	213 拙	42 着睡~	
ʃuə	42 勺	55 说	
tʂuə	42 浊镯	55 桌捉	
tʂ'uə	42 戳		
ʂuə	42 朔	55 所	
kuə	213 歌哥个锅过又	42 过又个又	55 戈果裹各郭国
k'uə	213 科棵颗扩	42 课	55 可括包~阔咳~嗽
xuə	213 货祸豁	42 何河荷~花贺和~气禾和~面合盒活鹤或	
	55 火伙		
uə	213 卧踒~了脚窝恶又		42 蛾鹅饿恶又握
	55 我		

yə

lyə	42 略		
tsyə	42 绝嚼		
ts'yə	55 鹊雀		
syə	55 薛雪削		
tɕyə	213 诀口~	42 倔~强	55 橛决脚镢觉直~角
tɕ'yə	42 瘸	55 缺确壳	
ɕyə	213 靴	42 穴学	
yə	213 月药	42 虐疟	55 悦阅越弱约岳

ər

ər	213 理	42 二儿	55 耳

ɿ

tθɿ	213 资滋	42 字	55 紫姊自
tθ'ɿ	213 刺鱼~	42 雌此刺赐次瓷慈磁词祠饲	
θɿ	213 厮撕私四司丝思巳辰~	55 死	

tʃɿ	213 知智治	42 致置侄直值植	
	55 制执汁质织只三~鸡职		
tʃ'ɿ	213 痴	42 池迟耻持痔厕赤	55 尺吃
ʃɿ	42 世势誓实十拾室食饰石		55 湿失识式

ʅ

tʂʅ	213 支枝之	42 志痣	55 纸脂指至止址
tʂ'ʅ	42 翅匙	55 齿	
ʂʅ	213 施师狮士诗尸		
	42 是氏视柿事始试时市侍示		55 屎使史虱

i

pi	213 屄	42 蔽币毙闭算~子庇鼻篦逼壁	
	55 避比鄙笔毕必壁		
p'i	213 批屁匹	42 皮痹琵	55 脾僻劈
mi	213 谜泥糜	42 迷篾密	55 米
ti	213 低抵	42 帝弟第递地嫡笛敌	
	55 底滴		
t'i	213 梯剃	42 体替涕题提蹄踢别	
ni	213 倪尼腻	55 你	
li	213 立又粒	42 例厉挚隶离篱梨利厘立又栗~子力历吏	
	55 礼丽李里理		
tsi	42 济集祭际积籍绩		55 挤脊济~南
ts'i	213 妻	42 砌齐脐戚	55 七
si	213 西栖细媳	42 细席	55 洗习膝息惜锡
tɕi	213 鸡技妓饥几茶~基机讥级击激		
	42 计继系~鞋带寄冀纪记忌季及极		55 己几~个急给吉棘
tɕ'i	213 弃欺期气又泣 42 启契企奇骑器棋旗气又		
	55 起岂		
ɕi	213 溪嘻希稀	42 系戏	55 牺喜吸
i	213 移医衣依		

42 艺缢宜蚁义议易姨疑意怡以异日逸忆亿翼逆益易疫
55 椅揖乙一

u

pu	213 布	42 部簿步埠不又	55 补捕不又卜占~
pʻu	213 铺~设	42 铺店~蒲菩瀑~布	
	55 谱普仆~从		
mu	213 没旧木	42 模又~子~范慕墓谋目牧	
	55 亩牡母		
fu	213 夫付妇	42 肤傅敷抚赴符扶父附富副浮负覆服伏佛	
	55 府腑斧福蝠		
tu	213 都~城	42 妒杜肚腹~度渡独读毒	
	55 堵赌肚猪~		
tʻu	42 兔徒屠途涂~抹图突		55 土吐呕~秃
nu	42 奴努怒农浓		
lu	213 捋~袖鹿录	42 炉鲁路露庐陆	55 橹卤
tθu	213 租组	42 族卒	55 祖足
tθʻu	213 粗醋	55 促	
θu	213 苏酥素塑粟		42 诉俗速肃
tʃu	213 猪诸株朱珠侏		42 著驻注柱住注帚
	55 煮主		
tʃʻu	42 除厨	55 储处相~处~所出	
ʃu	213 书舒输殊	42 恕墅竖树术述熟赎束	
	55 署鼠黍~子叔		
tʂu	213 阻嘱	42 祝助	55 竹烛
tʂʻu	213 初	42 畜~牲楚锄雏	55 触
ʂu	213 梳疏蔬	42 数名	55 属数动
ku	213 姑箍孤雇	42 故固顾	55 古估股鼓骨谷
kʻu	213 枯	42 裤库酷	55 苦窟哭
xu	213 呼	42 胡湖狐壶户互护核果~获	
	55 虎		
u	213 乌污无屋	42 吴梧误悟恶可~务物沃	

55 五伍午武戊

y

ny	55 女		
ly	213 绿	42 驴虑律率速~	55 吕旅屡履
tsy	42 聚		
ts'y	213 咀	42 趣	55 取娶
sy	213 絮又绪戍戌~变法		42 絮又徐序须需续
	55 婿女~宿		
tɕy	213 居车~马炮拘驹锔~锅		
	42 据锯巨拒距俱矩句具局		55 举菊
tɕ'y	213 区驱去又	42 去又渠	55 瞿屈曲
ɕy	213 虚嘘吹~	55 许旭储~蓄	
y	213 愚入玉		
	42 如鱼渔御于介,属~余与给~誉娱遇于~是芋榆愉愈喻预褥狱欲浴裕郁域育予		
	55 语儒乳雨羽		

ɛ

pɛ	42 拜败别又	55 摆	
p'ɛ	42 排派牌		
mɛ	213 埋	42 卖	55 买
tɛ	213 呆痴~胎贷呆~板带		42 戴待代袋大~夫
t'ɛ	213 态台苔太泰	42 抬	
nɛ	42 耐	55 乃奶	
lɛ	42 来赖		
tθɛ	213 灾栽三年五~再		55 宰在
tθ'ɛ	213 猜栾	42 才财裁蔡	55 彩采睬
θɛ	213 腮	42 赛	
tʂɛ	213 斋	42 债寨	
tʂ'ɛ	213 钗差出~	42 豺柴	

ʂɛ	213 筛晒筛		
kɛ	213 该	42 概溉盖	55 改
k'ɛ	213 开	55 凯慨楷	
xɛ	213 亥	42 孩害核	55 海
ɛ	213 哀艾挨~次	42 爱	55 碍矮

iɛ

tɕiɛ	213 阶秸秋~街	42 介界芥届戒	55 解
ɕiɛ	42 械懈鞋解姓~蟹		55 谐
iɛ	42 涯崖	55 矮	

uɛ

tʂuɛ	213 拽		
tʂ'uɛ	213 揣~度		
ʂuɛ	213 摔率~领	42 帅	
kuɛ	213 乖怪	55 拐	
k'uɛ	213 快	42 会~计块	
xuɛ	42 怀槐坏		
uɛ	213 歪	42 外	

ei

pei	213 杯碑臂悲 55 北百	42 贝辈背倍被备伯白	
p'ei	213 坯披 55 拍	42 沛配培陪赔佩	
mei	213 墨脉 55 霉美	42 梅媒煤每妹眉媚麦没	
fei	213 肺非飞匪痱	42 废费肥	
tei	213 对	42 队兑	55 德在~家里
t'ei	213 推	42 退	55 腿
nei	42 内		

lei	42 雷累类泪勒又	55 儡锐垒	
tθei	213 堆最	42 罪贼醉	55 嘴
tθ'ei	213 催崔翠	42 脆	
θei	213 碎虽	42 岁随穗塞	55 髓
tṣei	42 赘	55 择窄摘	
tṣ'ei	55 折策册		
ṣei	55 涩色		
kei	55 隔		
k'ei	42 刻	55 客	
xei	55 黑		

uei

tṣuei	213 赘追锥	42 坠	
tṣ'uei	213 吹炊	42 垂槌锤	
ṣuei	213 税瑞	42 睡谁	55 水
kuei	213 闺桂规龟轨癸愧归贵	42 瑰跪柜	55 鬼
k'uei	213 傀溃亏	42 魁奎葵	
xuei	213 恢灰会开~挥辉 55 毁		42 贿悔回汇秽惠慧讳
uei	213 煨唯未威 55 桅危伪委微尾巍慰违伟纬胃	42 卫为位味魏围	

ɔ

pɔ	213 抱包	42 报暴爆鲍雹	55 保宝饱
p'ɔ	213 泡~沫抛炮刨	42 袍	55 跑
mɔ	42 毛冒帽猫貌茂矛		55 卯
fɔ	55 否		
tɔ	213 刀 55 岛	42 到倒~水道盗导	
t'ɔ	213 滔掏套涛	42 讨桃逃淘	
nɔ	213 挠闹	55 脑	

lɔ	42 劳牢	55 老	
tθɔ	213 糟	42 灶皂造	55 早枣澡
tθ'ɔ	213 操曹剿	55 草	
θɔ	213 臊腥~	55 扫嫂	
tʃɔ	213 召招	42 赵照	
tʃ'ɔ	213 超	42 朝~代潮	
ʃɔ	213 烧	42 绍邵	55 少多~少~年
tʂɔ	42 罩	55 找	
tʂ'ɔ	213 抄巢	55 炒吵	
ʂɔ	213 捎稍		
kɔ	213 高糕	42 告	55 稿搞
k'ɔ	213 靠	55 考	
xɔ	213 薅浩	42 耗毫号	55 好~坏
ɔ	42 熬傲熬~白菜奥		55 袄懊~悔

iɔ

piɔ	213 彪	55 标表	
p'iɔ	213 飘漂~白票	42 瓢	
miɔ	213 妙	42 苗描庙	55 秒
tiɔ	213 刁雕	42 钓吊掉调音~	
t'iɔ	213 条	42 跳	55 挑
niɔ	42 尿	55 鸟	
liɔ	42 燎疗聊辽料	55 了	
tɕiɔ	213 焦椒		
tɕ'iɔ	213 锹悄悄	55 瞧	
siɔ	213 消销萧	42 笑	55 小
tɕiɔ	213 交胶教~书教~育觉睡~浇缴	42 酵窖轿叫	
	55 绞搅骄饺		
tɕ'iɔ	213 敲	42 桥	55 巧窍
ɕiɔ	42 孝效校学~	55 嚣晓	

ciɔ	213 妖腰夭么要又 42 肴饶扰绕围~要重~摇窑耀尧 55 咬舀		

ou

tou	213 都~是兜	42 抖豆逗	55 斗
tʻou	213 偷	42 透头投	
nou	42 耨		
lou	42 楼漏	55 搂篓	
tθou	55 走	42 做	
tθʻou	42 凑		
tʂou	213 周州咒	42 肘昼轴	
tʂʻou	213 抽臭	42 绸稠筹酬仇	55 丑
ʂou	213 收寿	42 兽受	55 手守
tsou	213 邹皱	42 骤	
tsʻou	42 愁		
sou	213 叟嗾搜瘦又	42 瘦又	
kou	213 勾沟够又	42 狗垢够又	
kʻou	213 抠叩扣	42 寇	55 口
xou	42 吼喉猴后厚候		
ou	213 欧沤	55 藕偶配~呕怄	

iou

tiou	213 丢		
niou	42 谬牛	55 纽扭	
liou	213 六	42 流刘留溜	55 缕柳
tɕiou	213 揪	42 就	55 酒
tɕʻiou	213 秋	42 囚	
siou	213 修羞秀绣锈	42 袖	
tɕiou	213 纠	42 救舅旧	55 九久韭究
tɕʻiou	213 丘	42 求球	
ɕiou	213 休朽		

iou	213 柔揉忧优尤右幼肉		42 邮油游幽
	55 有友酉诱		

ã

pã	213 班搬半绊	42 扮瓣办颁伴	55 板
p'ã	213 潘	42 盼攀判盘叛	
mã	213 嫚	42 蛮慢瞒馒漫满	
fã	213 帆翻烦	42 泛凡范犯藩贩饭	55 反
tã	213 耽担~任单旦端		
	42 担~子淡诞弹蛋锻断段缎		55 胆短
t'ã	213 贪坍滩摊叹	42 探潭谈痰坦炭坛团	
	55 毯		
nã	213 南	42 男难~易难患~	55 暖
lã	213 婪乱	42 兰篮览滥兰烂	55 拦懒
tθã	213 簪簪钻	42 赞	55 攒
tθ'ã	213 参惨餐寁篡	42 惭残	55 灿
θã	213 三散酸算又蒜	42 算又	55 伞
tʃã	213 沾毡战	42 颤	55 瞻占展
tʃ'ã	42 缠扇		
ʃã	213 羶	42 赡善膳单灶	55 闪蝉
tʂã	213 暂站栈	42 蘸	55 绽盏斩
tʂ'ã	213 搀	42 馋	55 铲
ʂã	213 杉衫山	55 产删疝~气	
kã	213 甘干~湿肝竿杆干~活		55 感敢擀~面赶
k'ã	213 看又	42 看又	55 砍刊
xã	42 含憾鼾罕汉寒旱汗还~是		55 喊
ã	213 庵暗安按烟	42 岩案燕燕	55 俺

iã

piã	213 鞭编变又边遍		42 变又辩便方~辫
	55 贬扁匾		
p'iã	213 篇偏骗又片	42 骗又	55 便~宜

miã	213 眠	42 棉面	55 免勉
tiã	213 掂~掇颠殿	42 店电垫	55 点典
tʻiã	213 添天	42 甜田填	55 舔
niã	213 粘	42 念年	55 拈碾
liã	42 镰簾连联怜莲练恋		55 敛殓脸
tsiã	213 尖煎箭笺渐	42 溅贱荐	55 剪
tsʻiã	213 签潜迁千	42 钱前	55 浅
siã	213 纤线先		
tɕiã	213 监兼艰间中~奸肩坚		42 舰件建键健见
	55 减检俭剑简拣谏		
tɕʻiã	213 欠谦牵铅乾~坤		42 钳歉嵌
ɕiã	213 锨掀		42 馅嫌闲限献贤县
	55 咸陷险宪显现		
iã	213 淹焰雁蔫奄	42 厌炎盐艳严颜谚焉筵言研砚沿	
	55 染验掩眼演		

uã

tʂuã	213 专砖	42 转篆传~记	
tʂʻuã	213 椽穿串	42 传~达船	55 喘
tʂuã	42 赚		
ʂuã	213 涮闩栓		
kuã	213 官观鳏关	42 贯冠~军罐惯	55 管
kʻuã	213 宽	55 款	
xuã	213 欢	42 焕唤缓换幻还环患	
uã	213 豌腕弯湾万	42 完丸顽	55 碗晚婉

yã

tsʻyã	42 痊全泉		
syã	213 仙鲜	42 羡旋	55 癣宣选

tɕyã	213 捐	42 卷试~绢圈猪~倦券	
	55 卷~起		
tɕʻyã	213 圈圆~劝	42 拳	55 权犬
ɕyã	42 楦玄悬	55 喧	
yã	213 原源愿冤援袁渊		42 圆员院缘元阮怨
	55 软远		

ẽ

pẽ	42 奔笨	55 本	
pʻẽ	213 喷	42 盆	
mẽ	42 门闷		
fẽ	213 分粪纷份	42 奋坟愤	55 粉
tẽ	213 墩蹲	42 敦顿饨囤盾钝盾	
tʻẽ	213 吞	42 屯	
nẽ	55 恁		
lẽ	42 嫩论		
tθẽ	213 尊遵怎		
tθʻẽ	213 村	42 寸存	
θẽ	213 孙	55 损	
tʃẽ	213 针斟真	42 枕镇趁阵疹振震	55 珍诊
tʃʻẽ	42 沉陈尘娠辰晨		
ʃẽ	213 深身申	42 甚神	55 婶肾慎
tʂʻẽ	42 衬		
ʂẽ	213 森参人~	55 渗	
kẽ	213 跟根		
kʻẽ	55 垦肯		
xẽ	213 很	42 痕恨	
ẽ	213 恩		

iẽ

piẽ	213 宾殡鬂		
p'iẽ	213 拚拼	42 贫聘频姘	55 品
miẽ	55 民敏		
liẽ	42 林淋临凛邻吝	55 鳞	
tsiẽ	213 浸进	42 尽	
ts'iẽ	213 侵亲	42 寝	
siẽ	213 心辛新信寻~思		
tɕiẽ	213 今金襟锦巾斤筋 55 禁紧谨近	42 劲	
tɕ'iẽ	213 钦	42 琴勤芹	
ɕiẽ	213 衅挑~欣		
iẽ	213 音阴荫因姻寅殷 55 壬任妊饮引隐忍	42 银印人仁认	

uẽ

luẽ	42 伦轮		
tʃuẽ	55 准		
tʃ'uẽ	213 椿春	42 蠢唇纯醇淳	
ʃuẽ	213 顺		
kuẽ	42 棍	55 滚	
k'uẽ	213 昆坤	42 困	55 捆
xuẽ	213 昏婚荤	42 魂馄混	
uẽ	213 温瘟吻	42 文蚊闻问	55 稳

yẽ

tsyẽ	213 津俊	
ts'yẽ	213 皴	
syẽ	42 寻讯迅巡	55 旬

ɕyẽ	213 均君军	42 菌	
tɕ'yẽ	42 群裙		
ɕyẽ	213 熏	42 训	
yẽ	213 闰匀熨晕韵孕运又 55 允		42 云运又

ɑŋ

pɑŋ	213 帮邦	42 榜谤	55 绑
p'ɑŋ	42 旁傍胖庞		
mɑŋ	42 忙芒	55 盲	
fɑŋ	213 方芳	42 放房	55 妨纺访防
tɑŋ	213 当	42 荡	55 党
t'ɑŋ	213 汤趟	42 烫堂糖	55 躺
nɑŋ	213 囊		
lɑŋ	42 狼朗浪		
tθɑŋ	213 脏葬	42 脏心~	
tθ'ɑŋ	213 仓	42 藏	
θɑŋ	213 桑丧	55 嗓	
tʃɑŋ	213 张涨帐账章障	42 丈仗	55 长生~掌
tʃ'ɑŋ	213 昌唱倡 55 场厂	42 常畅场打~长~短	
ʃɑŋ	213 商伤	42 上	55 赏
tʂ'ɑŋ	213 疮		
kɑŋ	213 冈缸钢肛	42 杠	55 港
k'ɑŋ	213 康炕	42 扛	
xɑŋ	42 行银~航		
ɑŋ	213 昂肮		

iaŋ

niaŋ	213 酿	42 娘	
liaŋ	213 良亮	42 凉粮量数~	55 两
tɕiaŋ	213 将~来浆酱虹	42 匠	55 奖
tɕʻiaŋ	213 枪	42 墙	55 抢
siaŋ	213 箱	42 相~貌详象	55 想
tɕiaŋ	213 疆姜江	42 降下~	55 讲构~地
tɕʻiaŋ	213 腔	42 强	
ɕiaŋ	213 香乡向又	42 向又降投~项巷	55 饷享响
iaŋ	213 瓤嚷让仰央秧	42 羊杨阳样	55 养

uaŋ

tʂuaŋ	213 庄装	42 壮状撞	
tʂʻuaŋ	213 窗闯	42 床	55 创
ʂuaŋ	213 霜双	42 双一对~	55 爽
kuaŋ	213 光	42 逛	55 广
kʻuaŋ	213 筐	42 旷狂况矿	
xuaŋ	213 荒慌	42 黄皇	55 谎
uaŋ	42 汪望忘枉王往旺		55 网

əŋ

pəŋ	213 崩		
pʻəŋ	213 烹	42 朋棚篷蓬	55 捧
məŋ	42 萌盟梦	55 猛蒙	
fəŋ	213 风疯丰凤封峰蜂逢 55 讽冯奉		42 缝~衣服缝一条~
təŋ	213 登灯	42 凳邓瞪	55 等
tʻəŋ	42 腾疼		
nəŋ	42 能		

ləŋ	213 扔	42 楞	55 冷
tθəŋ	213 增赠	42 憎	
tθʻəŋ	42 层		
θəŋ	213 僧		
ʧəŋ	213 征蒸拯贞侦正~月征正	42 证症郑政	
	55 整		
ʧʻəŋ	213 称~呼秤	42 惩乘承逞~能程城成	
ʃəŋ	213 升胜声	42 绳剩胜圣盛兴~	
tʂəŋ	213 争睁		
tʂʻəŋ	213 撑		
ʂəŋ	213 生牲甥	55 省	
kəŋ	213 更~加	55 庚羹哽耿颈又	
kʻəŋ	213 坑		
xəŋ	42 衡		

iŋ

piŋ	213 冰兵丙并	42 病	55 禀柄饼
pʻiŋ	42 平评瓶		
miŋ	42 明命名铭		
tiŋ	213 丁钉订	42 定腚	55 顶
tʻiŋ	213 听厅庭	42 蜓	55 停挺
niŋ	42 宁		
liŋ	213 零	42 凌令灵铃另	55 领
tsiŋ	213 精睛	42 静净	55 井
tsʻiŋ	213 清青蜻	42 晴	55 请
siŋ	213 星腥	42 姓	55 醒
tɕiŋ	213 更五~耕京惊敬经镜又	42 镜又	
	55 境景竞颈又径茎		

tɕ'iŋ	213 卿庆轻倾		
ɕiŋ	213 兴~旺	42 兴高~行~为杏幸刑形	
iŋ	213 应~当鹰莺樱英婴	42 应答~蝇硬迎赢营萤	
	55 影映		

uŋ

tuŋ	213 东冻冬	42 动洞	55 董懂栋
t'uŋ	213 通	42 痛同铜	55 桶捅统
luŋ	42 笼聋弄隆龙	55 拢垄	
tθuŋ	213 鬃粽宗踪	55 总纵~横	
tθ'uŋ	213 聪葱	55 囱丛纵放~从	
θuŋ	213 送松~软宋嵩松颂		
tʂuŋ	213 中当~忠仲终钟盅肿	42 中射~众重~量种~树	
	55 种~类		
tʂ'uŋ	213 充冲舂	42 虫重~复	55 崇宠
kuŋ	213 公工功攻弓宫恭	42 贡共	
	55 供~给巩供~养		
k'uŋ	213 空~虚	42 空~缺	55 孔控恐
xuŋ	213 轰宏烘~干	42 弘横~直红洪虹	
	55 哄~骗		
uŋ	213 翁		

yŋ

tɕ'yŋ	42 琼穹穷		
ɕyŋ	213 兄胸凶	42 熊雄	
yŋ	213 雍	42 绒用	55 荣永泳融拥容涌

第三节　历时语音演变

店埠和前张管寨村方言的语音与现代普通话相比差异较大,这从前文的声韵调系统中可以看到,尤其是前张管寨方言有 5 套塞音和塞擦音,这在汉语方言中是比较罕见的。这种差异可以从方音的历时演变中得到解释。本节将从声母、韵母和声调三方面与中古音进行比较,分析前张管寨村方音的历时演变特点。

一、声母

1. 分尖团。

所谓分尖团就是精组字和见晓组字在今细音前有分别,读音不同。[①]店埠和前张管寨方言都分尖团,但读音不同。店埠方言精组字在洪音前读舌尖后音 tʂ、tʂʻ、ʂ,在细音前读为舌叶音 tʃ、tʃʻ、ʃ,见晓组字在细音前读为舌面音 tɕ、tɕʻ、ɕ。如,精 tʃəŋ^{213}≠经 tɕiŋ^{213},清 tʃʻəŋ^{213}≠轻 tɕʻiŋ^{213},修 ʃou^{213}≠休 ɕiou^{213}。前张管寨村方言精组字在洪音前读齿间音 tθ、tθʻ、θ,在细音前读为舌尖前音 ts、tsʻ、s;见晓组字在细音前读为舌面 tɕ、tɕʻ、ɕ。如,精 tsiŋ^{213}≠经 tɕiŋ^{213},清 tsʻiŋ^{213}≠轻 tɕʻiŋ^{213},修 siou^{213}≠休 ɕiou^{213}。见下表。

表 4　店埠和前张管寨方言尖团音读音

		洪音	例字	细音	例字
精组	店埠	tʂ、tʂʻ、ʂ	遭 tʂɔ^{213}	tʃ、tʃʻ、ʃ	焦 tʃɔ^{213}
	前张管寨	tθ、tθʻ、θ	遭 tθɔ^{213}	ts、tsʻ、s	焦 tsiɔ^{213}
	普通话	ts、tsʻ、s	遭 tsɑu^{55}	tɕ、tɕʻ、ɕ	焦 tɕiɑu^{55}
见晓组	店埠	k、kʻ、x	高 kɔ^{213}	tɕ、tɕʻ、ɕ	交 tɕiɔ^{213}
	前张管寨	k、kʻ、x	高 kɔ^{213}	tɕ、tɕʻ、ɕ	交 tɕiɔ^{213}
	普通话	k、kʻ、x	高 kɑu^{55}	tɕ、tɕʻ、ɕ	交 tɕiɑu^{55}

2. 古知庄章声母两分。

山东方言分为东西两区,分区的条件之一是古知庄章声母的分合。"中古时期

[①] 丁声树、李荣. 汉语音韵学讲义. 上海:上海教育出版社,1984:8.

的知彻澄、庄初崇生、章昌船书禅三组（以下简称"知庄章"）在今山东方言中的读音情况复杂。笼统地说，东区分为两套声母，西区合并为一套声母。"①莱西处在山东方言东区东莱片和东潍片的分界处，大部分方言点属于东莱片，靠近即墨平度的方言点属于东潍片，如院上、店埠、朴木等地。中古知庄章声母在前张管寨和店埠方言中都分为甲乙两类，而且读音相同。甲类读为 tʂ、tʂʻ、ʂ，乙类读为 tʃ、tʃʻ、ʃ。两类的分化以韵母等呼为条件，见下表②。其中山臻摄合口舒声归为甲类还是乙类，是山东东区方言分为两片（东莱片和东潍片）的条件之一。从表中可以看出，前张管寨方言山臻摄合口舒声归为乙类，属于东潍片方言的特点，读为舌叶音 tʃ、tʃʻ、ʃ。

表5　中古知庄章声母在店埠和前张管寨方言的分化条件

		甲类 tʂ			乙类 tʃ		
		知	庄	章	知	庄	章
假	开二	茶	查叉沙炸				
	开三						遮车蛇舍社
	合二		髽耍			*傻	
遇	合三		助初梳数		住猪除蛛		处诸朱
蟹	开二	搋	斋钗晒柴				
	开三					滞	世制势
	合二		拽				
	合三	缀		赘税			
止	开三		差参~师辎事	支只~有是	知迟耻		
	合三	追	揣帅	吹睡水			
效	开二	罩	抓抄捎				
	开三				朝超赵		招烧少
流	开三		皱愁瘦		肘抽绸		周丑手受
咸	开二	站扎	斩馋衫插入				
	开三					沾	瞻闪涉入
深	开三		簪参~差森渗涩入		沉蛰入		针深甚十入

---

① 钱曾怡主编. 山东方言研究. 济南：齐鲁书社，2001：43.
② 本表参照钱曾怡《钱曾怡汉语方言研究文选·古知庄章声母在山东方言中的分化及其精见组的关系》一文中"表1 中古知庄章声母在山东的分化条件"，根据前张管寨村的方言特点制成。

续表

		甲类 tʂ			乙类 tʃ		
		知	庄	章	知	庄	章
山	开二	绽	盏铲山杀入				
	开三				展缠哲入彻入		战善扇舌入
	合二		闩栓涮刷入				
	合三				转传		专穿说入
臻	开三		衬虱入		珍陈镇		真神身晨实失入
	合三		蟀入		椿		准春顺出入
宕	开三		庄疮床霜		张场着入		章昌商上勺入
江	开二	撞桌入浊入	窗双捉入				
曾	开三		侧入色入		征惩直入		蒸称升织入
梗	开二	撑澄摘入	争生窄入责入				
	开三				贞程掷入		正声成石入
通	合三	中竹入	崇缩入	终充烛入	轴入		叔入

3. 知庄章声母与精、见晓组声母的分合关系。

在店埠方言中，中古精组声母依照韵母的洪细分为两类，洪音韵母前读为舌尖后音 tʂ、tʂʻ、ʂ，与知组二等、知组三等合口、庄组及章组三等合口合并；在细音韵母前读为舌叶音 tʃ、tʃʻ、ʃ，与知庄章组其他字合并。前张管寨村方言精、见晓组声母与知庄章组声母没有重合，声母有 5 套塞擦音。精组在洪音前读为齿间音 tθ、tθʻ、θ，在细音前读为舌尖前音 ts、tsʻ、s；知庄章甲类读舌尖后音 tʂ、tʂʻ、ʂ，乙类读舌叶音 tʃ、tʃʻ、ʃ；见晓组在细音前读为舌面音 tɕ、tɕʻ、ɕ。见下表。

表6 知庄章声母与精、见晓组声母的分合关系

	精洪	知甲	精细	知乙	见细
例字	增	争	精	蒸	经
前张管寨	tθ	tʂ	ts	tʃ	tɕ
店埠	tʂ		tʃ		tɕ

4. 日母字。

在店埠和前张管寨村方言中除曾摄读为 l 声母，如"扔 lən²¹³"，其他读为零声母，如"惹 iə⁵⁵、入 y⁴²、绕 iɔ⁴²"等。

二、韵母

1. 果摄见系一等字韵母读为 uə。

中古见系果摄开口一等歌韵，如"歌哥个可我饿河荷"等，普通话中除"我"外都读为开口呼；见系果摄合口戈韵，如，过锅果科课火裹等，普通话中有的读开口呼，有的读合口呼。在店埠和前张管寨方言中都读为合口呼 uə。

2. 假摄开口三等精组字韵母与蟹摄开口二等见系字的韵母不同，分别读为 iə 和 iɛ。

甲摄麻韵开口二三等的精组字，如"姐借且褯些写泻卸邪斜谢"等，在店埠前张管寨方言中读为韵母 iə，在普通话中韵母主读为 iɛ。中古蟹摄见系开口二等皆、佳韵字，如"皆阶秸介界芥疥届戒械挨，街解懈蟹鞋矮崖捱"等，在店埠前张管寨方言中读为 iɛ。在普通话中这两摄的韵母除个别外（矮崖捱），都读为 iɛ 韵母，如，借 tɕiɛ⁵¹＝介 tɕiɛ⁵¹，斜 ɕiɛ³⁵＝鞋 ɕiɛ³⁵。在店埠和前张管寨方言中两组字不同音，声韵都不同，店埠为介 tɕiɛ⁴²≠借 tʂə⁴²，鞋 ɕiɛ⁴²≠斜 ʂə⁴²；前张管寨为介 tɕiɛ⁴²≠借 tsiə⁴²，鞋 ɕiɛ⁴²≠斜 ɕiə⁴²。

3. 蟹摄、止摄、山摄、臻摄的端系（包括端组、泥组、精组）合口字，在店埠和前张管寨大都读为开口，u 介音丢失，如，对 tei²¹³、腿 tʻei⁵⁵、催 tθʻei²¹³（tʂʻei²¹³）、罪 tθei⁴²（tsei⁴²）、岁 θei⁴²（sei⁴²）、嘴 tθei⁵⁵（tsei⁴²）、虽 θei²¹³（tsei⁴²）、端 tã²¹³、团 tʻã⁴²、暖 nã⁵⁵、乱 lã²¹³、钻 tθã²¹³（tʂã²¹³）、窜 tθʻã²¹³（tʂʻã²¹³）、算 θã²¹³（tʂã²¹³）、顿 tẽ⁴²、嫩 lẽ⁴²、遵 tθẽ²¹³（tʂẽ²¹³）等①，这些字今普通话读为合口字。

4. 中古曾摄、梗摄、深摄、臻摄的部分入声字读为韵母 ei。

曾摄开口一等德韵的"北墨默得德忒特肋勒则贼塞刻克黑"等字，梗摄开口二等陌韵、麦韵的"百柏伯迫拍魄白帛陌拆泽择窄格、掰麦脉摘责策册革隔"等字，韵母都读为 ei。

此外，深缉韵的"涩"、臻摄栉韵的"瑟"，在店埠和前张管寨及周边地区韵

---

① 括号内为店埠方言读音，下同。

母是 ei，这跟东潍片即墨、平度、青岛等地的读音相一致。莱西的其他地区与东莱片相同。由此可知，莱西方言正在东潍片和东莱片的分界线上。

三、声调

店埠前张管寨方言只有阴平、阳平、上声三个声调。古去声字在店埠前张管寨方言中多数归为阳平，少数归为阴平，有的阴平、阳平两读，如"大霸立气絮去够算看变破这过恶"等字，读阴平213和阳平42均可，即此方言中去声字分化了。因此，将前张管寨方言声调定为阴平、阳平和上声。

莱西绝大部分地方跟东莱片相同，即一部分次浊平声归阴平，但店埠附近的几个乡镇次浊平声归阳平，这和东潍片相同，体现了莱西方言由东莱片向东潍片过渡的特点。

表7 店埠前张管寨方言声调演变及与普通话声调对照表

	平			上			去			入		
	清	次浊	全浊	清	次浊	全浊	清	次浊	全浊	清	次浊	全浊
	东通	门龙	铜皮	懂统	买五	动罪	痛四	卖硬	洞地	刮节百客	六麦	白毒
前张管寨	阴平	阳平		上声	阳平	阴平	阳平		上声	阴平	阳平	阳平
北京	阴平	阳平		上声			去声			阴阳上去	去声	阳平

第二章 词 汇

第一节 概 说

从共时的角度讲，一种方言的词汇是由该方言的全部词语构成的。对方言词的理解有着广狭不同的含义，最广义的方言词包括三个层面的词：一是方言与共同语相同的词；二是该方言与其他方言共有的词；三是该方言特有的词。最具方言特色的方言词是第三个层面的词，但是从方言词汇调查的实际情况看，此类词数量相对较少，而且不易确定，特别是对北方方言区（又称官话区）的小方言片和地点方言来说更是如此。相对而言，第二个层面的词要多得多，尤其是区域相邻的方言表现更为突出。北方方言是现代汉民族共同语（即普通话）的基础方言，北方方言词汇与普通话词汇最为接近，共有成分也最多。一般所说的方言词是指方言共有词和方言特有词，不包括方言与普通话相同的词。最狭义的方言词专指方言特有词，习惯上也叫土语词。在某些著作中也用方言词专指普通话从方言中吸收的词，如普通话从东北方言吸收的"埋汰"，从吴方言吸收的"尴尬"等。其实，这类词也是方言与普通话共有词，只是从来源上看，跟其他方言与普通话共有词性质有别，这类词是普通话吸收的方言词，从普通话的角度讲最好叫作方源词，所以尽管它们已进入普通话，仍具有一般方言的性质，而其他方言与普通话共有词或是方言受普通话影响吸收的普通话词，或是方言与普通话共同传承的词。

莱西店埠前张管寨方言处于北方方言的胶辽官话区，其方言词汇跟胶辽官话词汇相近，跟北方方言词汇也有密切的关系，其构成也包括三个层次。店埠前张管寨方言的"风、雨、雪、霜、井、河、砖、脸、眼、牙、你、我、他、好、坏、忙、撕、擦、天气、白天、今年、牲口、庄稼、鼻子、左边"等，与普通话词汇相同，多是历史传承词。值得注意的是，受普通话影响，在店埠前张管寨方言中也普遍存在这样一种现象，即同一事物现象既有方言说法，也有与普通话相同的说法，如称"教师"，既叫"先生"，又叫"老师"；"使筷子吃饭"也说"用筷子吃饭"。说"先生"和"使"的多为年长者，说"老师"和"用"的多为年轻人。这说明店埠前张管寨方言也有新老两派，且显示出新派对老派的强有力影响。店埠前张管寨方言的"日头（太阳）、年根儿（年底）、洋灰（水泥）、牙花子（牙龈）、虫牙（龋齿）、围脖（围巾）、烧酒（白酒）、念书（读书）、干饭（米饭）、开刀（手术）、丈人（岳父）、老婆（妻子）、豆子（大豆）、苞米（玉米）"等，在广大的北方方言区普遍存在相同的说法。拿店埠前张管寨方言词汇跟同处胶辽官话区的其他方言词汇相比较，共同成分也很多，如"花生"叫"长果"，"乳房"叫"奶子"，"小姑娘"叫"小嫚儿"，"丈夫"叫"汉子"，"蜻蜓"叫"蛏蛏"，"麻雀"叫"家雀儿"，"高粱"叫"胡秫"等。店埠前张管寨方言也有一些比较特殊的方言词，虽不能完全认定这些词为店埠前张管寨方言特有的词，但是至少它们很有特色，在周边方言中没有普遍性，如"霞"叫"烧红"，"鹅卵石"叫"老乌枕头"，"太阳穴"叫"风门儿"，"生气"叫"攒火"，"寡妇"叫"孝妇老婆"，"背心"叫"汗溜儿"等。

从历时的角度讲，一种方言的词汇是历史形成的，是不同词汇层累积的结果。店埠前张管寨方言词汇也具有不同的历史层次。其主体部分应该是古今通用的传承词，且与普通话或北方方言用词相同，是无方言色彩或方言色彩最弱的部分（当然，这不包括方音方面的差异）。店埠前张管寨方言也有一些古汉语词或旧有词的留存，尽管它们常常同时存在现代的说法，比如，公章叫"圆钤"，土坯叫"墼"，水泥叫"洋灰"，理发师叫"待诏"，口水叫"漦水"，坟地叫"茔盘"，演员叫"戏子"，路费叫"盘缠"等。这些词虽是存古成分或旧有说法，但相对于不再这样称说的普通话和其他方言来说，方言色彩是显著的。最具方言特色的是自造的方言词，这些词很少见于书面，多在店埠前张管寨人的现代口语中使用，很可能是近现代新造的，比如，大雨叫"麻杆雨"，不急不慢匀速下的雨叫"甘露丝雨"，河床的肥沃之地叫"河沃地"，水流旺的喷涌之泉叫"窟窿泉"，从泥沙中向外渗出的小泉叫"漫沙泉"，掐去庄稼的头叫"打心"，树干叫"树梃"，黄鼠狼叫"骚水狼"或"骚皮子"，颈后凹陷处叫"瓜渍瓮"，胳膊肘叫"拐柱头子"，帮助办理丧事的人叫"助丧"，迷路叫"道迷"等。

店埠前张管寨方言词既反映当地人的生存环境和认知方式，也反映当地人对历史文化的传承。例如，店埠前张管寨地处平原，周边无山，当地人不说"山腰、山坡、山根儿、山涧"等。对职业性的称谓当地人常用直陈的方式，比如，邮递员叫"送信的"，铁匠叫"打铁的"，窑工叫"烧窑的"，裁缝叫"做衣裳的"，杂技演员叫"耍玩意儿的"，乞丐叫"要饭的"，强盗叫"断道的"或"截路的"等。称物时常用隐喻的方式，既生动形象，又很别致，比如，长茄子叫"鸡腿茄子"，圆茄子叫"牛心茄子"，长辣椒叫"羊角椒"，圆甜椒叫"柿子椒"，手电筒叫"电棒"，盲人使用的手杖叫"妈"，酒渣鼻叫"酸楂鼻子"（当地人把"山楂"叫"酸楂"）等。店埠前张管寨方言把"寡妇"叫作"孝妇老婆"比较特殊，但如果跟源远流长的东海孝妇传说联系起来，又是那么意味深长。东海孝妇传说的源头是《汉书·于定国传》，其文曰："东海有孝妇，少寡，亡子，养姑甚谨，姑欲嫁之，终不肯。姑谓邻人曰：'孝妇事我勤苦，哀其亡子守寡。我老，久累丁壮，奈何？'其后姑自经死，姑女告吏：'妇杀我母。'吏捕孝妇，孝妇辞不杀姑。吏验治，孝妇自诬服。具狱上府，于公以为此妇养姑十余年，以孝闻，必不杀也。太守不听，于公争之，弗能得，乃抱其具狱，哭于府上，因疾辞去。太守竟论杀孝妇。郡中枯旱三年。后太守至，卜筮其故。于公曰：'孝妇不当死，前太守强断之，咎党在是乎？'于是太守杀牛，自祭孝妇冢，因表其墓，天立大雨，岁熟。郡中以此大敬重于公。"干宝的《搜神记·东海孝妇》是根据《汉书》所记编的故事。到了元代，关汉卿根据这一传说还创作了杂剧《窦娥冤》，把东海孝妇的传说演绎成了一出感天动地的凄美故事。据说，"孝妇冢"依然存在，它位于今郯城县县政府驻地东南方向约 2 华里处，冢高 5.6 米，周长 180 余米。墓冢坐北朝南，属西汉末年遗留下来的古迹。虽然历经沧桑，孝妇冢保存仍较为完好，每逢春节或清明，都有不少人前去凭吊。

第二节　方言与普通话词汇对照

此次店埠前张管寨方言词汇调查以山东方言志编委会编写的《山东方言调查提纲》所列各义类的词目为基本依据，在实际调查过程中适当系联扩展，经过系统筛选，整理形成以下《店埠前张管寨方言与普通话词汇对照表》（以下简称《对照表》）。《对照表》所列词目分为 25 个义类，每类所包含的词目大致均衡。词目包括以上所述的三个层面，以显示店埠前张管寨方言词汇的实际构成，但以方言共有词和方言特有词为主。每一个方言词均用国际音标标注实际读音，用字尽可能使用本字，无本字可用者以同音字替代。《对照表》中的"方言"指店埠前张管寨方言，同实异名的词一并列出，一般只列一个比较常用的。有音无字的用"□"代替，音标下带"＿"的为特殊读音或音变。

一、天　文				
方言1	音标1	方言2	音标2	普通话
日头	i⁴² tʻouˑ			太阳
日头地儿	i⁴² tʻouˑ tir⁴²			太阳地儿
阴凉儿	iẽ²¹³ liaŋr⁴²			阴凉儿
月明	yə⁴² miŋˑ			月亮
月明地儿	yə⁴² miŋˑ tir⁴²			月亮地儿
月牙儿	yə²¹³ iar⁴²			月牙
风疙拉	fəŋ²¹³ kəlaˑ			日晕
风疙拉	fəŋ²¹³ kəlaˑ			月晕
日饲食	i⁴² θʅ²¹³ ʃʅ⁴²			日蚀
月饲食	yə₅₅²¹³ θʅ²¹³ ʃʅ⁴²			月蚀
星儿	siŋr²¹³			星星
跑星儿	pʻɔ₄₅⁵⁵ siŋr			流星
扫帚星儿	θɔ⁴² tʃuˑ siŋr²¹³			彗星
勺子星	ʃuə₅₅⁴² tθʅˑ siŋ²¹³	北斗星	pei⁵⁵ touˑsiŋ²¹³	北斗星
天河	tʻiã²¹³ xuə⁴²			银河
刮风	kuɑ₅₅²¹³ fəŋ²¹³			刮风
大风	tɑ₅₅²¹³ fəŋ²¹³			大风
小风	siɔ⁵⁵ fəŋ²¹³			小风
旋风	syã₅₅⁴² fəŋˑ			旋风
停风了	tʻiŋ⁴² fəŋ²¹³ lɑˑ	住风了	tʃu⁴² fəŋ²¹³ lɑˑ	风停了

续表

云彩	yẽ$_{55}^{42}$tθ'ɛ·			云
烧红	ʃɔ²¹³xuŋ⁴²			霞
早烧红	tθɔ⁵⁵ʃɔ²¹³xuŋ⁴²			早霞
晚烧红	uã⁵⁵ʃɔ²¹³xuŋ⁴²			晚霞
呼雷	xu²¹³lei⁴²			雷
打呼雷	ta⁵⁵xu²¹³lei⁴²			打雷（劈雷）
闪	ʃã⁵⁵			闪
打闪	ta$_{42}^{55}$ʃã⁵⁵			打闪
雨	y⁵⁵			雨
下雨	ɕia⁴²y⁵⁵			下雨
雾露雨	u$_{45}^{55}$lu·y⁵⁵	毛毛雨	mɔ⁴²mɔ·y⁵⁵	小雨（牛毛雨）
麻杆儿雨	ma$_{55}^{42}$kãr·y⁵⁵			大雨
甘露丝雨	kã²¹³lu·θ]²¹³y⁵⁵			下得不紧不慢的雨
连阴雨	liã$_{55}^{42}$iẽ·y⁵⁵			连阴雨
雨点	y$_{42}^{55}$tiã⁵⁵			雨点
潲雨	ʃɔ⁴²y⁵⁵			潲雨
住雨了	tʃu⁴²y⁵⁵la·			雨停了
虹	tɕiaŋ²¹³			虹
冻溜	tuŋ²¹³liou⁴²			冰
固水凌	ku⁴²ʂuei⁵⁵liŋ⁴²			冰锥儿
上冻	ʃaŋ⁴²tuŋ²¹³			结冰
化冻了	xua⁴²tuŋ²¹³la·			冰化了
雹子	pa$_{55}^{42}$tθ]			冰雹
雪	syɔ⁵⁵			雪
下雪	ɕia⁴²syɔ⁵⁵			下雪
大雪	ta⁴²syɔ⁵⁵			鹅毛雪
饭骨碌	fã$_{55}^{42}$ku·lu·			雪珠

续表

化雪了	xuɑ²¹³syə⁵⁵lɑ·			雪化了
露水	lu⁴²₅₅ṣueï			露水
霜	ṣuɑŋ²¹³			霜
雾露	u⁴²₅₅lu·			雾
天气	tʻiã²¹³tɕʻi⁴²			天气
好天	xɔ⁵⁵tʻiã²¹³	晴天	tsʻiŋ⁴²tʻiã²¹³	晴天
阴天	iẽ²¹³₅₅tʻiã²¹³			阴天
旱天	xã⁴²tʻiã²¹³			旱天
涝天	lɔ⁴²tʻiã²¹³			涝天
	二、地 理			
平地	pʻiŋ⁴²₂₁ti⁴²			平地
洼地	uɑ²¹³ti⁴²			洼地
涝洼地	lɔ⁴²uɑ²¹³ti⁴²			涝洼地
河洼地	xuə⁴²uɑ·ti⁴²			河洼地
河床子地	xuə⁴²tṣʻuaŋ⁵⁵tθ·ti⁴²			
丘岭地	tɕʻiou²¹³liŋ⁵⁵ti⁴²			高岗
布盖儿	pu⁴²₅₅kɛr·			土丘
平川地	pʻiŋ⁴²tʃʻuã²¹³ti⁴²			平地
地面儿	ti⁴²₂₁₃miãr⁴²			地面
耕地	tɕiŋ²¹³ti⁴²			耕地
好地	xɔ⁵⁵ti⁴²			肥沃地
薄地	pə⁴²₅₅tï·	杂母地	tθɑ⁴²₅₅muti⁴²	贫瘠地
地基	ti⁴²tɕi²¹³			地基
地头儿	ti⁴²₂₁₃tʻour⁴²			地头
地边儿	ti⁴²piãr²¹³			地边
荒地	xuɑŋ²¹³ti⁴²			荒地
盐碱地	iã⁴²tɕiã⁵⁵ti⁴²			碱地

续表

闲地	ɕiã₂₁⁴²ti⁴²			空地
河	xuə⁴²			河
沟	kou²¹³			小河
河沟子	xuə⁴²kou²¹³tθɿ			河沟子
池	tʃʻɿ⁴²			池
水窝子	ʂuei⁵⁵²¹³uə²¹³tθɿ			水坑
泉子	tsʻyã⁵⁵⁴²tθɿ			泉
窟窿泉	kʻu²¹³luŋtsʻyã⁴²			泉水很旺的泉
漫沙泉	mã⁴²ʂa²¹³tsʻyã⁴²			泉水比较小，慢慢流出的泉
井	tsiŋ⁵⁵			井
河涯	xuə²¹³⁴²iɛ⁴²			河岸
坝	pa⁴²			坝
河堤	xuə⁴²ti²¹³			河堤
场儿	tʃʻɑŋr⁵⁵			地方
城	tʃʻəŋ⁴²			城
城墙	tʃʻəŋ²¹⁴²tsʻiɑŋ⁴²			城墙
围子	uei⁵⁵⁴²tθɿ			围墙
胡同	xu²¹⁴²tʻuŋ⁴²			胡同
街	tɕiɛ²¹³			街
道	tɔ⁴²			道
公路	kuŋ²¹³lu⁴²	大道	ta²¹⁴²tɔ⁴²	马路
园	yuã⁴²			园
旮旯儿	ka⁵⁵lar⁴²			角落
农村	nu⁴²tθʻẽ²¹³			乡村
X 家庄	tɕia·tʂuaŋ²¹³			X 家庄
屯	tʻẽ⁴²			屯
前屯	tsʻiã⁵⁵⁴²tʻẽ			前屯

后屯	xou$_{55}^{42}$t'ẽ			后屯
疃	t'ã^{55}			疃
寨	tʂɛ^{42}			寨
埠	pu^{42}			埠
道	tɔ^{42}			路
大道	tɑ$_{21}^{42}$tɔ^{42}			大道
小道	siɔ^{213}tɔ^{42}			小道
近道	tɕiẽ^{213}tɔ^{42}			近路
远道	yã^{55}tɔ^{42}			远路
弯道	uã^{213}tɔ^{42}			弯路
山道	ʂã^{213}tɔ^{42}			山路
码头	mɑ^{55}t'ou^{42}			码头
茔	iŋ^{42}			坟
茔盘	iŋ$_{213}^{42}$p'ã^{42}			集中在一起的很多坟
邻宿家	liẽ^{55}ʃətɕiɑ·			邻居
	三、时 令			
过年	kuə^{213}niã^{42}			除夕
初一	tʂ'u^{213}i^{55}			年初一
数九	ʂu$_{42}^{55}$tɕiou^{55}			数九
三伏天儿	θã^{213}fu^{42} t'iãr^{213}			三伏
阳历年	iɑŋ^{42}li·niã^{42}			元旦
八月十五	pɑ$_{45}^{55}$yəʃ$_{55}^{42}$u·			中秋节
九月九	tɕiou$_{45}^{55}$yə·tɕiou^{55}			重阳节
正月十五	tʃəŋ^{213}yəʃ$_{55}^{42}$u·			元宵节
五月端午	u$_{45}^{55}$yə·tã^{213}u^{55}			端午

续表

腊八	lɑ⁴²pɑ˙			腊八
伏天	fu⁴²tʻiã²¹³			伏天
秋后	tsʻiou²¹³xou⁴²			秋后
春天	tʃʻuẽ²¹³₅₅ tʻiã²¹³			春天
夏天	ɕiɑ⁴²tʻiã²¹³			夏天
秋天	tsʻiou²¹³₅₅ tʻiã²¹³			秋天
冬天	tuŋ²¹³₅₅ tʻiã²¹³			冬天
割麦子天	kɑ⁵⁵mei⁴²tθ̩ tʻiã²¹³			麦天
今年	tɕiẽ²¹³niã⁴²			今年
上年	ʃɑŋ⁴²₂₁₃niã⁴²			去年
过年	kuə⁴²₂₁niã⁴²			明年
大上年	tɑ²¹³₅₅ ʃɑŋ⁴²₂₁₃niã⁴²			前年
过过年	kuə⁴²kuə⁴²₂₁niã⁴²			后年
大大前年	tɑ²¹³tɑtsʻiã⁴²₅₅niã			大大前年
大大后年	tɑ²¹³tɑxou⁴²₅₅niã			大大后年
大前年	tɑ²¹³tsʻiã⁴²₂₁niã			大前年
大后年	tɑ²¹³xou⁴²niã			大后年
乜几年儿	niə²¹³tɕiniãr⁴²			往年
年年	niã⁴²niã			每年
年初	niã⁴²tʂʻu²¹³			年初
半年	pã²¹³niã⁴²			年中
年根儿	niã⁴²kẽr²¹³	年底儿	niã⁴²tir⁵⁵	年底
上半年	ʃɑŋ⁴²pã²¹³niã⁴²			上半年
下半年	ɕiɑ²¹³₅₅pã²¹³niã⁴²			下半年
一年	i⁵⁵niã⁴²			整年
一月	i⁵⁵yə²¹³			整月
月初	yə²¹³₅₅ tʂʻu²¹³			月初
月中	yə²¹³₅₅ tʂuŋ²¹³			月中

续表

月底	yə²¹³ti⁵⁵			月底
上个月	ʃaŋ₅₅⁴²kə·yə⁴²			上个月
这个月	tʃə²¹³kə·yə⁴²			这个月
下个月	ɕia₅₅⁴²kə·yə²¹³			下个月
上半月	ʃaŋ₅₅⁴²pã·yə²¹³			上半月
下半月	ɕia₅₅⁴²pã·yə²¹³			下半月
前半月	tsʻia̠₅₅⁴²pã·yə²¹³			前半月
后半月	xou₅₅⁴²pã·yə²¹³			后半月
上旬	ʃaŋ₂₁₃⁴²syẽ⁴²			上旬
中旬	tʂuŋ²¹³syẽ⁴²			中旬
下旬	ɕia₂₁₃⁴²syẽ⁴²			下旬
正月	tʃəŋ²¹³yə·			正月
腊月	la⁴²yə·			腊月
闰月	yẽ⁴²yə²¹³			闰月
五黄六月	u⁵⁵xuaŋ·liou⁴²yə²¹³			五黄六月
十冬腊月	ʃʅ₅₅⁴²tuŋ·la⁴²yə²¹³			十冬腊月
大尽	ta₅₅⁴²tsiẽ			大尽
小尽	siɔ⁵⁵tsiẽ			小尽
今日	tɕiẽ²¹³i·			今天
夜来	iə⁴²lɛ·			昨天
明日	miŋ₄₅⁵⁵i·			明天
后日	xou⁴²i·			后天
大后日	ta⁴²xou₅₅⁴²i·	外后日	uɛ⁴²xou⁵⁵i·	大后天
前日	tsʻia̠₅₅⁴²i·			前天
大前日	ta⁴²tsʻia̠₅₅⁴²i·			大前天
星期天	siŋ²¹³tɕ·iʻt·iã²¹³			星期日
一天	i⁵⁵tʻiã²¹³			整天
天天	tʻiã²¹³tʻiã²¹³	每天	mei⁴²tʻiã²¹³	每天

续表

头晌	t'ou⁴²ʃaŋ˙			上午
过晌	kuə⁴²ʃaŋ˙			下午
半天	pã₅₅²¹³t'iã²¹³			半天
多半天	tuə²¹³pãt'iã²¹³			大半天
早上	tθɔ²¹³ʃaŋ˙			早晨
晌午	ʃaŋ²¹³uã˙			中午
白天	pei⁴²t'iã²¹³			白天
半夜	pã₂₁₃⁴²iə⁴²			半夜
上半夜	ʃaŋ⁴²pã²¹³iə⁴²			上半夜
下半夜	ɕia⁴²pã₂₁⁴²iə⁴²			下半夜
小半夜	siɔ₅₅²¹³pã²¹³iə⁴²			小半夜
大半夜	tɑ₅₅²¹³pã²¹³iə⁴²			大半夜
一宿	i⁵⁵sy²¹³			整夜
黑地儿	xei²¹³tir⁴²			夜里
傍黑天	paŋ⁴²xeit'iã²¹³			傍晚
下黑儿	ɕia₅₅⁴²xeir˙			晚上
以往	i²¹³uaŋ⁴²			以往
时候	ʂʅ₅₅⁴²xou˙			时候
什么时候	ʃẽ₅₅⁴²mə˙ʂʅ₅₅⁴²xou˙			什么时候
过去	kuə⁴²tɕ'y˙			过去
以后	i²¹³xou⁴²			今后
现在	ɕiã²¹³tθɛ⁴²			现在
年景	niã⁴²tɕiŋ⁵⁵			年景
年月	niã₂₁⁴²yə⁴²			年月
好几个月	xɔ⁵⁵tɕi₄₅⁵⁵kə˙yə²¹³			好几个月
将来	tɕiaŋ²¹³lɛ⁴²			将来
十几年	ʂʅ⁴²tɕi˙niã⁴²			十几年
几年	tɕi⁵⁵niã⁴²			多年

续表

		四、农 事		
上坡	ʃaŋ⁴²pʻə⁵⁵			下地
耧地	lou₂₁⁴²ti⁴²			耧地
打心	ta⁵⁵siẽ²¹³			打顶，把头掐去
耩地	tɕiaŋ²¹³ti⁴²			耩地
调茬	tiɔ²¹³tʂʻa⁴²			轮作
间苗	tɕiã²¹³miɔ⁴²			间苗
割麦子	kɑ⁵⁵mei⁴²tθ̩ˑ			割麦
打场	ta⁵⁵tʃʻaŋ⁴²			打场
场院	tʃʻaŋ⁵⁵uẽ			场院
扬场	iaŋ₂₁⁴²tʃʻaŋ⁴²			扬场
垛	tuə⁴²			垛
苫子	ʂã²¹³tθ̩ˑ			苫子
芥子	tʃə²¹³tθ̩ˑ			芥子
锄地	tʂʻu₂₁⁴²ti⁴²			锄地
耙地	pɑ₂₁⁴²ti⁴²			耙地
刨地	pʻɔ₂₁⁴²ti⁴²			刨地
圈	tɕyã⁴²			粪坑
大粪	tɑ₅₅⁴²fẽˑ			人粪
拾粪	ʃʅ₂₁₃⁴²fẽ⁴²			拾粪
沤绿肥	ɔ⁵⁵lu²¹³fei⁴²			沤绿肥
扬粪	iaŋ₂₁⁴²fẽ⁴²			上粪
运粪	yẽ₂₁⁴²fẽ⁴²			运粪
送粪	θuŋ₂₁⁴²fẽ⁴²			送粪
囤	tẽ⁴²			囤
碌碡儿	lu⁴²tər·			碌碡
辘辘	lu⁴²luˑ			轱辘
滚子	kuẽ²¹³tθ̩ˑ			石磙

续表

铁耙	tʻiə⁵⁵pʻɑ⁴²			钉耙
镐	kɔ⁵⁵			镐
二齿勾子	ər⁴²tʂʻʅ⁵⁵kou²¹³tθʅ			二尺镐
锄	tʂʻu⁴²			锄
镢	tɕyə⁵⁵			镢
铡刀	tʂɑ⁴²tɔ²¹³			铡刀
镰刀	liã⁴²tɔ²¹³			镰刀
锛	pẽ²¹³			锛
锹	ɕiã²¹³			锹
杈	tʂʻɑ²¹³			杈
簸箕	pə⁴²tɕʻi			簸箕
笸箩	pʻu⁵⁵lu			笸箩
牛车	niou⁴²tʃʻə²¹³			牛车
小推车	siɔ⁵⁵₄₅tʻueitʃʻə²¹³	拥车子	yŋ²¹³tʃʻə⁵⁵₄₅tθʅ	独轮车
地板儿车	ti⁴²pãrtʃʻə²¹³	排子车	pʻɛ²¹³tθʅtʃʻə²¹³	排子车
胶轮车	tɕiɔ²¹³luẽ⁴²tʃʻə²¹³			胶轮车
车轱辘儿	tʃʻə²¹³kuʻluẽr⁴²			车轮
嚼子	tɕyə²¹³tθʅ			嚼环
拉板儿	lɑ⁴²pãr			夹脖子
笼头	luŋ⁵⁵tʻou			笼头
缰绳	kaŋ²¹³ʂən			缰绳
鞭子	piã²¹³tθʅ			鞭子
遮眼儿	tʃə²¹³iãr⁴²			捂眼罩
五、植 物				
庄稼	tʂuaŋ²¹³tɕiɑ⁴²			庄稼
麦子	mei⁴²tθʅ			小麦
大麦	tɑ²¹³mei⁴²			大麦

续表

麦芒	mei₂₁₃⁴²uɑŋ⁴²			麦芒
麦穗	mei₂₁₃⁴²ʂuei⁴²			麦穗
麦梃儿	mei₂₁₃⁴²tʻiŋr⁴²			麦梃儿
麦茬子	mei⁴²tʂʻa⁵⁵tθɿ·			麦茬
谷子	ku⁵⁵tθɿ·			谷子
谷穗儿	ku⁵⁵tʂueir⁴²			谷穗
谷秸	ku₅₅²¹³tɕiə²¹³			谷杆儿
小米	siɔ₄₂⁵⁵mi⁵⁵			小米
苞米	pɔ²¹³mi⁵⁵			玉米
苞米秸	pɔ²¹³mi⁵⁵tɕiə²¹³			玉米秸
豆子	tou₅₅⁴²tθɿ·			大豆
豌豆	uã²¹³tou⁴²			豌豆
胡秫	xu⁴²ʃu⁵⁵			高粱
胡秫秸	xu⁴²ʃu⁵⁵tɕiə²¹³			高粱秸
稻子	tɔ₅₅⁴²tθɿ·			稻子
大米	ta²¹³mi⁵⁵			大米
棉花	miã⁴²xuɑ²¹³			棉花
棉花桃	miã⁴²xuɑ²¹³tʻɔ⁴²			棉花桃
长果	tʃʻaŋ⁴²kuə⁵⁵			花生
长果仁儿	tʃʻaŋ⁴²kuə⁵⁵iẽr⁴²			花生仁
长果皮	tʃʻaŋ⁴²kuə⁵⁵pʻi⁴²			花生皮
向日葵	ɕiaŋ⁴²i₂₁₃⁴²kʻuei⁴²	转莲	tʃuã₂₁₃⁴²liã⁴²	向日葵
转莲种	tʃuã₂₁₃⁴²liã⁴²tʂuŋ⁵⁵			葵花子
地瓜	ti⁴²kuɑ²¹³			甘薯
地豆	ti₂₁₃⁴²tou⁴²			马铃薯
山药	ʂã²¹³yə⁴²			山药
方瓜	faŋ⁵⁵kuɑ²¹³			方瓜
扁豆	piã⁵⁵tou⁴²			扁豆

续表

四季豆	$\theta\eta_{55}^{213}\text{tɕi}_{213}^{42}\text{tou}^{42}$				芸豆
鸡腿茄子	$\text{tɕi}^{213}\text{t'ei}^{55}\text{tɕ'iə}_{55}^{42}\text{t}\theta\text{˙}$	茄子	$\text{tɕ'iə}_{55}^{42}\text{t}\theta\text{˙}$		长茄子
牛心茄子	$\text{niou}^{42}\text{siə}^{213}\text{tɕ'iə}_{55}^{42}\text{t}\theta\text{˙}$				圆茄子
大头菜	$\text{tɑ}^{213}\text{t'ou}^{55}\text{t}\theta\text{'ɛ}^{42}$				卷心菜
绞瓜	$\text{tɕiɔ}^{213}\text{kuɑ˙}$				西葫芦
南瓜	$\text{nã}^{42}\text{kuɑ}^{213}$				南瓜
北瓜	$\text{pei}^{55}\text{kuɑ}^{213}$				北瓜
冬瓜	$\text{tuŋ}_{55}^{213}\text{kuɑ}^{213}$				冬瓜
西瓜	$\text{si}^{55}\text{kuɑ}^{213}$				西瓜
圆葱	$\text{yã}^{42}\text{t}\theta\text{'uŋ}^{213}$				洋葱
椿香	$\text{tʃ'uẽ}_{55}^{213}\text{ɕiaŋ}^{213}$				香椿
蒜	$\theta\text{ã}^{213}$				蒜
洋柿子	$\text{iaŋ}^{55}\text{ʂʅ}^{42}\text{t}\theta\text{˙}$				西红柿
羊角椒（长）	$\text{iaŋ}^{42}\text{tɕia}^{213}\text{tsiɔ}^{55}$				长辣椒
柿子椒	$\text{ʂʅ}^{42}\text{t}\theta\text{˙tsiɔ}^{213}$				圆甜椒
芫菜	$\text{iã}^{55}\text{t}\theta\text{'ɛ}^{42}$				芫荽
萝卜	$\text{luo}^{55}\text{peï}$				萝卜
树头（包括树梢、树枝）	$\text{ʃu}^{213}\text{t'ou}^{42}$				
树梢	$\text{ʃu}^{42}\text{ʃɔ}^{213}$				树梢
树枝儿	$\text{ʃu}^{42}\text{tʂʅ}^{213}$				树枝
莠草	$\text{iou}^{213}\text{t}\theta\text{'ɔ}^{55}$				莠草
栗子	$\text{li}^{42}\text{t}\theta\text{˙}$				栗子
酸楂	$\theta\text{ã}_{55}^{213}\text{tʂa}^{213}$				山楂
曲曲芽	$\text{tɕ'y}^{213}\text{tɕ'yia}^{42}$				曲曲菜
苦菜	$\text{k'u}^{55}\text{t}\theta\text{'ɛ}^{42}$				苦菜
马齿菜	$\text{ma}^{55}\text{tʂ'ʅt}\theta\text{'ɛ}^{42}$				马齿苋
婆婆丁	$\text{pu}^{55}\text{pu˙tiŋ}^{213}$				蒲公英

续表

灰菜	xuei213tθ'ɛ42				灰菜
夹竹桃	tɕia213tʂuˑt'ɔ42				夹竹桃
花骨朵	xua213ku55tuˑ				蓓蕾
花心	xua$_{55}^{213}$siẽ213				花蕊
树梃儿	ʃu42t'iŋr213				树身
树墩	ʃu42tẽ213				树墩
核桃	xuə$_{55}^{42}$t'ɔˑ				核桃
六、动物					
牲口	ʂəŋ213k'ou55				牲口
儿马	ər213maˑ				公马
骒马	k'uə213maˑ				母马
犍子	tɕiã42tθˑ				公牛
牸牛	ʂʅ42niouˑ				母牛
牛灭子	niou42miə213tʃˑ				牛犊儿
牛角	niou42tɕia55				牛角
叫驴	tɕiɔ42lyˑ				公驴
草驴	tθ'ɔ55lyˑ				母驴
牙狗	ia$_{55}^{42}$kouˑ				公狗
母狗	mu$_{55}^{42}$kouˑ				母狗
儿猫	ər$_{55}^{42}$mɔˑ				公猫
女猫	ny$_{45}^{55}$mɔˑ				母猫
角猪	tɕyə$_{45}^{55}$tʃuˑ				公猪
母猪	mu$_{45}^{55}$tʃuˑ				母猪
山羊	ʂã213iaŋ42				山羊
绵羊	miã$_{45}^{42}$iaŋˑ				绵羊
公鸡	kuŋ213tɕiˑ				公鸡
母鸡	mu213tɕiˑ				母鸡

续表

下蛋	ɕia42 213tã42			下蛋
抱	pɔ⁴²			孵
小吧儿	siɔ⁵⁵par²¹³			鸭子
马虎	ma⁵⁵xu˙			狼
黑瞎厮	xei²¹³ɕia⁵⁵₄₅θʅ˙			黑熊
狐狸	xu⁴²₅₅li˙			狐狸
骚水狼	θɔ²¹³ʂueiˑlaŋ⁴²	骚皮子	θɔ²¹³p'i⁴²₅₅tθʅ˙	黄鼠狼
老鼠	lɔ⁵⁵ʃu˙			老鼠
长虫	tʃ'aŋ⁴²₂₁tʂ'uŋ⁴²			蛇
老乌	lɔ⁵⁵₂₁₃u˙			乌鸦
牙鹊儿	ia⁴²₅₅ts'yər˙			喜鹊
家雀儿	tɕia²¹³ts'yər˙			麻雀
燕子	iã⁴²tθʅ˙			燕子
大雁	tɑ²¹³iã⁴²			大雁
布鸽	pu⁴²kə˙			鸽子
布谷鸟	pu⁴²kuˑniɔ⁵⁵			布谷鸟
啄木鸟	tʂuə⁴²muˑniɔ⁵⁵			啄木鸟
猫头鹰	mɔ⁵⁵t'ou⁴²iŋ²¹³			猫头鹰
蝙蝠	piã²¹³fu⁴²			蝙蝠
蚕	tθ'ã⁴²			蚕
蚕蛹	tθ'ã⁴²yŋ⁵⁵			蚕蛹
赖赖蛛	lɛ⁴²₂₁₃lɛ⁴²tʃu²¹³			蜘蛛
虮蚌	tɕi²¹³iaŋ˙			蚂蚁
蝼蛄	lu⁴²₅₅ku˙			蝼蛄
土鳖	t'u²¹³piə⁵⁵			土鳖
蛐蟮	tɕ'y²¹³ʃẽ˙			蚯蚓
蜗牛	uə²¹³niou⁴²			蜗牛
蝎虎	ɕiə⁵⁵xu˙			壁虎

续表

蜜虫子	mi42tʂʻuŋ42 55tθɿ			蚜虫
苍蝇	tθʻɑŋ²¹³iɑŋ˙			苍蝇
蛆	tsʻy²¹³			苍蝇卵
蚊子	uẽ⁵⁵tθɿ˙			蚊子
蚊子鬼儿	uẽ⁵⁵tθɿkueir⁵⁵			孑孓
虱子	ʂʅ²¹³tθɿ			虱子
臭虫	tʃʻou⁴²tʂʻuŋ˙			臭虫
虼蚤	kə²¹³tθɔ⁴²			跳蚤
土遮	tʻu²¹³tʃə˙			蟋蟀
蚂蚱	mɑ⁴²tʂɑ˙			蝗虫
刀螂	tɔ²¹³lɑŋ⁴²			螳螂
截留	tsiə⁴²liou˙			蝉
蜂子	fəŋ²¹³tθɿ			马蜂
臭板儿虫	tʃʻou⁴²pãr²¹³tʂʻuŋ⁴²			臭大姐
蜻蜓	tʻiŋ²¹³tʻiŋ⁴²			蜻蜓
兔子	tʻu⁴²tθɿ			野兔
山猫	ʂã²¹³₅₅mɔ²¹³			家兔
蝈蝈	kuɛ²¹³kuɛ˙			蝈蝈
蛐子	iou⁴²₅₅tθɿ˙			蛐子
哇呕儿	uɑ⁴²our˙			伏天儿
截留鬼儿	tsiə²¹³liou˙kueir⁵⁵			小蝉鬼儿
货郎姑	xuə⁴²lɑŋku⁵⁵			花大姐
屎壳郎	ʂʅ⁵⁵₅₅kʻəlɑŋ⁴²	屎口郎	ʂʅ⁵⁵₅₅kʻoulɑŋ⁴²	屎壳郎
蛤蟆个蚪	xɑ⁵⁵mɑˑkuə⁴²tou˙			蝌蚪
老牛	lɔ⁵⁵niou⁴²			天牛
鳖	piə²¹³			鳖
青蛙个蚪	tsʻiŋ²¹³uɛ˙kuə⁴²tou˙	青蛙	tsʻiŋ²¹³uɛ˙	青蛙

续表

金口郎	tɕiẽ²¹³kʻou⁵⁵laŋ⁴²			金龟子
七、房舍器物				
天井	tʻiã²¹³tsiŋ⁵⁵			院子
过洞	kuə⁴²₂₁tuŋ⁴²			过道
照壁	tʃɔ⁴²peï			影壁
障子	tʃaŋ⁴²tθ˙			篱笆
屋	u²¹³			房子
屋	u²¹³			屋子
正屋	tʃəŋ⁴²u²¹³			正房
厢房	siaŋ²¹³₅₅u²¹³			厢房
外屋	uɑi⁴²u²¹³			外屋
里屋	li⁵⁵u²¹³			里屋
房门	faŋ⁴²₅₅mẽ			房门
街门	tɕiɛ²¹³mẽ			院门
角门	tɕyə²¹³mẽ			角门
门关	mẽ⁴²kuã²¹³			门闩
门桯	mẽ⁴²₅₅tʃʻẽ			门坎儿
妈	mɑ²¹³			盲杖
台阶儿	tʻɛ⁴²tɕiɛr²¹³			台阶
仰棚	iaŋ⁵⁵pʻəŋ⁴²	仰翅	iaŋ⁵⁵tʂʻʅ⁴²	顶棚
窗	tʂʻuaŋ²¹³			窗户
天窗	tʻiã²¹³₅₅tʂʻuaŋ²¹³			天窗
床	tʂʻuaŋ⁴²	炕	kʻaŋ²¹³	床
圈	tɕyã⁴²			厕所
灶房	tθɔ⁴²faŋ˙			厨房
锅台	kuə²¹³tʻɛ⁴²			炉灶
浮炱	fu⁴²₂₁₃tʻɛ⁴²			烟囱
风匣	fəŋ²¹³ɕiã⁴²			风箱

续表

煤锨	mei42ɕiã213			煤铲子
火棍	xuə55kuẽ42			火棍
铁筷子	tʻiə55kʻuɛ42tθɹ̩			火筷子
被	pei42			被子
褥子	y42tθɹ̩			褥子
棉花套子	miã55xuɑtʻɔ42tθɹ̩			棉絮
被单	pei42tã213			床单
暖壶	nã55xu42			暖瓶
铜盆	tʻuŋ55pʻẽ42			脸盆
手巾	ʃou55tɕiẽ			毛巾
桌子	tʂuə213tθɹ̩			桌子
抽头	tʃʻou213tʻou			抽屉
凳子	təŋ42tθɹ̩			凳子
凳子	təŋ42tθɹ̩	板凳	pã55təŋ42	板凳
杌子	u42tθɹ̩			方凳
瓢	pʻiɔ42			瓢
抹布	mɑ42pu			抹布
面板	miã42pã55			面板
擀杖儿	kã55tʃɑr42			擀面杖
电棒	tiã213paŋ42			手电筒
拖把	tʻuə213pɑ42			墩布
水筲	ʂuei55ʂɔ213			水桶
扁担	piã213tã			扁担（不带钩）
担杖	tã42tʃaŋ			担杖（带钩）
洋火	iaŋ42xuə			火柴
糨	tɕiaŋ213	糨糊	tɕiaŋ213xu	糨糊
指扣儿	tʂɻ55kʻour42			顶针儿
锥针	tʂuei213tʃẽ			锥子

续表

铺衬	p'u²¹³tʂ'ẽ˙			铺衬
扫帚	θɔ⁴²tʃu⁵⁵			扫帚
笤帚	t'iɔ⁵⁵tʃu˙			笤帚
槌子	tʂ'uei⁴²₅₅tθɿ˙			槌子
烟袋	iã²¹³tɛ⁴²			烟袋
擦腚纸	tθ'ɑ²¹³tiŋ˙tʂɿ⁵⁵			手纸
蒲扇	p'u⁵⁵ʃã⁴²	扇子	ʃã̃⁴²₅₅tθɿ˙	扇子
棍子	kuẽ⁴²tθɿ˙			棍子
筷子	k'uɛ⁴²tθɿ˙			筷子
茶匙	tʂ'ɑ²¹³tʂ'ɿ˙			调羹
爆仗	pɔ⁴²tʃɑŋ˙			鞭炮
伞	θã⁵⁵			伞
柱棒	tʃu⁴²₂₁₃pɑŋ⁴²			手杖
筐子	k'uɑŋ²¹³tθɿ˙			篮子
背篓子	pei⁴²lou⁵⁵tθɿ˙			篓子（较深）
篓子	lou⁵⁵tθɿ˙			篓子
手印儿	ʃou⁵⁵iɚ⁴²	公章儿	kuŋ⁵⁵tʃɑŋr²¹³	图章
圆铃	yã⁴²tɕ'iã²¹³			图章
脚踏车	tɕyə⁵⁵tʂɑ'tʃ'ə²¹³			自行车
洋戏	iaŋ⁴²₂₁ɕi⁴²			留声机
灌绳	kuã⁴²ʃəŋ			井绳
石头	ʃɿ⁴²₅₅t'ou˙			石头
石头	ʃɿ⁴²₅₅t'ou˙			石块
老乌枕头	lɔ²¹³u˙tʃẽ⁴²₅₅t'ou˙			鹅卵石
沙	ʂɑ²¹³			沙
墼	tɕi²¹³			土坯
瓦	uɑ⁵⁵			瓦
坷垃	k'ɑ²¹³lɑ˙			土块

续表

灰	xuei²¹³			灰尘
石灰	ʃʅ⁴²xuei²¹³			石灰
砖	tʃuã²¹³			砖
洋灰	iaŋ⁴²xuei²¹³			水泥
凉水	liaŋ⁴²ʂuei⁵⁵			凉水
热水	iə²¹³ʂuei⁵⁵			热水
兀突水	u⁴²tʻuʂuei⁵⁵			温水
泔水	kã²¹³ʂuei⁵⁵			泔水
煤	mei⁴²			煤
煤渣子	mei⁴²tʂɑ²¹³tθʅ			煤末子
煤饼子	mei⁴²piŋ⁵⁵tθʅ			煤饼子
煤块儿	mei⁴²₂₁₃kʻuɛr⁴²			块煤
洋油	iaŋ⁴²₂₁iou⁴²	火油	xuə⁵⁵iou⁴²	煤油
水银	ʂuei⁵⁵iẽ⁴²			水银
吸铁石	ɕy²¹³tʻiəʃʅ⁴²			磁铁
潮脑蛋儿	tʃʻɔ⁴²₅₅nɔtãr⁴²			樟脑丸
硫黄	liou⁴²₂₁₃xuɑŋ⁴²			硫黄
黄香	xuaŋ⁴²ɕiaŋ²¹³			松香
锡	si²¹³			锡
铜	tʻuŋ⁴²			铜
铁	tʻiə⁵⁵			铁
木鱼	mu⁴²yə			木鱼
香篓儿	ɕiaŋ²¹³our⁴²			香炉
八、性别、职业等				
男的	nã⁴²₅₅ti			男人
女的	ny⁵⁵₄₅ti			女人
小孩儿	siɔ⁵⁵xɛr⁴²			小孩儿

续表

小厮	siɔ⁵⁵θʅ²¹³			男孩儿
小嫚儿	siɔ⁵⁵mãr²¹³			女孩儿
闺女	kuẽ²¹³ny⁵⁵			闺女
一对双儿	i⁵⁵₄₅teïʂuaŋr⁴²			双胞胎
老头儿	lɔ⁵⁵t'our⁴²			老头儿
青年	ts'iŋ²¹³niã⁴²			青年
壮年	tʂuaŋ⁴²niã·			壮年
工人	kuŋ²¹³iẽ⁴²			工人
庄户孙	tʂuaŋ²¹³xu·θẽ²¹³	庄户人	tʂuaŋ²¹³xu·iẽ⁴²	农民
做买卖的	tθou⁴²mɛ⁵⁵₄₅mɛ·ti·			商人
做饭的	tθou⁴²fã⁵⁵₄₅ti·	大师傅	ta²¹³ʂʅ²¹³fu·	厨子
先生	siã²¹³ʂəŋ·	老师	lɔ⁵⁵ʂʅ²¹³	教师
先生	siã²¹³ʂəŋ·	大夫	tɛ⁴²fu·	医生
待诏的	tɛ⁴²tʂɔ·ti·			理发师
老娘婆	lɔ⁵⁵₄₅niaŋ·p'ə⁴²			接生员
送信的	θuŋ⁴⁵siẽ⁴²₅₅ti·			邮递员
戏子	ɕi⁴²tθʅ·			演员
耍玩意儿的	ʂua⁵⁵₄₂uã⁴²₄₅ir·ti·			杂技演员
瓦匠	ua⁴²tsiaŋ·			瓦匠
皮匠	p'i⁴²₅₅tsiaŋ·			鞋匠
木匠	mu²¹³tsiaŋ·			木匠
货郎	xuə⁴²laŋ·			货郎
锢露子	ku⁴²₅₅lu·tθʅ·			锔锅碗的
打铁的	ta⁵⁵t'iə²¹³ti·			铁匠
烧窑的	ʃɔ²¹³iɔ⁵⁵ti·			窑匠
裁缝	tθ'ɛ⁴²₅₅fəŋ·			裁缝
伙计	xuə⁵⁵₄₅tɕi·			店员
跑堂的	p'ɔ⁵⁵₄₂t'aŋ⁴²₅₅ti·			跑堂的

光棍儿	kuaŋ²¹³kuẽr·			单身汉
老嫚儿	lɔ⁵⁵mãr·			老姑娘
孝妇老婆	ɕiɔ⁴²fu·lɔ⁵⁵p'ɔ·	寡妇	kuɑ⁵⁵₂₁₃fu·	寡妇
二套子	ər²¹³t'ɔ⁴²tθʅ·			再嫁的妇女
带脚子	tɛ⁴²tɕyə⁵⁵₄₅tθʅ·			拖油瓶
轧伙	kɑ²¹³xuə·			姘居
轧伙	kɑ²¹³xuə·			姘头
懒汉子	lã²¹³xã⁴²₅₅tθʅ·			懒汉
要饭的	iɔ⁴²fã⁵⁵ti·			乞丐
杠眼子	kaŋ⁴²iã⁵⁵tθʅ·			爱抬杠的人
二流子	ər⁴²liou⁴²tθʅ·			流氓
溜沟子人	liou²¹³₅₅kou²¹³tθʅ·iẽ⁴²			马屁精
断道的	tã⁴²tɔ·ti·			强盗
小偷	siɔ⁵⁵t'ou²¹³	贼	tθei⁴²	贼
说合的	ʃuə²¹³xuə⁴²₅₅ti·	立字儿人	li⁴²₅₅tθʅ·riẽ⁴²	中间人
模样儿	mu⁴²₅₅iaŋr·	官目	kuã²¹³mu·	相貌
年纪	niã⁴²₅₅tɕi·			年龄
九、亲属称谓				
大	ta²¹³	爹	tiə²¹³	父亲
妈	ma²¹³	娘	niaŋ⁴²	母亲
大爷	ta⁴²iə·			伯父
大妈	ta⁴²ma²¹³			伯母
叔叔	ʃu²¹³ʃu·			叔父
娘娘	niaŋ²¹³niaŋ·			叔母
姑姑	ku²¹³ku·			姑姑
姑父	ku²¹³fu·			姑父
爷爷	iə⁴²₂₁₃iə·			祖父

续表

嬷嬷	mə²¹³məˑ			祖母
姥爷	lɔ⁵⁵₄₅iəˑ			外祖父
姥娘	lɔ⁵⁵₄₅niɑŋˑ			外祖母
舅儿	tɕiour⁴²	舅	tɕiou⁴²	舅父
舅母	tɕiou⁴²₅₅muˑ			舅母
丈人	tʃɑŋ⁴²₅₅iẽˑ			岳父
丈母	tʃɑŋ⁴²₅₅muˑ			岳母
儿	ər⁴²			儿子
闺女	kuẽ²¹³ny⁵⁵			女儿
女婿	ny⁵⁵₄₅syˑ			女婿
媳妇子	si²¹³fuˑtʂʅˑ			儿媳
孙子	θẽ²¹³tʂʅˑ			孙子
孙女	θẽ²¹³nyˑ			孙女
侄儿	tʂʅr⁴²			侄子
侄女	tʂʅ⁴²ny⁵⁵			侄女
外甥	uɛ⁴²₅₅ʂəŋˑ			外甥
女外甥	ny⁵⁵₄₂uɛ⁴²₅₅ʂəŋˑ			外甥女
重外甥	tʂʻuŋ⁴²uɛ⁴²₅₅ʂəŋˑ			外孙
姨	i⁴²			姨
后妈	xou⁴²mɑ²¹³			继母
后爹	xou⁴²tiə²¹³			继父
妯娌	tʃu⁴²₅₅liˑ			妯娌
哥哥	kuə²¹³kuəˑ			哥哥
兄弟	ɕyŋ²¹³ti⁴²			弟弟
弟兄	ti⁴²ɕyŋˑ			弟兄
姐姐	tsiə²¹³tsiəˑ			姐姐
妹妹	mei⁵⁵meïˑ			妹妹
姊妹儿	tʂʅ⁵⁵meir⁴²			姐妹

续表

嫂子	θɔ$_{55}$tθɿ			嫂子
兄媳妇	ɕyŋ$_{55}^{213}$si^{213}fu·	弟妹	ti^{213}mei^{42}	弟媳
叔兄弟	ʃu$_{55}^{213}$ɕyŋ^{213}ti·			堂兄弟
叔姊妹	ʃu$_{55}^{213}$tθɿ^{55}mei^{42}			堂姊妹
男人	nã$_{55}^{42}$iẽ	汉子	xã$_{55}^{42}$tθɿ	丈夫
媳妇	si^{213}fu·	老婆	lɔ^{55}p'ə^{42}	妻子
大伯	tɑ$_{55}^{42}$peï			大伯子
小叔	siɔ$_{45}^{55}$ʃu·			小叔子
大姑	tɑ$_{55}^{42}$ku·			大姑子
小姑	siɔ$_{45}^{55}$ku·			小姑子
大姨子	tɑ$^{42}_{55}$i^{42}tθɿ			大姨子
小姨子	siɔ$_{42}^{55}$i$_{55}^{42}$tθɿ			小姨子
大舅子	tɑ^{42}tɕiou$_{55}^{42}$tθɿ			大舅子
小舅子	siɔ$_{42}^{55}$tɕiou$_{55}^{42}$tθɿ			小舅子
婆婆	p'ə$_{55}^{42}$p'ə			婆母
公公	kuŋ^{213}kuŋ·			公公
连襟	liã$_{55}^{42}$tɕiẽ			连襟
亲家	tɕ'iŋ^{42}tɕiɑ·			亲家

十、身体器官

身子	ʃẽ^{213}tθɿ			身体
头	t'ou^{42}			头
头顶儿	t'ou^{42}tiŋr^{55}			头顶儿
后头	xou$_{213}^{42}$t'ou^{42}			后脑勺子
脖子	pə$_{55}^{42}$tθɿ			脖子
页楞盖	iə$_{55}^{45}$ləŋ·ke^{42}			额
瓜渍瓮儿	kuɑ^{213}tθɿuəŋr^{42}			后脑勺窝
页角儿	iə^{42}tɕiər^{55}			鬓

续表

脖青筋	pə⁵⁵tsʻiŋ˙tɕiẽ²¹³			大脖筋
风门儿	fəŋ²¹³mər⁴²	二门台子	ər⁴²mẽtʻ˙ɛ₅₅⁴²tθɿ˙	太阳穴
脸	liã⁵⁵			脸
眼	iã⁵⁵			眼
眼珠儿	iã⁵⁵tʃu²¹³tθɿ˙			眼珠儿
眼睛儿	iã⁵⁵tθẽr²¹³			瞳孔
眼眉	iã⁵⁵mei⁴²			眉
眼脂毛	iã₄₅⁵⁵tʂɿmɔ⁴²			睫毛
眼眵	iã⁵⁵tʂʻɿ²¹³			眼眵
眼泪	iã⁵⁵lei⁴²			眼泪
耳斗	ər⁵⁵tou⁴²			耳朵
耳茸	ər₄₂⁵⁵yŋ⁵⁵			耳屎
鼻子	pi₅₅⁴²tθɿ˙			鼻子
鼻清	pi₅₅⁴²tsʻiŋ˙			鼻涕
鼻孔眼儿	pi₅₅⁴²kʻuŋ˙iãr⁵⁵			鼻孔
鼻翅儿	pi₂₁₃⁴²tʂʻɿ⁴²			鼻翼
酸楂鼻子	θã₅₅²¹³tʂa²¹³pi₅₅⁴²tθɿ˙			酒糟鼻子
嘴	tθei⁵⁵			嘴
獒水	tʃʻɿ²¹³ʂuei⁵⁵			口水
舌头	ʃə₅₅⁴²tʻou˙			舌头
虫牙	tʂʻuŋ₂₁⁴²iɑ⁴²			龋齿
牙	iɑ⁴²			牙
牙花子	iɑ⁴²xuɑ²¹³tθɿ˙			牙龈
牙锈	iɑ⁴²siou²¹³			牙垢
吞子	tʻẽ⁴²tθɿ˙			嗓子
胡子	xu⁴²tθɿ˙			胡须
连绵胡子	liã₅₅⁴²miã⁴²xu₅₅⁴²tθɿ˙			络腮胡子
牙巴骨	iɑ₅₅⁴²paˈku⁵⁵			下巴

续表

肩膀	tɕiã²¹³paŋ⁴²			肩
脊枕窝	tsi⁵⁵tʃẽ⁴²uə²¹³			腋
拐肘头子	kuɛ²¹³tʃuˈtʻou⁴²₅₅tθɿ˙			肘
胳臂	kɑ²¹³puˑ			胳臂
手	ʃou⁵⁵			手
左手	tθuə²¹³ʃou⁵⁵			左手
右手	iou²¹³ʃou⁵⁵			右手
锤	tʂʻuei⁴²			拳头
手掌	ʃou⁵⁵₄₂tʃɑŋ⁵⁵			手掌
手背	ʃou⁵⁵pei²¹³			手背
指头	tʂɿ²¹³tʻou⁴²			手指
手脖儿	ʃou⁵⁵pər⁴²			手腕
手骨棍儿	ʃou⁵⁵ku²¹³kuẽr⁴²			手指节
指头肚	tʂɿ⁵⁵tʻouˑtu⁴²			手指肚
大拇指	tɑ⁴²₅₅muˑtʂɿ⁵⁵			大拇指
食指	ʂɿ⁴²tʂɿ⁵⁵			食指
中指	tʂuŋ²¹³tʂɿ⁵⁵			中指
无名指	u⁴²₅₅miŋˑtʂɿ⁵⁵			无名指
小拇指	siɔ⁵⁵muˑtʂɿ⁵⁵			小拇指
指盖儿	tʂɿ⁵⁵kɛr⁴²			指甲
脊梁	tsi⁵⁵₄₅liɑŋˑ			背
脊梁骨	tsi⁵⁵₄₅liɑŋˑku⁵⁵			脊骨
胸膛	ɕyŋ²¹³tʻɑŋ⁴²			胸
肋叉骨	lei⁴²tʂʻɿku⁵⁵			肋骨
奶子	nɛ²¹³tθɿ˙			乳房
肚子	tu⁴²tθɿ˙			肚子
腹脐眼儿	pu⁴²tsʻïãr⁵⁵			肚脐
胃	uei⁵⁵			胃

续表

腰	$i\mathfrak{o}^{213}$			腰
腚	$ti\eta^{42}$	腚锤子	$ti\eta^{42}ts\text{'}uei_{55}^{42}t\theta\eta$	屁股
腿	$t\text{'}ei^{55}$			腿
干腿子	$k\tilde{a}^{213}t\text{'}ei^{55}t\theta\eta$			小腿
腿肚子	$t\text{'}ei_{42}^{55}tu_{55}^{42}t\theta\eta$			腿肚子
波罗盖儿	$p\mathrm{\partial}^{55}lu\mathrm{\partial}\mathrm{'}k\varepsilon r^{42}$			膝盖
脚	$t\mathrm{\varepsilon}y\mathrm{\partial}^{213}$			脚
脚腕儿	$t\mathrm{\varepsilon}y\mathrm{\partial}_{55}^{213}u\tilde{a}r^{213}$			脚腕子
脚脖子	$t\mathrm{\varepsilon}y\mathrm{\partial}^{213}p\mathrm{\partial}_{55}^{42}t\theta\eta$			脚脖子
大腿	$ta^{213}t\text{'}ei^{55}$			大腿
脚后跟	$t\mathrm{\varepsilon}y\mathrm{\partial}_{45}^{55}xou\text{'}k\tilde{e}^{213}$			脚跟儿
脚趾头	$t\mathrm{\varepsilon}y\mathrm{\partial}_{55}^{213}ts\eta^{213}t\text{'}ou^{42}$			脚趾
骨头	$ku_{45}^{55}t\text{'}ou\text{'}$			骨头
筋	$t\mathrm{\varepsilon}i\tilde{e}^{213}$			筋
		十一、医 病		
长病	$t\int a\eta^{55}pi\eta^{42}$			生病
不舒坦	$pu^{42}\int u^{213}t\text{'}\tilde{a}\text{'}$			不舒服
发热	$fa_{55}^{213}i\mathrm{\partial}^{213}$			发烧
肿了（牙）	$tsu\eta_{45}^{55}l\mathrm{\partial}\text{'}$	发炎	$fa^{55}i\tilde{a}^{42}$	发炎
化脓	$xuei^{42}n\tilde{e}\text{'}$			化脓
冒肚子	$m\mathfrak{o}^{42}tu_{55}^{42}t\theta\eta$			腹泻
闪着了	$\int\tilde{a}_{45}^{55}ts\eta l\mathrm{\partial}\text{'}$			伤风
胀饱	$t\int a\eta^{42}p\mathfrak{o}\text{'}$			积食
恶心	$u\mathrm{\partial}^{42}si\tilde{e}^{213}$			恶心
呕	ou^{55}			吐
发脾寒	$fa_{42}^{55}p\text{'}i_{55}^{42}x\tilde{a}\text{'}$			发疟子

续表

羊狗风	iaŋ$_{55}^{42}$kou'fəŋ^{213}			羊角风
抽风	tʃ'ou^{55}fəŋ^{213}	老牛大憋气	lɔ^{55}niou$_{55}^{42}$ta^{213}piə^{213}tɕ'ï	抽风
肿	tʂuŋ^{55}			肿
胀	tʃaŋ^{42}			胀
吐酸水	t'u^{55}θã^{213}ʂuei^{55}			返酸
发干	fa^{55}kã^{213}			便秘
胃疼	uei^{55}t'əŋ^{42}			胃疼
痨病	lɔ$_{213}^{42}$piŋ^{42}			肺结核
疮	tʂ'ɑŋ^{213}			疮
割肚子	kɑ$_{42}^{55}$tu$_{55}^{42}$tθ̣			剖腹
不行了	pu^{42}ɕiŋ$_{55}^{42}$lə·	快死了	k'uɛ^{42}θ̣$_{45}^{55}$lə·	病危
看病	k'ã^{213}piŋ^{42}			诊病
吃药	tʃ'ŋ̣$_{55}^{213}$yə^{213}			吃药
中医	tʂuŋ$_{55}^{213}$i^{213}			中医
西医	si$_{55}^{213}$i^{213}			西医
打针	ta^{55}tʃẽ^{213}			打针
下气针	ɕia$_{21}^{42}$tɕ'ŋ̣^{47}tʃẽ^{213}			针灸
长痂儿	tʃaŋ^{55}kɑr^{213}			结痂
疤	pɑ^{213}			疤
左巴赖子	tθuə^{213}pɑ˙lɛ^{213}tθ̣			左撇子
瘸	tɕ'yə^{42}			瘸
瘸拐儿	tɕ'yə$_{55}^{42}$kuɛr·			瘸子
病痼子	piŋ^{42}ku$_{55}^{42}$tθ̣			常年生病的人
痴厮	tʃŋ̣^{213}θ̣	彪子	piɔ^{213}tθ̣	傻
瞎	ɕia^{213}			瞎
聋	luŋ^{42}			聋
瞎汉	ɕia$_{45}^{55}$xã			瞎子

续表

聋汉	luŋ⁴²xã·			聋子
背声	pei⁴²ʃəŋ²¹³			耳背
疯子	fəŋ²¹³tθɿ·			疯子
疯	fəŋ²¹³			疯
秃	tʻu²¹³			秃
秃厮	tʻu²¹³θɿ·			秃子
锅腰儿	kuə²¹³iɔɹ·			驼背
结巴	tɕiə²¹³pu·			结巴
破唇儿	pʻə⁴²tʂʻueiɹ·			唇裂
哈鼻子	xɑ²¹³pi⁴²₅₅tθɿ·			塌鼻
毒药	tu⁴²₅₅yɔ·			毒药
	十二、服 饰			
衣裳	i²¹³ʃaŋ·			衣服
棉衣裳	miã⁴²₂₁i²¹³ʃaŋ·			棉衣
小褂	siɔ⁵⁵kuɑ⁴²			上衣
单衣裳	tã²¹³₅₅i²¹³ʃaŋ·			单衣
外套儿	uɛ⁴²₂₁₃tʻɔɹ⁴²			外衣
大褂	tɑ²¹³kuɑ⁴²			长衫
棉袄	miã⁴²ɔ⁵⁵			棉袄
棉裤	miã⁴²₂₁kʻu⁴²			棉裤
大氅	tɑ⁴²tʂʻaŋ⁵⁵			大衣
袄袖	ɔ⁵⁵siou⁴²			袖子
布袋	pu⁴²₅₅tɛ·			衣兜
裤子	kʻu⁴²₅₅tθɿ·			裤子
裤衩	kʻu⁴²tʂʻa⁵⁵			裤头
裤头	kʻu⁴²₂₁tʻou⁴²			短裤
□腰带	tʂʻu⁵⁵iɔ²¹³tɛ·			腰带

续表

裤腿	kʻu⁴²tʻei⁵⁵			裤腿
汗溜儿	xã⁴²ouɹ˙			背心
汗溜儿	xã⁴²ouɹ˙			汗衫
帽子	mɔ⁴²₅₅tθɹ˙			帽子
围裙儿	uei⁴²₅₅tɕʻyəɹ˙			围裙
裙子	tɕʻyẽ⁴²₅₅tθɹ˙			裙子
扎腿带子	tʂa²¹³tʻei⁵⁵tɛ⁴²tθɹ˙			腿带子
腹肚儿	pu⁵⁵tuɹ˙			肚兜儿
嘎啦	ka²¹³la˙			涎布
口子	tʃʻẽ⁴²tθɹ˙			尿布
袜子	ua⁴²tθɹ˙			袜子
兜脚布	tou²¹³tɕyə⁵⁵pu⁴²			包脚布
手巾	ʃou⁵⁵₄₅tɕiẽ			手巾
围脖儿	uei⁴²₂₁₃pəɹ⁴²			围巾
钱插子	tsʻiã⁴²tʂʻa²¹³tθɹ˙			褡裢
扣儿	kʻouɹ²¹³			纽扣
补丁	pu²¹³tiŋ˙			补丁
苇蓆	uei²¹³liɛ̃			斗笠
蓑衣	θuə²¹³i˙			蓑衣
雨衣	y⁵⁵i²¹³			雨衣
坠子	tʂuei⁴²₅₅tθɹ˙			耳环
手镯	ʃou⁵⁵tʂuə⁴²			手镯
鞋	ɕiɛ⁴²			鞋
毡靴子	tʃã⁵⁵ɕyə²¹³tθɹ˙			毡鞋
布鞋	pu²¹³ɕiɛ⁴²			布鞋
水鞋	ʂuei⁵⁵ɕiɛ⁴²			雨鞋
单鞋	tã²¹³ɕiɛ⁴²			单鞋
靴子	ɕyə²¹³tθɹ˙			棉鞋

续表

鞋带儿	$\varcie_{213}^{42}t\varepsilon r^{42}$			鞋带儿
死扣儿	$\theta\eta^{55}k'our^{42}$			死扣儿
活扣儿	$xu\vartheta_{213}^{42}k'our^{42}$			活扣儿
死结	$\theta\eta^{55}t\varcie\vartheta^{42}$			死结
活结	$xu\vartheta_{213}^{42}t\varcie\vartheta^{42}$			活结
十三、饮 食				
饭食	$f\tilde{a}_{55}^{42}\int\eta$			饭食
早饭	$t\theta o^{55}f\tilde{a}$			早饭
晌午儿饭	$\int a\eta^{214}u\tilde{e}r'f\tilde{a}$			午饭
下晚儿饭	$\varcia^{42}u\tilde{a}r'f\tilde{a}$			晚饭
干饭	$k\tilde{a}^{213}f\tilde{a}^{42}$			米饭
疙渣	$ka^{213}t\underline{s}a\cdot$			锅巴
面	$mi\tilde{a}^{42}$			面
面汤	$mi\tilde{a}^{42}t'a\eta^{213}$			面条
艄馇	$ku^{213}t\underline{s}\underline{\eta}$			饺子
米汤	$mi^{55}t'a\eta^{213}$			米汤
黏粥	$ni\tilde{a}_{55}^{45}t\int u\cdot$			面粉做的粥
拨抡汤	$pu^{55}l\tilde{e}t't'a\eta^{213}$			面疙瘩
饽饽	$p\vartheta^{213}p\vartheta\cdot$	干粮	$k\tilde{a}^{213}lia\eta^{42}$	馒头
卷子	$t\varcy\tilde{a}_{45}^{55}t\theta\eta$			卷子
包儿	$p\vartheta r^{213}$	干粮	$k\tilde{a}^{213}lia\eta^{42}$	包子
锅饼	$ku\vartheta^{213}pi\eta^{55}$			锅饼
火烧	$xu\vartheta^{55}\int o^{213}$			烧饼
单饼	$t\tilde{a}^{213}pi\eta^{55}$			单饼
窝窝头	$u\vartheta^{213}u\vartheta\cdot t'ou^{42}$			窝头
煎饼	$tsi\tilde{a}^{213}pi\eta^{55}$			煎饼
虎头子	$xu^{213}t'ou^{55}t\theta\eta$	饼子	$pi\eta^{213}t\theta\eta$	饼子

续表

糕	kɔ²¹³			黏糕
糕	kɔ²¹³			年糕
菜	tθ'ɛ²¹³			菜
细粉	si⁴²fẽ			粉条
香油果子	ɕiaŋ²¹³iouˈkuə₄₅⁵⁵tθʅ	麻糖	mɑ̃⁴²₅₅t'aŋ	油条
鸡子	tɕi²¹³tθʅ			鸡蛋
热水	iə²¹³ʂuei⁵⁵			开水
和面	xuə²¹³⁴²miã⁴²			和面
面引子	miã⁴²iẽ⁵⁵tθʅ			面酵子
山楂糕儿	ʂã²¹³tʂɑˈkɔr²¹³			冰糖葫芦
酱油	tsiaŋ²¹³iou⁴²			酱油
忌讳	tɕi⁴²xueï			醋
酱	tsiaŋ²¹³			面酱
芝麻酱	tʂʅ²¹³mɑˈtsiaŋ²¹³			麻酱
香油	ɕiaŋ²¹³⁴²iou⁴²			香油
长果油	tʃ'aŋ⁵⁵kuəˈiou⁴²			花生油
大油	tɑ²¹³iou⁴²	荤油	xuẽ²¹³iou⁴²	猪油
盐	iã⁴²			盐
烧酒	ʃɔ²¹³tsiou⁵⁵			白酒
渣	tʂɑ²¹³			小豆腐
煎豆腐	tsiã²¹³tou₅₅⁴²fuˈ			炸豆腐
滋味儿	tθʅ²¹³ueir⁴²			味道
安桌子	ã₅₅²¹³tʂuə²¹³tθʅ			宴席
现成饭	ɕiã⁴²₅₅tʃ'əŋˈfɑ⁴²			便饭
点心	tiã⁵⁵siẽ			点心
十四、红白事				
办喜事儿	pã⁴²ɕi⁵⁵ʂʅr⁴²	将媳妇	tsiaŋ₅₅²¹³si²¹³fuˈ	婚事

续表

说媒	ʃuə²¹³mei⁴²			说媒
媒人	mei⁴²₅₅iẽ·	媒婆子	mei⁴²p'ə⁴²₅₅tθɿ·	媒人
看人儿	k'ã²¹³iẽr⁴²			相看
送日子	θuŋ²¹³i⁴²₅₅tθɿ·			定婚
添箱	t'iã²¹³₅₅siaŋ²¹³			添箱
将媳妇	tsiɑŋ²¹³₅₅si²¹³fu·			娶媳妇
做媳妇	tθou²¹³₅₅si²¹³fu·			出嫁
新女婿	siẽ²¹³₅₅ny²¹³sy·			新郎
新媳妇	siẽ²¹³₅₅si²¹³fu·			新娘
洞房	tuŋ⁴²₂₁₃faŋ⁴²			新房
闹房	nɔ⁴²₂₁₃faŋ⁴²			闹房
另找主儿	liŋ⁴²₂₁₃tʂɔ⁵⁵₄₂tʃur⁵⁵	改嫁	kɛ⁵⁵tɕia⁴²	再嫁
填房	t'iã⁴²₂₁₃faŋ⁴²			填房
带孩子	tɛ⁴²xɛ⁵⁵₅₅tθɿ·			怀孕
掉孩子	tiɔ⁴²xɛ⁵⁵₅₅tθɿ·			小产
坐月子	tθuə²¹³₅₅yə²¹³tθɿ·			坐月子
百岁	pei⁵⁵θuei⁴²			百日
遗腹子	i⁴²fu⁵⁵₄₅tθɿ·	背后生儿	pei⁴²₄₅xou·ʂəŋr²¹³	遗腹子
老生儿	lɔ²¹³₅₅ʂəŋ²¹³ər⁴²			老生子
过生日	kuə⁴²ʂəŋ²¹³i·			寿辰
过生日	kuə⁴²ʂəŋ²¹³i·			做寿
丧事儿	θaŋ²¹³ʂɿr⁴²			丧事儿
老了	lɔ⁵⁵₄₅lə·	死了	θɿ⁵⁵₄₅lə·（中年）	死了
抛死了	p'ɔ²¹³θɿ⁵⁵lə·（小孩）			死了
出殡	tʃ'u⁵⁵piẽ²¹³			出殡
火化	xuə⁵⁵xua²¹³			火葬
茔盘	iŋ²¹³p'ã⁴²			坟地
添土	t'iã²¹³t'u⁴²			清明祭祀

续表

		十五、日常生活			
起来了	tɕ'i⁵⁵lɛ⁴²lə˙				起床
刷牙	ʂuɑ²¹³iɑ⁴²				刷牙
洗脸	si⁵⁵₄₂liã⁵⁵				洗脸
梳头	ʂu²¹³t'ou⁴²				梳头
剃头	t'i²¹³t'ou⁴²				理发
铰指甲盖儿	tɕiɔ²¹³tʂʅ⁵⁵tɕiɑkɛr⁴²				剪指甲
澡洗	θɔ²¹³sï				洗澡
胰子	i⁴²₅₅tθʅ˙				肥皂
饥困	tɕi²¹³k'uẽ⁴²				饿了
做饭	tθuə²¹³fã⁴²				做饭
吃饭	tʃ'ʅ⁵⁵fã⁴²				吃饭
打勾豆	tɑ⁵⁵kou²¹³tou˙				打嗝儿
饱了	pɔ⁵⁵lə˙				饱了
喝茶	xɑ²¹³tʂ'ɑ⁴²				喝茶
吃烟	tʃ'ʅ⁵⁵iã²¹³				吸烟
拉屎	lɑ²¹³ʂʅ⁵⁵				大便
尿尿	niɔ⁴²₂₁niɔ⁴²				小便
歇息	ɕiə²¹³sï				休息
打哈吸儿	tɑ⁵⁵xɑ²¹³ɕir˙				打哈欠
打盹	tɑ⁵⁵₄₂tẽ⁵⁵				打盹
睡觉	ʂuei⁴²tɕiɔ²¹³				睡觉
打鼾睡	tɑ⁵⁵₄₂xã⁴²₅₅ʂuei˙				打鼾
打通腿儿	tɑ⁵⁵t'uŋ²¹³t'eir⁵⁵				通腿
熬眼	ɔ⁴²iã⁵⁵				熬夜
关灯	kuã²¹³₅₅təŋ²¹³				熄灯
交往	tɕiɔ²¹³uɑŋ⁵⁵				来往
家去	tɕiɑ²¹³tɕ'i⁴²				回家

续表

送东西	θuŋ⁴²tuŋ²¹³si·			送礼
晒阳阳	ʂɛ⁴²iaŋ⁴²₅₅iaŋ·			晒太阳
摆山子	pɛ⁵⁵ʂã²¹³tθ·			喝酒
招待	tʃɔ²¹³tɛ⁴²			款待
说闲话	ʃuə²¹³ɕiã⁴²₅₅xuɑ·			闲谈
礼道	li⁵⁵₄₅tɔ·			客气
请客	tsʻiŋ⁵⁵₄₂kʻei⁵⁵			请客
坐席	tθuə²¹³₂₁₃si⁴²			坐席
熊人	ɕyŋ⁴²₂₁₃iẽ⁴²			作假
不真实	pu⁴²tʃẽ²¹³ʃɿ⁴²			虚套
实在	ʃɿ⁴²₂₁₃tθɛ⁴²			实在
说话	ʃuə²¹³xuɑ⁴²			说话
背黑锅	pei⁴²xei²¹³₅₅kuə²¹³			背黑锅
笑话人	siɔ⁴²₅₅xuïẽ⁴²			叽笑
抢话说	tsʻiaŋ⁵⁵xuɑ⁴²ʃuə²¹³	多说话	tuə²¹³₅₅ʃuə²¹³xuɑ⁴²	插嘴
找事儿	tʂɔ⁵⁵ʂɿ⁴²			挑眼儿
做作	tθou⁴²tθu·			做作
臭摆摆	tʃʻou⁴²pɛ⁵⁵pï·			摆架子
装痴	tʂuaŋ²¹³₅₅tʃʻɿ²¹³			装傻
出官目	tʃʻu⁵⁵kuã²¹³mu·			出洋相
窝囊人	uə²¹³naŋ·iẽ⁴²			丢人
闯门子	tʂʻuaŋ⁵⁵₂₁₃mẽ⁴²₅₅tθŋ·			串门
吵起来了	tʂʻɔ²¹³tɕʻi⁵⁵₄₅lə·	打仗	ta⁵⁵tʃaŋ⁴²	吵架
十六、商　业				
小铺	siɔ⁵⁵pʻu⁴²			商店
做买卖	tθou⁴²mɛ⁵⁵₄₅mɛ·			做买卖
开张	kʻɛ²¹³₅₅tʃaŋ²¹³			开张

续表

买东西的	mɛ⁵⁵tuŋ²¹³sï·tï·			顾客
账先生	tʃaŋ⁴²siã²¹³ʂəŋ·			账柜
贱	tsiã⁴²			贱
贵	kuei²¹³			贵
撮货底子	tθʻuə²¹³₅₅ xuə·tï⁵⁵₄₅ tθɻ·			包圆儿
钱	tsʻiã⁴²			钱
条子	tʻiɔ⁴²₂₁₃ tθɻ·			单据
过秤	kuə²¹³tʃʻəŋ⁴²	称称	tʃʻəŋ²¹³tʃʻəŋ·	称重
支出	tʂʅ²¹³tʃʻu·			开支
盘缠	pʻã⁴²₅₅ tʃʻẽ·			路费
交运	tɕiɔ²¹³₅₅ yẽ²¹³			走运
顺当	ʃuẽ⁴²taŋ²¹³			顺当
旺醒	uaŋ⁴²₅₅ siŋ·			兴旺
该着	kɛ²¹³tʂə·	该钱	kɛ²¹³tsʻiã⁴²	欠账
挣钱	tʂəŋ⁴²₂₁₃ tsʻiã⁴²			赚钱
赔本儿	pʻei⁴²pẽr⁵⁵	亏本儿	kʻuei²¹³pẽr⁵⁵	赔钱
坊子	faŋ²¹³tθɻ·	店	tiã⁴²	饭店
出小摊儿的	tʃʻu²¹³siɔ⁵⁵tʻãr²¹³ti·			摊贩
煤站	mei⁴²₂₁₃ tʂã⁴²	煤店	mei⁴²₂₁₃ tiã⁴²	煤店
粮店	liaŋ⁴²tiã·			粮店
旅社	ly⁵⁵ʃə⁴²			旅店
剃头铺	tʻi⁴²tʻou⁴²₂₁₃ pʻu⁴²			理发店
澡堂子	tθɔ⁵⁵₂₁₃ tʻaŋ⁴²tθɻ·			澡堂
集	tsi⁴²			集市
买	mɛ⁵⁵			买
卖	mɛ⁴²			卖

续表

		十七、文 教			
书房	ʃu²¹³faŋ⁴²	书房儿	ʃu²¹³fəŋr⁴²		学校
上书房儿	ʃaŋ⁴²ʃu²¹³fəŋr⁴²				上学
放学	faŋ⁴²₂₁₃ɕyə⁴²				放学
老师	lɔ⁵⁵ʂʅ²¹³	先生	siã²¹³ʂəŋ·		教师
卷子	tɕyã⁴²tθʅ·				考卷
念书	niã⁴²ʃu²¹³				读书
温习	uẽ²¹³si⁴²	复习	fu⁴²₂₁₃si⁴²		复习
上班	ʃaŋ⁴²pã²¹³	上班儿	ʃaŋ⁴²pãr²¹³		上课
课堂	kʻə²¹³tʻaŋ⁴²				课堂
板擦	pã⁵⁵tθʻɑ²¹³				板擦
起草	tɕʻi⁵⁵₄₂tθʻɔ⁵⁵	打稿	ta⁵⁵₄₂kɔ⁵⁵		打稿
改了	kɛ²¹³lə·				涂抹
叔伯字儿	ʃu²¹³pei⁴²tθʅr⁴²				别字
没有分	mu²¹³iouˑfẽ²¹³	零蛋子	liŋ⁴²tã⁴²₅₅tθʅ·		零分
不要了	pu⁴²iɔ⁴²₅₅lə·				开除
蹲级	tẽ²¹³₅₅tɕi²¹³				留级
复读	fu⁴²₂₁₃tu⁴²				回读
吕剧	ly⁵⁵tɕy⁴²				吕剧
柳腔	liou⁵⁵₄₅tɕʻiaŋ·				柳腔
		十八、形容词			
好	xɔ⁵⁵				好
坏	xuɛ⁴²				坏
俊	tsyẽ²¹³				美
难看	nã⁴²₂₁₃kʻã⁴²	丑	tʃʻou⁵⁵		丑
干净	kã²¹³tɕiŋ⁴²				干净
窝囊	uə²¹³naŋ·				肮脏

续表

肥	fei⁴²			肥
胖	pʻɑŋ⁴²			胖
瘦	ʃou²¹³			瘦
拙	tʃuə⁵⁵			笨
精细	tsiŋ²¹³si⁴²			精明
糊涂	xu⁴²₅₅tuˑ			糊涂
草包	tθʻɔ⁵⁵pɔ²¹³	窝囊废	uə²¹³nɑŋˑfei²¹³	笨蛋
下民	ɕiɑ⁴²₅₅miẽˑ	小气	siɔ⁵⁵tɕʻiˑ	小气
舍得	ʃə⁵⁵teiˑ			大方
听说	tʻiŋ²¹³ʃuəˑ			听话
皮材	pʻi⁴²₅₅tθʻeiˑ			顽皮
舒素	ʃu²¹³θu⁴²	恣	tθʅ²¹³	舒服
不舒素	pu⁴²ʃu²¹³θu⁴²			难受
害淡	xɛ²¹³tã⁴²			腼腆
孝薄儿	ɕiɔ²¹³pər⁴²			稀
木厚	mu²¹³xou⁴²			稠
咸	ɕiã⁴²			咸
齁咸	xou²¹³ɕiã⁴²			很咸
淡	tã⁴²			淡
木厚	mu²¹³xou⁴²			很厚
孝薄儿	ɕiɔ²¹³pər⁴²			很薄
半草	pã⁴²tθʻɔ²¹³	中等	tʂuŋ²¹³təŋ⁵⁵	中等
多数	tuə²¹³ʂu⁴²			多少
少	ʃɔ⁵⁵			少
差不离	tʂʻɑ⁴²puˑər⁴²			差不多
粗	tθʻu²¹³			粗
细	si²¹³			细
团团	tʻã⁴²₅₅tʻã			圆

续表

方	fɑŋ²¹³				方
长	tʃ'ɑŋ⁴²				长
挺突	t'iŋ⁴²t'u·				棒
囫囵	xu⁴²₅₅lẽ	全面	ts'yã⁴²miẽ		完整
碎	θei²¹³				碎
冷	ləŋ⁵⁵				凉
热	iə²¹³				热
早	tθɔ⁵⁵				早
晚	uã⁵⁵				晚
闲	ɕiã⁴²				闲
忙	mɑŋ⁴²				忙
闲散	ɕiã⁴²θẽ				冷清
热闹	iə⁴²nɔ·				热闹
塞	θei²¹³				拥挤
不关事	pu⁴²kuã⁵⁵ʂʅ⁴²				不要紧
贵金	kuei⁴²tɕiẽ²¹³	仔细	tθʅ²¹³sï		要紧
地道	ti⁴²₅₅tou·				地道
可靠	k'uə⁵⁵k'ɔ⁴²				可靠
结实	tɕiə²¹³ʃʅ·				坚固
暄腾	ɕyã²¹³t'əŋ·				暄和
顶硬	tiŋ⁵⁵iŋ⁴²				坚硬
黑	xei⁵⁵				黑
白	pei⁴²				白
轻	tɕ'iŋ²¹³				轻
沉	tʃ'ẽ⁴²				重

十九、动　作				
抬头	t'ɛ$_{213}^{42}$t'ou^{42}			抬头
低头	ti^{213}t'ou^{42}			低头
摆头	pɛ^{55}t'ou^{42}			摆头
撅嘴	tɕyə^{213}tθei^{55}			撅嘴
摆手	pɛ$_{213}^{55}$ʃou^{55}			摆手
伸手	ʃẽ^{213}ʃou^{55}			伸手
拍手	p'ei^{213}ʃou^{55}			拍手
背搭手	pei^{213}tɑʃou^{55}			背手
夹腰	tɕ'iɑ$_{55}^{213}$iɔ^{213}			叉腰
锅腰	kuə$_{55}^{213}$iɔ^{213}			弯腰
扒拉（朝向自己）	pɑ^{213}lɑ˙	拨拉（左右）	pu^{213}lɑ˙	扒拉
团弄	t'ã$_{55}^{42}$nuŋ˙			团弄
搓	tθ'uə^{213}			搓
捂	u^{55}			捂
撕	θɿ^{213}	□	lɛ^{55}	撕
裂	liə^{55}			裂
掐	tɕ'iɑ^{55}			掐
擦	tθ'ɑ^{55}			擦
提溜	ti^{213}liou^{42}			提
稳	uẽ^{55}			放
招着	tʃɔ^{213}tʂə˙			扶
剥	pɑ^{55}			剥
撂	liɔ^{42}			扔
抎	k'uɛ^{55}			搔
擤	siŋ^{55}			擤
摩挲	mə^{213}θu^{42}			摩挲
拾掇	ʃɿ$_{55}^{42}$tou˙			收拾

续表

松手	θuŋ²¹³ʃou⁵⁵			撒手
盘咕腿儿	p'ã⁴²₅₅ku't'eir⁵⁵			盘腿
翘脚	tɕ'io⁴²tɕyə⁵⁵			跷脚
蜷咕腿儿	tɕ'yã⁵⁵ku't'eir⁵⁵			蜷腿
劈拉腿	p'i⁵⁵₄₅la't'ei⁵⁵			分腿
歇下	tɕ'iə²¹³ɕia·			躺下
蹲下	tẽ²¹³ɕia·			蹲下
堆	tθei²¹³			堆积
把	pɑ⁴²			把（屎）
作声	tθu⁴²ʃəŋ·			说话
抬杠	t'ɛ⁴²kaŋ²¹³			抬杠
舔腚	t'iã⁵⁵tiŋ⁴²	溜沟子	liou⁵⁵kou²¹³tθʅ·	拍马屁
蹓跶	liou²¹³tɑ·			散步
抹瞪眼儿	mɑ²¹³təŋiãr⁵⁵			眨眼
弄	nuŋ⁴²			弄
熊	ɕyŋ⁴²			骗
打翻译	tɑ⁵⁵fã²¹³i·			打岔
噘	tɕyə⁴²			骂
咕念	ku²¹³niã⁴²			叨念
理儿	ər²¹³			理睬
不理人儿	pu⁴²ər²¹³iẽr⁴²			不理睬
对	tei⁴²			对待
瞧不起	tsʻio⁵⁵pu tɕ'i⁵⁵			小看
知道	tʃʅ²¹³tou·			知道
打算	tɑ⁵⁵θã⁴²	数算	ʂu⁵⁵θã⁴²	盘算
数算	ʂu⁵⁵θã⁴²			掂量
寻思	siẽ²¹³sï			寻思

续表

想想	siaŋ⁵⁵₄₅siaŋ·			考虑
估摸	ku²¹³mə·	估量	ku²¹³liaŋ·	估量
黏杠	niã⁴²₂₁₃kaŋ⁴²			犹豫
发慌	fɑ⁵⁵xuaŋ²¹³			着慌
发急	fɑ⁵⁵tɕi⁴²			焦急
挂挂	kuɑ⁴²kuɑ·			挂念
盼盼	pʻã⁴²pʻã·			盼望
好好想着	xɔ⁵⁵₄₅xɔ·siaŋ⁵⁵₄₅tʂə·			记住
忘了	uaŋ⁴²₅₅lə·			忘记
眼馋	iã⁵⁵tʂʻã⁴²			眼红
稀罕	ɕi⁵⁵₄₅xẽ·			喜欢
烦气	fã⁴²₅₅tɕʻï·			讨厌
攒火	tθã⁵⁵₄₂xuə⁵⁵			生气
吱怨	tʃŋ²¹³yuã·			埋怨
拨动	pə²¹³tuŋ⁴²			拨动
愿意	yuã⁴²₅₅ï·			愿意
够不着	kou⁵⁵pu·tʂuə⁴²			够不着
打扮	tɑ⁵⁵pã·			打扮
伺候	tθʻŋ⁴²xou·			侍奉
忙活	maŋ⁵⁵xuə·			忙碌
碰见	pʻəŋ⁴²tɕiã·			遇见
惯	kuã⁴²			娇惯
掉了	tiɔ⁴²lə·			遗失
糟寸	tθɔ²¹³tθʻẽ⁴²			糟踏
轧伙	ka²¹³xuə⁵⁵			合伙
澡洗	tθɔ²¹³si⁵⁵			游泳
道迷	tɔ⁴²mï·			迷失
撂	liɔ⁴²	摔	ʂuei⁵⁵	摔

续表

耍	ʂua⁵⁵			玩耍
挑	tʻiɔ²¹³			选择
知道了	tʃʐ²¹³touˑləˑ			懂了
对弄	tei⁴²luŋˑ	掺	tʂʻã²¹³	对

二十、方　位

上边	ʃaŋ⁴²piã˗			上头
下边	ɕia⁴²piã˗			下头
左边	tθuə²¹³piã˗			左边
右边	iou₅₅⁴⁵piã˗			右边
中间儿	tʂuŋ²¹³tɕiãr⁴²	中当儿	tʂuŋ²¹³₅₅ taŋr²¹³	中间
里面儿	li⁵⁵miãrˑ			里面
外面儿	uɛ⁴²miãrˑ			外面
前边儿	tsʻiã⁵⁵piãrˑ			前边
后边儿	xou⁴²piãrˑ			后边
旁边儿	pʻaŋ⁴²₅₅piãrˑ			旁边
这半块儿	tʃə²¹³pã⁴²₅₅kʻuɛrˑ			附近
眼前跟儿	iã⁵⁵tsʻiã⁴²kẽr²¹³			跟前儿
地上	ti⁴²₂₁₃ʃaŋ⁴²			地上
头顶上	tʻou⁴²₅₅tiŋˑʃəŋˑ			头顶上
东边儿	tuŋ²¹³piãrˑ			东边
西边儿	si²¹³piãrˑ			西边
南边儿	nã⁴²₅₅piãrˑ			南边
北边儿	pei⁵⁵piãrˑ			北边
四下里	θʐ²¹³ɕiaˑləˑ			四下里
两下里	liaŋ⁵⁵ɕiaˑləˑ			两下里
天上	tʻiã²¹³ʃəŋˑ			天上
路上	lu⁴²₅₅ʃəŋˑ			路上

续表

街上	tɕ'iɛ²¹³ʃəŋ˙			街上
墙上	ts'iaŋ⁵⁵ʃəŋ˙			墙上
手里	ʃou²¹³lə˙			手里
门外	mẽ⁴²₂₁₃uɛ⁴²			门外
乡里	ɕiaŋ²¹³lə˙			乡里
坡里	p'ə²¹³lə˙			野外
天井里	t'iã²¹³tɕiŋ˙lə˙			院子里
屋中间儿	u²¹³tʂuŋ˙tɕiãr⁴²			屋中间
什么场	ʃẽ⁴²məˑtʃ'aŋ⁵⁵			什么地方

二十一、代 词

我	uə⁵⁵			我
你	ni⁵⁵			你
他	t'a²¹³			他
咱	tθẽ⁴²			我们
我们	uə⁵⁵mẽ			咱们
你们	ni⁵⁵mẽ	恁	nẽ⁵⁵	你们
他们	t'ə²¹³mẽ			他们
俺	ã⁵⁵			俺
俺们	ã⁵⁵mẽ			俺们
大伙儿	tɑ⁴²xuər⁵⁵	大家伙儿	tɑ⁴²₅₅tɕia˙xuər⁵⁵	大家
谁	ʂuei⁴²			谁
弟兄们	ti⁴²ɕyŋ˙mẽ			哥们
爷们	iə⁴²mẽ			爷们
怎么	tθəŋ⁵⁵mə˙			怎么
这么样	tθuŋ⁴²məˑiaŋ⁴²			这样
弄么样	nuŋ⁴²məˑiaŋ⁴²			那样
这么	tθẽ⁴²mə˙			这么

续表

那么	nẽ⁴²məˑ			那么
什么	ʃẽ⁴²₅₅məˑ			什么
这里	tʃə⁴²ləˑ			这里
乜里	niə⁴²ləˑ			那里
哪里	nɑ⁵⁵₄₅ləˑ			哪里
怎么样	tθẽ⁵⁵₄₅məˑiɑŋ⁴²			怎样
多会儿	tuə²¹³xueirˑ			多会儿
这会儿	tʃə²¹³xueirˑ			这会儿
乜会儿	niə⁴²xueirˑ			那会儿
这些	tʃə⁴²₅₅siəˑ			这些
乜些	niə⁴²₅₅siəˑ			那些
这些个	tʃə⁴²₅₅siəˈkuə⁴²			这些个
乜些个	niə⁴²₅₅siəˈkuə⁴²			那些个
这时候儿	tʃə⁴² ʂʅ⁴²₅₅xourˑ			这时
乜时候儿	niə⁴² ʂʅ⁴²₅₅xourˑ			那时
这个	tʃə²¹³kəˑ			这个
乜个	niə⁴²₅₅kəˑ			那个
哪个	niə⁵⁵₄₅kəˑ			哪个
多少	tuə²¹³ʃu⁴²			多少

二十二、副　词

将	tsiɑŋ²¹³			刚
正好	tʃəŋ²¹³xɔ⁵⁵			刚好
正巧	tʃəŋ²¹³tɕʻiɔ⁵⁵			刚巧
正才	tʃəŋ²¹³tθʻɛ⁴²			刚才
才	tθʻɛ⁴²			才
差没点儿	tʂʻɑ⁴²₅₅muˈtiãr⁵⁵	差点儿	tʂʻɑ⁴² tiãr⁵⁵	差点儿
接溜儿	tsiə⁵⁵ourˑ²¹³			马上

续表

眼看	iã⁵⁵kʻã⁴²			眼看
正在	tʃəŋ²¹³tθeï			正在
已经	i₅₅²¹³tɕiŋ²¹³			已经
曾经	tθʻəŋ⁴²tɕiŋ²¹³			曾经
常常	tʃʻɑŋ⁴²tʃʻɑŋ·			常常
贯今儿	kuã⁴²tɕiẽr·	永远	yŋ₄₂⁵⁵yuã⁵⁵	永远
慢慢儿	mã₂₁₃⁴²mãr⁴²	慢儿慢儿	mãr₂₁₃⁴²mãr⁴²	渐渐
趁早儿	tʃʻẽ⁴²tθɔr⁵⁵			及早
就要	tsiou₂₁₃⁴²iɔ⁴²			快要
冷的景儿	ləŋ⁵⁵təˑtɕiŋr²¹³			忽然
就	tsiou⁴²			就
又	iou²¹³			又
再三	tθɛ⁴²θã²¹³			再三
冷的景儿	ləŋ⁵⁵təˑtɕiŋr²¹³			顿时
暂时	tʂã²¹³ʂʅ⁴²			暂时
仍旧	ləŋ²¹³tɕiou⁴²			仍旧
终于	tʂuŋ²¹³y⁴²			终于
打跟儿	tɑ⁵⁵kẽr²¹³			从开始
老是	lɔ⁵⁵ʂʅ⁴²			一直
一总	i₄₂⁵⁵tθuŋ⁵⁵			一向
一总	i₄₂⁵⁵tθuŋ⁵⁵			始终
顶	tiŋ⁵⁵			顶
很	xẽ⁵⁵			很
真	tʃẽ²¹³			非常
怪	kuɛ⁴²			怪
血	ɕiə⁵⁵			稀
最	tθei²¹³			最
太	tʻɛ²¹³			太

续表

极	tɕi⁴²			极
比较	pi⁵⁵₄₅tɕiɔ·			比较
稍微	ʃɔ²¹³₅₅uei²¹³			稍微
太	tʻɛ²¹³			过于
赶紧儿	kã²¹³tɕiɛr⁵⁵			越发
格外	kei⁵⁵uɛ·			格外
亲自	tsʻiẽ²¹³tθɿ·			亲自
随便儿	θei⁴²₅₅piãr·			任意
大力	tɑ²¹³li⁴²			大力
紧挨着	tɕiẽ⁵⁵iɛ²¹³tʂə·			相继
扯连不断	tʃʻə⁵⁵₂₁₃liãpu⁴²₅₅tã			陆续
快点儿	kʻuɛ⁴²tiãr⁵⁵			赶紧
悄悄	tsʻiɔ²¹³tsʻiɔ·			悄悄
捎带	ʂɔ²¹³tɛ⁴²			捎带
单为地	tã²¹³ueitï·			故意
都	tou²¹³	全部	tɕʻyã⁴²₂₁₃pu⁴²	统统
插意话	tʂʻɑ²¹³ïxuɑ⁴²			悄悄话
一壶乱汤	i⁵⁵xuˈlãtʻɑŋ²¹³			乱七八糟
悄心连脚	tsʻiɔ²¹³siẽˈliã⁴²₅₅tɕyə·			蹑手蹑脚
捎头脚	ʂɔ²¹³tʻou⁴²tɕyə⁵⁵			捎东西
大拢总	tɑ⁴²luŋ⁵⁵₄₂tθuŋ⁵⁵			一共
全部	tɕʻyã⁴²₂₁₃pu⁴²			总共
都	tou²¹³			全部
净	tsiŋ⁴²			净
光	kuɑŋ²¹³			光
不	pu⁴²			不
没	mu²¹³	没	mei⁴²	没
没有	mu²¹³iou⁵⁵			没有

续表

别	pɛ⁴²			别
别	pɛ⁴²			不要
难道	nã⁴²₅₅tɔ·			难道
恐怕	k'uŋ⁵⁵p'ɑ²¹³			恐怕
也许	iə⁵⁵₄₂ɕy⁵⁵			也许
到底	tɔ⁴²ti⁵⁵			究竟
打跟儿	tɑ⁵⁵₄₂kẽr⁵⁵			压根儿
真事儿	tʃẽ²¹³ʂʅ⁴²			的确
偏偏	p'iã²¹³₅₅p'iã²¹³			偏偏
敢保	kã²¹³pɔ⁵⁵			莫非
大抄模儿	tɑ²¹³₅₅tʂ'ɔ²¹³mər·			大概
敢保	kã²¹³pɔ⁵⁵	可能	k'uə⁵⁵nəŋ⁴²	可能
说不定	ʃuə²¹³pu·tiŋ⁴²			说不定
原先	yuã⁴²siã²¹³			起先
格外	kei⁴²₂₁₃uɛ⁴²			另外
再	tθɛ²¹³			再
白	pei⁴²			白
胡	xu⁴²			胡
得亏	tei⁵⁵k'uei²¹³			幸亏
别	pɛ⁴²			不用

二十三、介　词

跟	kẽ²¹³			跟
为	uei⁴²			为
根据	kẽ²¹³tɕy⁴²			根据
仗	tʃɑŋ⁴²	凭	p'iŋ⁴²	凭
按照	ã²¹³tʃɔ⁴²			按照
从	tθ'uŋ⁴²			从

续表

往	uaŋ⁴²			往
朝	tʃʻɔ⁴²			朝
顺着	ʃuẽ⁴²₅₅tʂəʻ			顺着
朝着	tʃʻɔ⁴²₅₅tʂəʻ			向着
趁	tʃʻẽ⁴²			趁
在	tθɛ²¹³	在	tei⁵⁵	在
到	tɔ⁴²			到（哪儿去）
使	ʂʅ⁵⁵			用
替	tʻi⁴²			替

二十四、量　词

把	pɑ⁵⁵			（一）把（椅子）
件	tɕiã⁴²			件
笔	pi⁵⁵			（一）笔（账）
服	fu⁴²			（一）服（药）
道	tɔ⁴²			（一）道（题）
门	mẽ⁴²			（一）门（亲事）
档子	taŋ⁴²₅₅tθʅ			（一）档子（事）
领	liŋ⁵⁵			（一）辆（车）
支	tʂʅ²¹³			（一）支（笔）
管	kuã⁵⁵			（一）管（笔）
杆	kã²¹³			（一）杆（笔）
间	tɕiã²¹³			（一）间（屋）
墩	tẽ²¹³			（一）所（房子）
趟	tʻaŋ²¹³			（一）行（树）
股	ku⁵⁵			（一）股（香味儿）
出	tʃʻu⁵⁵			（一）桩（事情）
碗	uã⁵⁵			（一）杯（茶）

续表

瓯儿	ouɹ⁵⁵			（一）瓯（酒）
盅	tʂuŋ⁵⁵			（一）盅（酒）
排	pʻɛ⁴²			（一）排（座位）
位	uei⁴²			（一）位（客人）
拃	tʂa²¹³			（一）拃（长）
虎口	xu⁵⁵₄₅kʻouˑ			（一）虎口（长）
庹	tʻuə⁵⁵			庹（双臂长）
□	na²¹³			捺（大拇指与中指间距离）
掐	tɕʻia²¹³			（一）掐（头发）
双	ʂuaŋ²¹³			（一）双（筷子）
副	fu⁴²			（一）副（眼镜）
口	kʻou⁵⁵			（一）口（锅）
根	kẽ²¹³	条	tʻio⁴²	（一）条（毛巾）
只	tʃɿ⁵⁵			（一）只（鸡）
头	tʻou⁴²			（一）头（白发）
伙儿	xuəɹ⁵⁵			（一）伙儿（人）
批	pʻi²¹³			（一）批（货）
窝	uə²¹³			窝
嘟噜	tu²¹³uˑ			（一）嘟噜（葡萄）
提溜儿	ti²¹³ouɹ⁴²			（一）提溜（苹果）
身	ʃẽ²¹³			（一）身（土）
顿	tẽ²¹³			（一）顿（骂）
趟	tʻaŋ⁴²			（走一）趟
遭	tθɑ²¹³			（跑了两）遭
阵	tʃẽ⁴²			（一）阵（风）
场	tʃaŋ⁵⁵			（一）场（球）
床	tʂʻuaŋ⁴²			（一）床（棉被）

续表

领	liŋ²¹³			(一)领(席子)
块	kʻuɛ²¹³			(一)块(石头)
板儿	pɛr⁵⁵			(一)挂(鞭炮)
下	ɕiɑ⁴²			(打一)下
二十五、数词					
一个	i⁵⁵kuə²¹³			一个
两个	liaŋ⁵⁵kuə²¹³			两个
俩	liɑ⁵⁵			俩
三个	θã²¹³kuə˙			三个
仨	θɑ²¹³			仨
四个	θʅ²¹³kuə˙			四个
五个	u⁵⁵₄₅kuə˙			五个
六个	liou⁴²kuə˙			六个
七个	tsʻi²¹³kuə˙			七个
八个	pɑ⁵⁵₄₅kuə˙			八个
九个	tɕiou⁵⁵₄₅kuə˙			九个
十个	ʃʅ⁴²₅₅kuə˙			十个
十个左右	ʃʅ⁴²₅₅kuəˑtθuə⁵⁵iou⁴²			十个左右
十多个	ʃʅ⁴²tuə²¹³kuə⁴²			十多个
十来个①	ʃʅ⁴²₅₅lɛˑkuə⁴²			十几个
十来多个	ʃʅ⁴²₅₅lɑˑtuə²¹³kuə⁴²			十来个
百个左右	pei⁵⁵kuəˑtθuə⁵⁵₄₅iouˑ			百个左右
千数个	tsʻiã²¹³ʂuˑkuə⁴²			千个左右
万数个	uã⁴²₅₅ʂuˑkuə⁴²			万个左右
千把人	tsʻiã²¹³pɑˑiẽ⁴²			千把人
成千	tʃʻəŋ⁴²tsʻiã²¹³			成千

---

① "十来个"比"十"多,与"十多个"意义相近,但比"十来多个"略少。

续表

上万	ʃaŋ42 213uã42			上万
一些	i^{55}siə^{213}			一些
一点儿	i$^{55}_{42}$tiãr^{55}			一点儿
一丁点儿	i^{55}tiŋ$^{55}_{42}$tiãr^{55}			一丁点儿
没点儿点儿	mu^{213}tiãr^{55}tiãr˙	没丁儿丁儿	mu^{213}tiŋr^{55}tiŋr˙	一点儿点儿

第三章 语 汇

第一节 概 说

在人们的语言生活中,除了使用词造句,组织话语外,还使用各种结构上大于词的固定语造句或独立成句,组织话语。一种语言或方言的所有词构成该语言或方言的词汇;一种语言或方言的所有固定语构成该语言或方言的语汇。如果把词看成是组织话语大餐的主料,各种固定语就是葱姜蒜或油盐酱醋等佐料。虽然一个交际过程可以只用词来组织话语,但跟词和语交织使用组织话语相比,总是缺少了某些味道。

一种语言或方言的固定语类型是多样的,学界对固定语类型的概括以及不同类型固定语的性质范围却有着不同的认识。在此,我们主要从成语、惯用语、谚语和歇后语四种语类来说明莱西店埠前张管寨方言语汇的构成并分类例释部分语汇,以展示该方言语汇的丰富性和独特性。固定语包括固定短语和固定句两种结构形式。大致说来,成语都是固定短语形式,惯用语有固定短语和固定句两种形式,谚语和歇后语都是固定句形式。

我们把成语界定为结构定型、表意完整的四字格短语。过去研究成语多局限于研究共同语中的成语,而且有的人由于强调成语的典故性和书面性,不承认俗成语的存在,更不承认方言中大量存在的具有通俗性的固定四字格是成语。我们认为,成语有雅俗之分,既有雅成语,也有俗成语。其实雅和俗是相对而言的,有层次区别,有的是大雅大俗,也有的是不雅不俗。根据成语的雅俗程度,可把成语分为三个等级,即雅成语、通用成语(不雅不俗的成语)和俗成语。雅和较雅的归雅,俗和较俗的归俗,不雅不俗的归通用。比如"风声鹤唳""行将就木""枵腹从公""人莫予毒""傲睨万物""拔本塞源""椿萱并茂""腹诽心谤"等是雅成语,"想方设法""争权夺利""自娱自乐""仗势欺人""得不偿失""做贼心虚""不以为然""多才多艺"等是通用成语,"劈头盖脸""龇牙咧嘴""点头哈腰""摇头晃脑""细皮嫩肉""五大三粗""东拉西扯"等是俗成语。

莱西店埠前张管寨方言中既使用少量的比较典雅的共同语成语,如"高不可攀""图财害命""指山卖磨""走投无路"等;也使用部分通用的共同语成语,如"大难不死""黑灯瞎火""清汤寡水""软硬不吃""三长两短""伤筋动骨"等;更多的是使用具有鲜明地方色彩的方言成语,如"膘大肉肥"(形容太胖)、"当鳖养汉"(指女人招引野男人)、"夹谷陋头"(指死胡同,墙角)、"老不带彩"(指老年人花心,行为不轨,不自重)、"瓢干瓮磕"(形容家境贫寒,一无所有)、"贴墙靠壁"(形容东西放得牢靠)、"至明烂白"(形容非常清醒)等。

惯用语是指非四字格的固定短语或固定句。它在结构的定型性和表意的完整性上跟成语相同。不同的是在字数上,成语以四字格为其形式上的特征;惯用语或是三字格,或是五字及五字以上,形式上长短不一。在某种意义上,惯用语是一个包容性很强的语类,凡是不能划归成语的固定短语,或是不能划归谚语和歇后语的固定句,只要不是专名或术语,都可视为惯用语。无论共同语的惯用语,还是方言惯用语,其语体风格都具有通俗性和口语性。

莱西店埠前张管寨方言惯用语的构成具有复杂性。有的来自共同语,如"吃独食""磨洋工""说瞎话""八字没一撇""一问三不知""有奶就是娘""前怕狼,后怕虎""横挑鼻子竖挑眼""说的比唱的好听""前不着村,后不着店""鼻子不是鼻子,脸不是脸"等。有的虽带有方言性质,但使用范围较广,不局限于莱西店埠前张管寨方言,如"八竿子拨拉不着"(也说"八竿子拨撸不着",指人与人之间互不相干,毫无联系)、"扯老婆舌头"(指搬弄是非,在他人之间制造矛盾)、"吃人不吐骨头"(比喻又残暴又贪婪)、"吃胖了走瘦了"(比喻虽能得到一点儿好处,但颇费周折,得不偿失)、"顾头不顾腚"(形容做事或考虑问题顾头不顾尾,不仔细,不周到)、"尿不到一个壶里"(比喻意见不一致,合不来)、"一肚子坏水儿"(形容人坏心眼儿极多)、"站着说话不嫌腰疼"(指说漂亮话容易,做起来很难)等。有的带有明显的莱西店埠前张管寨方言的特点,其中有些惯用语中包含有店埠前张管寨方言成分,如"不闯人"(指做事不顾脸面,做见不得人的事)、"不露贝"(指不显露财富)、"扯猫尾巴上炕"(比喻顺着别人的话说)、"吃食种"(也说"吃饱顿",指除了吃饭之外什么也做不了,比喻无能至极)、"说睡语"(指说梦话),"家族耐"(指在家显得有能耐,出了门就没本事),"毛三枪"(指有勇无谋,只知道蛮干),"婆婆儿地说"(指苦口婆心地劝说),"打了一个艮儿"(指停顿了片刻),"给嘴过生日"(指没吃到的东西故意说吃到了),"香油壶拔了堵儿"(讽喻人正得势,吃香),"光打呼雷不下雨"(比喻只造势,无行动或只许诺不兑现),"踏着三页豆腐没个磨台高"(形容人矮到了极点),"吃个虱子少不了他一根腿"(形容关系非常亲密,有任何一点儿东西都共同分享)等。

  谚语是在民间广泛流传的反映人民群众生产生活经验和人生智慧的固定句子。有的谚语是单句形式,如"家丑不可外扬""好汉不提当年勇""好记性不如烂笔头""众人拾柴火焰高"等。有的谚语是复句形式,如"人不可貌相,海水不可斗量""明人不做暗事,真人不说假话""不怕不识货,就怕货比货""吃不穷,穿不穷,不会打算一世穷"等。谚语的内容极为丰富,从内容角度概括谚语类型很难做到周全,大体上可分为生产谚(如"白露早,寒露迟,秋分种麦正当时")、气象谚(如"七月八月看巧云")、风土谚(如"桂林山水甲天下,阳朔山水甲桂林")、生活常识谚(如"早吃好,午吃饱,晚吃少")、社会知识谚(如"远亲不如近邻,近邻不如对门")、劝诫谚(如"朋友妻,不可欺")、人生修养谚(如"宰相肚里能撑船")、哲理谚(如"纸里包不住火,雪里埋不住人")等。谚语既具有全民性又具有地方性,有的谚语古今传承,各地通用;有的谚语在不同地区产生了不同的变体;不同地区还适应不同的区域文化,创造出带有浓郁方言特征的方言谚语。

  莱西店埠前张管寨方言的谚语在结构和语义的类型方面跟共同语和其他方言的谚语是相同的,大部分谚语条目也是跟共同语或其他方言通用的,但在具体条目的结构和内容上,有些谚语却显示出地域文化的特点,因此,莱西店埠前张管寨方言谚语的形成是传承和创新共同作用的结果。就莱西店埠前张管寨方言谚语的个性而言,主要有三个方面:一是替换通用谚语的个别成分形成方言谚语。如通用谚语说"矮人面前,不说锉话",店埠前张管寨方言说"矮人面前,不说短话";通用谚语说"多个朋友多条路,少个冤家少堵墙",店埠前张管寨方言说"多个朋友多条路,少个对头少个冤家";通用谚语说"灯不拨不亮,话不说不明",店埠前张管寨方言说"木不钻不透,话不说不知";通用谚语说"爱哭的孩子有奶吃",店埠前张管寨方言说"搅撩孩子有糖吃"(搅撩,方言词,指淘气。淘气的孩子大人会拿糖果来哄,能比听话的孩子得到更多的糖。比喻能争能闹的人或部门更容易得到实惠或好处)等。二是在通用谚语的基础上增加补注性成分形成方言谚语,通用谚语是单句形式,店埠前张管寨方言是复句形式。如通用谚语说"一物降一物",店埠前张管寨方言说"一物降一物,卤水蘸豆腐";通用谚语说"是亲三分向",店埠前张管寨方言说"是亲三分向,是火就热炕";通用谚语说"慢工出巧匠",店埠前张管寨方言说"慢工出巧匠,快了不机灵"(机灵,方言词,指精明灵透。指如果做工不急于求成,慢慢地精细操作,就能锻炼出能工巧匠;相反,如果急于完成,快速操作,就不可能锻炼出精明灵透的工匠)等。三是方言文化孕育出的纯方言谚语。如"扶竹竿不扶灌绳"(竹竿,喻指能扶得起立得住的人才。灌绳,井绳,喻指扶持不起来的软弱无能之辈。比喻要起用可塑之才,不用扶也扶不起来的无能之辈);"家里不做豆腐,狗扛不出豆腐渣来"(比喻事情的出现一定是有根源的);"三辈不念书成驴"(比喻人如果三辈不读书,到第三辈的人就会没有一点儿文化知识,蠢笨如驴);"右眼跳是非,左眼跳财贝"(财贝,方言词,指钱财。迷信的人认为右眼皮跳会惹是非,左眼皮跳会发财);"月明戴风圈,一连刮三天"(明月,方言词,月亮。风圈,指月晕。月亮周围出现月晕,就会连续三天刮风)等。

歇后语俗称俏皮话,是一种有着特殊结构和表达效果的语汇类型。其结构具有两段性,前一段是个引子,由此产生联想,导引出后一段解释说明的部分,后一段是整个歇后语的表意重点,前后两段构成一个完整的句子,表达一个整体意义。前后两段之间有停顿,书面上一般用破折号隔开,如"姜太公钓鱼——愿者上钩""猪八戒照镜子——里外不是人""狗咬吕洞宾——不识好人心""高射炮打蚊子——大材小用""河边洗黄连——河(何)苦""小葱拌豆腐——青(清)二白""公鸡戴帽子——冠(官)上加冠(官)""绱鞋不使锥子——针(真)好"等。歇后语反映出人民大众创造语言的机巧和智慧,在民间语言生活和反映民间生活的文学作品中较为常见。其自身就具有创作性,向来被视为微型的民间文学作品,纳入民间文学范畴。歇后语的引子部分取材广泛,同样一个意思在不同时代或不同地区往往由不同的引子导出,当然,同样一个引子也可能因不同的联想和造语手段,导引出不同的意思。前者如"高射炮打蚊子——大材小用""电线杆当筷子——大材小用""顶门杠当针使——大材小用""用房梁砍锄把——大材小用";后者如"老牛拉车——不中用""老牛拉车——慢慢磨""老牛拉车——灾(载)祸(货)""老牛拉车——四平八稳"。因此歇后语的产生和发展又带有鲜明的时代性、地域性和多样性。

莱西店埠前张管寨方言歇后语跟通用歇后语有着相同的结构和类型,也表现出共同的语义、语用特征。在系统构成上跟其他店埠前张管寨方言语汇类型一样,也包括通用和特有两部分。通用歇后语如"猪八戒背媳妇——出力不讨好""骑驴看唱本——走着瞧""外甥打灯笼——照舅(旧)""老虎拉车——谁赶(敢)"等。特有歇后语主要有两种情况:一是改造通用歇后语形成方言歇后语,如通用歇后语说"被窝里放屁——独吞",店埠前张管寨方言说"被窝里放屁——吃独的";通用歇后语说"黄鼠狼给鸡拜年——没安好心",店埠前张管寨方言说"骚水狼子给鸡拜年——没安好心"(骚水狼子,也说骚皮子,方言词,黄鼠狼);通用歇后语说"聋子的耳朵——摆设",店埠前张管寨方言说"聋汉耳朵——摆登"(聋汉,方言词,聋子。摆登,方言词,摆设);通用歇后语说"癞蛤蟆跳到脚背上——不咬人,怪腻味人",店埠前张管寨方言说"癞蛤蟆跳脚背上——麻恨人"(麻恨,方言词,恶心)等。二是方言文化孕育出的纯方言歇后语,如"布布丁点蒜——一锤子买卖"(布布丁,方言词,一种似捣蒜锤子的玻璃玩具,极易破碎。点蒜,方言词,捣蒜。用布布丁捣蒜,一下子就碎了。指没有长远眼光,只看眼前利益),"草鞋底和蚰蜒结亲——有腿跑了"(草鞋底,方言词,一种类似蚰蜒的多足昆虫,体型比蚰蜒短。草鞋底和蚰蜒结亲,就会不断来往,要跑的腿就多了。形容事情难办,不能跑一趟就办成);"大年五更借香婆——不知忙闲"(香婆,方言词,香炉。大年五更每家都烧香敬神,香炉都在用,这个时候到人家借香炉,实不识趣儿。指不顾别人忙闲求人为己办事,含有责备的意味);"狗咬马虎——两头怕"(马虎,方言词,狼。狗咬狼,狼也怕,狗也怕。指当事双双相互顾忌);"黑瞎子夹着半刀火纸——思充大先生"(刀,量词,计算纸张的单位,通常一百张为一刀。火纸,方言词,一种黄色易燃的粗糙纸张,民间祭奠时用来做纸钱。大先生,方言词,有大学问的人。指没有学问的人装模作样,想冒充有大学问的人);"山猫打滚——兔兴"(山猫,方言词,家兔。兔兴,兔子高兴,借指人高兴);"屎壳郎进北京——思充小轿车"(过去地方上小轿车不太常见,北京城里才比较多见,这是此歇后语形成的社会认知基础。指地位低下或品行低劣的人混迹地位高贵或品行高尚的人群，冒充高贵的人）；"王之林买灯泡——不论点儿"（王之林，人名，莱西市店埠镇前张管寨人。点儿，方言词，当地人指灯泡的瓦数。王之林没有文化，有一次去村里的代销店买灯泡，只知道买多少钱一个的，就是说不出买瓦数多大的。后来在前张管寨一带传开，形成了此歇后语。泛指不按规矩办事）等。

方言语汇的调查较之方言词汇的调查难度更大，原因有二：其一，方言词汇的调查有各种调查词表可利用，有调查研究的传统经验和大量研究成果可借鉴；而方言语汇的调查研究可以说才刚刚起步，目前还没有可利用的方言语汇调查表，也没有多少成熟的调查经验可参考。其二，方言词汇的调查，特别是基本词汇的调查，比较容易观察，在调查过程中被调查人会经常使用；方言语汇，尤其是方言色彩鲜明的语汇因其不具常用性，隐蔽性较强，如果不是长期在方言区生活，很难做到系统地搜集整理。因此，我们本次对莱西店埠前张管寨方言语汇的调查仅是初步的尝试，所例释的各类语汇虽有一定代表性，但数量还是有限的。

第二节　成　语

以下是店埠前张管寨方言的部分常用成语。条目先后按首字音序排列，首字相同的条目按第二个字的音序排列。每条成语先列语目，置于"【】"内；后用国际音标注音；再释义，释义文字力求简明；最后举例，举例中本条目用"～"代替，举例中方言色彩较强的词，加括号注释说明。

【爱信不服】ε^{42}siẽ^{213}pu^{55}fu^{42}　爱信不信；信不信由你。｜这事你～。

【半利不落】pã^{213}li·pu^{55}luə^{42}　事情没有做完；干半拉子活。｜干完了再走吧，省得～的。

【半晌不夜】pã^{213}ʃaŋ·pu^{55}iə^{42}　不到中午和半夜，意指做某事不是时候。｜你怎么～的来啦？

【半宿大夜】pã^{213}sy^{55}tɑ$_{213}^{42}$iə^{42}　深更半夜。｜～的，你出去干啥？

【傍年备节】paŋ$_{21}^{42}$niã^{42}pei$_{213}^{42}$tsiə^{42}　接近过年或重大节日的时候。｜谁家～还有钱接济你？

【傍七傍八】paŋ^{42}ts'i^{55}paŋ^{42}pa^{55}　非常接近，差不多的时候。｜～的时候，我再跟他说说。

【膘大肉肥】piɔ²¹³tɑ⁴²iou⁴²₂₁₃fei⁴²　形容太胖。｜那人长得～。

【不大类型】pu⁵⁵tɑ⁴²lei⁴²₂₁₃ɕiŋ⁴²　一般情况。｜今天去打比赛，你～就输了。

【踩脚后跟】tθ'ɛ⁵⁵₄₂tɕyə⁵⁵xou⁴²kẽ²¹³　比喻找别人麻烦。｜他对我有看法，老～刁难我。

【翅膀硬了】tʂ'ɻ⁴²paŋ⁵⁵iŋ⁴²lɑ˙　比喻人长大了，有了独立生活的能力。｜这个孩子自觉～，不听父母的话了。

【戳脊梁骨】tʂ'uə⁵⁵₄₂tsi⁵⁵liaŋ˙ku⁵⁵　在背后指责和议论别人。｜你说话净～。

【粗腿大棒】tθ'u²¹³t'ei⁵⁵tɑ⁴²₂₁₃paŋ⁴²　形容人膘肥肉壮（多指女性，含贬义）。｜他喜欢的小嫚儿（即"年轻姑娘"）既不是那种～的，又不是那种细瘦无肉的。

【打马虎眼】tɑ⁵⁵₄₂ma⁵⁵xu⁵⁵₄₂iã⁵⁵　故意用假象或谎言蒙混骗人。｜他这是～，你们可别上当。

【打嘴官司】tɑ⁵⁵₄₂tθei⁵⁵kuã²¹³θɿ　抬杠；舌战。｜他俩碰到一起就～，真是一对活冤家。

【大难不死】tɑ⁵⁵nã⁴²₂₁₃pu⁴²θɻ⁵⁵　遇到巨大灾难而没死，形容幸运地脱险。｜这个人～，必有后福。

【当鳖养汉】taŋ²¹³₅₅piə²¹³iaŋ⁵⁵xã⁴²　女人招引野男人。｜那婆娘啥事不干，专门～。

【地头地脑】ti⁴²₂₁₃t'ou⁴²₂₁ti⁴²nɔ⁵⁵　边边角角的不规则田地，也说地边地角。｜我家的地净是些～，种起来很不方便。

【断了香火】tã⁴²lɑ˙ɕiaŋ²¹³xuə⁵⁵　喻指没有子孙。｜他们家到了他这一辈没有男孩儿了，就～。

【二半吊子】ər⁴²pã⁴²₂₁₃tiɔ⁴²tθɿ　技艺不熟练或做事不认真的人。｜别信他的话，他那个～啥事也干不成。

【二楞八蛋】ər⁴²₂₁₃ləŋ⁴²pɑ⁵⁵tã⁴²　形容野蛮粗鲁、没礼貌的样子。｜那个孩子～的，没人喜欢。

【反咬一口】fã⁵⁵iɔ⁵⁵i⁵⁵₄₂k'ou⁵⁵　比喻干了坏事的人遭到指责后反过来诬陷指责他的人。｜你这个人不认账也就罢了，怎么还～？

【管包来回】kuã⁵⁵₄₂pɔ⁵⁵lɛ⁴²₂₁₃xuei⁴²　无条件地接受对方要求。｜你给3000元，我3天就可以挖完土方，否则，～。

【过路大夫】kuə₂₁₃⁴²lu⁴²tɛ₅₅⁴²fu˙　江湖郎中。｜他是个～，不要上他的当。

【黑灯瞎火】xei²¹³təŋ₅₅²¹³ɕia²¹³xuə⁵⁵　形容黑暗，没有灯光。｜街上～的，走道要小心。

【猴精八怪】xou⁴²tsiŋ²¹³pa⁵⁵kuɛ⁴²　形容人顽皮，不稳重。｜他不是～的人，但也不是老实人。

【胡掏八来】xu⁴²tʻɔ²¹³pa⁵⁵lɛ⁴²　胡说八道；没有正经话。｜那个人没句正经话，尽是～。

【坏心够胆】xuɛ⁴²siẽ²¹³kou⁴²tã⁵⁵　心黑狠毒。｜他可不是什么好人，～的。

【灰毛乌嘴】xuei²¹³mɔ⁴²²¹³u²¹³tθei⁵⁵　形容黑乎乎的样子。｜刚从窑洞里爬出来的老李抹划得～的。

【急手挠脚】tɕi⁴²ʃou⁵⁵ua²¹³tɕyə⁵⁵　形容焦急难耐，抓耳挠腮的样子。｜他不能跟别人一样上场踢球，就～的。

【挤挤插插】tsi⁵⁵tsïtʂʻa⁵⁵tʂʻa˙　形容人多拥挤。也说挤挤擦擦。｜集上～的都是人。

【夹谷陋头】tɕia⁵⁵kuʻlou₅₅⁴²tʻou˙　死胡同，墙角。｜把这只鸡挤到了～。

【见毛就采】tɕiã₂₁₃⁴²mɔ⁴²²¹tsiou⁴²tθʻɛ⁵⁵　比喻不论利益大小，有机会就不放过。｜做买卖别嫌赚钱少，只要有利可图，就得～。

【贱薄喽嗖】tsiã⁴²pə⁴²louʃou˙　不该自己拿的东西偏要拿，不该干的事偏要干，轻贱而招人讨厌。｜那家伙总是～的，很招人讨厌。

【拣巴漏残】tɕiã⁴²paʻlou₂₁₃⁴²tθʻã⁴²　挑剩下的次品。｜你把这些～都给我了。

【脚踩脖子】tɕyə₄₂⁵⁵tθʻɛ⁵⁵pə₅₅⁴²tθŋ˙　形容威逼到了极点。｜张三让人～要去了300元欠款。

【脚前脚后】tɕyə⁵⁵tsʻiã⁴²tɕyə⁵⁵xou⁴²　形容跟得很紧。｜他俩～进的屋。

【抠心挖胆】kʻou²¹³siẽ²¹³ua²¹³tã⁵⁵　形容难受得不知怎样才好。｜打扑克输了一块钱，他都难受得～的。

【扣屎盆子】kʻou⁴²₂₁ʂï₅₅⁵⁵pʻẽ⁴²tθŋ˙　比喻给人栽赃，败坏人的名声。｜自己没把事情办好，不能往别人身上～。

【老不带彩】lɔ⁵⁵pu⁵⁵tɛ⁴²tθʻɛ⁵⁵　指老年人花心，行为不轨，不自重。｜年老珠黄，～，什么玩意儿！

【老地老母】lɔ⁵⁵ti₂₁⁴²lɔ₄₂⁵⁵mu⁵⁵　已逝去的远祖。｜过年了，要把～请回家过年。

【立马追驹】li⁴²mɑ₂₁₃⁵⁵tʂuei₂₁₃²¹³tɕy²¹³　火速行动。｜事情打听清楚了，～给我个回话。

【连毛带屎】liã⁴²mɔ₂₁⁴²tɛ⁴²ʂʅ⁵⁵　食物（尤其是鸡鸭等禽类）收拾得不干净，食用时不干不净地吃下去。｜他们家做饭很不讲究，吃什么东西都～的。

【临秋末晚】liẽ⁴²tsʻiou²¹³₅₅mə²¹³uã⁵⁵　接近尾声。｜有朋友说，年轻时干啥去了，～了才想起学车。

【零碎八五】liŋ⁴²θei²¹³pɑ₄₂⁵⁵u⁵⁵　零星的。｜要大批收购，不能～地买。

【六门到底】liou₂₁³⁴²mẽ₂₁⁴²tɔ⁴²ti⁵⁵　揭穿老底儿。｜被人折腾得～。

【猫叨狗挖】mɔ²¹³tɔkou⁵⁵uɑ²¹³　比喻乱动。｜这小家伙整天～，没有老实的时候。

【毛鼓尖山】mɔ⁴²kutsiã₂₁³⁵⁵ʂã²¹³　形容又多又高的样子。｜一大垛麦秸草～的。

【迷迷洋洋】mi²¹³₅₅mïaŋ₅₅⁴²iaŋ　似睡非睡的样子。｜心里有事儿晚上也睡不踏实，老那么～的。

【没近弯远】mu²¹³tɕiẽ₂₁⁴²tiɔ⁴²yã⁵⁵　形容路途远。｜～地去吃顿饭有什么意思？

【没脸没腚】mu²¹³liã⁵⁵mu²¹³tiŋ⁴²　形容人不知羞耻，不知好歹。｜那个人～的，不能和他打交道。

【没气没恼】mu²¹³tɕʻi⁴²mu²¹³nɔ⁵⁵　不知道生气，也不知道记恨人。｜他那个人～的。

【没深拉浅】mu²¹³₅₅ʃẽ²¹³lɑtsʻiã⁵⁵　说话没有分寸，不着天不着地。｜这个人～的，总是让人厌烦。

【没头到腚】mu²¹³tʻou⁴²tɔ₂₁³⁴²tiŋ⁴²　没头没尾的。｜这几天把我忙得～的。

【拿不出手】nɑ⁴²putʂʻu²¹³ʃou⁵⁵　由于礼物或作品等不像样而自觉不好意思亮出来。｜这点儿东西实在～。

【年吃年用】niã⁴²tʂʅ⁵⁵niã₅₅⁴²yŋ⁴²　当年收入当年花光，没有结余也没有欠债。｜挣那么多钱干嘛？能～的就行啦！

【瓢干瓮磕】pʻiɔ⁴²kã²¹³uaŋ⁴²kʻɑ²¹³　家境贫寒，一无所有。｜这几年他家穷得～。

【破栏破户】pʻə²¹³lã⁴²pʻə²¹³xu⁴²　破烂不堪。｜这个家～的，他一直没有将媳妇（即"娶媳妇"）。

【七老八十】ts'i^{55}lɔ$^{55}_{42}$pa^{55}ʃɿ^{42} 指人到了七十岁、八十岁的年纪，形容人年纪大。｜你们都～的啦，操那么多心干嘛？

【骑锅夹灶】tɕ'i^{42}kuɐ^{213}tɕiɑ^{55}tθɐ^{42} 多指男人或领导管事太宽。｜她丈夫～的，没有他不管的事。

【戗毛戗翅】ts'iaŋ^{213}mɔ^{42}ts'iaŋ^{213}tʂ'ʅ^{42} 不规整，不顺溜。｜看你那头发～的，赶快拿木梳拢一拢吧。

【墙东邻西】ts'iaŋ^{42}tuŋ^{213}liẽ^{42}si^{213} 比喻离得很近。｜咱～的，不用忙着回去，再耍会儿吧！

【亲戚道里】ts'iẽ^{213}ts'ï tɔ^{42}li 泛指亲属。｜～的，什么事都好说。

【清汤寡水】ts'iŋ$^{213}_{55}$t'aŋ^{213}kuɑ$^{55}_{42}$tsuei^{55} 形容粥或汤菜里水多，米菜少，没有油水。｜早晚吃的都是～的，一会儿就饿了。

【惹一身骚】iə^{55}i$^{55}_{42}$ʃẽ^{213}θɔ^{213} 丢了大面子，甚至还背上了黑锅。｜这真是劝架不成反～。

【软硬不吃】yã^{55}iŋ$^{42}_{213}$pu^{42}tʃ'ʅ^{55} 比喻好话歹话都听不进去。｜这个人真难缠，～！

【仨瓜俩枣】θa^{213}kuɑ^{55}liɑ$^{55}_{42}$tθɔ^{55} 形容东西少，微不足道。｜兄弟俩别为了～的东西打仗（即"争执、争吵"）。

【撒谎掉屁】θa^{213}xuaŋ$^{55}_{213}$tiɔ$^{42}_{42}$p'i^{42} 好说谎话。｜你成天～，没真话。

【三长两短】θã$^{213}_{55}$tʃ'aŋ^{42}liaŋ$^{55}_{42}$tã^{55} 出人意料的变故，特指人的死亡。｜万一有个～，怎么办？

【三天两头】θã$^{213}_{55}$t'iã^{213}liaŋ^{55}t'ou^{42} 形容时常做某事或出现某种情况。｜他身体不好，～住院。

【扫地出门】θɔ^{55}ti^{42}tʃ'u^{213}mẽ^{42} 赶出家门。｜别走歪歪道，小心把你～。

【杀马靠前】ʂɑ$^{55}_{42}$ma^{55}k'ɔ$^{42}_{42}$ts'iã^{55} 关键时刻挺身而出。｜这个人做人讲义气，朋友有难，总能～。

【伤筋动骨】ʃaŋ$^{213}_{55}$tɕiẽ^{213}tuŋ^{42}ku^{55} 指身体受到严重损伤。｜你这次伤得不轻，要好好养一养。俗话说："～一百天。"

【识字闲文】ʃɿ^{213}tθŋ^{42}ɕiã$^{213}_{213}$uẽ^{42} 有文化，有学问。｜老王是个～的人，有什

不知道的问他。

【手不老实】ʃou⁵⁵pu⁵⁵₄₂lɔ⁵⁵ʃʅ⁴² 指小偷小摸的行为。|这个人～，偷东家摸西家。

【手到擒来】ʃou⁵⁵tɔ⁴²tɕ'iẽ⁴²₂₁₃lɛ⁴² 一出手就能捉到，形容做事有把握，非常容易。|这事儿让他去办，～。

【手拿把掐】ʃou⁵⁵na⁴²₂₁₃pa⁴²tɕ'ia⁵⁵ 也说"十拿把掐"。形容做事非常有把握。|抓这项工作他是～。

【手头宽裕】ʃou⁵⁵t'ou⁴²k'uã²¹³yˑ⁴² 手头钱多。|这几年～，置办了点儿家当。

【手头紧巴】ʃou⁵⁵t'ou⁴²tɕiẽ⁵⁵paˑ 手头缺钱。|我最近～，拿不出多少钱借给你。

【四六不懂】θŋ²¹³₅₅liou²¹³pu⁵⁵₄₂tuŋ⁵⁵ 不明事理。|那个人～，没人跟他来往。

【汤水不进】t'aŋ²¹³tʂuei⁵⁵₄₂pu⁵⁵tsiẽ²¹³ 病重不能进食。|病人都好几天～了，在世的时间不会很长了。

【贴墙靠壁】t'iə⁵⁵ts'iaŋ⁴²k'ɔ⁴²₂₁₃pi⁴² 形容东西放得牢靠。|放心吧，那套家什放得～的，倒不了！

【听风就雨】t'iŋ²¹³₅₅fəŋ²¹³tsiou⁴²y⁵⁵ 也说"听风是雨"。比喻听到一点儿风声就当作真的。|别～，哪有那回事！

【头疼脑热】t'ou⁴²₂₁t'əŋ⁴²nɔ⁵⁵iə⁴² 泛指一般的小病或小灾小难。|人吃五谷杂粮，免不了有个～的。

【弯弯曲柳】uã²¹³uãtɕ'y⁵⁵₄₂liou⁵⁵ 形容事物曲折不直。|这条小路～的，不太好走。

【忘魂失道】uaŋ⁴²₂₁xuẽ⁴²ʃʅ²¹³tɔ⁴² 形容人健忘，不记事（多用于老人）。|她整天～的，家门动不动忘了关。

【五大三粗】u⁵⁵ta⁴²θã⁵⁵tθ'u²¹³ 形容人高大，身材魁梧。|他长得～的，有的是力气。

【五黄六月】u⁵⁵xuaŋliou⁴²yə²¹³ 泛指阴历五六月间天气最热的时候。|～，没有新鲜韭菜。

【小打小闹】ɕiɔ⁵⁵ta⁴²ɕiɔ⁵⁵nɔ⁴² 指小规模、零零碎碎地做某事。|我们是个小

建筑队，只能～地干点儿小工程。

【斜偏倒挂】siə^{42}p'iã$^{213}_{55}$tɔ$^{42}_{21}$kuɑ^{42}　形容横七竖八，杂乱无章。｜房间里的东西被搞得～。

【卸磨杀驴】siə$^{42}_{21}$mə^{42}ʂɑ^{55}ly^{42}　比喻达到目的后就忘恩负义，把曾经为自己出过力的人除掉或抛弃。｜人家帮了你多大的忙，你这个人怎么～啊！

【心思没乱】siẽ^{213}θŋ$^{213}_{55}$mu^{213}lã^{42}　心情烦躁。｜我这几天～的，啥事都不想干。

【虚礼摸套】ɕy^{213}li^{55}mə^{213}t'ɔ^{42}　不诚实，撒谎。｜他这个人说话～的。

【暄毛胀鼓】ɕyã$^{213}_{55}$mɔ$^{42}_{213}$tʃaŋ^{42}ku^{55}　不结实。｜～的一大包，其实只有二斤沉。

【洋洋不睬】iaŋ$^{55}_{55}$iaŋ'pu$^{42}_{42}$tθ'ɛ^{55}　形容对人不理不睬的样子。｜你看他那副～的样子，有啥了不起的！

【一溜边关】i^{55}liou^{42}piã$^{213}_{55}$kuɑ^{213}　认为别人都在做的事跟自己无关，自己想干什么就干什么去了。｜全家人都在忙着打场，他却～地打鸟去了。

【一落八稳】i^{55}luə$^{42}_{21}$pɑ^{55}uẽ^{55}　专心致志，正儿八经。｜你等我拾掇完了，～地给你讲。

【应该应分】iŋ^{213}kɛ$^{213}_{55}$iŋ^{213}fẽ^{42}　也说"应当应分"。理所当然。｜人家帮你，你别当是～，要好好谢谢人家。

【圆鼓囵墩】yã^{42}ku'luẽ^{42}tuẽ^{213}　形容圆溜溜的样子。｜这玩意儿～的不好看。

【指山卖磨】tʂʅ$^{55}_{42}$ʂã^{213}mɛ$^{42}_{213}$mɔ^{42}　指着山上的石头当磨来卖。比喻事情还没有头绪就过早地做出承诺或以有名无实的手法进行欺骗。｜你说的那事儿八字还没一撇，别～了。

【至明烂白】tʂʅ^{55}miŋ^{42}lã$^{42}_{213}$pei^{42}　形容非常清醒。｜他是在装醉，其实心里～。

【坐红椅子】tθəu$^{42}_{213}$xuŋ^{42}i^{55}tθʅ　考试排名最后。过去，考试后一般按考试成绩排列考生名次，并张榜公布。榜上的名字写完后，用红笔打一个红勾，表示到此为止。这个红勾正好落在最后一名学生的名字上。由于红勾的形状类似椅子的拐角，故以此戏称。｜这次考试，小强又～了。

第三节　惯用语

以下是店埠前张管寨方言中的部分常用惯用语。条目先后按首字音序排列，首字相同的条目按第二个字的音序排列。每条惯用语先列语目，置于"【】"内；后用国际音标注音；再释义，释义文字力求简明，多义条目的不同义项分别用数字①②等标出；最后举例，举例中本条目用"～"代替，举例中方言色彩较强的词，加括号注释说明。

【八竿子拨拉不着】pɑ$_{55}^{55}$kã^{213}tθŋ^{55}pu^{55}lɑ·pu$_{213}^{42}$tʃuə^{42}　也说"八竿子拨撸不着"。指人与人之间互不相干，毫无联系。｜咱俩～，有事儿你不能靠我。

【八抬大轿请不去】pɑ^{55}t'ɛ^{42}tɑ^{213}tɕiɔ^{42}ts'iŋ^{55}pu$_{213}^{42}$tɕ'y^{42}　无论多么隆重的礼节也请不到。｜他可不好求，这事儿你～。

【八字没一撇】pɑ^{55}tθŋ^{42}mu^{213}i$_{42}^{55}$p'iə^{55}　比喻事情还没有眉目。｜～的事儿，还不知什么时候能办成呢！

【拔出萝卜带出泥】pɑ^{42}tʃ'u^{55}luə$_{55}^{42}$peïtɛ^{42}tʃ'u^{55}ni^{42}　比喻查处某人或某事的同时，连带暴露相关的人或事。｜村长被调查，～，他给村长送礼的事也查出来了。

【半斤对八两】pã^{42}tɕiẽ^{213}tei$_{213}^{42}$pɑ$_{42}^{55}$liaŋ^{55}　形容双方水平相当且都很一般（含贬义）。｜老张和老王～，都不怎么样！

【鼻子不是鼻子，脸不是脸】pi$_{55}^{42}$tθŋ·pu$_{213}^{55}$ʂɿ^{42}pi$_{55}^{42}$tθŋ，liã^{55}pu$_{213}^{42}$ʂɿ^{42}liã^{55}　形容人因恼怒生气而脸色难看的样子。｜他气得～的。

【鼻子都气歪了】pi$_{55}^{42}$tθŋ·tou^{213}tɕ'i$^{213}_{55}$uɛ^{213}lə　形容极度生气的样子。｜犯得着发这么大的火吗？你看你～！

【扯不长长，拉不团团】tʃ'ɔ^{55}pu^{42}tʃ'aŋ$_{55}^{42}$tʃ'aŋ，lɑ^{55}pu^{42}t'ã$_{55}^{42}$t'ã　形容做事优柔寡断，无动于衷。｜我和他说好几遍了，他～，真急躁人（真叫人着急）。

【不闯人】pu^{42}tʂ'uaŋ^{55}iẽ^{42}　做事不顾脸面，做见不得人的事。｜在市面上咱不能～。

【不开面子】pu^{42}k'ɛ^{213}miã$_{55}^{42}$tθŋ　不讲面子。｜都是乡里乡亲的，不能这么～。

【不论理】pu$_{213}^{42}$luẽ^{42}li^{55}　不讲道理。｜明明是你不对，你还反咬一口，真是～！

【不前沉不后沉】pu^{42}tsʻiã$_{213}^{42}$tʃ'ẽ^{42}pu^{42}xou$_{213}^{42}$tʃ'ẽ^{42}　做事不紧不慢，均匀用力。｜做什么事都要事前计划好，一步一步地做，～。

【不识拖拖计】pu⁴²ʃʅ⁵⁵t'uə²¹³t'uətɕi⁴²　不辨好坏，跟着上当。｜老刘～，也跟着数落他，结果被人臭骂一顿。

【不是省油的灯】pu²¹³ʂʅ⁴²ʂəŋ⁵⁵iou⁴²titəŋ²¹³　比喻人不安分，不让人省心。｜这孩子可～，整天惹事。

【不露贝】pu⁴²lou²¹³pei⁴²　不显露财富。｜他家有的是钱，就是～。

【踩人肩膀头】tθ'ɛ⁵⁵iẽ⁴²tɕiã²¹³paŋ⁵⁵t'ou⁴²　踩着别人的肩膀往上爬。比喻为了自己的升迁而损害别人的利益。｜为了自己的成功，他总是～。

【插杠子】tʂ'a²¹³kaŋ⁴²tθ　犹言横加干涉。｜这事儿由他们自己做主，你别乱～。

【扯老婆舌头】tʃ'ə⁵⁵lɔ⁵⁵p'əʃ⁵⁵ou　指搬弄是非，在他人之间制造矛盾。｜这个人走东家串西家，就好～。

【扯猫尾巴上炕】tʃ'ə⁵⁵mɔ⁴²uei⁵⁵paʃaŋ⁴²k'aŋ²¹³　比喻顺着别人的话说。｜别～，人家说什么你说什么。

【吃不了兜着走】tʃ'ʅ⁵⁵pu⁴²liɔ⁵⁵tou²¹³tʂə'tθou⁵⁵　指必须为自己的不当行为承担重大责任或严重后果。｜你要是敢欺负她，我让你～。

【吃等食】tʃ'ʅ⁵⁵təŋ⁵⁵ʃʅ⁴²　自己不劳作而等着别人给予食物。｜他～吃惯了。

【吃独食】tʃ'ʅ⁵⁵tu⁴²ʃʅ⁴²　有东西自己一个人吃，不给别人。也比喻独占利益或好处，不让别人分享。｜老李可不是～的人，有好东西总愿意跟朋友分享。

【吃个虱子少不了他一条腿】tʃ'ʅ⁵⁵kə'ʂʅ⁵⁵tθʅʃɔ⁵⁵pu⁴²liɔ⁵⁵t'a²¹³i⁵⁵t'iɔ⁴²t'ei⁵⁵　形容关系非常亲密，有任何一点儿东西都共同分享。｜老婆儿（对老年妻子的称呼）对老头儿（对老年丈夫的称呼）可好啦，～。

【吃零嘴儿】tʃ'ʅ⁵⁵liŋ⁴²tθeir⁵⁵　吃零食。｜这个孩子吃饭的时候不好好吃饭，就好～。

【吃胖了走瘦了】tʃ'ʅ⁵⁵p'aŋ⁴²lə'tθou⁵⁵ʂou⁴²lə　比喻虽能得到一点儿好处，但颇费周折，得不偿失。多用于提醒人不要多此一举，浪费时间。｜别去了，～，不值得。

【吃人不吐骨头】tʃ'ʅ⁵⁵iẽ⁴²pu⁴²t'u⁵⁵ku⁴⁵t'ou　比喻又残暴又贪婪。｜那个家伙～，什么坏事都做得出来。

【吃软不吃硬】tʃ'ʅ⁵⁵yuã⁵⁵pu⁴²tʃ'ʅ⁵⁵iŋ⁴²　能接受温和的态度或手段，不能接受强硬的态度或手段。｜他～，你说个软乎话（态度温和的话）他就听啦！

【吃食种】tʂʻɻ⁵⁵ʂɻ⁴²tʂuŋ⁵⁵　也说"吃饱顿",指除了吃饭之外什么也做不了,比喻无能至极(含贬义)。｜他纯是个～,什么也不能干。

【吃小锅儿饭儿】tʂʻɻ⁵⁵siɔ⁵⁵₄₂kuər⁵⁵fãr⁴²　单独做较好的饭菜给一个人吃,即"吃小灶"。｜老张在家里净～。

【穿一条裤子】tʂʻuã²¹³i⁵⁵tʻiɔ⁴²kʻu⁴²tɤŋ　比喻关系极为亲密,言行极为一致,好得像一个人(含贬义)。｜他俩好得～。

【传闲话】tʂʻuã⁴²ɕiã⁴²₂₁₃xuɑ⁴²　添枝加叶地把一方的话传给另一方。｜那婆娘(对已婚妇女的称呼,多用于蔑称)最能～,你可千万不要相信。

【吹胡子瞪眼】tʂʻuei²¹³xu⁴²tɤŋtəŋ⁴²iã⁵⁵　形容人因生气而发怒的样子。｜别跟我～的,我又没惹你！

【串老婆门子】tʂʻuã²¹³lɔ⁵⁵pʻə·mẽ⁴²₅₅tɤŋ　特指拈花惹草。｜这家伙游手好闲,就愿意～。

【串门子】tʂʻuã²¹³mẽ⁴²₅₅tɤŋ　到别人家去玩耍闲聊。｜没事儿别老～,容易惹是非。

【此地无银三百两】tθʻɻ⁵⁵ti⁴²u⁴²₂₁₃iẽ⁴²θã²¹³pei⁵⁵₄₂liaŋ⁵⁵　指本想掩盖事实,却弄巧成拙暴露了实情。｜你这不是～吗？

【聪明一世,糊涂一时】tθʻuŋ²¹³miŋ⁴²i⁵⁵ʂɻ⁴²,xu⁴²tʻuʻi⁵⁵ʂɻ⁴²　指一向聪明的人偶尔在某件事情上犯糊涂。｜孩子的婚事你怎么能包办呢？真是～！

【从石头缝里蹦出来的】tθʻuŋ⁴²₂₁₃ʂɻ⁴²tʻou·fəŋ⁴²li·pəŋ⁴²tʂʻu⁵⁵lɛ⁴²ti　指人或事物凭空产生。｜你又不是～,不养老天理不容。

【蹴面子】tθʻu⁴²miã⁴²₅₅tɤŋ　驳面子,让人难堪。｜人家那么大年纪了,敬你酒你不喝,太～了。

【打波澜儿】ta⁵⁵pə²¹³lãr⁴²　制造混乱,故意搅局。｜他经常在会上发牢骚,局长讲完话,他就～。

【打灯笼找不着】ta⁵⁵təŋ²¹³luŋ⁴² tʂɔ⁵⁵pu⁴²₂₁₃tʂuə⁴²　形容难以寻求。｜这样的对象,你～,还挑剔什么？

【打哈儿哈儿】ta⁵⁵xar²¹³xar·　开玩笑,闹着玩儿。｜你们就好～,不能来点儿正经的？

【打唧唧】ta⁵⁵tsi²¹³tsi·　争吵,争论。｜他俩一见面就～,谁看谁也不顺眼。

【打饥荒】ta⁵⁵tɕi²¹³xuŋ⁴² 还债。|春天借钱，秋天一定要～。

【打开天窗说亮话】 ta⁵⁵kʻɛ²¹³tʻiã²¹³tʂʻuaŋ²¹³ʃuə⁵⁵liaŋ²¹³xua⁴² 指直率而明白地讲出来。|咱～，谁也别藏着掖着的。

【打烂骨头，打不烂肉】ta⁵⁵lã⁴²ku⁵⁵₄₅tʻou˙，ta⁵⁵pu⁴²lã⁴²₂₁₃iou⁴² 形容嘴硬。|他这个人～，死犟！

【打平花】ta⁵⁵₄₂piŋ⁴²₅₅xua˙ 平均凑份子一起吃喝，相当于 AA 制。|刚发工资，小青年们就凑在一起～。

【打通腿儿】ta⁵⁵tʻuŋ²¹³tʻeir⁵⁵ 在一个被窝里分两头睡。|天太冷了，咱们～，这样暖和。

【打下手儿】ta⁵⁵ɕia⁴²ʃour⁵⁵ 协助他人做辅助性的工作。|小张给老王师傅～，跟着学手艺。

【打一个艮儿】ta⁵⁵₄₂i⁵⁵kəkẽr⁵⁵ 停顿了片刻。|他一提这事儿，我心里立刻～。

【大意失荆州】ta⁴²₂₁₃i⁴²ʃʅ²¹³tɕiŋ²¹³tʃou²¹³ 原指关羽因大意而丢失荆州，现泛指因疏忽大意而招致失败或损失。|眼看到手的买卖却落入他人之手，真是～啊！

【刀子嘴，豆腐心】tɔ²¹³tθʅ˙tθei⁵⁵，tou⁴²fu˙siẽ²¹³ 形容人嘴上厉害，心地却很慈善。|他这个人就是～，一点儿坏心眼儿也没有。

【道三不着两】tɔ⁴²θã²¹³₅₅pu⁴²₂₁₃tʃuə⁴²liaŋ⁵⁵ 形容说话不着边际。|你说话别～的。

【得饶人处且饶人】tə⁴²iɔ⁴²₂₁₃iẽ⁴²tʃʻu⁴²tsʻiə⁵⁵iɔ⁴²₂₁₃iẽ⁴² 指尽量宽恕别人。|～，谁都有做错事说错话的时候。

【地上不作天上作】ti⁴²ʃaŋ⁴²₂₁₃pu⁴²tθuə⁴²tʻiã²¹³ʃaŋtθuə⁴² 形容人哪里影响严重就到哪里去作祸。|他家那小子就知道惹祸，～。

【东扯葫芦西扯瓢】tuŋ²¹³tʃʻə⁵⁵xu⁴²₅₅luˑsi²¹³tʃʻə⁵⁵pʻiɔ⁴² 形容说话东拉西扯，不着边际。|要说就说点儿正事，别～，净说没用的。

【东一榔头西一棒】tuŋ²¹³i⁵⁵laŋ⁴²₅₅tʻouˑsi²¹³i⁵⁵paŋ⁴² 形容说话或做事没有明确目标和针对性，只顾局部或外围而抓不住中心。|做事要有计划，可不能～，一点儿效率也没有。

【耳不聋，眼不花】ər⁵⁵pu⁴²₂₁₃luŋ⁴²，iã⁵⁵pu⁴²xua²¹³ 指人虽已年老但没有衰老的迹象。|李大爷今年都八十六啦，～，还上坡（下地）干活儿呢！

【二把刀】ər⁴²pa⁵⁵tɔ²¹³ 指对某项工作知识不足、技术不高、能力不强的人。|

村里选村主任，选了个～。

【二半吊子】ər^{42}pã^{213}tiɔ$^{42}_{55}$tθʅ　指对某种知识或某种技术略知一二但很不精通的人。｜打火炕是技术活儿，老赵这样的～干不了。

【二一添作五】ər^{42}i^{55}tʻiã^{213}tθuə^{42}u^{55}　双方平分。｜这趟生意不管赚多赚少，咱们～。

【翻脸不认人】fa^{213}liã^{55}pu^{42}iẽ$^{42}_{213}$iẽ^{42}　指态度突然变坏，不顾及原有的交情。｜你要是做了对不起人家的事儿，可别怪我～。

【放个屁都是香的】faŋ^{213}kəpʻi^{42}tou^{213}ʂʅ^{42}ɕiaŋ^{213}ti　极言讨好奉承或盲目崇拜某人（含贬义）。｜你什么都信他的，他～。

【风吹不着，雨淋不着】fəŋ^{213}tʂuei$^{213}_{55}$pu$^{42}_{213}$tʃuə^{42}，y^{55}liẽ^{42}pu$^{42}_{213}$tʃuə^{42}　不用经受风吹雨打。多用于形容日子过得舒适安逸。｜他干的工作整天待在办公室里，～，挣钱还多。

【赶鸭子上架】kã$^{55}_{42}$ia^{55}tθʅʃaŋ$^{42}_{213}$tɕia^{42}　比喻强迫别人去做能力达不到的事情。｜他没干过农活儿，你让他去种菜，这不是～吗？

【赶眼色儿】kã$^{55}_{42}$iã^{55}ʂeir^{42}　指人会察言观色，并能揣度别人的意图做出行动。｜这孩子可～了，大家都喜欢。

【高不上，低不就】kɔ$^{213}_{55}$pu^{42}ʃaŋ^{42}，ti^{213}pu$^{42}_{213}$tsiou^{42}　好的攀不上，差的又不肯凑合。多指择业或择偶陷于要求与实际不符的两难境地。｜老赵他闺女今年都快三十啦，还没有对象，总是～。

【胳膊肘往外拐】kɑ^{213}puʈʂou^{42}uaŋ^{55}uɛ^{42}kuɛ^{55}　比喻说话或做事向着外人。｜你怎么分不清远近，老是～！

【给个棒槌就当针】kei^{55}kəpaŋ^{42}tʂʻueitsiou^{42}taŋ$^{213}_{55}$tʃẽ^{213}　"针"谐音"真"。形容人心眼实在，把别人随便说的话就当真。｜这人可真诚（实在），～，连张三的话也信。

【给嘴过生日】tɕʻi$^{55}_{42}$tθei^{55}kuə^{42}ʂəŋ^{213}i　没吃到的东西故意说吃到了。｜是～吧，那么贵的东西你舍得买了吃？

【狗肚子盛不住屎】kou$^{55}_{42}$tu^{42}tθʅʻəŋ$^{213}_{55}$ pu$^{42}_{213}$tʃu^{42}ʂʅ^{55}　比喻心眼直，好说话，易泄密。｜别什么事儿都跟他说，这个人～。

【狗眼看人低】kou$^{55}_{42}$iã^{55}kʻã^{213}iẽ^{42}ti^{213}　比喻势利之人瞧不起别人（是骂人的话）。

丨别仗着有几个臭钱就～！

【顾头不顾腚】ku^{42}t'ou^{42}pu$^{213}_{213}$ku$^{42}_{213}$tiŋ^{42}　形容做事或考虑问题顾头不顾尾，不仔细，不周到。丨做这事儿可要想周全了，不能～，惹出乱子怎么办？

【挂羊头，卖狗肉】kua^{42}iaŋ$^{42}_{213}$t'ou^{42}，mɛ^{42}kou^{55}iou^{42}　比喻名不副实，表里不一，欺骗人。丨做买卖要的就是个诚信，不能～。

【光打呼雷不下雨】kuaŋ^{213}ta^{55}xu^{213}lei^{42}pu$^{42}_{213}$ɕia^{42}y^{55}　打呼雷，方言词，即打雷。比喻只造势无行动或只许诺不兑现。丨去年村里就答应给每户菜农补贴农资费用一千元，～，到如今也没见一分钱。

【鬼头蛤蟆眼】kuei^{55}t'ou^{42}xa^{55}mɑĩã^{55}　也说"鬼睛蛤蟆眼"。①形容狡猾，坏道道多。丨这小子这阵子～的，准不地道。②形容长相极为丑陋。丨看他长得～的样儿，谁会嫁给他？

【好了疮疤忘了疼】xɔ^{55}lə$^{.}$tʂ'aŋ$^{213}_{55}$pa^{213}uaŋ^{42}lə$^{.}$t'əŋ^{42}　比喻境遇好转了，就忘记了过去的艰难困苦或失败的教训。丨咱可不能～，吃的亏还少吗？

【好心当作驴肝肺】xɔ$^{55}_{42}$siẽ$^{213}_{55}$taŋ^{213}lə$^{.}$ly^{42}kã$^{213}_{55}$fei^{213}　驴肝肺，喻指坏心肠。指好心被当成了恶意。丨我这么做可是为你好，别～！

【黑心烂肠子】xei^{55}siẽ^{213}lã^{42}tʃ'aŋ$^{42}_{55}$tθŋ　比喻心肠歹毒奸诈。丨没想到这小子会做出这样伤天害理的事儿，真是～！

【横挑鼻子竖挑眼】xəŋ^{42}t'iɔ^{55}pi$^{42}_{55}$tθŋ$^{.}$ʃu$^{42}_{55}$t'iɔ$^{55}_{42}$iã^{55}　比喻故意找毛病，百般挑剔。丨不管你怎么做，他总是～，没个好。

【胡打伴】xu^{42}ta^{55}iaŋ^{213}　也说"胡闹台"。意为闹儿戏，胡来。丨人命关天的事儿，你可别～！

【护驹子】xu^{42}tɕy$^{42}_{55}$tθŋ　小孩儿发生争执或冲突时为自己的孩子争理，保护自己的孩子。丨孩子打架，大人可不能～。

【话儿赶话儿】xuar^{42}kã^{55}xuar^{42}　彼此间言语递相接续，多指言语冲突。丨这都是～赶的，用不着生这么大的气。

【记吃不记打】tɕi^{42}tʃ'ŋ^{55}pu$^{42}_{21}$tɕi^{42}ta^{55}　总想着曾经得到的好处，而忘掉曾经为此遭受的挫折和羞辱。丨他就是个～的主儿，吃过的亏早忘了。

【家族耐】tɕia$^{213}_{55}$tθu$^{42}_{213}$nɛ^{42}　在家显得有能耐，出了门就没本事（含贬义）。丨那小子就是个～，只会在家人面前耍威风。

【今日莲花，明日牡丹】tɕiẽ²¹³i'liã⁴²₅₅ xuɑ，miŋ⁴²₅₅ i'mu⁵⁵tã   形容主张和办法转换太快，一天一个样，让人无所适从。｜政策要稳定，不能～。

【敬酒不吃吃罚酒】tɕiŋ²¹³tsiou⁵⁵pu⁴²tʃ'ŋ⁵⁵tʃ'ŋ⁵⁵fɑ⁴²tsiou⁵⁵   比喻别人好言相劝不听，非要等到被逼无奈或遭到惩罚时才接受。｜给你面子你不要，非得～。

【看笑场儿】k'ã²¹³sio⁴²tʃ'ɑŋr⁵⁵   看别人的笑话，幸灾乐祸。｜自家兄弟别老是闹矛盾，让别人～。

【哭都拿不定音儿】k'u⁵⁵tou²¹³nɑ⁴²pu⁴²₂₁₃tiŋ⁴²iɛr²¹³   形容事情发展到无论如何都不能补救，令人绝望。｜小刘都要准备结婚了，男朋友坚决要分手，她～了。

【拉不出屎怨茅房】lɑ⁵⁵pu⁴²₂₁₃tʃ'u⁵⁵₄₂ ʂŋ⁵⁵yuã²¹³mɔ⁴²₄₂ fɑŋ   茅房，方言词，指厕所。比喻将不满或不如意的事归咎于客观条件。｜怪就怪自己没本事，别～！

【拉饥荒】lɑ⁵⁵tɕi²¹³xuŋ⁴²   欠债。｜已经穷成这样了，不能再～啦！

【拉屎往后坐】lɑ⁵⁵ʂŋ⁵⁵₄₂ uɑŋ⁵⁵xou⁴²₄₂tθuɑ⁴²   比喻干完某一件事而反悔。｜说话要算话，不能～。

【连汤拐面儿都喝了】liã⁴²t'ɑŋ²¹³kue⁵⁵miãr²¹³tou²¹³ xɑ²¹³lɔ   ①什么好处都占尽了。｜下去演出不给劳务费不说，人家给了几筐苹果，还都让他自己拿家去了，～，真心狠！②有一网打了满河鱼的意思。｜谁得罪了你找谁算账，别～，当着这么多人发牢骚。

【毛三枪】mɔ⁴²θã²¹³ts'iɑŋ²¹³   有勇无谋，只知道蛮干。｜他那个～的脾气你还不知道吗？

【没鼻子带脸】mu²¹³pi⁴²₅₅ tθŋ'tɛ²¹³liã⁵⁵   ①形容不分层次，乱七八糟。｜他打的畦子～的。②形容不分青红皂白。｜你这个人打孩子怎么～的？

【没有第二道子】mu²¹³iou⁵⁵ti⁴²ər⁴²₂₁₃tɔ⁴²tθŋ   没有别的本事或招数。｜他整天价除了喝酒，～。

【没有功劳，还有苦劳】mu²¹³iou⁵⁵kuŋ²¹³lɔ⁴²，xã⁴²₂₁₃iou⁵⁵ k'u⁵⁵lɔ⁴²   指没有做出贡献，却也付出了辛苦。多指对人的付出予以肯定。｜人家也不是故意的，～，别再责怪他了。

【没有好果子吃】mu²¹³iou⁵⁵xɔ⁵⁵₄₂kuə⁵⁵tθŋ'tʃ'ŋ⁵⁵   比喻没有好结果。｜你跟这样的人一起做事，～。

【磨洋工】mə⁴²₂₁₃iɑŋ⁴²kuŋ²¹³   故意磨蹭，不愿干活。｜他们就知道～，这点儿活儿干了一天都没干完。

【哪壶不开提哪壶】nɑ⁵⁵xu⁴²pu⁴²k'ɛ²¹³t'i⁴²nɑ⁵⁵xu⁴² 比喻故意提对方的短处或忌讳的事情。｜你这人怎么～？你不知道他刚被领导批评了一顿吗？

【尿不到一个壶里】niɔ⁴²pu₂₁₃⁴²tɔ⁴²i⁵⁵kəˑxu⁴²li˙ 比喻意见不一致，合不来。｜他俩一个往东，另一个非得往西，～。

【碰一鼻子灰】p'əŋ₄₂⁴²i₅₅⁵⁵pi⁵⁵tθɿˑxuei²¹³ 比喻遭到拒绝或训斥，自讨没趣。｜人家说了不愿见你，还要去找人家，非～不可！

【婆儿婆儿地说】p'ər²¹³p'ər²¹³tiʃuə⁵⁵ 苦口婆心地劝说。｜要劝他回心转意，就得～。

【破罐子破摔】 p'ə²¹³kuã₄₂⁴²tθɿˑp'ə²¹³₅₅ʂue²¹³ 比喻犯了错误或受到挫折，自暴自弃，甚至朝更坏的方向发展。｜男儿要自强，可不能～啊！

【破鞋烂袜子】p'ə²¹³ɕiɛ⁴²lã²¹³uɑ⁴²tθɿˑ 比喻行为不正的人。｜他接触的都是～，没有一个正经人。

【七盘子八碗】ts'i⁵⁵p'ã₄₂⁴²tθɿˑpɑ₅₅⁵⁵uã⁵⁵ 形容饭菜很丰盛。｜他们家一有客人来，总是～，很热情。

【牵着不走，赶着倒退】tɕ'iã²¹³tʂʅpu⁴²tθou⁵⁵，kã⁵⁵tʂʅtɔ₂₁₃⁴²t'ei⁴² 形容人不思进取，没有出息。｜他这个人好歹不知，～。

【前不着村，后不着店】ts'iã⁴²pu₂₁₃⁴²tʃuə⁴²tθ'ẽ²¹³，xou⁴²pu⁴²tʃuə₂₁₃⁴²tiã⁴² 指处在荒郊野外，无处栖身或寻求帮助。｜这儿～的，找谁问道去？

【前怕狼，后怕虎】ts'iã⁴²p'ɑ²¹³lɑŋ⁴²，xou⁴²p'ɑ²¹³xu⁵⁵ 形容人胆小怕事，顾虑太多。｜要想干出点儿名堂来，就不能～。

【钱淌出南门】ts'iã⁴²t'ɑŋ₄₂⁵⁵tʃ'u⁵⁵nã²¹³mẽ⁴² 极言钱财之多。｜那是个大户人家，富得～。

【桥归桥，路归路】tɕ'iɔ⁴²kuei²¹³tɕ'iɔ⁴²，lu⁴²kuei²¹³lu⁴² 指各是各的事，不能混淆。｜～，这两件事扯不到一块去。

【求爷爷，告奶奶】tɕ'iou⁴²iə₅₅⁴²iəˑ，kɔ⁴²nɛ⁵⁵nɛˑ 形容低三下四地到处求人帮忙。｜犯不上这样～的，还是自己想办法吧。

【蜷着舌头说话】tɕ'yɑ⁵⁵tʂʅ₄₂⁴²ʂəˑt'ou ʃuə⁵⁵xuɑ⁴² 比喻昧着良心说假话，说骗人的话，作伪证。｜你这是～，要遭报应的！

【人不人，鬼不鬼】iẽ⁴²pu²¹³iẽ⁴²，kuei⁵⁵pu⁴²kuei⁵⁵　人不像人，鬼不像鬼。指做了不光彩的事，没有脸面做人。｜这事儿把他弄得～的，没脸见人了。

【认钱不认人】iẽ⁴²₂₁₃ts'iã⁴²pu⁴²iẽ⁴²₂₁₃iẽ⁴²　指人只看重钱财，不讲情义。｜跟这种～的人打交道，可要多留个心眼儿！

【日头从西边儿出来】i⁴²t'ou⁵t'θ'uŋ⁴²si²¹³piãr⁵tʃ'u⁵⁵lɛ·　比喻发生了极不寻常的事或事情根本不可能发生（多含戏谑义）。｜赵老抠真的要请客？是不是～啦？

【上不够天，下不够地】ʃaŋ⁴²pu⁴²kou⁴²t'iã²¹³，ɕia⁴²₂₁₃pu⁴²kou⁴²₂₁₃ti⁴²　指办事不利索，没头没尾。｜看你把事儿办的，～！

【上刀山，下火海】ʃaŋ⁴²tɔ²¹³₅₅ʂã²¹³，ɕia⁴²₂₁₃xuɔ⁵⁵xɛ⁵⁵　比喻不顾个人安危，做极危险的事情。｜跟着你干，哪怕～，有奔头！

【上气不接下气】ʃaŋ⁴²tɕ'i²¹³pu⁴²tɕiə²¹³ɕia⁴²tɕ'i²¹³　指因劳累或焦急而呼吸急促，气喘吁吁。｜干这点儿活儿就累得他～。

【烧香引出鬼来】ʃɔ²¹³₅₅ɕiaŋ²¹³iẽ⁴²tʃ'u⁵⁵kuei⁵⁵lɛ·　比喻好的动机引出了坏的结果。｜没想到～，弄得大家不高兴。

【烧香找错了庙门】ʃɔ²¹³ɕiaŋ²¹³tʂɔ⁵⁵t'uə⁴²lə·miɔ⁴²₂₁₃mẽ⁴²　比喻求人帮忙办事却找错了人。｜你这是～，怎么能把事办成呢？

【深一脚，浅一脚】ʃẽ²¹³i⁵⁵₄₂tɕyə⁵⁵，ts'iã⁵⁵i⁵⁵₄₂tɕyə⁵⁵　形容因路面不平或看不清路面而步履艰难。｜他～地连夜赶回村子。

【使出吃奶的劲】ʂɿ⁵⁵₄₂tʃ'u⁵⁵tʃ'ŋ⁵⁵nɛ⁵⁵titɕiẽ⁴²　形容使出最大的力气。｜这么重的一根木头，他～也没扛起来。

【耍嘴皮子】ʂua⁵⁵tθei⁵⁵p'i⁴²₅₅tθɿ·　只说不干。｜别光～，你也动动手。

【甩脸子】ʂuɛ⁵⁵₄₂liã⁵⁵tθɿ·　给人脸色看。｜没人欠你的，跟谁～？

【说的比唱的好听】ʃuɔ⁵⁵tipi⁵⁵tʃ'aŋ⁴²tixɔ⁵⁵t'iŋ²¹³　指用动听的话哄人，实际上却做不到。｜别看他～，真让他帮忙，他就躲得远远的。

【说人话，不做人事儿】ʃuɔ⁵⁵iẽ⁴²₂₁₃xua⁴²，pu²¹³tθuə⁴²iẽ⁴²₂₁₃ʂɿ⁴²　说得好听，却不干好事或尽干坏事。｜这个人净～，别听他的。

【说睡语】ʃuə⁵⁵ʂuei⁴²y⁵⁵　说梦话。｜早上醒来，同屋的人说我夜来（昨天）晚上～，可我怎么也想不起来说了什么话啦。

【说贴话】ʃuə⁵⁵tiə²¹³xua⁴²　顺着别人的话说，拍马屁。｜～不挨打。

【思南朝，挂北国】$θŋ^{213}nã^{213}tʃ‘ɔ^{42}$, $kuɑ^{213}pei^{55}kuə^{42}$　形容挂心事多，三心二意。｜他整天～，没心思工作。

【死马当活马医】$θŋ^{55}mɑ^{55}tɑŋ^{213}xuə^{42}mɑ^{55}i^{213}$　比喻明知事情无望，但仍寄希望于万一，尽最后努力来挽救。｜事到如今，只能～，再努力一把试试。

【死牛蹄子不分丫】$θŋ^{55}niou^{42}t‘i^{42}_{55}tθŋpu^{42}fẽ^{213}iɑ^{213}$　比喻固执己见，不知悔改。｜他也不是糊涂人，在这个问题上怎么就是～？

【死要面子活受罪】$θŋ^{55}iɔ^{42}miã^{42}_{55}tθŋxuə^{42}ʃou^{42}_{213}tθei^{42}$　指为了要面子，宁愿受苦遭罪。｜明明没钱，非要那个场面，真是～！

【送口头人情】$θuŋ^{42}k‘ou^{55}t‘ou^{42}iẽ^{213}_{55}ts‘iŋ^{42}$　拿话送人情，仅仅说说而已。｜别光～，来点儿实际的。

【踏着锅台上炕】$tʂ‘ɑ^{213}tʂʅkuə^{213}t‘ɛ^{42}ʃɑŋ^{42}k‘ɑŋ^{213}$　比喻得寸进尺。｜别～，没完没了。

【踏着三页豆腐没个磨台高】$tʂ‘ɑ^{213}tʂʅθã^{213}iə^{213}tou^{42}_{55}fuˑmu^{213}kəˑmə^{213}t‘ɛ^{42}kɔ^{213}$　形容人矮到了极点（含贬义）。｜你～，还想打人？

【抬头不见低头见】$t‘ɛ^{42}_{213}t‘ou^{42}pu^{42}_{213}tɕiã^{42}ti^{42}_{213}t‘ou^{42}tɕiã^{42}$　形容人与人距离近，经常碰面。｜邻里邻居的，～，别为这点儿小事闹别扭！

【天不怕，地不怕】$t‘iã^{213}pu^{42}p‘ɑ^{213}$, $ti^{42}_{213}pu^{42}p‘ɑ^{213}$　形容无所无惧，敢作敢为。｜做事就要有～，敢闯敢拼的劲头。

【天打五雷轰】$t‘iã^{213}tɑ^{55}_{42}u^{55}lei^{42}xuŋ^{213}$　形容罪大恶极，应受最严酷的惩罚。也用作发誓赌咒。｜谁要是做了这样的缺德事儿，～。

【听见风就是雨】$t‘iŋ^{213}tɕiã^{42}fəŋ^{42}tsiou^{42}_{213}ʂʅ^{42}y^{55}$　听到刮风就以为要下雨了。比喻只听到一些消息就轻率地认为事情真的要发生。｜别～，这事儿还八字没一撇呢！

【听墙根儿】$t‘iŋ^{213}ts‘iɑŋ^{42}kẽr^{213}$　比喻在暗处偷听别人谈话。｜一个大男人专爱～，真是没出息。

【跳鼻子上脸】$t‘iɔ^{42}pi^{42}_{55}tθŋʃɑŋ^{42}liã^{55}$　形容人不知趣而得寸进尺。｜你真是～，给你饭吃就不错啦，还要酒。

【跳高够不着马屁股】$t‘iɔ^{42}kɔ^{213}kou^{42}pu^{42}tʃuə^{42}mɑ^{55}p‘i^{42}ku^{}$　形容人个子矮（含贬义）。｜他个子很矮，～。

【围着锅台转】$uei^{42}tʂʅkuə^{213}t‘ɛ^{42}tʃuã^{42}$　指在厨房里忙碌，泛指做家务。｜现

代社会，男人～也不丢人。

【为一个鳖打杆叉】uei⁴²i⁵⁵kəpiə²¹³tɑ⁵⁵₄₂kã²¹³₅₅tʂ'ɑ²¹³　为了叉到一只鳖，专门打一杆叉。比喻利小成本高。｜就为了干这么点儿工程活儿，专门买一辆推土机，不是～吗？

【瞎白头】ɕiɑ²¹³₅₅pei⁴²₂₁₃t'ou⁴²　没有出息，枉活了那么大岁数。｜你一个50多岁的人去跟一个小孩子发脾气，真是～。

【瞎打伴儿】ɕiɑ²¹³tɑ⁵⁵iɑŋr²¹³　乱开玩笑。｜我是长辈，不许你跟我～。

【瞎猫碰到死老鼠】ɕiɑ²¹³₅₅mɔ²¹³p'əŋ⁴²tɔθi⁵⁵lɔ⁴²₅₅ʃu⁵⁵　比喻事情非常凑巧，得到意外收获。｜他考试能通过，那是～，巧啦！

【下得茬】ɕiɑ⁴²tei⁵⁵tʂ'ɑ⁴²　下得去狠心。｜孩子这点儿小错，你就打他，真～！

【先君子，后小人】siã²¹³₅₅tɕyẽ²¹³t θ̩, xou⁴²siɔ⁵⁵iẽ⁴²　指先讲道理，行不通再采用严厉的手段。｜咱们～，你让一步，我听你的；你来硬的，我跟你没完。

【香油壶儿，拔了堵儿】ɕiɑŋ²¹³iou⁴²xur⁴², pɑ⁴²₅₅lə'tur⁵⁵　讽喻人正得势，吃香。｜人家现在正是～的时候，能瞧得起谁？

【腰里别着个转葫芦】iɔ²¹³li'piə⁴²tʂ̩'kə'tʃuã⁴²xu⁴²lu'　形容主意和办法转变得太快。｜这个人没有主见，～，让人无法适应。

【一肚子坏水儿】i⁵⁵tu⁴²t θ̩'xuɛ⁴²ʂueir⁵⁵　形容人坏心眼儿极多。｜张三那个东西～，你少跟他来往。

【一肚子两肋巴】i⁵⁵tu⁴²t θ̩'liɑŋ⁵⁵lei⁴²pɑ'　形容人脑子里装的东西多。｜老王那个人儿，好心眼儿、坏心眼儿，～。

【一翻两瞪眼】i⁵⁵fɑ²¹³liɑŋ⁵⁵təŋ⁴²iã⁵⁵　本来是用扑克赌博的一种形式，即扑克一翻开，谁大谁小一目了然，输的就瞪眼看着赢家把他的钱拿走。后比喻非常明了，直截了当。｜这事儿～，谁也别打唧唧。

【一个鼻孔眼里喘气】i⁵⁵kə'pi⁴²₂₁₃k'uŋ⁵⁵₄₂iã⁵⁵li'tʃ'uã⁴²tɕ'i²¹³　比喻关系非常好，意见和想法完全一致。｜他俩好得～。

【一个锅摸勺子】i⁵⁵kə'kuɑ²¹³mə²¹³ʃuɔ⁴²₅₅t θ̩'　指吃同一锅饭，一起共事。｜大家～，难免有磕磕碰碰的。

【一个萝卜一个窝】i⁵⁵kə'luɔ⁴²peii⁵⁵ kə'uə²¹³　比喻一个位置有一个人。｜咱们单位～，没有多余的位置，也没有闲人。

【一棵树上吊死】i⁵⁵kʻuə²¹³ʃu⁴²ʃaŋˈtiɔ⁴²θɿ⁵⁵　比喻人不知变通，坚持某一做法或坚守某一地方。｜人不能～，工作不合适就换换。

【一口吃个胖子】i⁵⁵₄₂kʻou⁵⁵tʃʻɿ⁵⁵kəˈpʻaŋ⁴²tθɿ　形容人急于求成，把复杂的或难于一时完成的事情一下子办成。｜这事儿得慢慢来，想～，不可能。

【一趟道儿走到黑】i⁵⁵tʻaŋ²¹³tɚ⁴²tθou⁵⁵tɔ⁴²xei⁵⁵　一趟道儿，方言词，一条道儿。形容人非常固执，坚持自己的做法不改变。｜请你听听别人的劝告，不要～。

【一网打了满河的鱼】i⁵⁵uaŋ⁵⁵₄₂ta⁵⁵ləˈmã⁵⁵xuə⁴²tiy⁴²　比喻不分情况把涉事的人和无关的人卷在一起。｜别～，你说的谁说清楚。

【一问三不知】i⁵⁵uẽ⁴²θã²¹³pu⁴²tʃɿ²¹³　①对知道的事情装作不知道，什么也问不出来。｜～，神仙没法治。②不明情况，问什么都不知道。｜他对这事儿不了解，～。

【用人上前，不用人上后】yŋ⁴²₂₁₃iẽ⁴²ʃaŋ⁴²₂₁₃tsˈiã⁴²，pu⁴²yŋ⁴²₂₁₃iẽ⁴²ʃaŋ⁴²₂₁₃xou⁴²　对人有所求时低三下四，对人无所求了又忘记了别人的好处。｜那人是典型的～，有事儿求你了，和你客客气气，用完了，连理都不理你。

【有酒想着无酒事】iou⁵⁵₄₂tsiou⁵⁵siaŋ⁵⁵tʂʻu²¹³tsiou⁵⁵ʂɿ⁴²　指喝酒后借酒把对别人的成见一下子吐出来。｜老张今天～，直抱怨上次分苹果他少得了三斤。

【有奶就是娘】iou⁵⁵₄₂nɛ⁵⁵tsiou⁴²ʂɿ⁴²₂₁₃niaŋ⁴²　比喻谁给好处就为谁出力。｜他这个人～，没有什么原则。

【占相应】tʃã²¹³siɯŋ⁴²₅₅iŋ˙　占便宜。｜他这个人就知道～，从来不吃亏。

【占相应卖乖】tʃã²¹³siaŋ⁴²iŋˈmɛ⁴²kuɛ²¹³　占了便宜还卖弄乖巧说没得到好处或实惠。｜别～，谁不知道你从中得了多少好处。

【占着茅房不拉屎】tʃã²¹³tʂɿˈmɔ⁴²₅₅faŋˈpu⁴²₂₁₃la⁴²₄₂ʂɿ⁵⁵　比喻占着某个职位却不做该做的事情。｜现在很多人～，照样拿工资。

【站没站相，坐没坐相】tʂã²¹³muˈtʂã²¹³siaŋ⁴²，tθuə⁴²muˈtθuə⁴²₂₁₃siaŋ⁴²　形容人举止不端庄，不稳重。｜这个孩子～，要好好调教调教。

【站着说话不嫌腰疼】tʂã²¹³tʂɿˈʃuə⁵⁵xua⁴²puˈɕiã²¹³tʻəŋ⁴²　指说漂亮话容易，做起来很难。｜你别～啦，自己干干试试，还不一定干得了呢！

【睁着眼睛说瞎话】tʂəŋ²¹³tʂɿˈiã⁵⁵tsiŋˈʃuə⁵⁵ɕia²¹³xua⁴²　故意违背事实，信口胡说。｜这不是～吗？

【整瓶儿不满，半瓶儿逛荡】tʂəŋ⁵⁵p'iŋr⁴²pu⁴²mã⁵⁵, pã²¹³p'iŋr⁴²kuaŋ⁴²taŋ　指人对某种事物或某方面的知识一知半解，却自以为了不起，喜欢到处卖弄。｜就这么一个～的人，不少人还真信他的。

【煮烂嘴，煮不烂舌头】tʃu⁵⁵lã⁴²tθei⁵⁵, tʃu⁵⁵pu²¹³⁴²lã⁴²ʃə⁵⁵t'ou　形容嘴硬。义同"打烂骨头，打不烂肉"。｜你就是嘴硬，～！

【抓破腚赖人】tsua²¹³⁵⁵p'ə²¹³⁴²tiŋ⁴²lɛ²¹³⁴²iẽ⁴²　比喻不仅不承认自己的错误，却反过来诬赖对方。｜瘦弱女孩儿抢劫中年壮汉未遂，～，报警称遭抢。

【转回头来咬腚吃】tʃuã⁴²xuei⁴²⁴²t'ou⁴²lɛio⁵⁵tiŋ⁴²tʃ'ɿ⁵⁵　比喻馋得要命。｜这个懒汉还特别馋，喝酒没肉恨不得～。

【钻钱眼儿】tθã²¹³ts'iã⁴²iãr⁵⁵　比喻视财如命。｜他～里了，六亲不认。

【嘴挂香油壶儿】tθei⁵⁵kua²¹³ɕiaŋ²¹³⁵⁵iou⁴²²¹³xur⁴²　比喻会说好听的话，讨人喜欢。｜这孩子～，谁见谁喜欢。

【醉煞不认那壶酒钱】tθei⁴²²¹³ʂa⁴²pu⁴²²¹³iẽ⁴²nɑ²¹³xu⁴²tsiou⁵⁵ts'iã⁴²　比喻死不认账。｜人最怕的是"～"。

第四节　谚　语

以下是店埠前张管寨方言中部分常用谚语。条目先后按首字音序排列，首字相同的条目按第二个字的音序排列，依次类推。每条谚语先列语目，置于"【】"内；后用国际音标注音；再释义，释义文字力求简明，多义条目的不同义项分别用数字①②等标出；最后举例，举例中本条目用"～"代替，举例中方言色彩较强的词，加括号注释说明。

【爱美之心人人有】ɛ²¹³⁴²mei⁵⁵tʂɿ²¹³siẽ²¹³iẽ⁴²²¹iẽ⁴²iou⁵⁵　指每个人都有喜爱美好的事物和人物的天性。｜～，这么漂亮的花儿谁不喜欢？

【矮子面前，别说短话】iɛ⁵⁵tθɿ̣miã⁴²²ts'iã⁴², piɛ⁴²²¹ʃua⁴²²¹tã⁵⁵xua⁴²　"短"和"矮"同义。个子矮的人忌讳人家说"短"字，所以当着个子矮的人，不要说带"短"字的话。指说话要注意别人的忌讳和感受，不要使人难堪。｜说话要看对象和场合，～。

【八月十五水淹月，正月十五雪打灯】pa⁵⁵yəʃ₅₅⁴²u̦suei⁴²²¹iã²¹³⁵⁵yə²¹³, tʃəŋ²¹³yəʃ₅₅⁴² u̇sүə$_{42}^{55}$ ta^{55}təŋ^{213} 也说"八月中秋云遮月，来年元宵雪打灯"。如果八月十五中秋节那天下雨，第二年正月十五元宵节必然下雪。｜我记得去年中秋节下了小雨，今天元宵节真的下雪了，看来俗话说的"～"，还真灵！

【饱汉不知饿汉饥】pɔ^{55}xã^{42}pu^{42}tʃʅ^{213}uə$_{21}^{42}$xã^{42}tɕi^{213} 吃饱的人体会不到挨饿的人所承受的饥饿。比喻生活和工作等条件好的人体会不到条件差的人的苦楚。｜你别～，让你一天工作十三个小时试试！

【兵马未动，草料先行】piŋ^{213}ma^{55}uei^{213}tuŋ^{42}, tθ'ɔ^{55}liɔ^{42}siã^{213}ɕiŋ^{42} 军事行动尚未开始，先要提前为战马准备好草料。泛指做任何事情都要提前做好准备工作。｜～，建房子的材料在开工前要备好。

【兵熊熊一个，将熊熊一窝】piŋ^{213}ɕүŋ^{42}ɕүŋ$^{42;55}$i$^{}$kə^{42}, tsiaŋ^{213}ɕүŋ^{42}ɕүŋ$^{42;55}$i$^{}$uə^{213} 熊，方言词，指窝囊，无能。一个士兵无能就是他个人的事，无关大局；如果将领无能，就会使整个部队没有战斗力。泛指一个单位的领导对这个单位的发展起关键作用，应严格选拔和严格要求。｜～，这次选厂长一定得选个有能力的。

【病从口中入，祸从口中出】piŋ$_{213}^{42}$tθ'uŋ^{42}k'ou^{55}tʂuŋ^{213}y^{42}, xuə$_{213}^{42}$tθ'uŋ^{42}k'ou^{55}tʂuŋ^{213}tʃ'u^{55} 指生病常常是因饮食不当，遭遇灾祸往往是因说话不慎。｜因为说了领导一句坏话，他就遭到报复，真是～啊！

【病来如山倒，病去如抽丝】piŋ$_{213}^{42}$lɛ$_{213}^{42}$y^{42}ʂã^{213}tɔ^{55}, piŋ^{42}tɕ'y$_{213}^{42}$y^{42}tʃ'ou$_{55}^{213}$θʅ^{213} 指疾病发作时如同大山倒塌一样迅猛，除去病根却如同抽丝剥茧般缓慢。｜～，你别着急，你的病还要再治了几天才可以出院。

【不当家不知柴米贵】pu^{42}taŋ$_{55}^{213}$tɕia^{213}pu^{42}tʃʅ^{213}tʂ'ɛ^{42}mi^{55}kuei^{42} 不当家不知道只有仔细安排家庭开销才能维持家庭生活的难处。泛指没有亲身体验就不知道其中的难处。｜你是～，咱们单位虽然有点儿经费，可花销也大，不节俭着点儿也不行。

【不动笤帚地不光，不动锅铲饭不香】pu$_{213}^{42}$tuŋ^{42}t'iɔ$_{21}^{42}$tʃu'ti$_{21}^{42}$pu^{42}kuaŋ^{213}, pu$_{213}^{42}$tuŋ^{42}kuɔ^{213}tʂ'ã^{55}fã$_{213}^{42}$pu^{42}ɕiaŋ^{213} 地不扫不会干净，不动锅铲做不出香喷喷的饭菜。比喻没有努力付出，就不会有收获的喜悦。｜常言道"～"，要想成功，就得实实在在地干。

【不怕不识货，就怕货比货】pu^{42}p'a^{213}pu$^{42;55}$xuə^{213}, tsiou^{213}p'a$_{55}^{213}$xuə^{213}pi^{55}xuə^{213} 不能识别货物好坏不要紧，只要把货物放在一起一比较好坏高下就清楚了。泛指

人或事物的差别只有通过比较才能显示出来。｜买东西要货比三家，～。

【不怕虎生三张嘴，只怕人怀两样心】pu⁴²p'ɑ²¹³xu⁵⁵ʂən²¹³θã²¹³ tʂaŋ²¹³tθei⁵⁵, tʃŋ⁵⁵p'ɑ²¹³iẽ⁴²₂₁ xuɛ²¹³liaŋ⁵⁵iaŋ⁴²siẽ²¹³ 即使老虎生三张嘴也没什么可怕的，人可以对付；怕只怕自己人怀有二心，表面和善，内心算计。｜～，要是自己人想害你，祸是躲不过的。

【不怕路难，就怕志短】pu⁴²p'ɑ²¹³ lu⁴²₅₅nã⁴², tsiou⁴²p'ɑ²¹³tʂʅ⁴²tã⁵⁵ 不怕行路艰难，就怕没有战胜困难的坚定意志和恒心。泛指不怕困难多，就怕没有志气。｜人要做成一件事，一定要有恒心和毅力，～。

【不怕人老，就怕心老】pu⁴²p'ɑ²¹³iẽ⁴²lɔ⁵⁵, tsiou⁴²p'ɑ²¹³ siẽ²¹³lɔ⁵⁵ 身体的自然衰老并不可怕，怕就怕心态衰老。｜你不要老是觉得自己老了，这样容易生病的，～。

【不怕一万，就怕万一】pu⁴²p'ɑ²¹³i⁵⁵uã²¹³, tsiou⁴²p'ɑ²¹³ uã²¹³i⁵⁵ "一万"指坏事发生的可能性大，"万一"指坏事发生的可能性小。坏事发生的可能性大容易引起注意，从而加以避免；坏事发生的可能性小容易被忽视，从而招致损失。指坏事即使发生的可能性极小也要严加防范，避免损失。｜～，你要当心！

【不怕贼偷，就怕贼惦记】pu⁴²p'ɑ²¹³tθei⁴²t'ou²¹³, tsiou⁴²p'ɑ²¹³tθei⁴²tiã⁵⁵ tɕi 指盗贼要是盯上了谁的财物，迟早会下手，被盗难以避免。｜～，再小心也没用。

【不是一家人，不进一家门】pu⁴²₂₁₃ʂʅ⁴²i⁵⁵tɕia²¹³iẽ⁴², pu⁴²tsiẽ²¹³i⁵⁵tɕia²¹³mẽ⁴² ①指不是情投意合或有缘分的人结不成夫妻。他们两口子都是热心人，真是～。②泛指不是一个类型的人不可能结为团体。｜～，咱们单位的年轻人个个优秀。

【不听老人言，吃亏在眼前】pu⁴²t'iŋ²¹³lɔ⁵⁵iẽ⁴²₂₁₃iã⁴², tʃŋ⁵⁵k'uei²¹³tθɛ⁴²iã⁵⁵ts'iã⁴² 不听从老人的劝告，很快就会吃亏上当。｜老人的经验是很宝贵的，有事多听听老人的意见，俗话说得好，～。

【不做亏心事，不怕鬼叫门】pu⁴²₂₁₃tθuə⁴²k'uei²¹³₅₅ siẽ²¹³ʂʅ⁴², pu⁴²p'ɑ²¹³kuei⁵⁵tɕiɔ⁴²₂₁₃mẽ⁴² 不做昧良心的事情，心里就坦坦荡荡，即使鬼找上门来，也无所畏惧。｜～，你用不着吓唬我，我不怕！

【朝中有人好做官】tʃ'ɔ⁴²tsuŋ²¹³iou⁵⁵iẽ⁴²xɔ⁵⁵tθuə⁴²kuã²¹³ 本指朝廷里有可以依靠的人，做官就容易。后来泛指只要有有权势的人做靠山，就容易得到提拔重用。｜～，他哥哥当县长，他这次竞选村长是手拿把掐（指十分有把握）的事。

【撑死胆大的，饿死胆小的】tʂ'əŋ²¹³θŋ⁵⁵₄₂tã⁵⁵tɑ⁴²ti, uə⁴²θŋ⁵⁵tã⁵⁵siɔ⁵⁵ti 极言敢于

冒险的人能获得巨大成功，畏缩不前的人将一事无成。｜～，想办大事，就得有胆量。

【丑媳妇也要见公婆】tʃ'ou⁵⁵si⁴²₅₅ fu'iɔ⁴²ɔ²¹³tɕiã⁴²kuŋ²¹³p'ə⁴²　儿媳妇长得再丑也得跟公婆见面。比喻事情无法躲避，无论如何也得露面或呈现。｜～，不管怎么样，先把我们的计划报给领导，让领导看看再说。

【船到桥头自然直】tʃ'uã⁴²₂₁₃tɔ⁴²tɕ'iɔ²¹³₅₅t'ou⁴²tθŋ⁴²iã⁴²₂₁₃tʃŋ⁴²　船行到桥头时就会自然地顺着水流直直地通过。比喻事前不必过虑，到时候自然就会有办法。｜用不着担心，～，相信他能找到解决问题的办法。

【春天捅一棍，秋天吃一顿】tʃ'uẽ²¹³₅₅t'iã²¹³t'uŋ⁵⁵₄₂i⁵⁵kuẽ⁴², ts'iou²¹³₅₅t'iã²¹³tʃ'ŋ⁵⁵₄₂i⁵⁵tẽ⁴²　春天用棍子捅个窝种下一粒种子，到秋天就可以收获吃一顿的食量。｜～，不能浪费土地，地头地脑都要种上。

【春雨贵如油】tʃ'uẽ²¹³y⁵⁵kuei⁴²y⁴²₂₁₃iou⁴²　春天的雨水对庄稼生长极为重要，像食油一样珍贵。｜～，有了这场春雨，今年的小麦肯定有好收成。

【打虎亲兄弟，上阵父子兵】ta⁵⁵xu⁴²₅₂tɕ'iẽ⁵⁵₅₅ɕyŋ²¹³ti˙, ʃaŋ⁴²tʃ ẽ²¹³fu⁴²tθɻ˙piŋ²¹³　身处险境或战场拼杀时，只有亲兄弟和父子才能不顾个人安危，合力拼杀，舍身相救。｜承包这项工程，还是你们一家人合伙好，这叫～。

【打人休打脸，揭人不揭短】ta⁵⁵iẽ⁴²siou²¹³ta⁵⁵₅₅liã⁵⁵, tɕiẽ⁵⁵iẽ⁴²pu⁴²tɕiɔ⁴²₅₂tã⁵⁵　指即使与双方发生了冲突，也要给人留情面，不能做得太过分，专攻人家的弱处，故意揭露人家的缺点。｜～，你怎么就知道戳人家的伤疤？

【大河有水小河满，大河无水小河干】ta⁴²₂₁₃xuɤ⁴²iou⁵⁵₄₂ʂuei⁵⁵siɔ⁵⁵xuɤ⁴²mã⁵⁵, ta⁴²₂₁₃xuɤ⁴²u⁵⁵₂₁ʂuei⁴²₅₅siɔ⁵⁵xuɤ⁴²kã²¹³　比喻整体或集体的利益会直接影响局部或个人的利益，只有整体或集体有好的发展，局部或个人才能受益。｜～，只有国家富强起来，老百姓才能过上好日子。

【大路朝天，各走一边】ta⁴²₂₁₃lu⁴²tʃ'ɔ⁴²t'iã²¹³, kuɤ⁵⁵tθou⁵⁵₅₅i⁵⁵piã²¹³　宽阔的道路通向天边，人们尽可以各走各的，互不妨碍。比喻人各有志，自己可以选择自己的道路，相互不必强求。｜从今以后，咱们～，谁也别管谁的事。

【大难不死，必有后福】ta⁴²₂₁₃nã⁴²pu⁴²θɻ⁵⁵, pi⁴²iou⁵⁵xou⁴²fu⁵⁵　人经历了大的灾难而能活下来，日后必定有很大的福分。｜这次车祸他受了那么重的伤还能挺过来，真是～。

【大人不记小人过】ta$_{213}^{42}$iẽ^{42}pu$_{213}^{42}$tɕi^{42}sï^{55}iẽ$_{21}^{42}$kuə^{42}　大人，指有地位、有德行的人。小人，指地位低、修养不够的人。指有地位、有修养的人心胸宽阔，对地位低、修养不够的人所犯过错不会往心里去，能够理解和原谅。｜您～，这次就原谅他吧！

【大树底下好乘凉】ta$_{213}^{42}$ʃu^{42}ti^{55}ɕia·xɔ^{55}tʃʻəŋ$_{213}^{42}$liaŋ^{42}　树大阴凉面积就大，在树下乘凉舒服。比喻有强有力的支持，事情就好办。｜～，有当乡长的弟弟支持，他承包鱼塘谁还敢反对？

【冬吃萝卜夏吃姜，不找郎中开药方】tuŋ^{213}tʃʻɿ^{55}luɔ$_{55}^{42}$ pei·ɕia$_{21}^{42}$tʃʻɿ^{55}tɕiaŋ^{213}，pu^{42}tʂɔ^{55}laŋ^{42}tʂuŋ^{213}kʻɛ$_{42}^{55}$yə$_{21}^{213}$faŋ^{213}　郎中，指中医医生。萝卜顺气，生姜除湿，冬天多吃萝卜，夏天多吃生姜，可以增强免疫力，少生病，少看医生少吃药。｜到夏天了，多吃点儿姜对身体好，你没听说"～"吗？

【冬耕深一寸，强似多上粪】tuŋ^{213}tɕiŋ$_{55}^{213}$ʃẽ^{213}i^{55}tθʻẽ^{42}，tɕʻiaŋ$_{21}^{42}$θɿ^{42}tuə$_{55}^{213}$ʃaŋ$_{213}^{42}$fẽ^{42}　上粪，方言词，指施肥。冬天深耕可以使土壤疏松，利于农作物生长，深耕一寸，比多施肥料效果都好。｜要有好收成，就得深耕细作，常言说得好，～。

【冬练三九，夏练三伏】tuŋ^{213}liã^{42}θã^{213}tɕiou^{55}，ɕia$_{21}^{42}$liã^{42}θã^{213}fu^{42}　三九天天气最冷，三伏天天气最热。指练功要不避严寒和酷暑，持之不懈，才能有好效果。｜锻炼身体一定要～。

【豆黄蟹子麦黄鳖】tou^{42}xuaŋ$_{213}^{42}$ɕiɛ^{42}tθɿ·mɛ$_{213}^{42}$xuaŋ^{42}piə^{213}　豆子成熟时蟹子最肥美，麦子成熟时鳖最肥美。｜～，这个时节正是吃蟹子的时候。

【多个朋友多条路，少个对头儿少个冤家】tuə^{213}kuə·pʻəŋ^{42}iou^{55}tuə^{213}tʻiɔ$_{21}^{42}$lu^{42}，ʃɔ^{55}kuətei^{42}tʻour·ʃɔ^{55}kuə·yã^{213}tɕia·　多交一个朋友就多个人帮忙，少得罪一个人就少一个人作对。指要尽可能地多结交朋友，少与人结下怨仇。｜～，在江湖上混靠的是朋友，不能尽得罪人。

【躲了初一，躲不了十五】tuɔ^{55}lə·tʂʻu$_{42}^{55}$i^{55}，tuɔ^{55}pu^{42}liɔ·ʃɿ$_{42}^{55}$u^{55}　指既然事情要发生或已经发生，就要面对，逃避不是长久之计。｜你～，事情早晚得解决。

【饿死卖姜的，饿不死卖蒜的】uə$_{21}^{42}$θɿ^{55}mɛ^{42}tɕiaŋ^{213}tï·，uə$_{21}^{42}$pu^{42}θɿ^{55}mɛ^{42}θã^{213}tï·　姜无论生熟都是辛辣的，不能当食物食用；蒜煮熟或烤熟就不辣了，无其他食物时可以充饥。因此，如果没有了食物，卖姜的就断了食物源，就得饿死，而卖蒜的还可以将蒜加热当食物，就不会饿死。｜甲：要是一个人只能卖姜或是卖蒜，你干什么？乙：我当然卖蒜啦，俗话说的好，"～。"

【儿不嫌母丑，狗不嫌家贫】ər$_{21}^{42}$ pu$_{21}^{42}$ ɕiã$_{21}^{42}$ mu$_{42}^{55}$ tʃ'ou^{55}，kou^{55} pu$_{21}^{42}$ ɕiã^{42} tɕiɑ^{213} p'iẽ^{42} 母亲长得再丑，儿女也不会嫌弃，就像家里再穷，狗也不会因为主人家里穷而离开。有时也用母亲喻指家乡或祖国，指做人不能忘本。｜～，家乡再贫穷，也是生养你的地方，要常回来看看。

【儿行千里母担忧】ər$_{21}^{42}$ ɕiŋ^{42} ts'iã$_{213}^{42}$ li^{55} mu$_{42}^{42}$ tã$_{55}^{213}$ iou^{213} 指儿女外出远行，母亲总是少不了担心和挂念。｜～，出门在外，要常跟父母联系，让老人放心。

【饭后百步走，活到九十九】fã$_{213}^{42}$xou^{42}pei^{55}pu^{42}tθou^{42}，xuɤ^{42}tɔ·tɕiou^{55} ʃ$^{42}_{42}$tɕiou^{55} 指吃饭之后多走动，有利于健康，可以长寿。｜～，要健康就得养成饭后散步的习惯。

【肥水不流外人田】fei^{42}ʂuei^{55}pu$_{213}^{42}$liou^{42}uɤ$_{21}^{42}$iẽ$_{21}^{42}$t'iã^{42} 肥水，指有肥力的水，借指好处或利益。不要让有肥力的水流到别人家的田里去。比喻好处或利益不能让给别人，要留给自己人。｜他们兄弟合伙做生意，不让外人入股，真是～啊！

【佛烧一炷香，人争一口气】fu^{42}ʂɔ^{213}i^{55}tʃu^{42}ɕiaŋ^{213}，iẽ^{42}ʂən$_{42}^{213;55}$ k'ou^{55}tɕ'i^{213} 佛要的是信众为其烧一炷香，人为的就是争一口气。其实该谚语的语义偏于后半句，指做人就要有骨气，有志气。｜～，我这么做，就是为了争口气，不能让人看不起。

【扶竹竿，不扶灌绳】fu$_{213}^{42}$tʂu^{42}kã^{213}，pu$_{213}^{42}$fu^{42}kuã$_{213}^{42}$ʃən^{42} 竹竿，喻指能扶得起立得住的人才。灌绳，井绳，喻指扶持不起来的软弱无能之辈。比喻要起用可塑之才，不用扶也扶不起来的无能之辈。｜～，就他那整天不务正业、游手好闲的样子，我怎么帮他？

【胳膊拧不过大腿】kə^{55}pə·niŋ$_{213}^{42}$pu^{42}kuɤ·tɑ^{42}t'ei^{55} 比喻弱者敌不过强者。多用于劝诫弱小者不要跟强大者争强好胜。｜认输吧，～，人家有权有势，咱小老百姓斗不过人家。

【隔行如隔山】kei^{55}xɑŋ^{42}y^{42}kei^{55}ʂã^{213} 隔行，指行业不同。形容不同行业的人彼此对对方的行业情况不了解，其间如同隔着一座山。｜～，你们文艺圈儿的事儿咱不了解。

【狗改不了吃屎】kou$_{42}^{55}$ kɛ^{55}pu^{42}liɔ^{55}tʃ'ʅ$_{42}^{55}$ʂʅ^{55} 吃屎是狗的本性。比喻有恶劣习惯的人改不了恶习。｜这个人还会作恶的，～。

【狗肉上不了席】kou⁵⁵iou⁴²ʃaŋ²¹³₄₂pu⁴²liɔ⁵⁵si⁴²　过去民间认为狗肉是品质差的食物，不能作为正式菜肴上席。比喻见识少，素质差或能力低的人上不了大台面，见不得大场合。｜～，这种人没见过世面，怎么能当村干部呢？

【狗嘴吐不出象牙】kou⁵⁵₄₂tθei⁴²t'u²¹³₄₂pu⁴²tʃ'u⁵⁵siaŋ²¹³₄₂ia⁴²　比喻坏人嘴里说不出好话。｜～，你还指望他能说什么人话！

【寡儿妇门前是非多】kuar⁵⁵fuˑmẽ⁴²₂₁₃tsˈiã⁴²ʂʅ⁴²fei²¹³ tuə²¹³　指寡妇容易招人非议。｜都说～，她守寡几十年了，从来就没有人对她说三道四的。

【官大一级压死人】kuã²¹³ta⁴²i⁵⁵tɕi⁴²ia²¹³θʅ⁵⁵iẽ⁴²　指官阶大的官吏对下级极端压制，下级却只能绝对服从。｜～，顶头上司的话不听行吗？

【光棍儿不吃眼前亏】kuaŋ²¹³kuẽr⁴²pu⁴²tʃ'ŋ⁵⁵iã⁵⁵tsˈiã⁴²kˈuei²¹³　光棍，方言词，有心眼儿、识时务的人。指聪明人能见机行事，躲避眼前的不利处境，以免吃亏。｜～，你打不过他，赶快跑吧。

【贵人多忘事】kuei²¹³iẽ⁴²tuə²¹³ uaŋ⁴²₅₅ʂʅ⁴²　指地位高贵的人因事务繁忙容易忘事（多用于讽刺）。｜你是～，我说过的话哪还记得？

【国有国法，家有家规】kuə⁴²iou⁵⁵kuə⁴²fa⁵⁵，tɕia⁴²₄₂iou⁵⁵tɕia⁵⁵ kuei²¹³　国家有国家的法律，家庭有家庭的规矩，人人都得按制度和规矩行事。｜～，不管在哪里做事，都得守规矩。

【过了这个村儿，就没有这个店儿】kuə⁴²lə tʃə²¹³kuəˑtθˈẽr²¹³，tsiou⁴²mei⁴²iou⁵⁵ tʃə⁵⁵kuəˑtiãr⁴²　指机会宝贵，错过了就不会再有。｜这次招聘你可要抓住机会，～了。

【好狗不挡道】xɔ⁵⁵₄₂kou⁵⁵pu⁴²taŋ⁵⁵tɔ⁴²　善解人意的狗不会挡在路上妨碍人行走。比喻好人不会妨碍别人做事（多含讥讽或斥责的意味）。｜～，我做这事是为大家好，你为什么要阻拦？

【好汉不吃眼前亏】xɔ⁵⁵xã⁴²pu²¹³₄₂tʃˈŋ⁵⁵ iã⁵⁵tsˈiã⁴²kˈuei²¹³　指有胆识、有智慧的人能躲避眼前不利境况，避免吃亏。｜～，你还是让着他吧，要不他会跟你拼了。

【好货不便宜，便宜没好货】xɔ⁵⁵xuə²¹³pu⁴²pˈiã⁴²iˑ，pˈiã⁴²₅₅iˑmei⁴²xɔ⁵⁵xuə²¹³　好的货物价格就贵，价格便宜的就不会是好的货物。也用来泛指能轻易得到的东西往往有问题。｜～，一块钱一斤，还能买到好桃子？

【好马不吃回头草】xɔ⁵⁵₄₂ma⁵⁵pu⁴²tʃˈŋ⁵⁵xuei⁴²₅₅tˈou⁴²tθˈɔ⁵⁵　比喻有志气的人决不走回头路。｜～，既然辞职离开了原来的单位，就不能再回去了。

【好事不出门，坏事传万里】xɔ⁵⁵ʂʅ⁴²pu⁴²tʃʻu⁵⁵mẽ⁴²，xuɛ⁴²₂₁₃ʂʅ⁴²tʃʻuã⁴²uã⁴²₅₅li 极言好的事情不容易引起人的关注和传播，而坏的事情却极易引起人的关注，传播得又快又远。｜真是～，王三夜来（昨天）偷盗被抓的事儿，今日（今天）十里八乡就都知道了。

【好死不如赖活着】xɔ⁵⁵₄₂θŋ⁵⁵pu⁴²y⁵⁵lɛ⁴²₂₁₃xuə⁴²tʂəˑ 活着再艰难，也比一下子死了好。｜不要动不动就想死，～！

【虎毒不食子】xu⁵⁵tu⁴²pu⁴²₂₁₃ʃ⁴²tθŋ⁵⁵ 像老虎那样的猛兽虽然狠毒，但也不会吃自己的幼子。比喻再狠毒的人也不会伤害自己的孩子。｜～，父母待他再不好，也不会伤害他。

【画鬼容易画人难】xua⁴²kuei⁵⁵₂₁₃yŋ⁴²₅₅iˑxua⁴²iẽ⁴²₂₁₃nã⁴² 鬼是虚幻之物，没有固定的形体，可以随意乱画，比较容易；人是真实存在，必须如实描绘，比较困难。｜谁都可以画鬼，想怎么画就怎么画，要画好人物，就难了，～嘛！

【黄泉路上无老少】xuaŋ⁴²₂₁₃tɕʻyã⁴²lu⁴²₅₅ʃaŋˑu⁴²lɔ⁵⁵ʃɔ⁴² 黄泉，地下的泉水，借指阴间。指人走向死亡不分年龄大小。｜～，年轻人也要注意身体健康。

【会看的看门道，不会看的看热闹】xuei⁴²₂₁₃kʻã⁴²tiˑkʻã²¹³mẽ⁴² tɔˑ，pu⁴²xuei⁴²₂₁₃kʻã⁴²tiˑkʻã²¹³iə⁴²₅₅nɔˑ 门道，做事的诀窍或解决问题的途径。指内行能注意到事物的本质和内在规律，外行只能看到事物的形式和外在表现。｜看魔术节目，～，不过能看出门道的人实在不多。

【活人不能让尿憋死】xuə⁴²₂₁lẽ⁴²pu⁴²₂₁nəŋ⁴²iaŋ⁴²₂₁₃niɔ⁴²piə⁴²θŋ⁵⁵ 指人具有主观能动性，遇到困难总会想法克服，不会让困难压倒。｜～，想想办法，这事儿总能解决。

【饥不择食，寒不择衣】tɕi²¹³pu⁴²tθə⁴²₂₁₃ʃ⁴²，xã⁴²pu⁴²₂₁₃tθə⁴²i²¹³ 饥饿时不挑拣食物，寒冷时不挑拣衣服。也比喻人在困境时对条件没有选择的余地。｜他毕业三年了，一直没找到合适的工作，选择这个职业也是～，自己并不满意。

【家丑不可外扬】tɕia²¹³tʃʻou⁵⁵pu⁴²kʻuə⁵⁵uɛ⁴²₂₁₃iaŋ⁴² 指家中或单位内部发生的不光彩的事情不能对外宣扬。｜～，谁也不要把厂里发生的事传出去。

【家花没有野花香】tɕia²¹³₅₅xua²¹³mei⁴²iou⁵⁵iə⁴²₅₅xua²¹³₂₁₃ɕiaŋ²¹³ 家花，喻指妻子。野花，喻指外面的女人。指（男人）感觉妻子没有外面的女人漂亮、有魅力。｜对有的男人来说，妻子再漂亮，时间长了，也觉得～。

【家家有本难念的经】tɕia²¹³tɕia˙iou⁵⁵₄₂ pẽ⁵⁵nã⁴²niã⁵⁵⁴² ti˙tɕiŋ²¹³　难念的经，比喻难处理的事情。指每个家庭都有一些难处和苦衷。｜谁家都一样，～。

【家里不做豆腐，狗扛不出豆腐渣来】tɕia²¹³li˙pu⁴²tθou²¹³tou⁴²fu˙, kou⁵⁵k'aŋ⁴²₂₁₃ pu⁴² tʃ'u⁵⁵tou⁴²fu˙tsa²¹³lɛ˙　比喻事情的出现一定是有根源的。｜～，发生这种事儿，还得从内部找原因。

【嫁鸡随鸡，嫁狗随狗】tɕia⁴²tɕi²¹³θei⁴²tɕi²¹³, tɕia⁴²kou⁵⁵θei⁴²kou⁵⁵　指女子出嫁后，不管嫁的男人是好是坏，都要永远跟从。｜都什么年代啦，你还有这种～的想法！

【江山易改，本性难移】tɕiaŋ²¹³₅₅ ʂã²¹³i˙⁴²kɛ⁵⁵, pẽ⁵⁵siŋ⁴²nã⁴²₂₁₃i⁴²　自然界中的山河容易改变面貌，而人的本性却难以改变。｜～，别指望他能有多大改变。

【姜还是老的辣，酒还是陈的香】tɕiaŋ²¹³xuã⁴²₄₂ ʂʅ˙ lo⁵⁵ti˙la²¹³, tsiou⁵⁵xuã⁴²₄₂ ʂʅ˙tʃ'ẽ⁴²₄₂ ti˙ɕiaŋ²¹³　生姜越老辣味越浓，好酒越放香味越浓。比喻人年纪越大，经验越丰富，处事能力越老练。｜让老王这么一讲，事情不像我们想的那么难，～啊！

【搅撩孩子有糖吃】tɕiɔ⁵⁵liɔ⁴²xɛ⁴²₄₂ tθi˙iou⁵⁵t'aŋ⁴²tʃ'ŋ⁵⁵　搅撩，方言词，指淘气。淘气的孩子大人会拿糖果来哄，能比听话的孩子得到更多的糖吃。义同"爱哭的孩子有奶吃"。比喻能争能闹的人或部门更容易得到实惠或好处。｜～，你不争不闹只能吃亏。

【解铃还须系铃人】tɕiɛ⁵⁵liŋ⁴²₂₁₃ xuã⁴²sy²¹³ɕi⁴²liŋ⁴²₂iẽ⁴²　比喻由谁惹出的麻烦就由谁去解决。｜～，事儿是你惹的，你去给人家讲清楚吧！

【井水不犯河水】tɕiŋ⁵⁵₄₂ʂuei⁵⁵pu⁴²fã⁴²xuɤ²¹³₅₅ʂuei⁵⁵　比喻人与人或单位与单位之间没有直接利害关系，两不相犯。｜咱俩～，各走各的路。

【久病床前无孝子】tɕiou⁵⁵piŋ⁴²₂₁₃tʂuaŋ⁴²ts'iã˙u⁴²₂₁₃ɕiɔ⁴²tθŋ⁵⁵　指人生病卧床时间长了，亲生儿女也会失去耐心，不好好伺候。｜谁说～？他伺候瘫痪的母亲十多年，从来没抱怨过。

【旧的不去，新的不来】tɕiou⁴²ti˙pu⁴²₂₁₃tɕ'y⁴², siẽ²¹³ti˙pu⁴²₂₁₃lɛ⁴²　不失去旧的，就不会有新的。｜帽子丢就丢了，别心疼啦！～，再买个新的吧。

【开弓没有回头箭】k'ɛ²¹³₅₅ kuŋ²¹³mei⁴²iou⁵⁵xuei⁴²t'ou⁴²tsiã²¹³　弓箭一旦发射，射出去的箭就不会回头。比喻事情既然已经开始，就必须继续下去，不能停下来或重新开始。｜～，你选择了这份工作，就要把它做好。

【靠山吃山，靠水吃水】k'ɔ^{42}ṣã^{213}tʃ'ʅ^{55}ṣã^{213}, k'ɔ^{42}ṣuei^{55}tʃ'ʅ^{55}ṣuei^{55} 比喻充分依靠周围现成的客观条件，实现生活目的。｜～，我们村这么多水塘，应该养鱼。

【浪子回头金不换】laŋ$^{42}_{55}$tθj^{42}xuei$^{42}_{213}$t'ou^{42}tɕiẽ$^{213}_{55}$ pu$^{42}_{213}$ xuã^{42} 浪子，到处游荡，不务正业的青年人。回头，指改邪归正。形容不走正道的青年人改过自新后比金子都可贵，十分难得。｜别看他前些年到处胡混，这几年可为大家做了不少好事，真是～！

【老虎还有打盹的时候】lɔ$^{55}_{42}$xu^{55}xã^{42}iou^{55}ta$^{55}_{42}$tẽ^{213}ti^{55}ʂʅ^{42}xou· 比喻再有本领的人也会有疏忽或失手的时候。｜这点儿小差错儿不算什么，别太在意，～，何况人呢！

【老将出马，一个顶俩】lɔ^{55}tsiaŋ^{213}tʃ'u$^{42}_{55}$ ma^{55}, i^{55}kuə·tiŋ$^{42}_{55}$ lia^{55} 老将，年老的将领，泛指年长且资历深的人。出马，原指出兵作战，泛指出面做事。指年老的行家里手经验丰富，办事能力强，一个能比多个年轻的新手能干。｜～，老王的手艺真是名不虚传。

【量小非君子，无毒不丈夫】liaŋ$^{42}_{213}$siɔ$^{55}_{55}$ fei^{213} tɕyẽ^{213}tθj, u^{42}tu$^{42}_{213}$pu^{42}tʃaŋ$^{42}_{55}$ fu· 原为"量小非君子，无度不丈夫"，指心胸狭隘的人成不了君子，没有度量的人成不了大丈夫。后来"度"讹变成了"毒"，指没有心胸的人成不了君子，没有狠毒劲儿的人做不了大丈夫。｜～，要干大事就得有狠劲儿。

【临阵磨枪，不快也光】liẽ^{42}tʃẽ$^{42}_{213}$mə^{42}ts'iaŋ^{213}, pu$^{42}_{213}$k'uæ^{42}iə^{55}kuaŋ^{213} 临上战场时打磨一下枪头，即使不能磨得锋利，也能让它显得光亮一些。比喻事到临头，能做些准备，还是可以起一定作用的。｜小明，快期末考试了，好好复习一下吧，～。

【留得青山在，不怕没柴烧】liou^{42}tə·ts'iŋ$^{213}_{55}$ṣã^{213}tθɛ^{42}, pu^{42}p'ɑ$^{213}_{55}$ mu^{213}tṣ'ɛ^{42}ʃɔ^{213} 比喻遭受挫折或失败时，只要能把根本或实力保存下来，将来还会得到恢复和发展，不愁没有希望和生路。｜～，只要还有人在，就有希望。

【六月六，看谷秀】liou^{42}yə^{213}liou^{42}, k'ã^{213}ku^{55}siou^{42} 农历六月上旬，正值北方谷子秀穗的时节，此时可以看到谷子秀穗的景致。｜俗话说"～"。你看，现在正是谷子秀穗的时候。

【龙生龙，凤生凤，老鼠生下会打洞】luŋ^{42}ṣəŋ^{213}luŋ^{42}, fəŋ^{42}ṣəŋ^{213}fəŋ^{42}, lɔ$^{42}_{42}$ʃu^{55}ṣəŋ^{213}ɕia·xuei^{42}ta^{55}tuŋ^{42} 比喻有什么样的父母就会生下什么样的子女。｜老王他儿泥墙的手艺跟老王一样好，这叫"～"。

【马善被人骑，人善被人欺】ma^{55}ʃã$^{42}_{213}$pei^{42}iẽ^{42}tɕ'i^{42}, iẽ$^{42}_{42}$ʃã^{42}pei^{42}iẽ^{42}tɕ'i^{213} 指

就像马过于温顺谁都敢骑，人过于善良就容易遭人欺负。｜人不能太善良，～。

【麦熟一晌，豆熟一朝】mei$_{213}^{42}$ʂu^{42}i^{55}ʃaŋ, tou$_{213}^{42}$ʂu^{42}i^{55}tʃʻɔ^{213}　麦子成熟就在一晌的工夫，豆子一早晨就成熟了。形容麦子和豆子快成熟的时候，成熟期极短。｜庄稼不等人，～，要及时准备收割。

【慢工出巧匠，快了不机灵】mã$_{42}^{42}$kuŋ^{213}tʃʻu$_{42}^{55}$tɕʻiɔ^{55}tsʻiaŋ^{42}, kʻuɛ$_{42}^{55}$ləpu^{42}tɕi^{213}liŋ　机灵，方言词，指精明灵透。指如果做工不急于求成，慢慢地精细操作，就能锻炼出能工巧匠；相反，如果急于完成，快速操作，就不可能锻炼出精明灵透的工匠。｜要想把活儿干好，不能心急，俗话说得好，～。

【没有金钢钻，别揽瓷器活儿】mu^{213}iou$_{42}^{55}$tɕiẽ$_{55}^{213}$kaŋ^{213}tθã^{42}, piə$_{213}^{42}$lã$_{42}^{55}$tθʻŋ^{213} tɕʻi$_{213}^{42}$xuər^{42}　比喻没有做某件事情的能力，就不要去做。｜～，你逞的什么能！

【木不钻不透，话不说不知】mu^{213}pu^{42}tθã^{213}pu$_{21}^{42}$tʻou^{42}, xua^{42}pu^{42}ʃuə^{55}pu^{42}tʃʻŋ^{213}　就像木头不钻就不通透，不把话说出来别人就不知道。指有话就应该直截了当说出来，让人清楚明白。｜～，有什么话你就明讲。

【拿人家手短，吃人家嘴软】na$_{213}^{42}$iẽ^{42}tɕiʃou$_{42}^{55}$ tã^{55}, tʃʻŋ^{55}iẽ^{42}tɕiïtθei$_{42}^{55}$ yuã^{55}　指接受了对方的恩惠或好处，就得受对方牵制，说话做事就要服从对方的意愿。｜～，收了人家的礼，吃了人家的饭，就得给人家办事儿。

【哪里黄土不埋人】na^{55}li·xuaŋ^{42}tʻu^{55}pu^{42}mɛ$_{213}^{42}$iẽ^{42}　指人不必死守一个地方，在哪里生活都一样。｜～，趁年轻要出去闯闯。

【男儿膝下有黄金】nã$_{213}^{42}$ər^{42}si^{213}ɕia·iou^{55}xuaŋ^{42}tɕiẽ^{213}　指男子汉要把下跪看得比黄金还贵重。用来劝诫男儿要有骨气，不能轻易向人下跪。｜～，除了跪天跪地跪父母，不能跪别人。

【男儿有泪不轻弹】nã$_{213}^{42}$ər^{42}iou^{55}lei$_{213}^{42}$pu^{42}tɕʻiŋ^{213}tʻã^{42}　指男子汉要坚强勇毅，不能轻易感伤流泪。｜不要哭，～，受这点儿委屈就哭，会让人笑话的。

【男怕入错行，女怕嫁错郎】nã^{42}pʻa^{213}y^{42}tθʻuə^{213}xaŋ^{42}, ny^{55}pʻa^{213}tɕia^{42}tθʻuə^{213}laŋ^{42}　男人入错了行就难以安身立命，女人嫁错了男人就会遭受不幸，所以男入行和女嫁郎都要慎重。｜小嫚儿（女孩子）找婆家要好好挑挑，～，免得后悔。

【宁吃飞禽一两，不吃走兽一斤】niŋ^{42}tʃʻŋ^{55}fei^{213}tɕʻiẽ$_{42}^{42}$i$_{42}^{55}$ liaŋ^{55}, pu^{42}tʃʻŋ^{55}tθou^{55}ʃou$_{42}^{42;55}$tɕiẽ^{213}　宁愿吃一两飞禽的肉，也不吃一斤走兽的肉。比喻宁愿吃少而精的美味，也不愿吃多而粗糙的食物。义同"宁吃鲜桃一口，不吃烂杏一筐"。｜人人

都喜欢美味儿，～。

【女大十八变，越变越好看】ny^{55}tɑ^{213}ʃʅ^{42}pɑ^{55}piã^{42}，yə^{55}piã$^{42}_{213}$yə$^{55}_{42}$xɔ^{55}k'ã^{42}　指女孩子到了青春期容貌变化大，越长越漂亮。｜几年不见，你家小嫚儿更俊了，真是～。

【跑了和尚跑不了庙】p'ɔ^{55}liɔ·xuə$^{42}_{55}$ʃɑŋ·p'ɔ^{55}pu^{42}liɔmiɔ^{42}　比喻犯了事的人就是一时能逃避，终究还是要回家，还是能被捉到。｜～，他总还得回家，到他家里等他去。

【朋友妻，不可欺】p'əŋ$^{42}_{55}$iouts'i^{55}，pu^{42}k'ə^{55}tɕ'i^{213}　指对朋友的妻子要尊重，不能欺侮。｜～，一定要记住这句古话。

【捧人家的饭碗，受人家的管】p'əŋ^{213}iẽ^{42}tɕiti·fɑ^{42}uã^{55}，ʃou$^{42}_{213}$iẽ^{42}tɕiti·kuã^{55}　指生活上依附于他人，就得服从人家的管束和使唤。｜～，人家雇了你，你就得听人家指使。

【七岁八岁狗都嫌】ts'i^{55}θei^{42}pɑ^{55}θei^{42}kou^{55}tou^{213}ɕiã^{42}　指孩子（一般指男孩）七八岁的时候最调皮，整天闹得鸡飞狗跳，连狗都嫌弃。｜一个七八岁的孩子，哪有不调皮的，俗话不是说嘛，～。

【七月八月看巧云】ts'i^{55}yə^{213}pɑ^{55}yə^{213}k'ã^{42}tɕ'iɔ^{55}yẽ^{42}　到了农历七八月，云彩变化多端，是赏云的好时节。｜～，你看天上的云彩多好看！

【七月核桃八月梨，九月柿子乱赶集】ts'i^{55}yə^{213}xɛ^{42}t'ɔ·pɑ^{55}yə^{213}li^{42}，tɕiou^{55}yə^{213}ʂʅ^{42}tθŋlã^{42}kã^{55}tsi^{42}　指农历七月、八月、九月分别是核桃、梨、柿子成熟的时节，三种果品在这三个月里先后上市。｜～，快到九月份了，马上有柿子吃了。

【千滚豆腐万滚鱼】ts'iã^{213}kuẽ^{55}tou^{42}fu·uã^{213}kuẽ^{55}y^{42}　滚，食物加水炖煮使之沸腾。煮沸一遍叫一滚。豆腐和鱼都是高蛋白食物，用文火炖煮时间越长，味道越鲜美，所以要长时间炖煮。｜～，越炖越好吃。

【前人种树，后人乘凉】tɕ'iã$^{42}_{213}$iẽ^{42}tʂuŋ$^{42}_{213}$ʃu^{42}，xou$^{42}_{213}$iẽ^{42}tʃ'əŋ$^{42}_{213}$liaŋ^{42}　比喻前辈人艰苦创业的成果是为后辈人造福。｜我们不能光想着自己享清福，要为晚辈多想想，为他们留下点儿东西，这叫～。

【强龙不压地头蛇】tɕ'iaŋ^{42}luŋ$^{42}_{213}$pu^{42}iɑ^{213}ti$^{42}_{213}$t'ou^{42}ʃə^{42}　强龙，比喻权势强大的人。地头蛇，比喻称霸一方的恶势力。指外来势力再强大也不能对抗当地的恶势力。｜～，你初来乍到不摸情况，不能跟他们对着干。

【亲兄弟，明算账】ts'iẽ²¹³₅₅ɕyŋ²¹³ti⁴², miŋ⁴²θã²¹³tʃɑŋ⁴² 指关系再密切的人，在钱财往来时账目也要算在明处。｜咱们～，年终的盈亏要一笔一笔算清楚。

【清官难断家务事】ts'iŋ²¹³kuã²¹³₅₅ nã²¹³tã⁴²tɕia²¹³ u²¹³ʂʅ⁴² 指家庭内部事务琐碎复杂，就是清正廉洁的官吏也没办法判断曲直，外人最好不要插手。｜～，人家婆媳之间的事儿，你少掺和。

【请神容易送神难】ts'iŋ⁵⁵ʃẽ⁴²yŋ⁴²₄₅ïθuŋ²¹³ʃẽ⁴²₂₁ nã⁴² 指邀请某人来容易，弄不好再打发他走就难了。｜请他当顾问我没意见，这个人可不好相处，到时候别来个～。

【穷怕亲戚富怕贼】tɕ'yŋ⁴²p'a²¹³₅₅ts'iẽ²¹³ts'ïfu⁴²p'a²¹³tθei⁴² 指穷人家怕来亲戚没有东西招待，富人家怕遭贼盗损失财物。｜～，那几年家里穷，就怕亲戚来，没吃没喝的没法招待。

【人比人，气死人】iẽ⁴²pi⁵⁵iẽ⁴², tɕ'i²¹³θɿ⁵⁵iẽ⁴² 人与人情况不同，差别很大，比来比去，总会发现自己有很多不如人之处，因而自己找气生。｜～，别跟人家比，自己觉得过得好就行。

【人不发横财不富，马不吃夜草不肥】iẽ⁴²₂₁pu⁴²fa²¹³xɔŋ⁴²tθ'ɛpu⁴²₂₁₃fu⁴², ma⁵⁵pu⁴²tʃʅ⁵⁵ia⁴²tθ'ɔ⁵⁵pu²¹³fei⁴² 横财，指用不正当手段得来的钱财。人不发不义之财不可能暴富，就像马夜间不吃草料就不能长膘一样。｜～，李三儿就做点儿卖菜的生意，怎么那么有钱，是不是发了横财？

【人不可貌相，海水不可斗量】iẽ⁴²₂₁pu⁴²k'uɔ⁵⁵mɔ⁴²₂₁₃siaŋ⁴², xɛ⁴²ʂuei⁵⁵pu²¹pu²¹k'uɔ⁵⁵tou⁵⁵liaŋ⁴² 不能根据人的相貌判断他的能力，就像海水无法用斗来量取一样。｜～，别看他个子小，力气大着呢！

【人不留名，不知张三李四；雁不留声儿，不知春夏秋冬】iẽ⁴²pu⁴²liou⁴²₂₁miŋ⁴², pu⁴²tʃʅ²¹³tʃɑŋ²¹³θã²¹³li⁵⁵θɿ⁴², iã⁴²pu⁴²₂₁₃liou⁴²ʃɚŋ²¹³, pu⁴²tʃʅ⁵⁵tʃ'uɛ²¹³ɕia⁴²ts'iou²¹³tuŋ²¹³ 陌生人不通报自己的姓名，就不知道他叫张三还是叫李四；没有大雁飞过留下的叫声，也就无法判断是春夏季节还是秋冬季节。比喻凡事要让对方了解情况，使之根据情况作出判断。｜俗话说的好，"～。"我跟他初次见面，你们都不告诉我他是谁，我怎么知道人家叫什么名字？

【人多好干活儿，人少好吃饭】iẽ⁴²tuɔ²¹³xɔ⁵⁵kã²¹³xuɚ⁴², iẽ⁴²ʃɔ⁵⁵xɔ⁴²₅₅tʃ'ʅ⁵⁵fã⁴² 干活儿的人多了活儿干得就快，结束得就早；吃饭的人少了吃的饭就少，做饭就容易。｜～，你想早把房子建起来就得多找几个干活儿的。

【人活一口气，树活一层皮】iẽ⁴²xuə⁴²₂₁₃i⁵⁵₄₂ kʻou⁵⁵tɕʻi⁴², ʃu⁴²₂₁₃xuə⁴²i⁵⁵tθʻəŋ⁴²₂₁₃pʻi⁴² 人靠一股志气活着，就像树靠一层皮活着。指人要活得有志气，有脸面。｜～，不能得过且过。

【人是铁，饭是钢，一顿不吃饿得慌】iẽ⁴²₂₁ʂɿ⁴²tʻiə⁵⁵, fã⁴²₂₁ʂɿ⁴²kaŋ²¹³, i⁵⁵tẽ⁴²₂₁₃pu⁴²tʃʻɿ⁵⁵uə⁴²tə˙xuaŋ²¹³ 人只有吃饱了饭才有精神，长力气，一顿饭不吃也不行。｜～，要想干活儿有劲儿，就得好好吃饭。

【人往高处走，水往低处流】iẽ⁴²uaŋ⁵⁵kɔ²¹³tʃʻuˑtθou⁵⁵, ʂuei⁵⁵₄₂uaŋ⁵⁵ti²¹³tʃʻuˑliou⁴² 指人总是努力向上，争取美好的生活，就像水总是朝低处流一样，都是天性。｜～，谁不想日子过得富裕点儿？

【人为财死，鸟为食亡】iẽ⁴²uei⁴²₂₁₃tθʻɛˑθɿ⁵⁵, niɔ⁵⁵uei⁴²ʃ⁴²₂₁₃uaŋ⁴² 人常常因为贪财而丧命，鸟儿往往因为贪食而遭杀。｜～，他为了发那点儿不义之财，结果丧了性命。

【人误地一时，地误人一年】iẽ⁴²u⁴²₂₁₃tiˑi⁵⁵ʂɿ⁴², ti⁴²u⁴²₂₁₃iẽ⁴²i⁵⁵niã⁴² 指农业生产时令性很强，必须按时农作，如果耽误农业生产一时，就会影响整年的收成。｜一定要按时春播，不能种晚了，～。

【人心不足蛇吞象】iẽ⁴²siẽ²¹³₅₅ pu⁴²₂₁₃tθu⁴²ʃəˑtʻẽ²¹³siaŋ⁴² 比喻贪心的人永远不满足，就像蛇要吞食大象一样。｜他那么有钱，还拼命捞钱，真是～啊！

【人心都是肉长的】iẽ⁴²siẽ²¹³tou²¹³₅₅ ʂɿ⁴²₅₅iou⁴²tʃaŋ²¹³tiˑ ①指人都是血肉之躯，都是重感情的。｜～，他刚死了爹，能不伤心吗？②指人都有不同程度的同情心。｜～，我没有你想的那么狠心。

【三辈不念书成驴】θã²¹³pei⁴²pu⁴²₂₁niã⁴²ʃu⁴²tʃʻəŋ²¹³ly⁴² 比喻人如果三辈不读书，到第三辈的人就会没有一点儿文化知识，蠢笨如驴。｜人不能不读书，更不能耽误孩子读书，～啊！

【三个臭皮匠，顶个诸葛亮】θã²¹³kuətʃʻˑou⁴²₅₅pʻi⁴²tsiaŋ, tiŋ⁵⁵kuətʃu²¹³kuə⁵⁵liaŋ²¹³ 三个，概数，表示多。臭皮匠，指制鞋或修鞋的工匠，泛指普通人。比喻众人的智慧加起来就能赶上智者。｜～，我们都想想，总能找到解决问题的办法。

【三个女人一台戏】θã²¹³kuəˑny⁵⁵iẽ⁴²i⁵⁵tʻɛ²¹³ɕi⁴² 三个，概数，表示多。指女人凑到一起总爱说说笑笑，像演戏一样热闹。｜～，她们到了一块儿，马上就热闹了。

【三句话不离本行】θã²¹³tɕy⁴²₂₁xua⁴²pu⁴²₂₁li⁴²pẽ⁵⁵xaŋ⁴² 指人的谈话内容总离不开自己从事的行业范围。｜你真是～，说着说着又扯起种菜的事儿啦！

【三岁看大，七岁看老】θã²¹³θei⁴²kʻã²¹³tɑ⁴², tsʻi⁵⁵θei⁴²kʻã²¹³lɔ⁵⁵ 指从一个人小时候的表现就能推断他未来的发展。｜～，就他现在这个熊样（软弱无能的样子），长大了也出息不了。

【杀人偿命，欠债还钱】ʂa⁵⁵iẽ⁴²tʃʻaŋ²¹³miŋ⁴², tɕʻiã⁴²₂₁₃tʂɛ⁴²xuã⁴²₂₁tsʻiã⁴² 杀了人就要偿命，欠了人家的钱到时就要归还。｜～，这是人之常情。

【山中无老虎，猴子称大王】ʂã²¹³tʂuŋ²¹³u⁴²₂lɔ⁵⁵xu⁵⁵, xou⁵⁵₂tθʃʻəŋ²¹³₅₅tɑ²¹³uaŋ⁴² 比喻在某个地方、单位或领域，如果没有能人强手，平庸之人也可以逞能好强。｜～，这次村干部竞选，张三那个尿包（软弱无能的人）也当上了村委。

【伤筋动骨一百天】ʃaŋ²¹³₅₅tɕiẽ²¹³tuŋ⁴²ku⁵⁵₁i⁵⁵₅₅pei⁵⁵tʻiã²¹³ 筋骨受到损伤，治疗和休养至少需要一百天的时间。｜～，你这次伤得不轻，要好好养一阵子。

【上梁不正下梁歪】ʃaŋ⁴²₂₁liaŋ⁴²₂₁pu⁴²tʂəŋ²¹³ɕia²¹³₂₁₃liaŋ⁴²uɛ²¹³ 比喻上面的人或长辈行为不正，不能以身作则，下面的人或晚辈也就跟着学坏。｜他老子一辈子不务正业，他也游手好闲，真是～啊！

【上山狸猫疯如虎，落地凤凰不如鸡】ʃaŋ⁴²ʂã²¹³li⁴²mɔ²¹³₅₅fəŋ²¹³y⁴²xu⁵⁵, luə⁴²₂₁₃ti⁴²fəŋ⁴²xuaŋʻpu⁴²₂₁₃y⁴²tɕi²¹³ 狸猫，长着豹纹的山猫。狸猫上山时跑得比老虎还快，凤凰落了地连鸡都不如。比喻人得势时能飞黄腾达，失势时谁也瞧不起。｜～，他现在没权没势了，没有谁再巴结他了。

【上山容易下山难】ʃaŋ⁴²ʂã²¹³yŋ⁴²₂₁ɕia⁴²ʂã²¹³nã⁴² 上山时身体好掌握平衡，不容易摔倒；下山时不好掌握平衡，容易摔倒。｜～，下山时要当心，别摔倒了。

【少年夫妻老来伴儿】ʃɔ⁴²₂₁niã⁴²fu²¹³₅₅tsʻi²¹³lɔ⁵⁵lɛ⁴²₂₁₃pãr⁴² 指夫妻越老越需要相互依赖，相互照料，相互陪伴。｜都说～，你们怎么越老越过不到一块去了呢！

【舍不得孩子套不住狼】ʃɤ⁵⁵puʻtə⁴²xɛ⁴²₅₅tθʻiʻɔ⁴²₂₁pu⁴²tʃu⁵⁵laŋ⁴² 比喻不付出一定代价就达不到目的。｜～，要做成这笔大买卖，就得舍得花本钱。

【身大力不亏】ʃẽ²¹³tɑ⁴²li⁴²₂₁₃pu⁴²kʻuei²¹³ 指身材高大就不缺力气。｜这小子接近一米九的个子，一百八十多斤，～，提溜（提着）个煤气罐上楼跟拎只小鸡似的。

【身在福中不知福】ʃẽ²¹³tθɛ⁴²fu⁵⁵tʂuŋ²¹³pu⁴²tʃɿ²¹³fu⁵⁵ 指身处幸福之中的人，自

身却往往感觉不到幸福。｜你一不缺吃穿，二不缺钱花，孩子又孝顺，还不知足，别～啦！

【圣人不出门，便知天下事】ʂəŋ⁴²iẽpu⁴²tʃʻu⁵⁵mẽ⁴²，piã⁴²tʃ ʂ₅₅tʻiã²¹³ɕiaʂɿ⁴²　圣人，指有智慧的人。有智慧的人即使不出家门，也能知道天下发生的所有大事。｜～，别看他整天待在家里，外面发生的事都瞒不过他。

【师傅领进门，修行在个人】ʂɿ²¹³fuʻliŋ⁵⁵tsiẽ²¹³mẽ⁴²，siou²¹³ɕiŋ⁴²tθɛ⁴²kə²¹³iẽ⁴²　师傅，对有技艺的人的尊称。修行，本指佛家按佛法要求修身养性，这里指钻研学业。请进门的师傅只是起指导作用，能不能学业精进，主要还是靠自己努力。｜～，师傅教得再好，自己不用心学也没用。

【虱子多了不痒，欠账多了不愁】ʂɿ²¹³tθɿʻtuə²¹³ləʻpu⁴²iaŋ⁵⁵，tɕʻiã⁴²₂₁₃tʃaŋ⁴²tuə²¹³ləʻpu₂₁₃tsʻou⁴²　就像身上虱子过多被咬麻木了反而不觉得痒一样，欠债过多无法偿还时反而不觉得发愁。｜～，反正已经欠了这么多债，你再借一次又能怎么样？

【十个指头有长短】ʃɿ⁴²kətsɿ⁵⁵tʻouʻiou⁵⁵tʃʻaŋ⁴²tã⁵⁵　比喻人与人或事物与事物之间总有高低之分。｜～，就是一个老师教的也不可能成绩都一样。

【世上没有不透风的墙】ʃɿ⁴²ʃaŋmu²¹³iou⁵⁵pu₂₁₃tʻou⁴²fəŋ²¹³titsʻiaŋ⁴²　比喻事情做得再秘密或消息封锁得再严密，总会有暴露或泄露的时候。｜～，你们做的那些见不得人的事儿，别以为我不知道。

【是福不是祸，是祸躲不过】ʂɿ⁴²fu⁵⁵puʂɿ⁴²₂₁₃xuə⁴²，ʂɿ⁴²₂₁₃xuə⁴²tuə⁵⁵pu₂₁₃kuə⁴²　是福分不会变成灾祸，是灾祸想躲也躲不了。指当灾祸临头时只能坦然面对，躲避是没用的。｜～，不管是福是祸，我们都要面对。

【是骡是马，牵出遛遛】ʂɿ⁴²₂₁luə⁴²₂₁ʂɿ⁴²ma⁵⁵，tɕʻiã²¹³tʃʻu⁵⁵liou⁴²liouʻ　比喻看一个人有没有能力要通过实践来检验。｜光说不行，～。

【是亲三分向，是火就热炕】ʂɿ⁴²tsʻiẽ²¹³₅₅θã²¹³fẽ²¹³ɕiaŋ²¹³，ʂɿ⁴²xuə⁵⁵tsiou⁴²iə₂₁₃kʻaŋ⁴²　向，偏袒，偏向。炕，北方某些地区在室内用土坯或砖头砌成的睡觉用的长方平台，上面铺席，下有孔道，跟烟囱相通，可以烧火取暖。只要有亲戚关系就会有几分偏向，就像只要烧火就能把炕加热。指在处理事情上人总会偏向沾亲带故的人。｜～，谁让咱们是亲戚呢！

【手头儿有粮，心里不慌】ʃou⁵⁵tʻourʻ⁴²iou⁵⁵liaŋ⁴²，siẽ²¹³liʻpu⁴²xuaŋ²¹³　只要手头有粮食，生活就有保障，心里就踏实。｜不能把粮食都卖了，得留点儿存粮，～。

【手心手背都是肉】ʃou⁵⁵siẽ²¹³ʃou⁵⁵pei⁴²tou²¹³ʂʅ⁴²iou²¹³　比喻双方都是亲骨肉，感情上一视同仁，没有偏向。｜你们都是娘亲生的，～，哪个我都疼。

【瘦死的骆驼比马大】ʂou²¹³θʅ⁵⁵ti˙luə⁴²t'uə˙pi⁴²ma⁵⁵ta⁴²　比喻富贵人家即使家境败落，家产也比一般人家丰厚。｜他家过去那么有钱，就是这几年不行了，也不会穷到哪里去，～嘛！

【树大分杈，孩子大了分家】ʃu²¹⁴²ta⁴²fẽ⁵⁵tʂ'ɑ²¹³, xɛ⁵⁵⁴²tθʅ⁴²lə˙fẽ²¹³tɕia²¹³　树长大了自然要分枝杈，孩子长大成家了就应该分家，自立门户过日子。｜～，你们也结婚好几年了，跟爹娘分开过吧。

【树大招风，钱多惹事儿】ʃu²¹⁴²ta⁴²tʂ⁵⁵²¹³fəŋ²¹³, ts'iã⁴²tuə²¹³iə⁵⁵ʂʅʴ⁴²　树长大了容易遭风吹，人钱财太多也容易招来麻烦。｜～，聪明人都不露贝（不显露财富）。

【树挪死，人挪活】ʃu²¹⁴²nuə⁴²θʅ⁵⁵, iẽ⁴²nuə⁵⁵²¹³xuə⁴²　树经常挪动地方容易枯死，人经常换换地方或改变一下职业却会带来活力，增加一些发展的机会。｜～，不要总是留恋一个地方，死守一种职业。

【死猪不怕开水烫】θʅ⁵⁵tʂu²¹³pu⁴²p'a²¹³ k'ɛ²¹³ʂuei⁵⁵t'aŋ⁴²　比喻身处绝境的人不顾一切，索性豁出去任凭事态发展。｜他反正是～了，你能拿他怎么办？

【岁数不饶人】θei⁴²ʂu˙pu⁴²iɔ⁴²iẽ⁴²　指人到了一定年龄就会衰老，做事力不从心。｜真是～，我现在什么重活儿也干不了了。

【桃养人，杏害人，李子树下埋死人】t'ɔ⁴²iaŋ⁵⁵iẽ⁴², ɕiŋ⁴²xɛ²¹³⁴²iẽ⁴², li²¹³tθʅʃu⁴²ɕia˙mɛ⁴²θʅ⁵⁵iẽ⁴²　吃桃能补养身体，杏吃多了会伤害身体，李子吃多了会要命。｜俗话说："～。"熟透的李子可以少吃点儿，一定不要过量。

【天上下雨地上流，小两口打架不记仇】t'iã²¹³ʃaŋ˙ɕia⁴²y⁵⁵²ti⁴²ʃaŋ˙liou⁴², sio⁵⁵⁴²liaŋ⁵⁵ k'ou⁵⁵ta⁵⁵tɕia⁴²pu⁴²tɕi²¹³tʃ'ou⁴²　就像天上下的雨到了地上很快就流走了，小夫妻之间吵架也不会记仇，很快就和好了。｜人家两口子拌嘴儿，用不着你劝，～，一会儿就好了。

【天外有天，人外有人】t'iã²¹³uɛ⁴²iou⁵⁵t'iã²¹³, iẽ⁴²²¹³uɛ⁴²iou⁵⁵iẽ⁴²　指某一境界之外还有更高的境界，某一能人之外还有能力更强的人。｜要知道～，不管取得什么样的成绩，你都不能骄傲。

【天下没有不散的筵席】t'iã²¹³ɕia⁴²mu²¹³iou⁵⁵pu²¹³⁴²θã⁴²tiã⁴²⁵⁵si⁴²　①普天之下酒席吃的时间再长也没有不散的。｜～，我们都喝了快五个钟头了，该散了。②比

喻世人有聚合就有分离。|既然不能一起干事儿了,那就趁早散伙吧,反正~。

【天下乌鸦一般黑】t'iɑ²¹³ɕiɑ⁴²¹³u⁴²iɑ̃⁵⁵₄₂i⁵⁵pɑ̃²¹³xei⁵⁵ 比喻不管在什么地方,坏人都是一样坏。|~,哪里的地头蛇都祸害人。

【听人劝,吃饱饭】t'iŋ²¹³₅₅ iẽ²¹³₂₁tɕ'yɑ̃⁴²,tʃ'ʮ⁵⁵₁₄₂ pɔ⁵⁵fɑ⁴² 指能听从别人的规劝,就可以避免一些失误,给自己带来好处和利益。|做人不能太固执,~,遇事儿还是多听听身边人的意见。

【同行是冤家】t'uŋ⁴²xaŋ⁴²₂₁₃ʂʮ⁴²yɑ̃²¹³tɕiɑ˙ 指从事同一行业的人由于利益竞争常常结下怨仇。|谁说~?他们两家蔬菜公司相互帮衬,才都做得又大又好。

【兔子不吃窝边草】t'u⁴²tθŋtɕi₂₁₃pu⁴²,tʃ'ʮ⁵⁵₁₄₂uə⁵⁵₅₅ piɑ²¹³tθ'ɔ⁵⁵ 兔子为了保护自己,不会吃窝边的草。比喻作恶的人为了立足,不会在自家附近或对身边的人作恶。|俗话说~,他却专门对身边的人下手。

【兔子急了敢咬人】t'u⁴²tθŋtɕi₂₁₃⁵⁵ lə kɑ̃⁴²₂₁ɕi⁵⁵iẽ⁴² 比喻温顺的人被逼急了,也敢拼命反抗。|~,你把他逼到份儿上,他也会跟你拼的。

【外来的和尚会念经】uɛ⁴²₂₁₃lɛ⁴²ti˙xuə⁴²₅₅ʃaŋ'xuei⁴²niɑ̃⁴²tɕiŋ²¹³ 人们往往觉得从外地来的和尚更会诵读经文。比喻从外地或外单位来的人更容易被本地或本单位的领导重视。|~,刚调来的小王技术一般,可领导却很重视。

【万事开头难】uɑ̃⁴²₂₁₃ʂʮ⁴²k'ɛ²¹³t'ou⁴²₂₁nɑ̃⁴² 不管做什么事情,一开始都是最难的。|~,有了好的开头,后面的工作一定会很顺利。

【笑一笑十年少,愁一愁白了头】sio⁴²₂₁i⁵⁵sio⁴²ʃʮ⁴²₂₁niɑ̃⁴²₂₁ʃɔ⁴², tʂou⁴²i⁵⁵tʂou⁴²pei⁵⁵lət'ou⁴² 极言欢乐情绪使人显得年轻,愁闷情绪使人过早衰老。|~,像你这样整天愁眉苦脸的,对身体可不好。

【牙疼不是病,疼起要人命】iɑ⁴²₂₁t'əŋ⁴²pu⁴²ʂʮ⁴²₂₁₃piŋ⁴², t'əŋ⁴²tɕ'i⁵⁵iɔ⁴²iẽ²¹³miŋ⁴² 极言牙疼虽算不上大病,但疼起来却让人难以忍受,特别痛苦。|我这几天牙疼得厉害,真正体会到了~。

【严师出高徒,棍棒出孝子】iɑ̃⁴²ʂʮ²¹³tʃ'u⁵⁵kɔ²¹³t'u⁴², kuẽ⁴²₂₁₃paŋ⁴²tʃ'u⁵⁵ɕiɔ⁴²tθ⁵⁵ 严厉的师傅才能带出优秀的徒弟,小时候父母经常用棍棒敲打的孩子长大才知道孝顺。指只有从严要求才能出人才和孝子。|孩子不能太娇惯,常言说"~。"

【眼不见,心不烦】iɑ̃⁵⁵pu⁴²₂₁₃tɕiɑ̃⁴², siẽ⁵⁵pu⁴²₂₁₃fɑ⁴² 只要没看见不愉快的事情或不愿看到的人,就不会为其烦恼。|他俩做的那些事儿你没看到正好,~,要不,

非得把你气死。

【要想俏一身孝】iɔ²¹³siaŋ⁵⁵tsʻiɔ⁴²i⁵⁵ʃẽ²¹³ɕiɔ⁴² 孝服是白色的，这里用"孝"代指白色衣服。女人穿白色衣服显得洁净俏丽。指女人要想打扮得俏丽，就要穿白色的衣服。｜～，你知道女孩儿夏天为什么都喜欢穿白裙子了吧？

【要想学得会，得跟师傅睡】iɔ²¹³siaŋ⁵⁵ɕyə⁴²təˑxuei⁴²，tei⁵⁵ kẽ²¹³ ʂɿ²¹³fuˑʂuei⁴² 要想学会师傅的拿手绝活，就得日夜跟随师傅，同吃同睡，勤学多问。｜～，像你这样三天打鱼两天晒网的，能学到师傅的手艺吗？

【一把钥匙开一把锁】i⁵⁵₄₂paˑ⁵⁵yə⁴²tʂʻɿkʻɛ²¹³i⁵⁵pɑ⁵⁵₄₂θuɔ⁵⁵ 比喻要用不同的方法解决不同的问题。｜～，这办法对他管用，对别人不一定好用。

【一方水土养一方人】i⁵⁵faŋ²¹³ʂuei⁵⁵₄₂tʻu⁵⁵iaŋ⁵⁵₄₂i⁵⁵faŋ²¹³iẽ⁴² 指一个地方的自然资源养育一个地方的人民。｜库区的人们大都靠养鱼为生，～嘛！

【一分价钱一分货】i⁵⁵fẽ²¹³tɕia⁴²tsʻiãi⁵⁵fẽ²¹³xuə⁴² 指货物的价钱跟货物的品级相匹配，花不同的价钱可以买不同品质的货物。｜～，又要省钱，又要买好东西，哪有这样的好事儿？

【一个巴掌儿拍不响】i⁵⁵kəˑpa²¹³tʂaŋrˑpʻei⁵⁵pu⁴²ɕiaŋ⁵⁵ 比喻单方面的原因不会引起矛盾或纠纷。｜～，他俩的矛盾双方都有责任。

【一个女婿半个儿】i⁵⁵ kəˑny⁵⁵sy⁴²pã⁴²₅₅kəˑr⁴² 指女婿虽不能顶立门户，但也能顶半个儿子。｜都说～，可人家老王的女婿比一个儿都强。

【一家人不说两家话】i⁵⁵tɕia²¹³iẽ⁴²pu²¹³₄₂ʃuə⁴²liaŋ⁵⁵tɕia²¹³xua⁴² 指关系特别亲近的人说话用不着客气。｜～，你想让我做什么，就直说，用不着客气。

【一俊遮百丑】i⁵⁵tsyẽ⁴²tʂə²¹³pei⁵⁵₄₂tʂʻou⁵⁵ 比喻某人一个方面出色，就可以把其他多方面的不足都遮盖了。｜他学习是好，可也有不少毛病，不能～啊！

【一人做事儿一人当】i⁵⁵iẽ⁴²tθuə²¹³ʂɿ⁴²i⁵⁵iẽ⁴²taŋ²¹³ 指谁做的事情就由谁担当责任，不能连累别人。｜～，这事儿是我办砸的，我负责。

【一山不容二虎】i⁵⁵ʂã²¹³pu⁴²yŋ⁴²₂₁₃ər⁴²xu⁵⁵ 比喻一个地方或单位容不得强者同时存在。｜俗话说得好，～，他们俩都好强，在一个单位不闹别扭才怪呢！

【一问三不知，神仙没法治】i⁵⁵uẽ⁴²θã²¹³pu⁴²tʂɿ²¹³，ʃẽ⁴²₅₅ɕiamu²¹³fa⁵⁵tʂɿ²¹³ 指问什么都不知道，得不到实情就没法做出处理，就是神仙处理起来也没办法。｜～，对这事儿问他什么他都不说，真拿他没办法！

【一物降一物，卤水蘸豆腐】i^{55}u^{42}ɕiɑŋ^{42}i^{55}u^{42}，lu^{42}ʂuei^{55}tʂã$^{42}_{213}$tou^{42}fu˙　任何事物或人都有被其他事物或人降服的可能，就像卤水蘸豆浆就使豆浆凝结成豆腐。｜～，别看张三儿对谁都不服，可就怕他小舅。

【一朝被蛇咬，十年怕井绳儿】i$^{55}_{42}$ʧɔ$^{213}_{55}$pei$^{42}_{213}$ʃə^{42}iɔ^{55}，ʃʅ$^{42}_{213}$niã^{42}p‘ɑ$^{213}_{55}$tɕiŋ^{213}ʃəŋr^{42}　一旦被蛇咬过一次，长时间连看见井绳都害怕。比喻一旦受过某种伤害就对类似的事物或事件十分惧怕。｜～，他第一次做生意折了本，后来再没见他做过生意。

【英雄难过美人关】iŋ^{213}ɕyŋ^{42}nã$^{42}_{213}$kuə^{42}mei^{55}iẽ^{42}kuã^{213}　连英雄人物也常常难以抵御女色诱惑而招致失败。多用于泛指男人因迷恋女色而上当受骗。｜～，别看这个人平时很精明，这次又栽在女骗子手里了。

【有理走遍天下，无理寸步难行】iou$^{55}_{42}$li^{55}tθou^{55}piã^{42}t‘iã^{213}ɕiɑ^{42}，u^{42}li^{55}tθ‘ẽ$^{42}_{213}$pu^{42}nã$^{42}_{213}$ɕiŋ^{42}　按理办事，在哪里都行得通；不按理办事，就会处处碰壁。指做人做事必须讲道理，以理服人。｜～，这话我到哪里都敢讲。

【有钱不买张口货】iou^{55}ts‘iã$^{42}_{21}$pu^{42}mɛ^{55}ʧɑŋ^{213}k‘ou^{55}xuə^{42}　张口货，指需要饲养的禽畜。张口货要吃东西，需要后续成本，还可能因疾病、死亡等而赔本，为避免赔本，最好有钱不要购买张口货。｜～，不管能不能赚钱，都得耗费粮食。

【有钱难买老来瘦】iou^{55}ts‘iã$^{42}_{21}$ nã$^{42}_{21}$mɛ$^{55}_{42}$lɔ^{55}lɛ$^{42}_{213}$ʂou^{42}　老年人发胖容易生病，清瘦些有利于健康，保持清瘦是用钱买不来的。｜只要身体没毛病，老年人还是瘦点儿好，～嘛！

【有钱能使鬼推磨】iou^{55}ts‘iã^{42}nəŋ$^{42}_{21}$ ʂʅ$^{55}_{42}$ kuei^{55}t‘ei^{213}mə^{42}　极言金钱万能，小鬼也会为了钱而卖力。｜有的人拼命挣钱，认为～，有了钱就没有办不成的事儿。

【右眼跳是非，左眼跳财贝】iou^{213}iã^{55}t‘iɔ$^{42}_{213}$ʂʅ^{42}fei^{213}，tθuə^{213}iã^{55}t‘iɔ^{42}tθ‘ɛ$^{42}_{55}$pei˙　财贝，方言词，指钱财。迷信的人认为右眼皮跳会惹是非，左眼皮跳会发财。｜不是说～吗？这两天我左眼皮一直跳，怎么也没发财呢？

【与人方便，自己方便】y^{55}iẽ^{42}fɑŋ^{213}piã^{42}，tθʅ^{42}tɕi˙fɑŋ^{213}piã^{42}　能给别人提供便利，自己也能从别人那里得到便利。｜～，还是借点儿钱给她吧，没有难处她也不会找你。

【远亲不如近邻，近邻不如对门】yã^{55}ts‘iẽ^{213}pu$^{42}_{213}$y^{42}tɕiẽ^{55}liẽ^{42}，tɕiẽ^{55}liẽ^{42}pu$^{42}_{213}$y^{42}tei^{213}mẽ^{42}　指遇有急事需要帮助时，远方的亲戚赶不上附近的邻居方便，附近的邻居赶不上对门方便。多用于强调邻里之间更便于相互关照，应处理好邻里关系。｜别跟邻居过不去，～，有事还得靠邻里帮助。

【纸里包不住火，雪里埋不住人】tṣʅ$_{55}^{55}$li˙pɔ$_{55}^{213}$ pu$_{213}^{42}$tʃu^{42}xuə^{55}，syə^{55}li˙mɛ$_{213}^{42}$pu^{42}tʃu$_{21}^{42}$iẽ^{42} 比喻事实真相不可能长久隐瞒，终究会暴露出来。｜～，这事儿早晚会露馅儿的。

【中伏萝卜，末伏菜】tṣuŋ^{213}fu^{42}luə$_{55}^{42}$ peiꞏ，mə^{213}fu$_{21}^{42}$tθˈɛ^{42} 中伏是种萝卜的时节，末伏是种白菜的时节。有的地方说"头伏萝卜，末伏菜"。｜～，现在末伏都过了，种萝卜有点儿晚了。

【种地不使粪，尽是瞎胡混】tṣuŋ$_{21}^{42}$ti$_{21}^{42}$pu^{42}ʂʅ^{55}fẽ^{42}，tɕiẽ$_{213}^{42}$ʂʅ^{42}ɕiã^{213}xu$_{213}^{42}$xuẽ^{42} 粪，指人或动物的粪便。使粪，方言词，指施肥，特别是施粪便类土杂肥。瞎胡混，方言词，指乱来。种地如果不施土杂肥，土壤就会板结，收成就不好，就是乱来。｜～，地里没有劲儿，怎么能有好收成？

第五节　歇后语

以下是店埠前张管寨方言中部分常用歇后语。条目先后按首字音序排列，首字相同的条目按第二个字的音序排列，依次类推。每条歇后语先列语目，置于"【】"内；后用国际音标注音；再释义，释义文字力求简明，多义条目的不同义项分别用数字①②等标出；最后举例，举例中本条目用"～"代替，举例中方言色彩较强的词，加括号注释说明。同义条目在主条用"也说"沟通副条，在副条用"义同"沟通主条。

【矮人骑高马——上下都难】ɛ^{55}iẽ^{42}tɕˈi^{42}kɔ^{213}ma^{55}—ʃaŋ$_{21}^{42}$ɕia^{42}tou^{213}nã^{42} 指做某件事左右为难，无从下手。｜你让我干这事儿，不是让我～吗？

【抱着元宝跳井——舍命不舍财】pɔ^{42}tṣəꞏyã^{42}pɔ^{55}tˈiɔ^{42}tɕiŋ^{55}—ʃə^{55}miŋ$_{21}^{42}$ pu^{42}ʃə^{55}tθˈɛ^{42} 形容人极端贪财，宁可舍弃生命，也不损失钱财。｜这个人是～的主儿，想让他捐钱修路，没门儿。

【背唢呐赶集——揽买儿卖儿】pei^{213}θuə^{55}na^{42}kã^{55}tsi^{42}—lã$_{55}^{55}$ mɛr^{55}mɛr^{42} 在集市上吹唢呐吸引人，借以招揽买卖。泛指用引人注意的手段招揽生意。｜谁不知道他请秧歌队扭秧歌是～，他家的商店要开业啦。

【被窝里放屁——吃独的】pei^{42}uə^{213}liˈfaŋ$_{213}^{42}$pˈi^{42}—tʃˈʅ^{55} tu$_{55}^{42}$ ti˙ 指个人独自占有

本该共享的钱财或利益。｜咱们一起做买卖，挣点儿钱不容易，可不能让他～了！

【布布丁儿点蒜——一锤子买儿卖儿】pu$_{213}^{42}$pu^{42}tiŋr^{213}tiã^{55}θã^{213}—i$_{42}^{55}$ tʂʻuei$_{55}^{42}$ tθŋ mɛr^{55}mɛr^{42} 布布丁，方言词，一种类似捣蒜锤子的玻璃玩具，极易破碎。点蒜，方言词，捣蒜。用布布丁捣蒜，一下子就碎了。指没有长远眼光，只看眼前利益。｜他这个人做生意，向来是～。

【裁缝掉了剪子——光剩尺了】tθʻɛ$_{55}^{42}$ fəŋ˙ciɔ^{42}lə˙tsiã^{55}tθŋ˙—kuaŋ^{213}ʂəŋ^{42}ʻɿ^{55}lə˙ 掉，方言词，指丢失。裁缝最常用的工具是剪子和尺子，丢失了剪子，就剩下尺子了。尺，谐音"吃"。指什么都不顾，只知道吃。｜他没别的心思，～。

【苍蝇飞牛眼里——找泪吃】tθʻaŋ^{213}iŋ˙fei^{213}niou^{42}iã^{55}li˙—tʂɔ^{55}lei^{42}tʂʻɿ^{55} 泪，谐音"累"。指自找劳累或自讨苦吃。｜你这是～，谁叫你管这些闲事儿啦？

【草鞋底和蚰蜒结亲——有腿跑了】tθʻɔ^{55}ɕiɛ^{42}ti^{55}xuɤ$_{42}^{42}$iou^{42}iã˙tɕiɤ^{55}tsʻiẽ^{213}—iou$_{42}^{55}$tʻei$_{42}^{55}$ pʻɔ^{55}lə˙ 草鞋底，方言词，一种类似蚰蜒的多足昆虫，体型比蚰蜒短。草鞋底和蚰蜒结亲，就会不断来往，要跑的腿就多了。形容事情难办，不能跑一趟就办成。｜要想办成这事儿可不容易，～。

【茶壶煮饺子——肚里有拿不出来】tʂʻɑ$_{213}^{42}$xu^{42}tʂu^{55}tɕiɔ^{213}tθŋ˙—tu^{42}li˙iou^{55}na$_{21}^{42}$ pu^{42}tʂʻu^{55}lɛ^{42} 形容人有满肚子学问，嘴上却表达不出来。｜老赵这个人读过不少书，又见多识广，有的是学问，就是嘴笨，～。

【搽粉进棺材——死要面子】tʂʻɑ^{213}fẽ^{55}tsiẽ^{42}kuã^{213}tθʻɛ^{42}—θŋ^{55}iɔ^{213}miã$_{55}^{42}$tθŋ˙ 死，双关，字面上指死亡，实指程度达到极点。面子，双关，字面上指面部，实指体面。形容人虚荣心极强，特别顾及体面。｜大家都知道你的情况，别～了。

【窗户棂吹喇叭——鸣儿声在外】tʂʻuaŋ^{213}xu˙luŋ^{42}tʂʻuei^{213}la$_{45}^{55}$ pɑ—miŋr^{42}ʂəŋ^{213}tɕɛ$_{213}^{42}$uɛ^{42} 窗户棂，方言词，窗户。鸣，谐音"名"。指名声广为传颂。｜你才知道哇，咱们村老张会唱京戏早就～啦！

【从门缝儿里看人——把人看扁了】tθʻuŋ^{42}mẽ$_{213}^{42}$fəŋr^{42}li˙kʻã^{213}iẽ^{42}—pɑ^{55}iẽ^{42}kʻã^{213}piã^{55}lə˙ 看扁，双关，字面上指把形体看得扁平，实指小看，低估。多用于指责人看不起别人。｜别～，这点儿钱我是拿得出来的。

【打掉门牙往肚子里咽——有苦说不出】tɑ^{55}tiɔ^{42}mẽ$_{213}^{42}$iɑ^{42}uaŋ^{55}tu^{42}tθŋ˙liã^{42}—iou$_{42}^{55}$kʻu^{55}ʃuɔ^{213}pu^{42}tʂʻu^{55} 苦，双关，字面上指痛苦，实指苦衷。指心里有苦衷却不能跟外人讲。｜老李本是好心帮她，她却不理解，反而骂了老李一顿，老李真是～！

【打破砂锅儿——璺到底】ta⁵⁵p‛ə⁴²ʂa²¹³₅₅ kuər²¹³—uẽ⁴²₂₁₃tɔ⁴²ti⁵⁵　璺，谐音"问"。到底，双关，字面上指砂锅上的裂璺从上到下贯通，实指到尽头。指不断追问，直到弄明白。｜你不要～，这事儿你知道多了没好处。

【大伯背兄弟媳妇看戏——出力不讨好儿】ta⁴²peiˈpei²¹³₅₅ ɕyŋ²¹³tiˈsi⁴²₅₅ fuˈkˈã²¹³ɕi⁴²—tʃˈu⁵⁵li⁴²₁₄₂pu⁴²t‛ɔ⁵⁵₄₂ xɔr⁵⁵　大伯子背兄弟媳妇看戏，是被认为有伤风化的事情。指费了力气做某事反而没有好结果或没有好的回报。｜给他帮了那么大的忙，不但没落好，反而遭埋怨，真是～！

【大风地里吃炒面——有口难开】ta⁴²fəŋ²¹³tiˈ⁴²liˈtʃˈ̩⁵⁵₄₂ tʃˈɔ⁵⁵miã⁴²—iou⁵⁵ kˈou⁵⁵ nã⁴²kˈɛ²¹³　炒面，炒熟的面粉。在刮着大风的露地里吃炒面是没法张口。指碍于某种情况或情面，不能说出想要说的话。｜你让我向他借钱，～啊！

【大姑娘上轿——头一回】ta⁴²ku²¹³niaŋʃaŋ⁴²₄₂ɕiɔ⁴²—t‛ou⁴²i⁵⁵xuei⁴²　旧时姑娘出嫁要坐花轿，也只有出嫁时才能第一次坐花轿。比喻第一次做某事或第一次出现某种情况。｜小强数学考试经常不及格，这次倒考了100分，真是～。

【大年初一娶媳妇——双喜临门】ta⁴²₂₁₃niã⁴²tʂ‛u²¹³i⁵⁵ts‛y²¹³si²¹³fu‛—ʂuaŋ²¹³ɕi⁵⁵liẽ⁴²₂₁₃ mẽ⁴²　指两件喜事同时到来。｜老张家这个月大儿子娶媳妇（娶媳妇），小儿子考上了大学，～。

【大年五更吃饺子——没有外四家】ta⁴²₂₁₃niã⁴²u⁵⁵tɕiŋ²¹³tʃˈ̩⁵⁵₄₂tɕiɔ⁵⁵tθɿˈ—mu²¹³ iou⁵⁵ uɛ⁴²θi²¹³₅₅tɕia²¹³　外四家，本指明代边将江彬统率的辽东、宣府、大同、延绥四镇边军，后泛指没有亲近关系的外人。大年五更在一起吃饺子的，没有外人。指在场的人都是自己人。｜～，都是自己人，有什么话直说。

【大年五更借香篓儿——不知忙闲】ta⁴²₂₁₃niã⁴²u⁵⁵tɕiŋ²¹³tsiə⁴²ɕiaŋ²¹³our⁴²— pu⁴² tʃ̩²¹³maŋ²¹³₂₁₃ɕiã⁴²　香篓，方言词，香炉。大年五更每家都烧香敬神，香炉都在用，这个时候到人家借香炉，实不识趣儿。指不顾别人忙闲求人为己办事，含有责备的意味。｜你这个人怎么～呢！没看见我正忙着吗？

【大水淹了龙王庙儿——一家人不认一家人】ta⁴²ʂuei⁵⁵iã²¹³ləˈluŋ⁴²uaŋ⁴²₂₁₃miɔr⁴² —i⁵⁵tɕia²¹³iẽ⁴²pu²¹³iẽ⁴²i⁵⁵tɕia²¹³iẽ⁴²　掌管风雨的龙王发水淹了自家的庙宇。比喻自己人之间发生了误会或起了纷争。｜你不认得我了啦？真是～，原来是表舅哇！

【大水淹了土地庙儿——灌鬼儿】ta⁴²ʂuei⁵⁵iã²¹³ləˈt‛u⁵⁵₄₂tiˈmiɔr⁴²—kuã⁴²kueir⁵⁵　土地庙，供奉土地神的庙。灌，谐音"惯"。鬼，双关，字面上指鬼神，实指鬼机灵，鬼心眼儿多。指把人惯坏了。｜你就宠她吧，当心～！

【戴木头眼镜儿——看不透】tɛ^{42}mu$^{42}_{55}$t'ou'iã^{55}tɕiŋɾ^{42}—k'ã^{42}pu$^{42}_{213}$t'ou^{42}　透，双关，字面上指（目光）穿透（某物），实指透彻。指对人或事物不能透彻了解和认识。也说"木头眼镜儿——看不透"。｜对他这种人，俺可～。

【登鼻子上脸——欺人太甚】təŋ^{213}pi$^{42}_{55}$tθɿˑʃaŋ^{42}liã^{55}—tɕ'i^{213}iẽ^{42}t'ɛ^{42}ʃẽ^{42}　形容欺负人过于严重，达到让人难以忍受的程度。｜你别～，兔子急了也咬人。

【吊死鬼儿搽粉——死要面子】tio$^{42}_{21}$θɿ$^{55}_{42}$kueir^{55}tʂ'a^{213}fẽ^{55}—θɿ^{55}io^{213}miã$^{42}_{55}$tθɿˑ　吊死鬼，上吊死的人变成的鬼。死，双关，字面上指死亡，实指程度达到极点。面子，双关，字面上指面部，实指体面。形容不顾客观条件，极度虚荣，硬撑面子。｜别～啦！谁还不知道你没钱？

【冬天不戴帽子——冻冻脑子】tuŋ^{213}t'iã$^{213}_{55}$pu$^{42}_{213}$tɛ^{42}mɔ$^{42}_{55}$tθɿ—tuŋ$^{42}_{213}$tuŋ^{42}nɔ^{55}tθɿ　冻，谐音"动"。指做事要动脑子思考。｜别什么都问，自己不能～？

【冻豆腐——难拌】tuŋ^{213}tou$^{42}_{55}$fu^{ˑ}—nã$^{42}_{213}$pã^{42}　拌，谐音"办"。指事情不好办。｜别难为老王啦！这事儿～。

【豆腐掉在灰堆里——吹不得，打不得】tou$^{42}_{55}$fu^{ˑ}tio^{42}tθɛ^{ˑ}xuei$^{213}_{55}$tei^{213}li^{ˑ}—tʂ'uei^{213}pu^{42}ˑtɤ^{55}pu^{42}tɤˑ　形容对某些人或事没有办法处置。｜对这些调皮孩子，老师实在没办法，真是～。

【肚子里行船——内航】tu^{42}tθɿˑli·ɕiŋ$^{42}_{213}$tʃ'uã^{42}—nei$^{42}_{213}$xaŋ^{42}　航，谐音"行"。①指对某种事情或工作有丰富的知识和经验。｜木匠活儿他最拿手，那可是～！②内行的人。｜在这个方面，他是～。

【断了线的风筝——不知去向】tã^{42}lə·siã^{42}ti·fəŋ^{213}tʂəŋˑ—pu^{42}tʂɿ^{213}tɕ'y$^{42}_{55}$ɕiaŋ^{42}　指彻底失去联系，不知去向和下落。｜孩子离家出走3年了，就像～。

【饿着肚皮说笑话——穷开心】uə^{42}tʂə·tu$^{42}_{55}$p'i·ʃuə^{213}sio^{42}xuaˑ—tɕ'yŋ^{42}k'ɛ$^{213}_{55}$siẽ^{213}　形容人身处困境，还要自寻欢乐（含讥讽义）。｜你就别～啦！谁不知道你日子过得有多难！

【二大娘肿脊梁——难看在后面儿】ər^{42}ta$^{42}_{213}$niaŋ^{42}tʂuŋ^{55}tsi$^{55}_{45}$liaŋˑ—nã^{42}k'ã^{213}tθɛ$^{42}_{213}$xou^{42}miãr　二大娘，泛指老年妇女。难看，双关，字面上指丑陋，实指不光彩。后面，双关，字面上指身体后背，实指以后发生的事情。｜别看他现在很风光，能做出这样的事儿，～。

【风箱里的老鼠——两头受气】fəŋ^{213}siaŋ^{55}li˙ti˙lɔ^{55}ʃu˙—liaŋ^{55}t'ou^{42}ʃou$^{42}_{42}$tɕ'i^{42} 本指钻进风箱的老鼠既受吸进去的气流吹，又受排出去的气流吹。转指夹在中间的人遭受来自两方面的指责或欺负。|我这样做都是为你和他好，没想到你不买账，他也数落我，我真是～。

【干草把吊草帽子——吓唬小家雀】kɑ̃^{213}tθ'ɔ^{55}pa^{42}tiɔ$^{42}_{213}$tθ'ɔ$^{55}_{42}$mɔ$^{42}_{55}$tθɿ˙—ɕia^{42}xu˙siɔ^{55}tɕia^{213}ts'yə^{55} 家雀，方言词，麻雀。干草把上吊一顶草帽子，就像一个草人，插在庄稼地里可以吓唬麻雀，使之不敢来啄食庄稼。指耍小把戏吓唬胆小的人。|别听他瞎白话，他是～。

【擀面杖吹火——一窍不通】kɑ̃^{55}miɑ̃^{42}tʃaŋ^{42}tʂ'uei^{213}xuə^{55}—i^{55}tɕ'iɔ$^{42}_{213}$pu^{42}t'uŋ^{213} 窍，双关，字面上指窟窿，实指窍门。通，双关，字面上指穿过，实指懂得。指对某方面的知识一无所知。|种菜是个技术活儿，我是～。

【高射炮打蚊子——大材小用】kɔ^{213}ʂə^{42}p'ɔ^{55}tɑ$^{42}_{213}$uẽ^{55}tθɿ˙—tɑ$^{42}_{213}$tθ'ɛ^{42}siɔ^{55}yŋ^{42} ①大的材料用在小处。|这么好的一块木头，就打个小板凳儿，这不是～吗？②极言把能力超强、可做大事的人用到不重要的岗位或做小事情上去。|一个大学生，让他去看仓库，真是～！

【狗咬耗子——多管闲事】kou$^{55}_{42}$iɔ^{55}xɔ^{42}tθɿ˙—tuɔ^{213}kuɑ̃^{55}ɕiɑ̃$^{42}_{213}$ʂɿ^{42} 耗子，老鼠。指管自己不该管的事（含责备义）。|他们小两口儿的事儿由他们自己解决，你用不着～！

【狗咬吕洞宾——不识好心人】kou$^{55}_{42}$iɔ^{55}ly^{55}tuŋ^{42}piē^{213}—pu^{42}ʃɿ^{213}xɔ^{55}siẽ^{213}iē^{42} 吕洞宾，道教传说中的八仙之一，一生乐善好施，扶危济困，深得百姓敬仰。指不分是非善恶，错把别人的好心善意当成了坏心恶意。|～，人家为他做了那么多事儿，到头来却遭他责骂。

【狗咬马虎——两头怕】kou$^{55}_{42}$iɔ^{55}mɑ^{55}xu˙—liaŋ^{55}t'ou$^{42}_{213}$p'ɑ^{42} 马虎，方言词，狼。狗咬狼，狼也怕，狗也怕。指当事双方相互顾忌。|别看他们俩谁也不服气，实际上是～。

【狗咬尿泡——空欢喜】kou$^{55}_{42}$iɔ^{55}niɔ^{42}p'ɔ^{213}—k'uŋ^{213}xuɑ̃^{213}ɕi˙ 尿泡，方言词，膀胱。形容没得到什么好处，白白高兴一场。|说是养貂可以赚大钱，老赵一下养了上千只，结果卖不出去，闹了个～。

【寡妇老婆死孩子——利利索索】kuɑ$^{55}_{45}$fu˙lɔ$^{55}_{45}$p'ə^{55}θɿ˙xɛ$^{42}_{55}$tθɿ˙—li^{42}li˙θəu^{213}θəu˙ 利

利索索，双关，字面上指再没有什么至亲可牵挂，实指干净利落。｜办这种事儿，他最在行了，～。

【关公面前耍大刀——不自量力】kuã$_{55}^{213}$ kuŋ^{213} miã$_{213}^{42}$tsʻiã^{42}ʂua^{55}ta^{42}tɔ^{213}—pu$_{213}^{42}$tθ$_1^{42}$liaŋ$_{213}^{42}$li^{42} 形容人不能正确估计自己的能力，做力所不能及的事情。｜就你那两下子，去跟人家比，不是～吗？

【光腚推磨——转转丢】kuaŋ^{213}tiŋ^{42}tʻei^{213}mɤ^{42}—tʃuã^{42}tʃuãtiou^{213} 推磨要一圈圈地转，本指光着屁股推磨，转着圈地丢人。泛指到处丢人现眼。｜张三那臭小子，骗了东家骗西家，真是～。

【锅腰上山——前上紧】kuə$_{55}^{213}$iɔ^{213}ʃaŋ^{42}ʂã^{213}—tsʻiã$_{21}^{42}$ʃaŋtɕiẽ^{55} 锅腰，方言词，驼背的人。前，谐音"钱"。驼背的人上山，头紧着向前拱。指贪财的人把钱看得最要紧。｜老唐这个人不讲人情，就是～。

【过街老鼠——人人喊打】kuɑ^{42}tɕiɛ^{213}lɔ^{55}ʂuˈ—iẽ$_{21}^{42}$iẽ$_{21}^{42}$xã$_{42}^{55}$tɑ^{55} 指危害人的人或事人人都痛恨，会群起而攻之。也说"老鼠过街——人人喊打"。｜人要做善事儿，不能做缺德的事儿，缺德事儿做多了，就会成了～。

【蛤蟆垫桌腿儿——死撑】xɑ$_{55}^{42}$mɑˈtiã^{42}tʂuə^{213}tʻeir^{55}—θ$_1^{55}$tʂʻəŋ^{213} 撑，支撑，承受。本指蛤蟆被垫在桌腿儿下，死命承受桌子的重压，转指人拼命承受某种压力或承担某个重任。｜让他干那么重的活儿，他干不了还不能不干，只好～。

【蛤蟆跳脚背上——麻恨人】xɑ$_{55}^{42}$mɑˈtiɔ$_{213}^{42}$tɕyə$_2^{55}$pei^{55}ʃaŋ—mɑ$_{55}^{42}$xẽiẽ^{42} 麻恨，方言词，恶心。指事情虽不造成实质性伤害，但让人感到不舒服。｜这种事儿谁摊上都是～。

【和尚打伞——无发无天】xuə^{42}ʃaŋˈtɑ$_{42}^{55}$θã^{55}—u^{42}fɑ^{55}u^{42}tʻiã^{213} 发，谐音"法"。形容人无视法纪和天理，毫无顾忌地胡作非为。｜这帮混子竟然敢在光天化日之下拦路抢劫，真是～！

【黑瞎子掰苞米儿——掰一棒，丢一棒】xei^{55}ɕia^{213}tθ$_1$ˈpei^{213}pɔ^{213}mir^{55}— pei^{213}i^{55}paŋ^{42}tiou^{213}i^{55}paŋ^{42} 黑瞎子，方言词，黑熊。苞米，方言词，玉米。据说黑熊掰下玉米要夹在腋下，但夹住后边掰的，前边掰的就丢了，永远只能夹住最后掰的一个。比喻人记住后边的事情或内容就忘记了前边的事情或内容。｜这个孩子学习不用心，学了后面的就忘记前面的，真是～。

【黑瞎子掉到井里——熊到底了】xei^{55}ɕia^{213}tθ$_1$ˈtiɔ^{42}tɔtɕiŋ^{55}li·—ɕyŋ$_{21}^{42}$ tɔ^{42}ti^{55}lə·

熊，双关，字面上指黑熊，实指人没有本事和能力。到底，双关，字面上指到达底部，实指达到极限程度。指人没有任何能力，特别窝囊。｜连这点活儿都干不了，你真是～！

【黑瞎子叫门——熊到家了】xei⁵⁵ɕiɑ²¹³tɤ˙tɕiɔ⁴²₂₁₃ mẽ⁴²—ɕyŋ⁴²₂₁ tɔ⁴²tɕiɑ²¹³lə˙ 到家，双关，字面上指到家里来，实指达到极限程度。实际意义与"黑瞎子掉到井底里——熊到底了"相同。

【黑瞎子夹着半刀火纸——思充大先生】xei⁵⁵ɕiɑ²¹³tɤ˙tɕiɑ⁴²₅₅ tʂə˙pã⁴² tɔ²¹³xuə⁵⁵₄₂ tʂɻ⁵⁵—θ²¹³₅₅ tʂ'uŋ²¹³tɑ⁴²siã²¹³ʂəŋ 刀，量词，计算纸张的单位，通常一百张为一刀。火纸，方言词，一种黄色易燃的粗糙纸张，民间祭奠时用来做纸钱。大先生，方言词，有大学问的人。指没有学问的人装模作样，想冒充有大学问的人。也说"屎壳郎戴眼镜——思充大先生"。｜他这个人没什么学问，就是好显摆，～。

【黑瞎子拉油碾——出力不讨好】xei⁵⁵ɕiɑ²¹³tɤ˙lɑ²¹³iou⁴²niã⁵⁵—tʃ'u⁵⁵li⁴²₂₁₃pu⁴²t'ɔ⁵⁵₄₂xɔ⁵⁵ 油碾，磨油的碾子。指做不属于自己职责范围的事情，虽然出了力，但是不落好。｜我忙活了一整天帮他干活，他不领情也就算了，还嫌我干活不利索，我这不是～吗？

【黑瞎子碰头——熊对熊】xei⁵⁵ɕiɑ²¹³tɤ˙p'əŋ⁴²₂₁₃t'ou⁴²—ɕyŋ⁴²tei⁴²₂₁₃ɕyŋ⁴² 熊，喻指蛮横的人。指蛮横的人遭遇蛮横的人。｜他们俩没个善茬儿(指善良的人)，真是～啦！

【胡萝卜钻腚——步步紧】xu⁴²luo⁴²₂₁₃pei˙tã⁴²₂₁₃tiŋ⁴²—pu⁴²₂₁₃pu⁴²tɕiẽ⁵⁵ 腚，方言词，臀部，这里专指屁股眼儿。形容催赶着别人做不同的活计(含责备义)。｜这个活儿还没干完，又让干那个活儿，你就知道～，不管别人死活。

【火车进站——叫得凶，走得慢】xuə⁵⁵tʃ'ə²¹³tsiẽ⁴²₂₁₃tʂã⁴²—tɕiɔ⁴²ti˙ɕyŋ²¹³，tθou⁵⁵ti˙mã⁴² 形容人言语上吵嚷着急于做某种事情，但实际行动却很缓慢。｜他们家一直嚷嚷着建新房子，到如今连建房子的材料还没备好，真是～。

【结发夫妻——牢牢固固】tɕiə⁴²₂₁₃fɑ⁴²fu²¹³₅₅ts'i²¹³—lɔ⁴²₂₁₃lɔ˙ku⁴²₅₅ku 牢牢固固，双关，字面上指人与人之间的关系很牢固，实指事物状态很稳固。｜不用担心，梯子竖得很稳，那是～。

【腊月生的——冻手冻脚】lɑ⁴²yə˙ʂəŋ²¹³ti—tuŋ⁴²ʃou⁵⁵tuŋ⁴²tɕyɔ⁵⁵ 冻，谐音"动"。指人不老实，喜欢对人动手脚，特别是对异性表现不庄重，用动作挑逗或戏弄。｜

你不能老实点儿啊？怎么像～的？

【懒驴推磨——屎尿多】lã^{55}ly^{42}t'ei^{213}mə^{42}—ʂʅ^{55}niɔ^{42}tuə^{213}　比喻懒惰的人总是找各种各样的借口逃避干活儿。｜这种人靠不住，～，要赶工期，得找勤力（勤快）人。

【老虎掉到山涧里——吃黑瞎厮气】lɔ$^{55}_{42}$xu^{55}tiɔ^{42}tɔ˙ʂã^{213}tɕiã^{42}li—tʃ'ŋ^{55}xei^{213}ɕia$^{55}_{45}$θŋ˙tɕ'i^{42}　比喻人处在不利条件下常常要忍受来自能力不如自己的人的欺负。｜没办法，如今落在人家的手里，只能听人家的，～。

【老虎拉车——谁赶】lɔ^{55}xu$^{55}_{42}$la$^{213}_{55}$tʃ'ə^{213}—ʂei^{42}kã^{55}　赶，谐音"敢"。本指没有谁敢赶老虎拉的车，转指没有人敢做某种事儿。｜让大家对他提意见，～！

【老娘婆跳到屋脊上——有劲使不上】lɔ^{55}niaŋ$^{42}_{213}$p'ə^{42}t'iɔ^{42}tɔ˙u^{213}tsi^{55}ʃaŋ—iou^{55}tɕiẽ^{42}ʂʅ^{55}pu^{42}ʃaŋ　老娘婆，方言词，老太婆。老娘婆要想跳到屋脊上去，那是办不到的。泛指无力做某事。｜办这种事儿你别找我，我是～。

【老牛拉破车——慢慢吞吞】lɔ^{55}niou^{42}la^{213}p'ə^{42}tʃ'ə^{213}—mã^{42}mãt'ẽ^{213}t'ẽ　形容办事动作缓慢，效率低下。｜别～的，这活儿还得抓紧点儿。

【老牛撵兔子——一步儿赶不上，步儿步儿赶不上】lɔ^{55}niou^{42}niã^{55}t'u^{42}tɕŋ—i^{55}pur^{42}　kã^{55}pu^{42}ʃaŋpur$^{42}_{21}$pur^{42}kã^{55}pu^{42}ʃaŋ　撵，追赶。指人在关键时刻被别人落下一步，就总是处于被动落后的地步。｜真是～，自从咱厂的产值被他们厂落下，就再也没赶上。

【老鼠过街——人人喊打】lɔ^{55}ʃu'kuə^{42}ɯɛ^{213}　iẽ$^{42}_{21}$iẽ$^{42}_{21}$xã^{55}ta^{55}　义同"过街老鼠——人人喊打"。

【老鼠舔猫腚眼儿——大胆了】lɔ^{55}ʃu˙t'iã^{55}mɔ^{213}tiŋ^{42}iãr^{55}—ta^{42}tã^{55}lə　腚眼儿，方言词，屁股眼儿。形容人做事不顾后果，胆大妄为。｜这样的人你也敢招惹，真是～！

【老太太坐牛车——求稳不求快】lɔ^{55}t'ɛ^{42}t'ɛ˙tθuə$^{42}_{213}$niou^{42}tʃ'ə^{213}—tɕ˙iou^{42}uẽ^{55}pu^{42}tɕ˙iou$^{42}_{213}$k'uɛ^{42}　指做事追求稳妥，不求速度。｜这个人做事儿向来～，要赶时间就得催着他点儿。

【老鹞子抱着蒜锤子——上捣天下捣地】lɔ^{55}iɔ$^{42}_{55}$tθŋ˙pɔ^{42}tʂə˙θã^{213}tʂ'uei$^{42}_{55}$tθŋ—ʃaŋ^{42}tɔ^{55}t'iã^{213}ɕia^{42}tɔ^{55}ti^{42}　老鹞子，方言词，老鹰。蒜锤子，捣蒜泥用的形状像锤子的工具。形容说话不着调，上不着天下不着地，胡说八道。｜你能不能说点儿

正经的，别总是～。

【俩子儿做副眼镜——睁眼儿看是钱】lia$_{42}^{55}$ tθʅ^{55}tθuə$_{213}^{42}$fu^{42}iã^{55}tɕiŋ^{213}—tʂəŋ^{213}iãr^{55}k'ã^{42}ʂʅ$_{213}^{42}$ts'iã^{42}　子儿，铜子，铜钱。用两个铜板做副眼镜戴着，睁眼看到的就是钱。讥讽人爱财如命，眼睛只盯着钱。｜做人得讲情义，不能～。

【临上轿现包脚——来不及了】liɛ̃^{42}ʃəŋ$_{213}^{42}$tɕio^{42}ɕiã^{42}pɔ^{213}tɕyə^{55}—lɛ^{42}pu'tɕi$_{55}$ lə·　旧时有一种陋习，女孩子从小要用长布条儿把脚紧紧包住，限制脚骨发育，以使脚变得纤小。到出嫁时要上花轿了才包脚就来不及了。指做事要有准备，不能仓促行事。｜凡事儿都要有准备，要不就～。

【六月兔子——干气人儿】liou^{42}yə^{213}t'u^{42}tθʅ·—kã^{42}tɕ'i^{213}iɛ̃r^{42}　六月的庄稼生长茂盛，野兔易于藏身，不易被人捉到。形容人干生气，没有办法。｜真是拿你没办法，～！

【聋汉耳朵——摆登】luŋ$_{55}^{42}$ xãr^{55}tuə·—pɛ$_{45}^{55}$təŋ·　聋汉，方言词，聋子。摆登，方言词，摆设。聋子的耳朵没有听觉功能，形同摆设。指只起着摆样子的作用，没有实用价值。｜来点儿实在的，别老弄些没用的，～。

【搂草打兔子——捎带着脚儿】lou^{213}tθ'ɔ$_{42}^{55}$ ta^{55}t'u^{42}tθʅ·—ʂɔ^{213}tɛ^{42}tʂə'tɕyər^{55}　搂草，方言词，打草。捎带着脚，方言词，做某件事的同时顺便做了另一件事。本指打草时捎带着捉住草丛里藏身的兔子，转指做某件事时顺便做了另一件事。｜甲：你赶集买菜时给我捎把镰刀回来，到时候请你吃饭。乙：不用客气，～的事儿。

【卤水点豆腐——一物降一物】lu$_{42}^{55}$ʂuei^{55}tiã^{55}tou^{42}fu·—i^{55}u$_{213}^{42}$ɕiaŋ^{42}i^{55}u^{42}　卤水，盐卤，可使豆浆凝结，制作豆腐。指某人或某物专门降服另一人或另一种物。｜别看他对别人横了吧唧（指耍横）的，在他媳妇儿面前服服帖帖的，真是～！

【麻绳儿拴豆腐——别提】ma$_{213}^{42}$ʃəŋr^{42}ʂuã^{213}tou$_{55}^{42}$fu·—piə^{213}t'i^{42}　提，双关，字面上指提起来，实指提及。指不要提及某人或某事。｜这种事儿不是什么光彩事儿，在别人面前就～啦！

【马路上的电线杆子——靠边儿站】ma^{55}lu^{42}ʃaŋ·tiã$_{21}^{42}$ɕiã^{42}kã^{213}tθʅ·—k'ɔ^{42} piãr^{213}tʂã^{42}　马路上的电线杆子总是立在路边。比喻人被迫离开原来的职位或失去原有的权力。｜老王早就～了，这事儿找他没用。

【蚂蚱钓鸡——死的】ma^{42}tʂa'tio^{42}tɕi^{213}—θʅ^{55}ti·　蚂蚱，蝗虫。钓，引诱。鸡最喜欢吃蚂蚱，蚂蚱去引诱鸡等于自找灭亡。指自己送死。｜你约他打架，结果只能是～。

【猫哭老鼠——假慈悲】mɔ$^{213}_{55}$ kʻu^{213}lo^{55} ʃuˑ—tɕia^{55}tθʻŋ^{42}pei^{213}　指恶人故意做出慈善悲悯的样子同情受害者（含讽刺义）。｜谁不知道他是装的，～。

【茅房里的石头——又臭又硬】mɔ$^{42}_{213}$faŋ^{42}liˑtiˑʃ$^{42}_{55}$ tʻou—iou$^{42}_{213}$tʃʻou^{42}iou$^{42}_{213}$iŋ^{42}　茅房，方言词，厕所。臭，双关，字面上指难闻的气味，实指坏的表现或习性。硬，双关，字面上指坚硬，实指性格执拗、倔强。形容人不但品行不好，性格还特别倔强。｜你说他也没用，他就是这么种人，～。

【木头眼镜儿——看不透】mu^{42}tʻou·iã^{55}tɕiŋr^{42}—kʻã^{42}puˑtʻou^{42}　义同"戴木头眼镜——看不透"。

【螃蟹过街——横行霸道】pʻaŋ^{42}ɕiɛkuə^{42}tɕiɛ^{213}—xəŋ$^{21}_{55}$ɕiŋ^{42}pa^{213}tɔ^{42}　本指螃蟹过街时横着行，霸占着道路。形容人胡作非为，蛮不讲理。｜你别仗着有钱有势就～，总有一天会有人收拾你。

【捧着屁股亲嘴——不知香臭】pʻəŋ^{213}tʂəˑpʻi^{42}kuˑtsʻiẽ^{213}tθei^{55}—pu^{42}tʃ$^{213}_{55}$ɕiaŋ^{213}tʃʻou^{42}　不知香臭，双关，字面上指不知味道好坏，实指不知别人对待自己的好坏。多用于责备人不知道别人对自己的好意。｜别～，说你还不是为你好？

【皮笊篱——滴水不漏】pʻi^{42}tʂɔ$^{42}_{55}$liˑ—ti^{213}ʂuei^{55}pu$^{42}_{213}$lou^{42}　形容人非常吝啬，任何一点儿财产都不外流。｜李四儿是有名的小气鬼，～。

【骑驴看唱本——走着瞧】tɕʻi$^{42}_{21}$ly^{42}kʻã^{213}tʃʻaŋ^{42}pẽ^{55}—tθou^{55}tʂəˑtsʻiɔ^{42}　唱本，记录戏曲或曲艺唱词的小册了。走着瞧，双关，字面上指边走边看，实指等着看事态的发展或事情的结局，含有看不透、说不清或不服对方的意思。｜谁对谁错，要看最后的结果，咱们～！

【秋后的蚂蚱——蹦跶不几天】tsʻiou^{213}xou^{42}tiˑma^{42}tʂɑ—pəŋ^{42}taˑpu^{42}tɕi^{55}tʻiã^{213}　蹦跶，本指跳跃，现多借指挣扎。由于天气变冷，蚂蚱在立秋之后很快就会死亡。比喻坏人或恶势力已走向衰败，离死亡或垮台的日子很近了。｜他们是～！

【瘸腿断道——别逼我起起，逼我起起，你就费大事啦】tɕʻyə^{42}tʻei^{55}tã$^{42}_{213}$tɔ^{42}—piə^{42}pi^{213}uə^{55}tɕʻi^{213}tɕʻïˑ，pi^{213}uə^{55}tɕʻi^{213}tɕʻïˑ，ni^{55}tsiou^{42}fei$^{55}_{213}$ta^{42}ʂ$^{42}_{55}$lɑˑ　瘸腿，瘸子。断道，方言词，拦路抢劫。起起，方言词，起来。费大事，方言词，有大麻烦。借指不要强人所难，否则可能招致大麻烦。｜我跟你讲，～，不信，你就试试！

【肉包子打狗——有去无回】iou^{42}pɔ$^{55}_{45}$tθˑtɑ$^{55}_{42}$kou^{55}—iou^{55}tɕʻy^{42}u$^{42}_{213}$xuei^{42}　指

把东西或钱财借给没有信用的人就再也收不回来。|把钱借给这号人，那不是～吗？

【撒打毛儿吃狗屎——各好一嘴】θa²¹³taˑmər⁴²tʃʻʅ⁵⁵kou⁵⁵ʂʅ⁵⁵—kuə⁴²xɔ⁴²₂₁₃i⁵⁵ tθei⁵⁵ 撒打毛儿，方言词，一种喜欢吃狗屎的鸟。指不同的人常常有着不同的爱好。|他喜欢吃硬面条有什么好奇怪的，这叫～。

【三十日晚上走路——没影儿】θã²¹³ʃʅ⁴²₅₅ iˑuã⁵⁵ʃaŋˑtθou⁵⁵lu²¹³—mu²¹³iŋr⁵⁵ 没影儿，双关，字面上指没有人影儿，实指没有根据。|别听他瞎说，都是～的事儿。

【骚水狼子给鸡拜年——没安好心】θɔ²¹³ʂuei⁵⁵₄₂laŋ⁴²tθŋˑʻi⁵⁵tɕi⁴²pɛ⁴²₂₁₃niã⁴²—mu²¹³ã²¹³xɔ⁵⁵siẽ²¹³ 骚水狼子，也说骚皮子，方言词，黄鼠狼。指有的人表面上装作是好意，内心里却算计着伤害别人。|他这是～，你可千万别上当！

【扫帚贴对子——大刷儿】θɔ⁴²tʃuˑtiɔ²¹³tei²¹³tθŋˑ—tɑ⁴²ʂuar²¹³ 对子，对联。刷，谐音"耍"。指玩大的。|你别～，小心栽跟头。

【山猫打滚儿——兔兴】ʂã²¹³₅₅mɔ²¹³tɑ⁵⁵₄₂kuẽr⁵⁵—tʻu⁴²ɕiŋ 山猫，方言词，家兔。兔兴，兔子高兴，借指人高兴。|别急着～啦！这事儿还不知能不能办成呢。

【十五个吊桶打水——七上八下】ʃʅ⁴²uˑ⁵⁵kuəˑtiɔ⁴²tʻuŋ⁵⁵tɑ⁴²₅₅ʂuei⁵⁵—tsʻi⁵⁵ʃaŋ⁴²pa⁵⁵ɕia⁴² 吊桶，用来从井中打水的桶。形容人心神不定，总担心有对自己不利的情况发生。|老王家的孩子出门儿打工快一个月了，也没给家里打个电话，老王放心不下，像～的。

【石板上钉钉子——硬碰硬】ʃʅ⁴²pã⁵⁵ʃaŋˑtiŋ⁴²tiŋˑ⁴²₅₅tθŋˑ—iŋ⁴²pʻəŋ⁴²₂₁₃iŋ⁴² 硬，双关，字面上指坚硬，实指态度强硬。①比喻强硬的人碰上了强硬的人。|他们俩是～，谁也不服谁。②比喻用强硬的态度对付强硬的人。|我跟你是～，别想让我讨好你。

【屎壳郎搬家——滚蛋】ʂʅ⁵⁵₄₅kʻouˑlaŋ⁴²pã²¹³₅₅tɕia²¹³—kuẽ⁵⁵tã⁴² 滚蛋，双关，字面上指滚动粪球，实指让人滚开。|你给我～！这里没你的事儿，别在这里瞎嚷嚷！

【屎壳郎打哈欠儿——别张臭口】ʂʅ⁵⁵₄₅kʻouˑlaŋ⁴²tɑ⁵⁵xa²¹³ɕir—piə⁴²tʃaŋ²¹³ tʃʻou⁴²kʻou⁵⁵ 责令别人不要开口说脏话或说不中听的话。|你就～啦！

【屎壳郎打喷嚏——满嘴喷粪】ʂʅ⁵⁵₄₅kʻouˑlaŋ⁴²tɑ⁵⁵pʻẽ²¹³tʻï—mã⁵⁵tθei⁵⁵pʻẽ²¹³fẽ⁴² 形容人满口脏话或用污言秽语玷污别人。|让他闭嘴，谁愿听他～！

【屎壳郎带嚼子——思充大牲口】ʂʅ⁵⁵₄₅kʻouˑlaŋ⁴²tɛ⁴²tsyəˑ⁴²₅₅tθŋˑ—θŋˑ²¹³₅₅tʂʻuŋ²¹³tɑ⁴² ʂəŋ²¹³kʻou̯ 嚼子，为便于驾驭，横放在牲口嘴里的小铁链，两端连在笼头上。思充大牲口，想着冒充大牲口。指能力低下的人企图冒充能力强的人（含讥讽义）。也说"兔子拉耧——思充大牲口"。｜看你那个样儿，～，谁还不知道你的本事？

【屎壳郎戴花——臭美】ʂʅ⁵⁵₄₅kʻou̯laŋ⁴²tɛ⁴²xua²¹³—tʃʻou⁴²mei⁵⁵ 臭，双关，字面上指气味难闻，实指行为表现拙劣。形容人没有自知之明，企图通过外在装扮和掩饰显示自己的漂亮或能力（含讥讽义）。｜看她那身儿打扮，大家都觉得好笑，可她自己还～呢！

【屎壳郎戴眼镜儿——思充大先生】ʂʅ⁵⁵₄₅kʻou̯laŋ⁴²tɛ⁴²iã⁵⁵tɕiŋr⁴²—θʅ²¹³₅₅tʂʻuŋ²¹³tɑ⁴²siɑ²¹³ʂəŋ˙ 义同"黑瞎子夹着半刀火纸——思充大先生"。

【屎壳郎掉进尿盆儿里——挨刺】ʂʅ⁵⁵₄₅kʻou̯laŋ⁴²tiɔ⁵⁵tɕiẽ⁴²nio⁴²pʻẽr⁵⁵liˑ—iɛ⁵⁵₅₅tθʻʅ²¹³ 刺，借音字，山东方言把朝着某物小便叫作"刺"。刺，谐音"呲"。指受训斥，挨数落。｜他就是不长记性，又～了。

【屎壳郎滚粪蛋儿——臭味相投】ʂʅ⁵⁵₄₅kʻou̯laŋ⁴²kuẽ⁵⁵fẽ⁴²₂₁₃tãr⁴²—tʃʻou⁴²₂₁₃uei⁴²siaŋ²¹³tʻou⁴² 指彼此间因思想意识或行为习惯相同而合得来（含贬义）。｜他们俩一个磨洋工，一个偷奸耍滑，真算得上～！

【屎壳郎进北京——思充小轿车】ʂʅ⁵⁵₄₅kʻou̯laŋ⁴²tsiẽ⁴²pei⁵⁵tɕiŋ²¹³—θʅ²¹³₅₅tʂʻuŋ²¹³siɔ⁵⁵tɕiɔ⁴²tʃʻə²¹³ 过去地方上小轿车不太常见，北京城里才比较多见，这是此歇后语形成的社会认知基础。指地位低下或品行低劣的人混迹地位高贵或品行高尚的人群，冒充高贵的人。｜别坑儿～的把戏了，你那点儿小心思不说都能看透。

【屎壳郎碰泡薄狗屎——难抟难丸】ʂʅ⁵⁵₄₅kʻou̯laŋ⁴²pʻəŋ⁴²pʻɔ²¹³pəŋ⁴²kou⁴²₂ʂʅ⁵⁵—nã⁴²tʻã⁴²nã⁴²₂₁₃uã⁴² 泡，量词，用于屎和尿。薄，稀薄。抟，同"团"，团弄。丸，名词用作动词，使成丸状。比喻碰到了棘手而难以处理的事情。｜怎么遇到这种事儿，真是～！

【屎壳郎钻在腚眼儿里——吃现成的】ʂʅ⁵⁵₄₅kʻou̯laŋ⁴²tθã²¹³tθɛʻtiŋ⁴²iãr⁵⁵liˑ—tʃʻʅ⁵⁵ɕiã⁴²₄₂tʃʻəŋ⁴²tiˑ 腚眼儿，方言词，屁股眼儿。指自己不努力而坐享其成。｜别老想着～，该自己动手的事儿就得自己做。

【守着骆驼不吹牛——什么大吹什么】ʃou⁵⁵tʂəʻluə²¹³tʻuəʻpu⁴²tʂʻuei²¹³niou⁴²—ʃẽ⁴²məˑtɑ⁴²tʂʻuei²¹³ʃẽ⁵⁵₄₂məˑ 形容人好吹牛，极力说大话。｜大家都知道这个人的毛病，～。

【属猴的——顺杆儿爬】ʂu⁵⁵xou⁴²₅₅ tiː—ʃuẽ⁴²kãr²¹³pʻɑ⁴²　顺杆儿爬，双关，字面上指猴子顺着杆儿往上爬，实指迎合别人的心意、言语、要求等行事或说话。｜这个人可真是～，领导说什么他都叫好。

【属老鼠的——搁爪儿就忘】ʂu⁵⁵lo⁵⁵ʃuˑtiː—kuə²¹³ʂuar⁵⁵tsiou⁴²₂₁₃uaŋ⁴²　指人健忘，不管什么东西一放下就不记得了。｜你可真是～，刚把衣服放到衣柜里就到处找。

【属驴的——牵着不走，赶着打倒退】ʂu⁵⁵ly⁴²₅₅ tiː—tɕʻiã²¹³tʂəˑpu⁴²tθou⁵⁵，kã⁵⁵tʂəˑtɑ⁵⁵to⁴²₂₁₃tʻei⁴²　驴习性倔强，牵着不往前走，赶着还朝后倒退。比喻性格犟的人不听别人的劝说，总是按照自己的想法做事。｜他这个人是～，你跟他说什么也没用。

【属算盘儿珠儿的——拨一拨，动一动】ʂu⁵⁵θã²¹³pʻãr⁴²tʃur²¹³tiː—pə²¹³i⁵⁵pə²¹³tuŋ⁴²i⁵⁵tuŋ⁴²　指人做事不主动，催促一下就做一下，不催促就不做。｜做事情要主动，不能～。

【属猪的——记吃不记打】ʂu⁵⁵tʃu²¹³tiː—tɕi⁴²tʃʻŋ⁵⁵pu⁴²₂₁₃tɕi⁴²tɑ⁵⁵　指人只记得得到了什么好处或利益，而忘记了在获取好处或利益时遭受的磨难或惩罚。｜不能是～，要记住教训，同样的错儿不能再犯了。

【剃头挑子——一头热】tʻiː⁴²₂₁₃tʻou⁴²tʻioː²¹³tθŋː—i⁵⁵tʻou⁴²₂₁₃iə⁴²　旧时的流动理发匠常挑一副担子游街串巷，担子的一头是放理发工具的箱子，另一头是烧热水的小火炉。热，双关，字面上指水热，实指热情。指当事双方中只有一方对事情的态度有热情。｜小伙子死心眼儿，～，人家姑娘压根儿看不上他，他却成天跟人家姑娘套近乎。

【天上下屎——来狗命了】tʻiã²¹³ʃaŋˑɕiɑ⁴²ʂŋ⁵⁵—lɛ⁴²₂₁₃kou⁵⁵miŋ⁴²₅₅ lə˙　吃屎是狗的本性，如果天上下屎，狗就有好运了。比喻人得到意外的好运气。｜他是～，买张两元的福利彩票，就得了几万元的大奖。

【天下老乌——通黑】tʻiã²¹³ɕiɑˑlo⁵⁵u²¹³—tʻuŋ⁵⁵ xei²¹³　老乌，方言词，乌鸦。通，方言词，一个样儿。比喻不管在什么地方，坏人都是一样坏。｜～，什么地方的坏人都害人。

【头顶上生疮，脚后跟流脓——坏到底了】tʻou⁴²tiŋ⁵⁵ʃaŋˑʂən²¹³₅₅ tʂʻaŋ²¹³，tɕyə²¹³xou⁴²kẽ²¹³₅₅ liou⁴²₂₁₃neŋ⁴²—xuɛ⁴²₂₁₃to⁴²tiː⁵⁵lə˙　坏，双关，字面上指人的肌体组织腐败变质，实指品行恶劣。到底，双关，字面上指从头顶一直到脚底，实指达到极限程度。形容人的品行恶劣到了极点。｜这个人一辈子什么坏事儿都干过，真是～！

【秃子跟着月亮走——沾光】tʻu⁵⁵₄₅tθŋˑkẽ²¹³tʂəˑyə²¹³liaŋˑtθou⁵⁵—tʃã²¹³₅₅ kuaŋ²¹³　光，

双关，字面上指亮光，实指好处。指凭借他人的力量而得到好处。｜我这是～，还不是托您的福才有今日的光景！

【秃子头上的虱子——明摆着】t'u$^{55}_{45}$ tθ$_1$t'ou^{42} ʃaŋ'ti'ʂ$_1^{213}$tθ$_1$—miŋ^{42}pɛ^{55}tʂə· 指事实或意图等明显地摆在面前，很容易看清楚。｜你做的坏事儿，～，你还想抵赖不成？

【兔子拉耧——思充大牲口】t'u^{42}tθ$_1$'la^{213}lou^{42}—θ$_1^{213}$tʂ'uŋ^{213}ta^{42}ʂəŋ^{213}k'ou· 耧，旧时播种用的农具，由牲畜牵引，后面有人把扶，可以同时完成开沟和下种两项工作。义同"屎壳郎带嚼子——思充大牲口"。

【兔子落运——招老雕】t'u^{42}tθ$_1$'luɛ^{42}yẽ^{213}—tʃɔ^{213}lɔ^{55}tiɔ^{213} 落运，不走运。招，引来（不好的事物）。老雕，方言词，老鹰。指人运气不好，遭受祸患。｜～，人要是不走运，喝口凉水都塞牙。

【脱了裤子放屁——两道手】t'uə^{213}lək'u^{42}tθ$_1$faŋ$^{42}_{213}$p'i^{42}—liaŋ^{55}tɔ^{42}ʃou^{55} 手，手续。形容人做事手续繁琐，不讲效率。｜你这不是～吗？这么简单的事儿到了你手里就复杂了。

【歪嘴老婆吹风——溜斜气】uɛ^{213}tθei^{55}lɔ$^{55}_{45}$p'ə·ʂ'uei$^{213}_{55}$fəŋ^{213}—i$^{55}_{42}$liou^{55}siə$^{42}_{213}$tɕ'i^{42} 斜，谐音"邪"。形容妇女嚼舌头，挑拨是非。｜那个老娘婆成天走东家串西家，惹是生非，真是～！

【外甥打灯笼——照舅】uɛ^{42}ʂəŋ'ta^{55}təŋ^{213}luŋ^{42}—tʃɔ$^{42}_{213}$tɕiou^{42} 照，双关，字面上指照亮，实指依照。舅，谐音"旧"。①指仍按老规矩办事。今年的分配方案还按上年的执行，～。②指人或事物还是老样子。｜村长换了，可村子里的街道还是没有修，坑坑洼洼的，～。

【王八吃秤砣——铁了心】uaŋ$^{55}_{45}$pa'tʃ'ʅ^{55}tʃ'əŋ$^{42}_{213}$t'uə^{42}—t'iə^{55}lə·siẽ^{213} 王八，乌龟或鳖的俗称。秤砣，秤锤。铁，双关，字面上指铁质的，实指决心坚定。形容人决心已定，不容改变。｜他这是～了，怎么劝他也不回头。

【王婆子卖瓜——自卖自夸】uaŋ^{42}p'ə·$^{42}_{55}$tθ$_1$'mẽ^{42}kua^{213}—tθ$_1^{42}$mɛ$^{42}_{213}$tθ$_1^{42}$k'ua^{213} 本指夸自己卖的瓜好吃。泛指自我夸赞。｜你这样说，可就有点儿～了。

【王之林买灯泡——不论点儿】uaŋ^{42}tʂʅ^{213}liẽ^{42}mɛ^{55}təŋ^{213}p'ɔ^{42}—pu$^{42}_{213}$lẽ^{42}tiãr^{55} 王之林，人名，莱西市店埠镇前张管寨人，不识字。点儿，方言词，当地人指灯泡的瓦数。王之林没有文化，不识字，有一次去村里的代销店买灯泡，只知道买多少钱一个的，就是说不出买瓦数多大的。后来在前张管寨一带传开，形成了此歇后语。泛指不按规矩办事。｜咱丑话说在前面，你可不能～。

【洗脸儿盆儿里扎猛儿——不知深浅】 si^{55}liar̃$^{55}_{42}$ pʻẽr$^{42}_{55}$ li·tsa^{213} məŋr^{55}—pu^{42}tʃʅ$^{213}_{55}$ ʃẽ^{213}tsʻia^{55} 扎猛儿，方言词，游泳时头朝下钻入水中。深浅，双关，字面上指水的深浅程度，实指言行的分寸。形容人言行不讲究分寸，没有轻重。｜在老人面前这样说话，真是～！

【瞎汉放驴——不放手】 ɕia$^{55}_{45}$xã̄faŋ$^{42}_{213}$ly^{42}—pu$^{42}_{213}$faŋ^{42}ʃou^{55} 瞎汉，方言词，瞎子。瞎子放驴时怕驴跑了，牵着拴驴的绳子不敢松手。指紧紧抓住某人、某物或某事不放手。｜人家小嫚儿（小姑娘）不喜欢你，你就是～，也没用。

【瞎汉放起火——自觉自高】 ɕia$^{55}_{45}$xã̄faŋ$^{42}_{213}$tɕʻi$^{55}_{42}$xuə^{55}—tθʅ$^{42}_{21}$tɕyə$^{42}_{21}$tθʅ^{42}ko^{213} 起火，方言词，一种烟花，各地叫法不同（如冲天炮、钻天猴、窜天猴等），在木杆儿或竹签儿的上端粘上带爆竹的火药筒，引信朝下，点燃引信后可以快速飞到空中后炸开。自觉自高，双关，字面上指自己感觉也像飞到高处一样，实指自高自大。指自以为有能耐，了不起。｜他是～，其实什么真本事也没有。

【瞎猫碰着死老鼠——值了】 ɕia^{55}mo^{213} pʻəŋ^{42}tsə$^{55}_{θʅ}$lɔ$^{55}_{45}$ʃu—tʃʅ$^{42}_{55}$lə 指得到了意外收获，很值得。｜老张随便买了张体育彩票，结果中了大奖，真是～！

【下雨打麦子——难收场儿】 ɕia$^{213}_{213}$y$^{55}_{42}$ta^{55}mei$^{42}_{55}$tθʅ—nã^{42}ʃou^{213}tʃʻaŋr^{55} 收场，双关，字面上指收拾打粮食的场地，实指了结，结束。指难以结束残局。｜你别把人家逼急了，逼急了可就～了。

【小鸡儿不撒尿——各有各的道儿】 sio^{55}tɕir^{213}pu^{42}θa^{213}nio^{42}—kuə^{42}iou^{55}kuə^{42}ti·tɤr^{42} 道儿，双关，字面上指通道，实指门道儿，办法。指虽然每个人的情况不同，但都有自己解决问题的办法。｜～，这事儿你不用多管，人家肯定有办法解决。

【小鸡儿吃蝎子——逮毒】 sio^{55}tɕir^{213}tʃʻʅ^{55}ɕia^{213}tθʅ—tɛ^{55}tu^{42} 逮，谐音"歹"。指人心地歹毒。｜你不知道，这个人可是～，最好离他远点儿。

【小老鼠拉木锨——掉过大头】 sio^{55}lɔ$^{213}_{45}$ʃu·la^{213}mu^{42}ɕiã^{213}—tio^{42}kuə·ta$^{213}_{213}$tʻou^{42} 木锨，用木头制成的扬场工具，锨头是长方形木片，一端安有长木柄儿。小老鼠拉木锨，必然是拉锨柄儿，而把锨头放在后边，即掉过大头。掉，双关，字面上指掉转，实指丢掉。指活计已干了大半。｜今日的活儿已经是～，快干完了。

【小学生叫门——要书】 sio$^{55}_{42}$ɕyə$^{42}_{213}$ʂəŋ·tɕio$^{42}_{213}$mẽ^{42}—io$^{213}_{55}$ʃu^{213} 书，谐音"输"。指快要输了。｜看来我们是～了。

【孝妇老婆活人妻——一辈子不死气】ɕiɔ$_{213}^{42}$fu^{42}lɔ$_{45}^{55}$ p'ə̍xuə$_{213}^{42}$iẽ^{42}tsi^{213}—i^{55}pei^{42}tθɿ pu^{42}θɿ^{55}tɕ'i^{213}　孝妇老婆，方言词，寡妇。活人妻，被休或离了婚的女人。死气，方言词，甘心。指一直不甘心安于不如意的状况。｜天生一个穷命，可他个人~，总想有一天日子会好起来。

【蟹子过河——随大流】ɕiɛ$_{213}^{42}$tθɿ^{55}kuə$_{213}^{42}$xuɔ^{42}—θei^{42}tɑ$_{213}^{42}$liou^{42}　随大流，双关，字面上指螃蟹过河时顺着大的水流行进，实指人没有主见，按照多数人行事的方式行事。｜做事要有主见，不能~。

【哑巴踢毽儿——没数儿】iɑ$_{45}^{55}$pɑ̍t'i^{213}tɕiãr^{42}—mu^{213}ʂur^{42}　毽，毽子。没有数，双关，字面上是没有数数目，实指没有实际把握。｜这种活儿我也是头一回儿干，能不能干好，~。

【一根筷子吃面条儿——独挑儿】i^{55}kẽ^{213}k'uɛ$_{55}^{42}$tθɿ$^{'}$ɿ^{55}miã$_{213}^{42}$t'iɔr^{42}—tu^{42}t'iɔr^{213}　独挑，双关，字面上指挑单根面条，实指单挑，单独跟对手一对一较量。｜有本事咱~，别仗着人多显本事。

【一张纸画个鼻子——好大个脸】i^{55}tʃaŋ^{213}tʂɿ^{55}xuɑ^{42}kuə'pi$_{55}^{42}$tθɿ—xɔ^{55}tɑ^{42} kuəliã^{55}　脸，双关，字面上指人的面部，实指面子或情面。形容面子或情面极大。｜你看人家，~，谁都解决不了的问题，人家一出面儿对方就答应了。

【张飞吃豆芽儿——小菜儿一碟儿】tʃaŋ$_{55}^{213}$ fei^{213}tʃ'ɿ^{55}tou$_{213}^{42}$iar^{42}—siɔ^{55}tθ'ɛr^{42}i^{55} tiər^{42}　小菜儿，双关，字面上指用小碟儿盛的下酒饭的菜蔬，多为凉菜，实指轻易能够办成的小事。比喻不需要费多大力气就可以办成的事情。｜这点儿小事儿，对他来说还不是~？

【张飞赶雀儿——粗人干不了细营生儿】tʃaŋ$_{55}^{213}$fei$_{55}^{213}$kã^{213}ts'yər^{55}—ts'u^{213}iẽ$_{21}^{42}$ kã^{42}pu̍liɔ'tsi^{42}iŋ$_{55}^{42}$ʂəŋɿ　雀儿，方言词，麻雀。粗人，鲁莽之人。细，精细。营生，方言词，工作，活计。指性格鲁莽、不细心的人干不了需要细心才能干好的工作。｜俗话说"~"，这种精细的手工活儿我可干不了。

【纸糊的灯笼——一戳就破】tʂɿ^{55}xu^{42}ti̍təŋ^{213}luŋ^{42}—i$_{55}^{42}$ tʂ'uə^{55}tsiou$_{213}^{42}$p'ə^{42}　一戳就破，双关，字面上指纸灯笼一戳就破了，实指谎言或秘密很容易被揭穿。｜他的谎话用不着多琢磨，~。

【中药铺里的甘草——少不了的一味】tʂuŋ$_{55}^{213}$ yɔ^{213}p'u$_{55}^{42}$li̍'kã^{213}tθ'ɔ^{55}—ʃɔ^{55}pu^{42} liɔ'ti̍i^{55}uei^{42}　味，谐音"位"。比喻在某些场合或某些活动中总是少不了某人。｜这种凑热闹的场合，他可是~。

【猪八戒背媳妇——出力不讨好】tʂu²¹³pɑ⁵⁵tɕiɛ⁴²pei²¹³₅₅ si²¹³fu˙—tʂʻu⁵⁵li⁴²pu⁴²₂₁₃tʻɔ⁵⁵₄₂ xɔ⁵⁵ 指出了力却没有得到好的结果。｜为他办这件事儿咱没少费心思，可事儿办成了却落了一身不是，真是～！

【猪八戒照镜子——里外不是人】tʂu²¹³pɑ⁵⁵tɕiɛ⁴²₂₁₃tʂɔ⁴²tɕiŋ⁴²₅₅ tθ˙—li⁵⁵uɛ⁴²₂₁₃puʂʅ⁴²₂₁₃iẽ⁴² 里外，双关，字面上指镜子里边和外边，实指当事双方。不是人，双关，字面上指不是人样儿，实指没落好儿。比喻努力为当事双方做事却遭到双方的责备，导致当事双方都不满意。｜本来想撮合他们两个谈对象，结果两个都不高兴，弄得我～。

【做梦娶媳妇——想好事儿】tθuə⁴²₂₁₃məŋ⁴²tsʻy⁵⁵si²¹³fu˙—siɑŋ⁵⁵₄₂xɔ⁵⁵ʂʅ⁴² 比喻不切实际，幻想实现不了的好事儿。｜你成天懒得皮疼，还想发家致富，不是～吗？

第四章 语　法

从地理位置看，店埠镇位于莱西市最南部，西与平度接壤，南与即墨相邻，店埠话的语法特征更接近即墨方言或平度方言。

第一节 词　法

一、单双音节

店埠话里有些单音节词语，普通话中是双音节的。例如：

店埠话	普通话	店埠话	普通话
爸	爸爸	妈	妈妈
儿	儿子	姑	姑姑
舅	舅舅	客	客人
眼	眼睛	牙	牙齿
腚	屁股	魂儿	灵魂
理	理睬	惯	娇惯
耍	玩耍	拙	笨拙
糕	年糕	面	面粉
烟	香烟/烟卷/烟草	糨	糨糊
梳	梳子	被	被子
花	棉花	笆	笆子
镰	镰刀	鞭	鞭炮
窗	窗户	屋	房屋/屋子
店	旅店	集	集市
村	村庄	地	土地/田地
天	天气		

二、同素异序

店埠话与普通话相比，在词语构成上有同素异序现象。例如：

店埠话	普通话	店埠话	普通话
攒积	积攒	倒颠	颠倒
认承	承认	绊绊磕磕	磕磕绊绊
貌相	相貌	实诚	诚实
椿香	香椿		

三、词缀

词缀是附着在词根上，表示附加意义的语素。店埠话的前缀与普通话差不多，中缀较少，但后缀比普通话丰富得多。

（一）名词性词缀

1. 子

店埠话中以"子"为后缀的名词比普通话要多。普通话中一些不加后缀"子"的名词，在店埠话中加上了"子"后缀。

一些普通话中的儿化词语，店埠话中不儿化，而是加后缀"子"。例如：

店埠话	普通话	店埠话	普通话
鞋刷子	鞋刷儿	牙刷子	牙刷儿
脸盆子	脸盆儿	尿盆子	尿盆儿
马扎子	马扎儿	后脑勺子	后脑勺儿

普通话中一些不儿化也无后缀"子"的词语，店埠话中有后缀"子"。例如：

店埠话	普通话	店埠话	普通话
身子	身体	干腿子	小腿
拐肘头子	肘	手掌子	手掌
脚掌子	脚掌	指筋盖子	指甲
蛋子	睾丸	脑浆子	脑浆
孙女子	孙女	媳妇子	儿媳
懒汉子	懒汉	二套子	再嫁的女人

带脚子	拖油瓶	杠眼子	爱抬杠的人
媒婆子	媒婆	锢露子	锅锅碗的
摆山子	喝酒	溜沟子	拍马屁
闯门子	串门	手铐子	手铐
胰子	肥皂	坠子	耳环
靴子	棉靴	衬子	尿布
钱插子	褡裢	嚼子	嚼环
果子	油条	馅子	馅（儿）
土/地豆子	土豆	豆角子	豆角
洋柿子	西红柿	鸡子	鸡蛋
蟹子	螃蟹	海蛎子	牡蛎
牛灭子	牛犊	犍子	公牛
马蜂子	马蜂	骚貔子	黄鼠狼
母狗子	母狗	蜜虫子	蚜虫
戏台子	戏台	澡堂子	澡堂
炮楼子	炮楼	坊子	饭店
围子	围墙	麦茬子	麦茬
水窝子	水坑	泉子	泉

"子"还可以加在部分名词性成分的重叠式后面，构成"NN子"格式的名词，NN在语音结构上结合较为紧密，第二个"N"往往读成轻声。例如：

枝枝子	梢梢子	根根子	梗梗子	筋筋子
丝丝子	须须子	片片子	边边子	角角子
秕秕子	皮皮子	面面子	末末子	渣渣子

这类名词多用于复数，指的多是不好的事物或事物中质量不好的部分，多含有轻视、不满意等感情色彩。例如：

好木头都叫人家捡净了，光剩下些枝枝子、梢梢子了。

这芸豆老了，净些筋筋子。

2. 厮、汉、巴

用"厮""汉""巴"等做后缀，加在一些形容词或动词后面，构成名词，多用来指称身体有缺陷或地位低下的人，多含有轻视的意味。例如：

店埠话	普通话	店埠话	普通话
秃厮	秃子	痴厮	傻子
小厮	小子	聋汉	聋子
瞎厮	瞎子	黑瞎厮	黑熊
醉汉	喝醉酒的人	泥汉	长工
嘟巴	傻子	结巴	口吃者
瘸巴	瘸子		

用后缀"巴"组成的名词，如果按"AABB"式重叠，则构成形容词，表示某种病态情状。例如：嘟嘟巴巴、结结巴巴。

（二）动词性词缀

普通话动词加后缀的比较少见，但在店埠话中却有不少加后缀的动词。常见的动词性后缀有：巴、打、悠、查、古、拉、么、弄、送、乎、那、登、候、索等。

1. 巴

"巴"是动词性后缀中组合能力最强的一个，大多数表示处置的单音节动词，都可以带上"巴"，表示处置性动作、行为的随意、短暂或粗率等意义。例如：

砸巴　擦巴　眨巴　割巴　掐巴　压巴　刷巴　刮巴　画巴
叠巴　捏巴　切巴　卸巴　剁巴　摞巴　捋巴　搓巴　和巴
掘巴　撕巴　吃巴　捆巴　缝巴　拧巴　讲巴　学巴　凑巴
揍巴　洗巴　揉巴　挤巴　平巴　弄巴　扫巴　说巴

这种单音节动词加后缀"巴"的"A巴"式动词多以"A巴A巴"的重叠形式使用，表示动作的短暂、随意或粗率、连续等意义。例如：揉巴揉巴、捏巴捏巴、撕巴撕巴、平巴平巴、择巴择巴。

2. 打

后缀"打"的组合能力也比较强，表示动作具有连续、反复的意味。例如：

甩打　跳打　拍打　摔打　踢打　卷打　数打　撅打
蹦打　蹬打　拧打　撑打　吹打　洗打　摆打　溜打

3. 悠

"悠"做动词后缀，表示动作具有舒缓、缓慢的意义。例如：

  转悠 搓悠 晃悠 逛悠 团悠 飘悠 颤悠 荡悠

4. 查（tʃʻʅ）

带有后缀"查"的动词，具有减轻了动作力度和幅度、且含有随意粗率的意味。例如：

  扒查 抠查 刮查 抓查 劈查 爬查 挖查 挠查

  掰查 刨查 捻查

5. 拉

带有后缀"拉"的动词，表示减轻了动作的力度和幅度，含有随意、轻率和延续的意味。例如：

  扒拉 扑拉 搅拉 摆拉 拨拉 拌拉 划拉 和拉

  翻拉 拽拉 跋拉 抹拉 扯拉 别拉 拖拉 缠拉

6. 么

带有"么"后缀的动词，表示动作、行为变得较为细腻，语气也较为舒缓。例如：

  咂么 估么 舔么 贴么 猜么 瞅么 端么 抠么

7. 嘎

带有"嘎"后缀的动词，表示动作减轻了力度和幅度，增添了一定程度的形象色彩。例如：

  拉嘎 戳嘎 嚼嘎 搭嘎 砸嘎 扭嘎 凑嘎 挪嘎

  挤嘎 揉嘎 拧嘎 摆嘎 搓嘎 蹭嘎 蹬嘎 仰嘎

8. 弄（loŋ˙）

带有"弄"后缀的动词，表示动作的轻微、随意和反复的意味。例如：

  抄弄 倒弄 逗弄 抖弄 拨弄 作弄 耍弄

  摆弄 团弄 搓弄 撮弄 磨弄 贴弄 糊弄

9. 送

带有"送"后缀的动词，表示动作的轻微、随意和反复的意义。例如：

  披送 拱送 挂送 拥送 填送 摸送

10. 乎

带有"乎"后缀的动词，表示动作的轻微随意和反复的意义。例如：

  惹乎 剜乎 摆乎 在乎 关乎 管乎 凑乎

11. 登

带有"登"后缀的动词，具有表示动作的反复性，并具有破坏的意义。例如：

  折登 作登 倒登 踢登 搬登 撮登 拾登

12. 候

带有"候"后缀的动词，表示动作含有反复性和好奇的意义。例如：

  瞅候 娄候 巴候 凑候 恣候

13. 咕

带有"咕"后缀的动词，表示缩小了动作的力度和幅度，含有随意性和动态性的意义。例如：

  磨咕 倒咕 捅咕 戳咕 挤咕 扎咕 眨咕 攒咕
  蘸咕 捣咕 蹾咕 叨咕

14. 得慌

"得慌"作为动词后缀，一般加在表示心理活动或心理感受的动词后面，表示心理动态或感受的程度加强。例如：

  闪得慌 闷得慌 疼得慌 急得慌 忙得慌 闲得慌 冷得慌
  热得慌 冻得慌 气得慌 喳得慌 晒得慌 憋得慌 饿得慌

（三）形容词性后缀

1. 巴

"巴"做形容词后缀，加在表示事物特征的单音节形容词后面，构成"A巴"式形容词，表示肯定或强调的意义。例如：

  窄巴 紧巴 瘦巴 俊巴 丑巴 野巴 笨巴 干巴 涩巴

形容词"A巴"多以"挺（真）A巴"的形式出现，例如："挺窄巴""真紧巴"等；有的可以按"AA巴巴"的形式重叠，表示程度加深，例如："窄窄巴巴的""紧紧巴巴的""干干巴巴的"等。

2. 乎

"乎"做形容词后缀，一般加在单音节形容词后面，表示程度的轻微并增加性状的形象色彩，含有"……的样子"的意思。例如：

  热乎 近乎 烂乎 忙乎 黏乎 玄乎 温乎

3. 棱

"棱"做形容词后缀，表示某种性状的动态意味。例如：

  斜棱 窄棱 弯棱 散棱

4. 不拉唧

"不拉唧"做形容词后缀，多加在表示事物性状的形容词后，表示一种令人不满意、难受等消极意义。例如：

  笨不拉唧 苦不拉唧 甜不拉唧 咸不拉唧 酸不拉唧

  傻不拉唧 干不拉唧 涩不拉唧

四、词类活用

在店埠话中，词类活用现象较多。

1. 名词活用为形容词。如：

  驴：你真犟驴。

  孙：你真孙。（懦弱或卑贱之义）

  孙头：你真孙头。

  草鸡：真使（累）草鸡了。（形容程度深）

  妖儿：这小厮真妖儿。（形容歪心眼多）

2. 名词活用为动词。

  碾碾 垛垛 畦小葱 秧地瓜 窖白菜

  把鱼冰起来。

3. 形容词活用为动词。

  把这本书稳（放）那上边。

  你给我挑气儿（一会儿），我轻快轻快。

4. 名词活用为动词或形容词。

  那家伙才熊来！（形容词，坏）

  你也真熊到家了！（形容词，坏或懦弱）

  叫他熊着了！（动词，欺骗）

五、儿化

店埠话中的儿化音节比普通话多，但比典型的莱西话的儿化音节要少。

（一）名词的儿化

店埠话中名词儿化的词义与普通话大体相同，表示"少、小"和"爱称"，音律规律也基本相同，但儿化词的数量要比普通话多。其特点主要表现为：

1. 普通话不儿化的名词，在店埠话中儿化。例如：

半天儿　年中儿　赶紧儿　小凤儿　地面儿　树墩儿　眼泪儿
材料儿　姊妹儿　姑儿　舅儿　蚕儿　燕儿　扣儿
里面儿　外面儿　旁边儿　南边儿　北边儿
小吧儿（鸭子）　鸦雀儿（喜鹊）　场儿（地方）　黑地儿（夜里）
锅腰儿（驼背）　山楂糕儿（山楂糕）　外套儿（外衣）　围裙儿（围裙）
风门儿（太阳穴）　眼睛儿（瞳孔）　鼻翅儿（鼻翼）　手脖儿（手腕）
手骨棍儿（手指节）　波罗盖儿（膝盖）　瘸拐儿（瘸子）　破唇儿（豁嘴）
汗溜儿（背心、汗衫）　围裙儿（围裙）　晌午儿饭（午饭）
下晚儿饭（晚饭）　包儿（包子）

3. 少数普通话儿化的词，在店埠话中不儿化，有的还加了后缀"子"。例如：

店埠话	普通话
词	词儿
今日	今儿
壳子	壳儿
辫子	辫儿

（二）动词的儿化

普通话动词儿化不多，在店埠话中，动词儿化现象比普通话多。动词儿化与名词儿化不同，动词儿化的实质是附在动词后面的虚词，如动态助词和介词等轻声音节弱化、音变之后，直接变成卷舌动作，并同前面的音节相结合，使这个音节儿化。这类动词必须在句子的中间，不能在句末。

1. 带有动态助词"了"的动词的儿化

普通话中带动态助词"了"，在店埠话中表现为用动词儿化的形式来表示完成态，这是最为常见的一种类型。

　　上儿山了　下儿课了　扎儿手了　岔儿气了　打儿碗了　红儿眼了

2. 带有介词"到、在"等动词的儿化

在普通话中带有或者可以带有介词"到、在"的动词，在店埠话中大多可以儿化，即介词变成"儿"尾，使前面的动词儿化。动词儿化之后，省略介词"到""在"，直接表示行为方式或处所。

省略"到"的情况：

　　跳儿河里澡洗儿半头晌（跳到河里洗了半上午澡）

　　跑儿台湾去了（跑到台湾去了）

　　搬儿烟台住去了（搬到烟台去住了）

　　碰儿南墙也不回头（撞到南墙也不回头）

省略"在"的情况：

　　老头儿坐儿炕上喝酒，老婆儿站儿天井里啜人（老头坐在炕上喝酒，老太太站在院子里骂人。）

　　钱稳儿家里不放心（钱放在家里不放心）

　　趴儿地上装死（趴在地上装死）

　　这孩子住儿他姥娘家快俩月了。（这孩子住在他外婆家快两个月了。）

这类儿化动词有的带有儿化的处所宾语，而处所宾语儿化的实质是读轻声的方位名词"里"的音变。例如：

　　倒儿碗儿去了　　　记儿心儿去了　　　躲儿家儿去了

3. 动词儿化之后改变词性：

　　堵—堵儿（容器的塞子）

　　缺—缺儿（空缺、空位）他走了，我来顶这个缺儿。（他走了，我来顶这个空位。）

　　走—走儿（指走路的样子，多含有贬义）才当了个小官就忘了姓什么了，你看他那两步走儿！（才当了个小官就忘了自己姓什么，你看他那个走相！）

（三）形容词的儿化

形容词儿化可以改变词性，可以表示某种状态或性状变化的完成、达到、存在等意义。

1. 改变词性。形容词儿化之后，可以使形容词变为名词。

形容词变名词：

  清—清儿（蛋清）

  黄—黄儿（蛋黄）

  白—白儿（葱、萝卜等植物靠近根部发白的部分）

  多—多儿（多余的人）恁都有位儿，就我是个多儿。（你们都有位子，就我是个多余的人。）

2. 表示从一种状态变化到另一种状态的完成，相当于普通话的"了"。

  喝酒喝红儿脸了（喝酒喝红了脸了）

  黑儿天了（黑了天了）

  这些芹菜都黄儿叶子了。（这些芹菜都黄了叶子了。）

  比他高儿半个头（比他高了半个头）

3. 相当于普通话介词的"到"。

  俩人儿坏儿一堆儿去了。（两个人坏到一起去了。）

  你俊，你俊！都俊儿天上去了！（你漂亮，你漂亮！都漂亮到天上去了！）

4. 相当于普通话的"在"。

  这事儿就坏儿他手里（这件事情就坏在他手里。）

  吃儿嘴里，香儿心里（吃在嘴里，香在心里）

六、形容词的生动形式

店埠话中形容词的生动形式主要是"级"的表示法，常见的有以下几种类型：

1. 一些表示积极意义的单音节形容词，本身为"原级"；形容词前加上副词"没 mu^{42}"为"高级"，表示程度加深一层；形容词前加上副词"没老"为"再高级"，表示程度更加深一层；形容词"高级"的重叠形式为"更高级"，表示程度的进一步加深；形容词"再高级"的重叠形式为"最高级"，表示程度达到最高点。例如：

原级	高级	再高级	更高级	最高级
（A）	（没A）	（没老A）	（没A没A）	（没老A没老A）
高	没高	没老高	没高没高	没老高没老高

厚	没厚	没老厚	没厚没厚	没老厚没老厚
粗	没粗	没老粗	没粗没粗	没老粗没老粗
深	没深	没老深	没深没深	没老深没老深
大	没大	没老大	没大没大	没老大没老大
宽	没宽	没老宽	没宽没宽	没老宽没老宽
长	没长	没老长	没长没长	没老长没老长

"没""没老"一般只用来修饰表示积极意义的形容词，不能修饰表示消极意义的形容词。

2. 一些表示消极意义的单音节形容词前加副词构成"高级"，高级形式的形容词再重叠并且双双儿化构成"更高级"，此形式一般只适用于表示消极意义的形容词。例如：

原级（A）	高级（BA）	更高级（BA 儿 A 儿）
短	精短	精短儿短儿
矮	精矮	精矮儿矮儿
细	绝细	绝细儿细儿
窄	溜窄	溜窄儿窄儿
薄	枵薄	枵薄儿薄儿

有的"高级"形式重叠后不儿化，后面加"的"，如"绝细绝细的""枵薄枵薄的"，也表示程度进一步加深。

3. 表示嗅觉、视觉、味觉、触觉的单音节形容词，可以和有关副词组合或者与副词组合后再重叠，分别表示不同程度的级别。例如：

原级（A）	轻柔级（AB 儿 B 儿的）	较高级（ABB 的）	再高级（BA/BBA）	最高级（BABA 的）
香	香喷儿喷儿的	香喷喷的	喷香/喷喷香	喷香喷香的
咸	咸滋儿滋儿的	咸滋滋的	鞠咸/鞠儿鞠儿咸	鞠咸鞠咸的
硬	硬邦儿邦儿的	硬邦邦的	顶硬	顶硬顶硬的
紧	紧巴儿巴儿的	紧巴巴的	崩紧/崩崩紧	崩紧崩紧的
臭		臭烘烘的	烘臭	烘臭烘臭的
腥		腥唧唧的	乔腥	乔腥乔腥的
酸	酸溜儿溜儿的	酸溜溜的	焦酸	焦酸焦酸的

甜	甜丝儿丝儿的	甜丝丝的	稀甜/甘甜	稀甜稀甜的/甘甜甘甜的
苦	苦森儿森儿的	苦森森的	悲苦	悲苦悲苦的
辣	辣蒿儿蒿儿的	辣蒿蒿的	真辣/鞠辣	鞠辣鞠辣的
黏	黏糊儿糊儿的	黏糊糊的	胶黏	胶黏胶黏的
白	白潦儿潦儿的	白潦潦的	挑白	挑白挑白的
黑	黑乎儿乎儿的	黑乎乎的	烘黑	烘黑烘黑的
红	红郁儿郁儿的	红郁郁的	通红	通红通红的
黄		黄乎乎的	鲜黄	鲜黄鲜黄的
绿	绿铮儿铮儿的	绿铮铮的	铮绿	铮绿铮绿的
凉	凉森儿森儿的	凉森森的	冰凉	冰凉冰凉的
热	热乎儿乎儿的	热乎乎的	放滚热	放滚热放滚热的
脆	脆争儿争儿的	脆争争的	酥脆	酥脆酥脆的
嫩	嫩生儿生儿的		稀嫩	稀嫩稀嫩的
干	干松儿松儿的	干松松的	崩干	崩干崩干的
湿	湿润儿润儿的	湿润润的	精湿	精湿精湿的
沉	沉乎儿乎儿的	沉乎乎的	死沉	死沉死沉的

"ABB 的"形式，除个别表示积极意义的词语（如"香喷喷的"）和部分表示中性型意义的词语（如"红郁郁的"）外，大多数词语含有令人难受、不满意等感情色彩。而很多这种格式的词语中的"BB"儿化后，变成"AB 儿 B 儿的"形式，则带有令人喜爱的感情色彩，如"香喷儿喷儿的""酸溜儿溜儿的"，但表示消极意义的词语则不具有这种格式，例如就没有"臭烘儿烘儿的"等说法。

七、数词和量词

（一）分数

店埠话中通常用"成儿"表示"十分之几"，例如：

  两成（十分之二）   八成（十分之八）

分数的分母不大于五时，一般用"沟儿"表示，例如：

  三沟儿一沟儿（三分之一） 四沟儿三沟儿（四分之三）

（二）倍数

店埠话通常用"合"表示倍数，相当于普通话中的"倍"。例如：

  我的书有你两合的。（我的书是你的两倍。）

  这个缸能盛乜个缸两合的。（这个缸能盛那个缸的两倍。）

（三）概数

店埠话中概数的表示法常用"来""左右"，这跟普通话相同。此外，还可以用"拉""来往"等表示概数。例如：

十后用"拉"：

  十拉个 二十拉个

二十以上的整十数则用"来"：

  二十来个 五十来斤 八十来里

"来往"表示"左右""上下"等意义，在店埠话中用得较为普遍，例如：

  一斤来往 十块来往钱 四十来往岁 一千来往人

"来往"在语音上的明显特点是：在语流中，后一音节极为短弱，常常失落掉。"来往"在与前面的数量词的配合中，前面的数量词必须是双音节的，不能用在单音节的数词之后，即不能说"百来往块钱""千来往人"等。

店埠话中表示数量多的概数用"若干"和"老鼻子"等。例如：

  来了若干人   过了若干年   他家里有若干书

  今日集上的人老鼻子啦 他家里的钱老鼻子啦

"若干"和"老鼻子"都表示数量很大，意为"许多、很多"，在用法上的主要不同是："若干"多放在名词前面，"老鼻子"多用在名词后面；"老鼻子"后面经常加语气词"啦"等，而"若干"后面则不能加。

表示数量小的概数，除了与普通话相同的"一点儿""一丁点儿""一点点儿"等以外，店埠话中还有"么点儿点儿""么丁嘎"等，这两种表示法所表示的数量更小些。

（四）量词

与普通话相比，店埠话的量词（主要是物量词）有两个明显的特点：一是简化，二是兼类。

简化现象最突出的表现是量词"个"的使用。"个"的使用范围比普通话广，普通话中许多不用"个"的名词，在店埠话中都可以用"个"。例如：

一个桌子（一张桌子）　一个窗户（一扇窗户）　一个椅子（一把椅子）
一个机器（一台机器）　一个车子（一辆车子）　一个水壶（一把水壶）
一个褂子（一件衬衣）　一个帽子（一顶帽子）　一个雨衣（一件雨衣）
一个牛（一头牛）　　　一个鸡（一只鸡）　　　一个羊（一只羊）
一个马（一匹马）　　　一个猪（一口猪）　　　一个狗（一条狗）

兼类现象主要表现在量词"块"的使用上。普通话中量词"块"一般只给块状的物品计量，如"一块肥皂""一块肉"等。店埠话中的量词"块"除此之外，还可以兼表其他形状物品的计量。例如：

一块电影（一部电影）　一块戏（一出戏）　一块电池（一节电池）
一块甘蔗（一节甘蔗）　一块纸（一张纸）　一块电视机（一台电视机）

"块"甚至还可以用作指称人的量词，表示对某人的极端蔑视和憎恶。例如：

这块坏东西　那块熊烂货

"趟"，在店埠话中既是物量词又是动量词，前者多用于成行或成排的事物，后者则表示"次"。例如：

一趟树　一趟房子　一趟麦子　干跑了一趟　放了一趟空

在店埠话中，部分单音节量词（包括具有量词性质的名词）的重叠形式，除了"AA"式以外，还有"A顶A儿"的形式，有进一步强调"每一"的意思。这种形式普通话里也存在，如"个顶个儿"，但店埠话用的比普通话要多，而且第一个"A"经常可以儿化，成为"A儿顶A儿"的格式。例如：

个（儿）顶个儿　天（儿）顶天儿　年（儿）顶年儿　家（儿）顶家儿
块（儿）顶块儿　棵（儿）顶棵儿　根（儿）顶根儿　把（儿）顶把儿

八、代词

（一）人称代词

1. 第一人称代词

店埠话中多说"俺"，既可以表示单数也可以表示复数，既可以做宾语也可以做定语。例如：

俺吃饭了。　　　　　　（表单数"我",做主语）
今日俺都去开会了。　　（表复数"我们",做主语）
俺娘今年七十多了。　　（表单数做定语）
俺村今年收成不错。　　（表复数做定语）

第一人称代词还经常用"咱"。"俺"和"咱"的不同之处在于："俺"是排除式,只代表说话人一方,不含听话人一方;"咱"表复数时是包括式,包括说话人和听话人两方,表单数时也是排除式,但较为少见,而且往往带有一定的感情色彩。例如:

咱老师来了没有?　　（我们老师来了没有?）
咱还能赶上你?　　　（我还能赶上你?）

店埠话中第一人称也说"我、我的",但一般不说"我们、我们的",也不说"咱们、咱们的"。

2. 第二人称代词

在店埠话中多说"恁",可做主语和定语,既可以表示单数也可以表示复数。例如:

恁来俺家玩儿吧!　　（表单数"你",做主语）
恁都去吧!　　　　　（表复数"你们",做主语）
恁爹上哪儿了?　　　（表单数"你",做定语）
恁老师好吗?　　　　（表复数"你们",做定语）

店埠话中第二人称代词单数也说"你、你的",但复数一般不说"你们、你们的",也没有普通话中敬称"您"的相应词语。

3. 第三人称代词

店埠话中第三人称代词除了"他"外,还经常用"人家",可以做主语、宾语和定语,既可以表单数也可以表复数。例如:

人家不去了。　　　　　（他们/他不去了。做主语）
你可别小看人家。　　　（你可别小看他们/他。做宾语）
人家的事咱管不着。　　（他们/他的事我们管不着。做定语）

普通话中的人称代词"自己",店埠话说成"自家",而且常常放在人称代词后面组成同位短语。例如:

俺自家的事情自家干。　　（我自己的事情自己做。）
她自家愿意就行。　　　（他自己愿意就行。）

（二）指示代词

店埠话中的指示代词采用的是三分法，近指使用"这"，中指使用"乜"，远指使用"那"，近指与远指的用法与普通话相同，但中指"乜"是普通话中所没有的。从意义上说，"这"指最近处，"那"指最远处，"乜"指介于"这"和"那"之间不近不远处。当然，远近只是相对而言的，如果仅指两者，都较近时用"这、乜"；都较远时用"乜、那"；一远一近时用"这、那"。例如：

是这个，乜个，还是那个啊？
这也不是，乜也不是，让俺说啥？
坐得远些，乜也行，那也行。
这些是俺的，乜些是怎的。

（三）疑问代词

店埠话中问人复数的疑问代词有一个"谁们"，这是普通话中所没有的，"谁们"可做主语和宾语，一般不做定语。例如：

谁们在说话？
乜是谁们？

店埠话中问处所的疑问代词多使用"哪行的"，如：怎是哪行的？（你是哪里的？）

九、介词、助词、语气词

（一）介词

1. 表示处所方向的介词

履着

介词"履着"相当于普通话中的介词"顺着"，表示动作的方向，组成的介宾短语只能做状语，而不能做补语。例如：

履着树往上爬，就能摸到了。（顺着树往上爬，就能摸到了。）

履着马路边走，别让汽车碰了。（顺着马路边走，别让汽车碰了。）

2．表示被动的介词

（1）叫

店埠话中表示对象的介词远没有普通话多，普通话中表示被动的介词"被、让"等，在店埠话中一般都用"叫"代替。例如：

杯子叫我给砸了。

衣服叫我弄脏了。

（2）跟

店埠话中的介词"跟"相当于普通话的"向"，用来表示动作行为所涉及的对象。例如：

缺什么东西跟你娘要去。

跟人家借的东西要赶紧还。

（3）使

店埠话中的介词"使"相当于普通话中的介词"用"，用以引出工具。例如：

使笔写字　　　使棍子打人　　　使碗盛饭　　　别使手抓

（二）助词

店埠话中，动态助词"了"在句子中常常可以通过重读并延长前面动词的读音而加以省略。例如：

得（了）理儿就不让人。

看（了）电影就回去了。

（三）语气词

店埠话中，语气词"唻"使用频率较高。"唻"在句子里总是读轻声，读轻声时韵母元音高化，表示动作曾经发生过：

老张曾没来？来唻，又走了。（老张来没来？来过，又走了。）

人家都推广大棚菜，恁怎么不推广？推广唻，不行。（人家都推广大棚蔬菜，你们为什么不推广？推广过，不成功。）

芒果？我吃唻，味儿不强。（芒果吗？我吃过，味道不大好。）

第二节 句 法

一、补语、宾语

（一）可能补语

店埠话的否定式可能补语的表示法跟普通话基本相同，即一般用"动词＋否定式补语"的形式表示，如"搬不动""装不了""进不去""干不好""打不得"等。

肯定式可能补语的表示法与普通话不同，普通话肯定式可能补语的两种常用形式"动词＋得＋补语"和"动词＋得"，店埠话很少使用。第一种形式，店埠话一般用"动词＋补语＋了"的形式表示；第二种形式，店埠话根据不同的语义要求，分别用"好＋动词""可＋动词"和"动词＋着了"等形式表示。例如：

普通话	店埠话	普通话	店埠话	普通话	店埠话
看得见	看见了	吃得	好吃	可（以）吃	吃着了
说得清	说清了	喝得	好喝	可（以）喝	喝着了
上得去	上去了	穿得	好穿	可（以）穿	穿着了
搬得动	搬动了	用得	好使	可（以）用	使着了
找得着	找着了	干得	好干	可（以）干	干着了

"动词＋着了"一般限于从"合算、值得、应该"等方面表示动作行为的可行性。例如：

现在鸡蛋这么便宜，真吃着了。

出了这么多力，别说喝他一瓶酒，十瓶也喝着了。

我看这块营生干着了，工钱不算低。

疑问式可能补语的表示法与普通话也不相同。例如：

普通话	店埠话
看得见看不见？	（能）看见看不见？
上得去上不去？	（能）上去上不去？
搬得动搬不动？	（能）搬动搬不动？
干得完干不完？	（能）干完干不完？
吃得吃不得？	好吃不好吃？/可吃不可吃？/吃着不吃着？

（二）程度补语

普通话常用助词"得"连接程度副词"很"等充当补语表示程度。店埠话中没有类似的用法，而是在形容词前面加副词等表示程度。例如：

普通话	店埠话
好得很	真好
辣得很	真辣
紧得很	绷紧
冷得很	怪冷

（三）处所补语

普通话的处所补语多用介宾短语表示，如"放在桌子上""跑到院子里"等。店埠话则多省略介词，将处所补语直接放在动词后面，这时动词的发音比较重、比较长。例如：

普通话	店埠话
扔到天井来	撂天井来
把车开到操场上	把车开操场上
抹到我身上	抹我身上
把饭端到桌子上	把饭端桌子上

二、被动句

普通话的被动句，常用的表示被动的介词有三个："被、叫、让"，而店埠话中只有一个"叫"。店埠话表示被动的常用句式如下：

锁叫他给我掉了。　碗叫他给我打了。　树叫风把它（给）刮倒了。
锁叫他给掉了。　　碗叫他给打了。　　树叫风给刮倒了。
锁叫他掉了。　　　碗叫他打了。　　　树叫风刮倒了。

普通话的被动句，"被"字后面的施动者可以省略，在店埠话中，一般不能省略施动者，没有"锁叫掉了""碗叫打了"之类的说法。

三、比较句

普通话的比较句一般用介词"比"引进比较的对象,若表示否定的意思,在介词"比"前加否定副词"不"。例如:

小王比小李学习用功。

这山不比那山高。

店埠话在比较句式方面有特殊的表示方法:

(一)在比较语中加"起"字表示比较

1. 肯定比较。例如:

她走路快起我。(她走路比我快。)

我的身子强起你。(我的身子比你强。)

今年好起去年。(今年比去年好。)

2. 否定比较。例如:

麦子不贵起苞米。(麦子不比苞米贵。)

我不高起你。(我不比你高。)

他学习不好起你。(他学习不比你好。)

3. 疑问比较。如:

他长得高起你?(他长得比你高吗?)

麦子(是)不贵起苞米?(麦子比苞米贵吗?)

他情况好起你?(他的情况比你好吗?)

4. 反问比较。如:

麦子哪能贵起苞米?(麦子哪能比苞米贵?)

他学得强起你?(他学得哪里比你强?)

他的手艺强起你?(他的手艺比你强?)

反问比较句和否定比较句结构大体相同,其意义的不同主要靠语气来表示。否定比较句语气比较平缓,而反问比较句句末的语气是明显的升调。

(二)带"跟/赶"的比较句

肯定比较:他跟/赶上我胖了。

否定比较：他跟／赶不上我胖。

疑问比较：他跟／赶上我胖了？

反问比较：他跟／赶上我胖？

（三）对等的比较

两方条件相似，差别不大，无论肯定、否定、疑问，往往用"一般"等词语表示。例如：

他和你一般高。

这两棵树一般高。

大路和小路一般远。

四、疑问句

在是非问句中，店埠话一般不用"吗"提出疑问，而是常用两种方法表示疑问：一是用语调上扬的方法；二是用反复问句的方法。例如：

普通话	店埠话
你去医院吗？	你待上医院？
你去吗？	你待去？
今天是星期天吗？	今日是不是礼拜天？
你去过北京吗？	你上没上过北京？

下编 切语

概　述

切语，是隐语的一种，是民间流传的秘密语。其历史悠久，分布广泛，各地名称不同，有反语、切语、反切语、切音语、背语、贼话、盲公语、徽宗语、切字语、瞎子语等多种多样的叫法。名称虽不同，但构成规则基本一致。"中国各处方言当中的秘密语，也有一种反切语，把单音缀的字变作复音缀，就是分析一个字的声和韵，而把声的部分增入附加韵，韵的部分增入了附加声；这种和文字上的反切，依据于双声叠韵的原理正是相同的。"[①]就是说民间的反语与反切有着密切的关系。在现代汉语方言中，这种反语的构造原则也有使用，如晋语的分音词[②]、福州方言的切脚词[③]。"各地切语音变的规则虽有不同，但都是以本地方音为基础是没有例外的。"[④]店埠切语是建立在店埠前张管寨村方言的基础上的。比较起反切、分音词、切脚词，店埠前张管寨的切语形式更为多样复杂，除有两字切外还有四字切，即在声母字和韵母字中间又加了两个衬字，更加具有隐秘性。

前张管寨切语的创造者、产生时间以及流传过程，已不可确考。当地人只知道是祖祖辈辈流传下来的。几位七八十岁左右的老人介绍，他们的祖父辈在年轻时就会说"切语"，而且那时"切语"就早已经在本村流传了，照此推测，至晚到清朝中后期，切语就已经在前张管寨村流传开来了，而其真实的产生时间则可能更为久远。

关于切语的来源，在当地流传有这样几则故事：

第一则，传说汉武帝时，大臣东方朔广泛采集天下民情。当时医疗条件差，盲人很多，生活十分悲惨，他便想为盲人做些事情，于是，他上奏朝廷，建议对盲人多加照顾，并且发明了反切语，方便盲人内部交流信息。村民们一直相信，

---

① 张世禄. 中国音韵学史（上）. 上海：上海书店. 1984：115.
② 见侯精一　温端政. 山西方言调查研究报告. 太原：山西高校联合出版社，1993：73-75.
③ 见梁玉璋. 语海拾贝. 福州：海峡文艺出版社，2009：78-98.
④ 钱曾怡. 钱曾怡汉语方言研究文选. 济南：山东大学出版社，2008：5.

他们口中的这种语言是源于东方朔的。

  第二则，相传在清朝嘉庆年间，前张管寨村的王氏兄弟在京经商，年终时，携带财物返乡。刚出京城就遇到了强盗，兄弟俩用反切语商量夺回财物并顺利返乡。

  第三则，相传 90 多年前，前张管寨村有个叫王子珍的，家庭非常富裕，因为双目失明，虽然到了上学的年龄却无法上学。为了让孩子学点儿东西，父亲专门从外地聘请了一个盲人教书先生，人称苟先生。据说这位苟先生博学多才，是后天失明，阴阳八卦、吹拉弹唱，无不精通。王子珍一家人待这位苟先生很好，这位苟先生在王子珍身上也非常上心，除了传授学问，没事的时候，还顺带教会了他说切语。据说，这位苟先生离开后，王子珍在跟村里同伴玩儿时常使用切语，慢慢地，一传十，十传百，越传越广，很多人也就会说切语了。

  这三则故事，虽无法证实，但也无法证伪，从切语的发展历史来看，前张管寨的切语产生于明清时代的可能性较大。

  前张管寨切语的产生和传播，应该与当地盲人的活动有着密切的关系。盲人之间进行交流时，无法看到周围有没有人在旁听，不想被别人知道的信息就有可能泄露，这时利用切语就可以达到保密的效果。盲人多靠走街串巷算命为生，这种现象甚至到今天都依然存在。他们比一般人有更多的机会与外界接触，也更需要一种秘密语进行内部交流。因此，盲人成了使用和传播切语的重要人群。这和全国其他地区关于切语产生的传说也是非常相似的。

  前张管寨村共有人口 1900 多，只有五六百人可以说切语，大都在五六十岁以上，且已少有人能长篇大论，切语的实际使用频率和使用者已越来越少。这种隐语并没有专门的传承体系，它的传承主要靠生活中的耳濡目染，村民们通常在十几岁时跟着年长的家人、朋友学会。如今村里的中青年人中很少有人懂切语，更少有人愿意学习切语。随着时代的发展，虽然村民们偶尔还会用切语来进行秘密交流，但更多的时候只是将其视为一种有趣的语言现象和本村的文化遗产，因此面临着失传的危险。对这种"切字语"的记录、整理、保护就成了一项紧迫的任务，当地政府正积极进行"非物质文化遗产"的申报工作。为此店埠镇政府还建了店埠博物馆，把店埠切语的历史沿革和特点作为重要内容展示给后人。

第五章　切语的历史发展和空间分布

一般认为，切语产生于先秦时期。这种产生于民间的切语与后来的反切、现代汉语方言中的分音词（山西方言）、切脚词（福州方言）都有密切的关系。其地域分布也非常广泛。

第一节　切语的历史发展

切语在先秦时期已经萌芽，至汉代就已在民间流行，自汉末到魏晋南北朝时期，切语（时人称之为反语）更从民间进入文人士大夫阶层，蔚为大观。此后，隋唐至明清，直至现代，切语在民间流行不辍。

一、先秦两汉时期——反语的萌芽

反语的产生，是基于人们对汉字双声叠韵原理的了解和运用。正如张世禄先生指出："反切语既然和文字上注音的反切都是把字音分析成声和韵两部分，都是根据于双声、叠韵的原理而发生的，那末，这两者间的形成和发展，当然有互相促进的趋势。"[①] 顾炎武在《音学五书·音论下》中说："反切之语自汉以上即已有之。"赵元任先生在《反切语八种》中也说："纯粹从理想上说，反切语这东西，本来没有什末不会早就有了的必要。……也不必等先有文字的反切而后有反切语。就是在中国没有文字以前就有反切语都是可能的，还许文字的反切是从反切语的暗示而来的呐！"

可以基本肯定的是，反语在先秦两汉时期就已经出现，此时的反语多运用于声训、构造人名、地名等、如：

《吕氏春秋·贵卒》："中山之人多力者曰吾丘鸠。"

[①] 张世禄. 中国音韵学史. 上海：上海书店，1984：115-116.

"吾（疑母）丘（之部）"，当为"牛（疑之）"的反语。

《国语·晋语》："少室周为赵简子右，闻牛谈有力，请与之戏，弗胜。"

"谈""鸩"音近，吾丘鸩即牛谈，"吾丘"即"牛"。

《庄子·天运》："北门成问于黄帝曰：'帝张咸池之乐于洞庭之野，吾始闻之惧，复闻之怠，卒闻之而惑，荡荡默默，乃不自得。'"

这句话的意思是，北门成问黄帝说："帝王在广漠的旷野上开设演奏咸池乐会，我开始听时感到惊惧，再听下去则心情松弛，听到最后感到自我消失，恍惚暗昧中不由自主地消融在音乐意境中。"

那么，"北门成"这个人名有何含义呢？"北（职）门（明）"倒纽为"默（明职）"，"门成"正纽为"冥（明耕）"，"默"与"冥"是庄子思想中乐道的至境，所以托以为人名。

《庄子·外物》："宋元君夜半而梦人被发窥阿门，曰：'予自宰路之渊，予为清江使河伯之所，渔者余且得予。'元君觉，使人占之，曰：'此神龟也。'君曰：'渔者有余且乎？'左右曰：'有。'君曰：'令余且会朝。'明日，余且朝，君曰：'渔何得？'对曰：'且之网得白龟焉，其圆五尺。'君曰：'献若之龟。'龟至，君再欲杀之，再欲活之，心疑，卜之，曰：'杀龟以卜吉。'乃刳龟，七十二钻而无遗策。"

这个寓言故事的意思是，宋元君半夜里梦见有人披散着头发在侧门旁窥视，说："我来自名叫宰路的深渊，我作为清江的使者出使河伯的居所，渔夫余且捕捉了我。"宋元君醒来，派人占卜，说："这是一只神龟。"宋元君问："渔夫有名叫余且的吗？"左右侍臣回答："有。"宋元君说："叫余且来朝见我。"第二天，余且来朝。宋元君问："你捕捞到了什么？"余且回答："我的网捕捉到一只白龟，长五尺。"宋元君说："献出你捕获的白龟"。白龟送到，宋元君一会儿想杀掉，一会儿又想养起来，心里很犯疑惑，卜问吉凶，说："杀掉白龟用来占卜，一定大吉。"于是把白龟剖开挖空，用龟板占卜数十次推断起来也没有一点儿失误。

卜龟称"灵龟"，神龟也就是灵龟，"宰路""清江"二名隐含着"灵龟"的反语:"路(来母)清(耕部)"为"灵(来耕)","江(见母)宰(之部)"为"龟(见之)"。

由以上所列之例可知,先秦之时,虽无反语之名,但有反语萌芽之实。反语的萌芽说明先秦时代人们对汉语双声叠韵原理已经有了较为深入的了解和把握,甚至可能在一定程度上启发了反切注音的产生。故黄侃先生说:"反语者,反切之初步也。反切有规律,而反语则出入常语间耳。反切为常见字、易识字,而反语则由熟语组成,而自有其文字之本耳。故反切直出于反语,而反语则间生于双声、叠韵也。"①

可以说,反切注音法应该是根源于汉语本身,是基于人们对汉语双声叠韵原理的认识和掌握,汉末伏虔、孙炎等人只是利用民间反语,将其用于汉字注音,而不是反切的创造者。殷焕先先生说:"反切注音方法的发明,其间一个很重要的启发是来自民间的'反语'。那也就是说,反切注音不能看作是学士大夫独创出来的东西,而是吸取了民间智慧,由民间口头反语启发而悟出来的东西,它有民间的基础。"②当然,我们也不能否认汉末梵文佛典的翻译对反切注音法流行的刺激和促进作用。陈振寰先生说:"每一个民族的人对自己的母语语音结构都会有一种自发的辨析能力。"③"我国民间自古以来广泛流行着反切语,直到今天,操反切语者大多不知反切、拼音文字为何物,也未受过任何语言训练,却能轻易地将一个音节的声韵拆开来或重新组合,可见无需等待一种拼音文字传入以后,汉族人民才有可能明白分析字音的道理。"④

二、魏晋南北朝时期——反语的流行

东汉末年佛教传入中土,梵文佛典的翻译刺激和促进了反切注音法流行。随着反切法的逐渐普及,到魏晋南北朝时期,反语也大为流行。反语作为一种高雅的文字游戏,开始主要是在社会上层文人之间流行,后来逐渐扩散到民间。《颜氏家训》:"至于魏世,此事大行,高贵乡公不解反语,以为怪异。"在魏晋南北朝时期人们眼中,反语(切语)跟反切基本是一回事。

---

① 黄侃. 文字声韵训诂笔记. 上海:上海古籍出版社,1983:148.
② 殷焕先. 反切释要. 济南:山东人民出版社,1979:9.
③ 陈振寰. 中国语言学研究的四大阶段及其形成的原因和条件.国际关系学院学报,1983.1:42.
④ 陈振寰. 音韵学. 长沙:湖南人民出版社,1986:91.

就目前所见资料中，最早使用"反语"一词的是《三国志》卷64《吴书·诸葛腾二孙濮阳传》："童谣曰：'诸葛恪，芦苇单衣篾钩落，于何相求成子阁。'成子阁者，反语石子冈也。建业南有长陵，名曰石子冈，葬者依焉。钩落者，校饰革带，世谓之钩络带。恪果以苇席裹其身而篾束其腰，投之于此冈。"

按照反切上字取声、下字取韵的原理，"成阁"相切得"石"字之音，"阁成"相切得"冈"字之音，所以童谣中的"成"和"阁"颠倒相切即为"石冈"。

其后，文献中反语用例日渐增多：

《南史·齐本纪下第五》："先是，文惠太子立楼馆于钟山下，号曰'东田'，太子屡游幸之。'东田'反语为'颠童'也。"东、田相切为"颠"；田、东相切为童。

《南史·列传第一六·袁湛传》："幼慕荀奉倩为人，孝武时求改名粲，不许。至明帝立，乃请改为粲，字景倩。其外孙王筠又云：'明帝多忌讳，反语袁愍为"殒门"，帝意恶之，乃令改焉。'"按，袁愍切音为"殒"，愍袁切音为"门"，故袁愍为殒门之反语。

《太平广记》卷四七三："晋义熙中，零陵施子然虽出自单门，而神情辨悟。家大作田，至棱时，作蜗牛庐于田侧守视，恒宿在中。其夜，独自未眠之顷，见一丈夫来，长短是中形人，著黄练单衣袷，直造席。捧手与子然语，子然问其姓名，即答云：'仆姓卢名钩，家在粽溪边，临水。'复经半旬中，其作人掘田塍西沟边蚁垤，忽见大坎，满中蝼蛄，将近斗许。而有数头极壮，一个弥大。子然自是始悟曰：'近日客卢钩，反音则蝼蛄也；家在粽溪，即西坎也。'悉灌以沸汤，于是遂绝。"

这个故事的大意是说，晋朝义熙年间，零陵人施子然虽出身寒门，但头脑很有辨识能力和悟性。家里农忙季节，他在地边盖了个小屋以便看庄稼，施子然经常住在小屋里。有一天夜里他还没睡觉，见一中等个头、身穿黄色丝质单衣的男子走进来，并握住施子然的手跟他说话。施子然问他的姓名，他回答说："我姓卢名钩，家在粽溪边，紧靠水。"过了几天，有庄稼人在田埂的西沟掘蚂蚁窝口的小土堆，忽然掘出一个大洞穴，里面满满的全是蝼蛄，将近一斗多，而有好几只极为雄壮，其中一个特别大。施子然这才悟出那个男子的话，便说："近来有客人自称叫卢钩。反切其音就是蝼蛄；粽溪其实就是西沟。"于是就用开水灌进洞穴，从此蝼蛄绝迹了。

"卢钩"切音为"蝼"，"钩卢"切音为"蛄"。所以"卢钩"的反语为"蝼蛄"。

《太平广记》卷二四七："北齐中书侍郎河东裴袭字敬宪，患耳。新构山池，与宾客宴集，谓河间邢子才曰：'山池始就，愿为一名。'子才曰：'海中有蓬莱山，仙人之所居，宜名蓬莱。'蓬莱、裴聋也，故以戏之。敬宪初不悟，于后始觉，忻然谓子才曰：'长忌及户，高则无害，公但大语，聋亦何嫌。'"

按，"蓬莱"切音为"裴"，"莱蓬"切音为"聋"，所以"蓬莱"的反语为"裴聋"。

六朝时，反语又被称为"体语"：

《北史·徐之才传》："之才聪辩强识，有兼人之敏，尤好剧谈体语，公私言聚，多相嘲戏。"

《封氏闻见记》："周颙好为体语。"

通过以上所举用例可以看出六朝之时反语流行的盛况。故吴承仕《经籍旧音叙录》云："沿及六朝，反语益众，顾炎武《音论》所录不下十数事。俞正燮《反切正义》所举尤夥。或由声音节族，眇合自然；或由颠倒音辞，用资谈谑。"

三、唐宋元明时期——市语的流行

在唐宋时期，反语依然流行于民间与士大夫阶层：

《朝野佥载》卷一：魏仆射子名叔麟，谶者曰："'叔麟'，反语'身戮'也。"后果被罗织而诛。梁王武三思，唐神龙初改封德靖王。谶者言："德靖，'鼎贼'也。"果有窥鼎之志，被郑克等斩之。

"叔麟"切音为"身"，"麟叔"切音为"戮"；"德靖"切音为"鼎"，"靖德"切音为"贼"。

《朝野金载》卷四：唐郝象贤，侍郎处俊之孙，顿丘令南容之子也。弱冠，诸友生为之字曰"宠之"，每于父前称字。父绐之曰："汝朋友极贤，吾为汝设馔，可命之也。"翼日，象贤因邀致十数人，南容引生与之饮。谓曰："谚云'三公后，出死狗'。小儿诚愚，劳诸君制字，损南容之身尚可，岂可波及侍中也！"因涕泣，众渐而退。"宠之"者，反语为"痴种"也。

"宠之"切音为"痴"，"之宠"切音为"种"，所以，"宠之"的反语为"痴种"。

《太平广记》卷二五十：唐邓玄挺入寺行香，与诸生诣园，观植蔬。见水车以木桶相连，汲于井中，乃曰："法师等自蹋此车，当大辛苦。"答曰："遣家人挽之。"邓应声曰："法师若不自蹋，用如许木桶何为？"僧愕然思量，始知玄挺以木桶为幪秃。

木桶切音为幪，桶木切音为秃。木桶反语为幪秃。

《旧唐书·高宗本纪》：十二月，诏停明年"通乾"之号，以反语不善故也。按，《资治通鉴》卷二十二著此事，胡三省注曰，通乾反语为天穷。按，通乾切音为天，乾通切音为穷，故通乾反语为天穷。

《观林诗话》（宋吴聿撰）：反语其来远矣，晋宋间尤尚。今都下有三番四番语，亦此类。

从以上各例可知，唐宋时期，这类反语的使用与六朝时期是一脉相承的，依然主要用于谶语和戏谑，其名称亦不仅限于反语一个，如三番语、四番语等，但其具体结构形式由于文献资料的缺乏亦不得而知。

唐宋时更出现了新的隐语形式——市语。

对于"市语"的含义，《辞源》解释为："市中所用的行话、隐语。如说斤为吉恩，说两为力盎之类，其法与反切略同。"

说"市语"即"行话""隐语"是不太准确的。唐宋以来的市语不仅包括行话，还包括某些会社和阶层的特殊用语，范围比通常所说的"行话"广泛得多。隋唐以来的文献资料中偶有关"市语"的记载：

宋·曾慥《类说》卷四引唐无名氏《秦京杂记》谓："长安市人语各不相同，有葫芦语、镞子语、纽语、练语、三摺语，通名市语。"这是最早提到"市语"的资料，这种市语显然包括长安市中各种行话及方俗俚语。

唐代又有所谓"查语"，亦作"叉语"，或称"查谈"，《封氏闻见记》《酉阳杂俎续集》等均有所记载，其流行时间既长，流行范围亦广。其具体内容因目前材料所限不得详知，但应亦属市语之一种。

《封氏闻见记·查谈》：宋昌藻，考功员外郎之问之子也。天宝中，为淦阳尉。刺史房绾以其名父之子，常接通之。会有中使至，州使昌藻郊外接候。须臾却还，云："被额。"房公淡雅之士，顾问左右："何名为额？"有参军亦名家子，敛笏而对曰："查名该诃为额。"房怅然曰："道额者已成可笑，识额者更是奇人。"近代流俗，呼丈夫妇人纵放不拘礼度者为查，又有百数十种语，自相通解，谓之"查谈"。大抵近猥僻。

这种"不拘礼度"的查谈，又称查语，和市语性质相合，产生在盛唐时代。中唐诗人元稹《估客乐》云： 一解市头语，便无乡里情。可见中唐时"市语"还有称"市头语"的。

宋元明时代，随着城市经济的进一步发展，各色市语盛行，较唐代又有过之。其盛行的明证就是出现了著录市语的专著。如宋汪云程《蹴鞠谱》所载《圆社锦语》，宋陈元靓编、又经元人增订的民间日用大全《事林广记》所载《绮谈市语》，明无名氏之《金陵六院市语》，《六院汇刻江湖方语》，《墨娥小录》所录《行院声嗽》等。其中以《绮谈市语》和《行院声嗽》二书所收材料较多，且分类编排，已初具特种辞书规模，虽对所收语汇只加训释不举例证，且训释也嫌简略，也未必尽妥，但毕竟为后人保存了较为系统完整的材料，使我们得以了解市语产生流行的一个大概。①

宋元明时代的市语，从目前发现的材料看，大都是市民的家常话，还没有太多隐语或秘密语的成分：

宋王君玉《杂纂》卷中：难理会，经纪人市语。

宋孟元老《东京梦华录》卷九：内殿杂戏，为有使人预宴，不敢深

---

① 王鍈. 宋元明市语略论. 语言研究，1995（1）.

作谐谑，惟用郡队装有似像，市语谓之"拽串"。

明祝允明《猥谈》：生、净、丑、末等名，有谓反其事而称，又或托之唐庄宗，皆谬也；……此本金之闉闍谈吐，所谓鹘伶声嗽，今所谓市语也。

明袁宏道《解脱集》：朱司理曰："近日觉与市井屠沽，山鹿野獐，街谈市语，皆同得去，然尚不能合污，亦未免为病。"

这里的市语都是贴近下层民众生活的语言。明田汝成《西湖游览志余》收有《梨园市语》和《四平市语》，他在《委巷丛谈》中说："（杭州）乃今三百六十行，各有市语，不相通用。仓促聆之，竟不知为何等语也。"这说明市语已开始进入行话阶段。

此外，这一时期的话本、杂剧、戏曲、小说、笔记中也每每可见关于市语的一些零星记载，如：

《朱子语类》卷五十三：问："满腔子是恻隐之心"，或以为京师市语："食饱时心动。"

《七修续稿卷五·诗文类》：观其用心之处，抽黄对白，谐声假意，辘轳拆白，街谈市语，千奇百怪，应带款曲，灿然靡所不备。

《水浒传》第六十一回：那人更兼吹的，弹的，唱的，舞的，拆白道字，顶真续麻，无有不能，无有不会。亦是说的诸路乡谈，省的诸行百艺的市语，更且一身本事，无人比的。

《西游记》第二回：悟空道："师父，我是个老实人，不晓得打市语。怎么谓之'壁里安柱'？"

《西游记》第七十二回：八戒道："师兄，又打什么市语，黄啊、麻啊哩？"

《喻世明言》第二十四回：一时，只见三儿下楼，以指住下唇。思温晓得京师人市语，恁地乃了事也。

《喻世明言》第三十三回：公公道："好甘草！性平无毒，能随诸药之性，解金石草木之毒，市语叫做'国老'。"

《警世通言》第三十七回：元来茶博士市语，唤做"走州府"，且如道市语说："今日走到馀杭县"，这钱，一日只稍得四十五钱，馀杭是四十五里；若说一声"走到平江府"，早一日稍三百六十足。若还信脚走到"西川成都府"，一日却是多少里田地！

从现存资料来看，市语的构造方式非常复杂，常见的有析字型、谐音型、歇后型、隐喻型、手势型、反切型等等，在这里我们只探讨一下反切型市语的情况。

《秦京杂记》中所载"纽语"之称，应该就是反语。顾炎武《音学五书·音论下》"反切之名"云："是则反也、切也、纽也，一也。""纽语"应该就是利用反切方法构成的市语。

元末明初陶宗仪《辍耕录》卷二十五"金院本名目"有"芦子语""回且语"。"芦子语"大概就是"葫芦语"，"回且语"应即"纽语"，是利用切音方式构成的。宋赵彦卫《云麓漫钞》谓魏时已有"回切语"，举"即溜切就字，跋扈切固字"。可知"回且语""回切语""纽语"当异名而同实，都是指利用切音构成的市语。

此类市语亦称"切脚语""切口"等，宋洪迈《容斋三笔》卷十六"切脚语"："世人语音有以切脚而称者，亦间见之于书史中，如以蓬为勃笼，盘为勃阑，铎为突落，巨为不可，团为突栾，钲为丁宁，顶为滴，角为矻落，蒲为勃卢，精为即零，螳为突郎，诸为之乎，旁为步廊，茨为蒺藜，圈为屈栾，锢为骨露，橐为窟驼是也。"

《妇人大全良方》卷十九："一方用古老钱煎汤调服，名一捻金散；一方云用举卿、古拜二味，盖切脚隐语以秘方也。"

田汝成《西湖游览志余》卷二十五《委巷丛谈》所录《梨园市语》中也收录有一些切音式市语，与洪迈所录略同，田氏认为"出自宋时梨园市语之遗"，例如：铎为突落、团为突栾、精为鲫令、圈为屈栾、橐为窟陀。

这类反切式市语在通俗文学作品中尤为多见：

睢景臣《高祖还乡》中的"红曲连"的"曲连"，即"圈"的市语，"白胡阑"的"胡阑"即"环"的市语。现在西北地区有的农村仍把烘烤的面包圈称作"曲连"。

《货郎旦杂剧》："口角头饿成疮，脚心里喳成趼，行一步似火燎油煎。""趼"切音为"鸡眼"。

《金瓶梅词话》第二回："妇人便慌忙赔笑，把眼看那人，也有二十五六年纪，生得十分博浪。""博浪"切音为"棒"。

《金瓶梅词话》第十四回："切邻间不妨事。"第四十四回："你便是我的切邻。""切邻"切音为"亲"。

《金瓶梅词话》第十五回："西门庆刮拉上武大老婆。""刮拉"切音为"挂"，即"勾搭"之意，北方有些地区方言仍有此意。

四、清朝时期——行话、黑话的兴盛

清代，市语仍然流行，而且逐渐发展成为行话和黑话。由于商业贸易的发达，市语作为商业用语在社会上甚为流行。

俞樾《茶香室丛钞》里列有《浙江市语》："一旦底；二断工；三横川；四侧目；五缺丑；六断大；七毛根（又云：皂脚）；八入开；九未丸；十田心。"这些浙江市语用的是析字法，用于障人耳目，以求隐秘。又云："清时杭人市语，一，忆多娇；二，耳边风；三，散秋香；四，思乡马；五，误佳期；六，柳摇金；七，砌花台；八，灞陵桥；九，救情郎；十，舍利子。"这种市语用的是谐音法，也比较简单。

清代江湖切口甚为流行。旧时北京的"方言切口"中把"一"说成"也基"，"有"说成"爷九"；旧时苏州的"方言切口"中把"一"说成"郁结"，把"二"说成"虐基"。清代王松溪辑、卫济馀编《江湖切口要诀》和《缩脚韵法》，是辑录清代切口的专书。

切口演变成为帮会或行业隐语，这就是行话。《儿女英雄传》第十七回："只听他说怎样的'安耐磨儿、打底盘儿、拴腰栏儿、撕象鼻子、坐卧牛子'，一口的抬杠行话。"

清唐在丰编《鹅幻汇编》卷十二收录有无名氏所辑《江湖通用切口摘要》，此"摘要"前的"解语"说："江湖各行各道，纷纷不一。切口，即隐语也，名曰春点。字无意义，姑从吴下俗言译之，阅者见谅焉。……今所记各道相通用者，至于各行各道另有隐切口，乃避同类而用，隐中又隐，愈变愈诡矣。其类既多，其语不可知也。"可见，当行话、切口被纳入"各行各道"作为隐语使用时，就变成隐中又隐的"隐切口"，于是就跟黑话挂上了钩。

在清代，行话进一步转为黑话，具有了完全的秘密语性质。从清代到民国，这些黑话（行话）在社会上蔓延，至今仍在某些社会团体中使用。

此类黑话专书，在清代还有学古堂排印本《江湖行话谱》以及收录传抄的《江湖走镖隐语行话谱》（又名《江湖黑话谱》）。还有《江湖黑话（切口）大全》、清末民初的《切口大辞典》等。解放后出版的《林海雪原》《燕子李三传奇》中也有不少黑话的引用。

清代行话（黑话）等隐语的构成仍然继承了前代的析字、谐音、歇后、隐喻、反切等形式。由于反切式隐语的保密性更强，故清代行话（黑话）也多见切语式（其实，"切口"一词最初即指来自反切构造的秘密语，以致于后来人们用"切口、切头切语"等名称来泛指秘密语）。例如：

福根道来——粉袋，逍箭道乱——线团，草石——尺，廷张烧哉——长衫；刀乱烧哉——短衫（以上通行于旧时成衣行业）；弓皮——急（通行于旧时镖行）；腰心——箫（通行于旧时戏曲界）。

清代和民国时期的通俗文学作品中，尤其是旧派武侠小说中这类隐语尤为多见，如《镜花缘》《红楼梦》可谓隐喻文学的高峰；在民国时期的旧派武侠小说中，以姚民哀、郑证因对江湖切口最为稔熟，作品中这类语言也最为丰富。这方面的情况学界多有论述，这里不再赘述。

以上所述是古代切语的历史发展情况。从所举实例来看，古代切语有以下特点：

第一，切语形态较短，大多是两字、三字或一个简单的句子，因而表意能力受到局限，不能当作"语言"来使用，古代切语要清楚地表明一个意义，需要普通词语来补助。如"于何相求成子合"句，其中只有"成、合"两字构成反语，其他均为正常词语。

第二，音节不固定，黄侃说"随拈两字，皆可成音"[①]。音节不固定，随时改变，听者往往不能及时明义。

第三，古代切语多是"双反"，常常是两个字正反相切，切作两个字，如同泰，正反同泰为"大"，倒反泰同为"通"。

总之，古代切语大都用来打雅谑、取吉祥、猜谜语、评时局、预言事物结果

[①] 黄侃. 文字声韵训诂笔记. 上海：上海古籍出版社，1983：104.

等等，只能表示某些片断意义。①

第二节　现代切语的空间分布

　　现代切语是在古代切语基础上进一步加工整理发展而成的，它的科学性和表意性远远超过了古代切语。

　　现代切语是根据方言读音构成的，地域性很强。它是作为一种语言形式出现的，可以不借助任何普通词语直接进行交际活动。其切法简单，音节清晰，得法后很快就能掌握，一通百通，使用方便。所以解放前许多行业、社团、秘密会党都能使用。现在全国各地许多村镇居民、市民也还通晓此语，流行极为广泛。它不仅在汉语区流行，在我国苗、布依、侗、瑶、傣等少数民族语言中也有存在。其名称各异，有瞎子语、盲人语、徽宗语等等，不一而足。

　　1936年，赵元任先生调查了北平、常州、苏州、浦东、福州等地的反切语，写成《反切语八种》，具体描述了当时所见反切语的使用情况和结构，开启了中国现代研究反切语的先河。1939年，陈志良先生大规模调查了上海地区的各种反切语，发表了《上海的反切语》，更具体地描写了上海各种不同的反切语。此后，有关反切语的研究成果不断出现，成为中国语言学研究尤其是社会语言学研究和方言研究的重要组成部分。

　　从目前研究资料看，现代切语主要流行于社会下层，多在人口集中、交通便利、经济较为繁荣的城镇地区说用。

　　因为切语流行地域广泛，形式灵活，可以用不同方言讲用，所以几乎各地都有基于各自方言的切语。

一、山东地区

　　就目前了解的情况来看，在莱西店埠一带流传有"切字语"或"切语"；在莒县刘官庄镇流行有当地人称为"调侃子"的切语；即墨一带有"瞎子语"；解放前威海一带的盲人行会组织"三皇会"中使用的行话"瞎子语"等。

---

① 张天堡. 切语初探. 淮北煤师院学报社科版，1986（3）.

二、西北地区

据《秦京杂记》的记载，唐代长安市井中已流行葫芦语、纽语、练语之类名目繁多的市语，只不过因没有具体描写，其结构形式不得而知。

解放后，西安地区曾流行过一种切语，当地人称之为"调皮话"，目前仍有一些老人会说这种切语。[①]

山西省雁北地区（现在大同、朔州两市）民间音乐遗留丰富，在其俗门鼓吹乐艺人中流行一种利用反切原理构成的秘密语——乐户家话。这种"乐户家话"目前在玉县、大同市、阳高县、朔县、山阴县等地的鼓吹艺人中仍有使用。[②]

三、东北地区

根据安家驹先生调查，在辽宁大连、金县、营口等地盲人群体中流行一种切语——盲人密语。解放前在沈阳一带的青年学生中也有类似的切语流行。这种切语当地又有人称之为"会中语"，疑为"徽宗语"的语音讹变所致。[③]

四、中原地区

中原地区，特别是河南省一带民间广泛流传"徽宗语"，旧时河南许多城镇居民、算命盲人、江湖艺人都会讲。也叫"查谚"，也有叫"瞎子语"。徽宗语，传说是宋徽宗被金兵俘虏北上途中所创，不足为凭。瞎子语，中原地区算命盲人大都会讲此语，此名称往北使用到天津、北京，往南大约到徐州一带。[④]

五、京津地区

赵元任先生的《反切语八种》就指出了当时北平一带三种形式的反切语，名称未详。《中国大百科全书·语言文字》记载："徽宗语是流行在北京、天津一带的盲艺人和迷信职业者中的一种切口。"

六、淮河流域

[①] 张成材. 西安方言的反语. 语言研究, 1987（2）.
[②] 陈克秀. 雁北鼓吹乐艺人的"黑话". 中国音乐学, 2007（4）.
[③] 安家驹. 盲人密语. 汉语学习, 1986（6）.
[④] 张天堡. 中国民间反切语简论. 淮北煤师院学报社科版, 2001（1）.

解放前后，安徽蚌埠、临淮、寿县等地也流行切语，使用人大都是小市民、小商人、小学生、郊区农民、工人等。各地叫法也有不同：临淮一带叫"侃子"；蚌埠一带叫"切口""侃子"；正阳关一带叫"反语子""反切子""市民语""市平语"等。湖北襄阳、郧阳一带，流行有"捻语"和"三翻语"等。

从淮河流域切语的名称可以看出其与古代切语的渊源关系，它应该是古代"反语""市语"的现代延伸，是古代隐语的传流。①

七、江浙地区

根据赵元任先生、陈志良先生的调查，上海、苏州一带流行着"洞庭切""威分""同里反""硬反""软反"等形式多样的切语。无锡、常州、昆山一带流行着"唐反""字语""切口语"等。

八、福建、两广地区

福建建瓯一些边远山区流传有"只仔语""燕仔语""燕语""鸟语"；闽南漳州一带有"嵌语""土匪话"；福州有"切脚词""嘴前话""廋语""仓前廋"等。

广州一带有"廋语""燕子话""燕子语""燕子公"等；东莞一带有"盲佬语"；揭阳一带有"棉湖僻"；惠东流行有"双音话""三音话"，外地人称之为"鸟子话"；廉江一带流行有"燕语""背语"。

广西容县、玉林、岑溪、藤县一带流行有"倒语"等。

除以上汉语区的切语外，在云南、贵州一带的少数民族语言地区，也有类似汉语切语的语言变异形式。如滇东南苗族隐语中的"倒韵语"；以及贵州毕节燕子口一带的切语，当地苗族人称之为"翻话"或"隐话"。

---

① 张天堡. 淮河流域民间反切语. 淮北煤师院学报社科版，1996（3）.

第六章　店埠前张管寨切语构造规律

反切语作为一种秘密语，各地音变的规则虽然有所不同，但是以本地音为基础是没有例外的。店埠切语是建立在前张管寨方言的基础上，本地人称为"切字语"。前张管寨方言有27个声母、37个韵母，3个声调，本地切语就是建立在此音系基础上。由于其方言丰富的声母系统，致使其切语变化较为复杂，在北方的反切语中实数罕见。本章将详细分析和描述店埠前张管寨切语的语音特点，列举常用字的两字和四字切语。

第一节　两字切

"真的反切语必须把字拆开成为声母韵母两部分，例如妈 m-ɑ，在声母后加一个韵母如 ai，成为 mai，在韵母前加一个声母如 k 成为 kɑ，于是妈就说成 mai-kɑ。为了便于称述，mai 字可以叫作妈的声母字，ai 叫附加韵，kɑ 可以叫韵母字，k 叫附加声。"[①]莱西店埠前张管寨村的切语就是这种 mai-kɑ 式。

同属青岛地区的即墨过去也有一种切语，当地称"瞎子语"，它的语音特征是"利用音节拼合的规则，在每一个字音前面都加上一个音节，使之由单音节变为双音节，所加的音节与后面的那个音节双声、同韵，韵母按后面的一节的四呼为ɔ̃、iɔ̃、uɔ̃、yɔ̃，如把'山东省即墨县'说成 ʂɔ̃ʂã（山）tɔ̃toŋ（东）ʂɔ̃ʂoŋ（省）tsiɔ̃tsi（即）miɔ̃mi（墨）ɕiɔ̃ɕiã（县）"。[②]店埠前张管寨村切语结构更复杂，形式更丰富，有双字切和四字切，为了便于描述，我们用 AB 和 AXYB 分别表示两字切和四字切，A 表示声母字，B 表示韵母字，XY 表示四字切中间的附加字，也称衬字。不管双字切还是四字切，声母字韵母字都是顺的。如：妈 mɑ^{213}：买一耷

[①] 赵元任. 赵元任语言学论文集. 北京：商务印书馆，2002：364.
[②] 钱曾怡. 钱曾怡汉语方言研究文选. 济南：山东大学出版社，2008：5.

mε⁵⁵kɑ²¹³（不是：旮—买 kɑ²¹³mε⁵⁵）；四字切是：买个来旮 mε⁵⁵kəˈle⁵⁵kɑ²¹³。

下面详细分析莱西店埠前张管寨村反切语的双字切和四字切结构规律。为了便于阅读，我们用汉字标注反切读音，有的字是读音相近，如着、色、则、瑟等，无法用汉字标注的用"□"表示。

一、声母字 A

声母字 A 的声母是本字声母，附加的韵母有如下情况。

1. 声母字附加韵根据本字开齐合撮而用 ε、iə、uε、yə。如：

   他 tˈɑ²¹³：胎—旮 tˈε⁵⁵kɑ²¹³

   家 tɕiɑ²¹³：解—俩 tɕiə⁵⁵liɑ²¹³

   多 tuə²¹³：□—锅 tuε⁵⁵kuə²¹³

   女 ny⁵⁵：虐—举 nyə²¹³tɕy⁵⁵

2. 本字是唇音声母跟 u 拼的，声母附加韵是 ε。如：

   步 pu⁴²：摆—故 pε⁵⁵ku⁴²

   普 pˈu⁵⁵：拍—古 pˈε²¹³ku⁵⁵

   木 mu²¹³：买—姑 mε⁵⁵ku²¹³

   富 fu⁴²：□—故 fε⁵⁵ku⁴²

3. 本字的声母是舌叶音 tʃ、tʃˈ、ʃ，韵母是开口呼，声母附加韵是 ə；韵母是合口呼（包括 u，实际是舌叶圆唇元音），声母附加韵是 uə。如：

   招 tʃɔ²¹³：哲—交 tʃə⁵⁵tɕiɑ²¹³

   沉 tʃˈẽ⁴²：扯—劲 tʃˈə⁵⁵tɕiẽ⁴²

   傻 ʃɑ⁵⁵：赊—假 ʃə²¹³tɕiɑ⁵⁵

   猪 tʃu²¹³：拙—居 tʃuə⁵⁵tɕy²¹³

   春 tʃˈuẽ²¹³：啜—军 tʃˈuə⁵⁵tɕyẽ²¹³

   书 ʃu²¹³：说—居 ʃuə⁵⁵tɕy²¹³

4. 本字的声母是 tθ、tθˈ、θ，tʃ、tʃˈ、ʃ，tʂ、tʂˈ、ʂ 拼 ɿ 或 ʅ 韵母时，声母附加韵是 ə。如：

   自 tθɿ⁴²：则—记 tθə⁵⁵tɕi⁴²

   此 tθˈɿ⁵⁵：□—几 tθˈə²¹³tɕi⁵⁵

死 θɿ⁵⁵：瑟—几 θə²¹³tɕi⁵⁵

纸 tʂʅ⁵⁵：着—几 tʂə²¹³tɕi⁵⁵

翅 tʂʻʅ⁴²：□—记 tʂʻə⁵⁵tɕi⁴²

是 ʂʅ⁴²：色—记 ʂə⁵⁵tɕi⁴²

二、韵母字 B

韵母字 B 的韵母是本字韵母，其声母有如下要求。

1. 韵母字的附加声母，开合口用 k，齐撮口用 tɕ。如：

他 tʻa²¹³：胎—呑 tʻɛ⁵⁵ka²¹³

多 tuə²¹³：□—锅 tuɛ⁵⁵kuə²¹³

下 ɕia⁴²：协—嫁 ɕiə⁵⁵tɕia⁴²

驴 ly⁴²：掠—据 lyə⁵⁵tɕy⁴²

2. 本字的韵母是舌尖元音 ɿ 和 ʅ，韵母字的附加声母为 tɕ，附加韵母随之改为 i。如：

纸 tʂʅ⁵⁵：着—几 tʂə²¹³tɕi⁵⁵

是 ʂʅ⁴²：色—几 ʂə⁵⁵tɕi⁴²

3. 本字声母是舌叶音 tʃ、tʃʻ、ʃ，韵母字的附加声母为 tɕ，韵母根据本字的韵母开合变为齐撮。如：

车 tʃʻə²¹³：扯—结 tʃʻə⁵⁵tɕiə²¹³

陈 tʃʻẽ⁴²：扯—禁 tʃʻə⁵⁵tɕiẽ⁴²

勺 ʃuə⁴²：说—嗷 ʃuə⁵⁵tɕyə⁴²

穿 tʃʻuã²¹³：□—卷 tʃʻuə⁵⁵tɕyã²¹³

4. 本字声母是 tɕ、tɕʻ，韵母字的附加声母为 l。如：

舅 tɕiou⁴²：结—刘 tɕiə⁵⁵liou⁴²

去 tɕʻy⁴²：却—绿 tɕʻyə⁵⁵ly⁴²

也有附加声母不变，说漏①的情况，如浇 tɕiə²¹³：结—浇 tɕiə⁵⁵tɕiə²¹³。

5. 本字声母是 k、kʻ的，韵母字的附加声母有的是 k、l 两可，用 l 的比例较高。如：

---

① 在切语的声母字或韵母字中把本字字音说出来了，本文称"说漏"，当地人称"说出来了"。

哥 kuə²¹³：拐—啰 kuɛ⁵⁵luə²¹³
官 kuã²¹³：拐—乱 kuɛ⁵⁵luã²¹³／拐—官 kuɛ⁵⁵kuã²¹³
课 kʻuə²¹³：块—罗 kʻuɛ⁵⁵luə²¹³
渴 kʻɑ⁵⁵：开—割 kʻɛ²¹³kɑ⁵⁵

在调查的 484 字中，k 声母的字共 25 个，其中韵母字 B 的声母为 l 的有 20 个：

① 哥 kuə²¹³：拐—啰 kuɛ⁵⁵luə²¹³
② 个 kuə⁴²：拐—落 kuɛ⁵⁵luə⁴²
③ 锅 kuə²¹³：拐—啰 kuɛ⁵⁵luə²¹³
④ 过 kuə⁴²：拐—落 kuɛ⁵⁵luə⁴²
⑤ 姑 ku²¹³：拐—露 kuɛ⁵⁵lu²¹³
⑥ 盖 kɛ⁴²：改—赖 kɛ⁵⁵lɛ⁴²
⑦ 跪 kuei⁴²：拐—□ kuɛ⁵⁵luei⁴²
⑧ 龟 kuei²¹³：拐—□kuɛ⁵⁵luei²¹³
⑨ 柜 kuei⁴²：拐—□ kuɛ⁵⁵luei⁴²
⑩ 鬼 kuei⁵⁵：乖—□kuɛ²¹³luei⁵⁵
⑪ 贵 kuei⁴²：拐—□ kuɛ⁵⁵luei⁴²
⑫ 高 kɔ²¹³：改—捞 kɛ⁵⁵lɔ²¹³
⑬ 敢 kã⁵⁵：该—懒 kɛ²¹³lã⁵⁵
⑭ 千(千湿)kã²¹³：改—婪 kɛ⁵⁵lã²¹³
⑮ 赶 kã⁵⁵：该—懒 kɛ²¹³lã⁵⁵
⑯ 关 kuã²¹³：拐—□kuɛ⁵⁵luã²¹³
⑰ 滚 kuẽ⁵⁵：乖—□kuɛ²¹³luẽ⁵⁵
⑱ 缸 kaŋ²¹³：改—啷 kɛ⁵⁵laŋ²¹³
⑲ 鸽 kə⁵⁵：改—□kɛ²¹³lə⁵⁵
⑳ 割 kɑ⁵⁵：改—□kɛ²¹³lɑ⁵⁵

其中韵母字 B 的声母为 k 的有 4 个说漏了：

① 狗 kou⁵⁵：该—狗 kɛ²¹³kou⁵⁵
② 挂 kuɑ²¹³：乖—挂 kuɛ⁵⁵kuɑ²¹³
③ 国 kuə⁵⁵：乖—国 kuɛ²¹³kuə⁵⁵
④ 光 kuaŋ²¹³：乖—光 kuɛ⁵⁵kuaŋ²¹³

两者都可的是 1 个字：

① 官 kuã²¹³：拐—□/观 kuɛ⁵⁵luã²¹³/kuã²¹³

调查的 484 字的反切字中，k'声母的字共 15 字，其中韵母字 B 的声母为 k 的有 8 个：

① 裤 k'u⁴²：扛—故 k'uɛ⁵⁵ku⁴²

② 口 k'ou⁵⁵：开—狗 k'ɛ²¹³kou⁵⁵

③ 宽 k'uã²¹³：扛—观 k'uɛ⁵⁵kuã²¹³

④ 磕 k'ɑ⁵⁵：开—割 k'ɛ²¹³kɑ⁵⁵

⑤ 渴 k'ɑ⁵⁵：开—割 k'ɛ²¹³kɑ⁵⁵

⑥ 阔 k'uə⁵⁵：扛—国 k'uɛ²¹³kuə⁵⁵

⑦ 哭 k'u⁵⁵：扛—古 k'uɛ²¹³ku⁵⁵

⑧ 客 k'ei⁵⁵：开—隔 k'ɛ²¹³kei⁵⁵

其中韵母字 B 的声母为 l 的有 5 个字：

① 课 k'uə²¹³：块—罗 k'uɛ⁵⁵luə²¹³

② 开 k'ɛ²¹³：楷—□k'ɛ⁵⁵lɛ²¹³

③ 快 k'uɛ²¹³：扛—□k'uɛ⁵⁵luɛ²¹³

④ 看 k'ã²¹³：楷—婪 k'ɛ⁵⁵lã²¹³

⑤ 困 k'uẽ⁴²：扛—□k'uɛ⁵⁵luẽ⁴²

两者都可的是 2 个字：

① 夸 k'uɑ²¹³：扛—瓜/□k'uɛ⁵⁵ kuɑ²¹³/luɑ²¹³

② 苦 k'u⁵⁵：扛—古/鲁 k'uɛ²¹³ku⁵⁵/l u⁵⁵。

三、声调

切字语中的声母字 A 和韵母字 B 的声调由本字的声调决定。本字是阴平 213 或阳平 42 的，声母字 A 的声调为上声 55，韵母字 B 随本字声调为阴平 213 或阳平 42，即为 A⁵⁵B²¹³ 或 A⁵⁵B⁴² 形式；本字声调是上声的，声母字 A 的声调为阴平 213 或 42，韵母字 B 的声调随本字声调为上声 55，即为 A²¹³B⁵⁵ 或 A⁴²B⁵⁵ 形式，在实际使用中，用 A²¹³B⁵⁵ 的形式较多。如：

最 tθei²¹³：灾—给 tθɛ⁵⁵kei²¹³

地 ti⁴²：爹—记 tiə⁵⁵tɕi⁴²

美 mei⁵⁵：买—给 mɛ²¹³kei⁵⁵

反切语的要领是将一个字音分解为声母、韵母两部分。声母后面附加韵母；韵母前面附加声母，各自成为两个音节。前一音节与原字音同声母；后一音节与原字音同韵母、同声调。为了更清楚地反映莱西店埠前张管寨切语情况，列表举例如下：

表1 声母附加韵和韵母附加声情况一览表[①]

声母	条件	附加韵	声母字A 原声母+附加韵 例字	切字音	切字音	韵母字B 附加声+原韵母 例字	附加声	条件	韵母
一般声母	开（含p、p'、m、f拼u）	ε	他 t'a²¹³	t'ε⁵⁵ka²¹³	胎旮	他 t'a²¹³	k	开（含p、p'、m、f拼u）	一般韵母
			步 pu⁴²	pε⁵⁵ku⁴²	摆故	步 pu⁴²			
			普 pu⁵⁵	p'ε²¹²ku⁵⁵	拍古	普 pu⁵⁵			
			木 mu²¹³	mε⁵⁵ku²¹³	买姑	木 mu²¹³			
			富 fu⁴²	fε⁵⁵ku⁴²	□故	富 fu⁴²			
	合	uε	多 tuə²¹³	tuε⁵⁵kuə²¹³	□锅	多 tuə²¹³		合	
	齐	iə	下 ɕia⁴²	ɕiə⁵⁵tɕia⁴²	歇价	下 ɕia⁴²		齐	
	撮	yə	女 ny⁵⁵	nyə²¹³tɕy⁵⁵	虐举	女 ny⁵⁵		撮	
tʃ tʃ' ʃ	合	uə	猪 tʃu²¹³	tʃuə⁵⁵tɕy²¹³	拙居	猪 tʃu²¹³	tɕ	开↓齐	开（包括ɿ）
			春 tʃ'uẽ²¹³	tʃ'uə⁵⁵tɕyẽ²¹³	□军	春 tʃ'uẽ²¹³			
			书 ʃu²¹³	ʃuə⁵⁵tɕy²¹³	说居	书 ʃu²¹³			
	开（包括ɿ）	ə	知 tʃɿ²¹³	tʃə⁵⁵tɕi²¹³	摺鸡	知 tʃɿ²¹³			
			吃 tʃ'ɿ⁵⁵	tʃ'ə²¹³tɕi⁵⁵	车几	吃 tʃ'ɿ⁵⁵			
			世 ʃɿ⁴²	ʃə⁵⁵tɕi⁴²	舍记	世 ʃɿ⁴²			
			照 tʃɔ²¹³	tʃə⁵⁵tɕiɔ²¹³	摺骄	照 tʃɔ²¹³			
			沉 tʃ'ẽ⁴²	tʃ'ə⁵⁵tɕiẽ⁴²	扯劲	沉 tʃ'ẽ⁴²			
			傻 ʃa⁵⁵	ʃə²¹³tɕia⁵⁵	赊假	傻 ʃa⁵⁵			
tθ tθ' θ		ɿ	自 tθɿ⁴²	tθɿ⁵⁵tɕɿ⁴²	则记	自 tθɿ⁴²	l	开↓齐	ɿ
			此 tθ'ɿ⁵⁵	tθ'ə²¹³tɕi⁵⁵	□几	此 tθ'ɿ⁵⁵			
			死 θɿ⁵⁵	θə²¹³tɕi⁵⁵	□几	死 θɿ⁵⁵			
tʂ tʂ' ʂ		ʅ	纸 tʂʅ⁵⁵	tʂə²¹³tɕi⁵⁵	着几	纸 tʂʅ⁵⁵			ʅ
			翅 tʂ'ʅ⁴²	tʂ'ə⁵⁵tɕi⁴²	□记	翅 tʂ'ʅ⁴²			
			师 ʂʅ²¹³	ʂə⁵⁵tɕi²¹³	□鸡	师 ʂʅ²¹³			

[①] 此表根据钱曾怡先生通读本书后设计的表格略作改动、添加。

续表

声母	声母字 A　原声母＋附加韵					韵母字 B　附加声＋原韵母			
	条件	附加韵	例字	切字音	切字音	例字	附加声	条件	韵母
tɕ tɕʻ	齐	iə	舅 tɕiou⁴²	tɕiə⁵⁵liou⁴² 结刘	舅 tɕiou⁴²	l	不变	齐
	撮	yə	去 tɕʻy⁴²	tɕʻyə⁵⁵ly⁴² 却绿	琴 tɕʻiẽ⁴²			撮
k kʻ	开	ɛ	狗 kou⁵⁵	kɛ²¹³kou⁵⁵ 该狗	狗 kou⁵⁵	l 或 k		开
	合	uɛ	课 kʻuə²¹³	kʻuɛ⁵⁵luə²¹³ 块罗	课 kʻuə²¹³			合
声调	阴平 213 或阳平 42（阴平 213 居多）					上声 55（与本字同调）			
	上声 55					阴平 213、阳平 42（与本字同调）			

第二节　四字切

店埠前张管寨方言切字语的四字切是在本字的双字切基础上，中间加了两个附加音节，确切地说是双字切加两个衬字。但这两个衬字的地位不同，前一个衬字是轻声，是完全的衬字音节。后一个衬字随韵母字的开齐合撮和声调的不同有所变化。也可以说，四字切是三字切加一个衬字。如果我们用 AXYB 表示四字切，AB 为双字切，A 为声母字，B 为韵母字；YB 相切，为第二级切合；X 为衬字。具体描述如下。

一、本字是开口呼、齐齿呼的，衬字 X 为 kəˊ，Y 因条件有以下变化

1. 本字为开口呼（不包括 ɿ、ʅ），Y 为 lɛ⁵⁵ 或 lɛ²¹³。如：

　　妈 mɑ²¹³：买个来旮 mɛ⁵⁵kəˊlɛ⁵⁵kɑ²¹³（双切 mɛ⁵⁵kɑ²¹³ 买旮）

　　累 lei⁴²：来个来给 lɛ⁵⁵kəˊlɛ⁵⁵kei⁴²（双切 lɛ⁵⁵kei⁴² 来给）

　　马 mɑ⁵⁵：买个来嘎 mɛ²¹³kəˊlɛ²¹³kɑ⁵⁵（双切 mɛ²¹³kɑ⁵⁵ 买嘎）

2. 本字为齐齿呼、韵母为 ɿ、ʅ，本字为舌叶音 tʃ、tʃʻ、ʃ 拼开口呼，Y 为 liə⁵⁵ 或 liə²¹³。如：

　　椅 i⁵⁵：惹个列几 iə⁵⁵kəˊliə²¹³tɕi⁵⁵（双切 iə²¹³tɕi⁵⁵ 惹几）

　　掉 tio⁴²：跌个列叫 tiə⁵⁵kəˊliə⁵⁵tɕio⁴²（双切 tiə⁵⁵tɕio⁴² 跌叫）

　　死 θʅ⁵⁵：瑟个列几 θə⁵⁵kəˊliə²¹³tɕi⁵⁵（双切 θə²¹³tɕi⁵⁵ 瑟几）

　　世 ʃʅ⁴²：舍个列记 ʃə⁵⁵kəˊliə⁵⁵tɕi⁴²（双切 ʃə⁵⁵tɕi⁴² 舍记）

是 ʂʅ⁴²：色个列记 ʂə⁵⁵kəliə⁵⁵tɕi⁴²（双切 ʂə⁵⁵tɕi⁴² 色记）

整 tʃəŋ⁵⁵：这个列景 tʃə⁵⁵kəliə²¹³tɕiŋ⁵⁵（双切 tʃə²¹³tɕiŋ⁵⁵ 这景）

城 tʃ'əŋ⁴²：车个列敬 tʃ'ə⁵⁵kəliə⁵⁵tɕiŋ⁴²（双切 tʃ'ə⁵⁵tɕiŋ⁴² 车敬）

舌 ʃə⁴²：舍个列杰 ʃə⁵⁵kəliə⁵⁵tɕiə⁴²（双切 ʃə⁵⁵tɕiə⁴² 舍杰）

此种情况，衬字 X 也可以是"tɕi"。如：

椅 i⁵⁵：惹叽列几 iə⁵⁵tɕiliə²¹³tɕi⁵⁵（双切 iə²¹³tɕi⁵⁵ 惹几）

掉 tiɔ⁴²：跌叽列叫 tiə⁵⁵tɕiliə⁵⁵tɕiɔ⁴²（双切 tiə⁵⁵tɕiɔ⁴² 跌叫）

死 θə⁵⁵：瑟叽列几 θə⁵⁵tɕiliə²¹³tɕi⁵⁵（双切 θə⁵⁵tɕi²¹³ 瑟几）

世 ʃʅ⁴²：舍叽列记 ʃə⁵⁵tɕiliə⁵⁵tɕi⁴²（双切 ʃə⁵⁵tɕi⁴² 舍记）

是 ʂʅ⁴²：色叽列记 ʂə⁵⁵tɕiliə⁵⁵tɕi⁴²（双切 ʂə⁵⁵tɕi⁴² 色记）

整 tʃəŋ⁵⁵：这叽列景 tʃə⁵⁵tɕiliə²¹³tɕiŋ⁵⁵（双切 tʃə²¹³tɕiŋ⁵⁵ 这景）

城 tʃ'əŋ⁴²：车叽列敬 tʃ'ə⁵⁵tɕiliə⁵⁵tɕiŋ⁴²（双切 tʃ'ə⁵⁵tɕiŋ⁴² 车敬）

舌 ʃə⁴²：舍叽列杰 ʃə⁵⁵tɕiliə⁵⁵tɕiə⁴²（双切 ʃə⁵⁵tɕiə⁴² 舍杰）

衬字 A 的发音是"kə"或"tɕi"主要取决于说切语人的习惯，要么说成"kə"，要么说成"tɕi"，一般不会同时使用两个发音。

二、本字是合口呼、撮口呼的，衬字 X 为 kuˈ，Y 因条件有以下变化

1. 本字韵母为合口呼，Y 为 luɛ⁵⁵ 或 luɛ²¹³。如：

花 xuɑ²¹³：怀咕□瓜 xuɛ⁵⁵ku'luɛ⁵⁵kuɑ²¹³（双切 xuɛ⁵⁵kuɑ²¹³ 怀瓜）

醋 tθ'u⁴²：□咕□故 tθ'uɛ⁵⁵ku'luɛ⁵⁵ku⁴²（双切 θ'uɛ⁵⁵ku⁴² □故）

2. 本字韵母为撮口呼、本字为舌叶音 tʃ、tʃ'、ʃ 拼合口呼，Y 为 lyə⁵⁵ 或 lyə²¹³。如：

娶 ts'y⁵⁵：鹊咕□句 ts'yə⁵⁵ku'lyə²¹³tɕy⁵⁵（双切 ts'yə²¹³tɕy⁵⁵ 鹊句）

住 tʃu⁴²：拙咕□句 tʃuə⁵⁵ku'lyə⁵⁵tɕy⁴²（双切 tʃuə⁵⁵tɕy⁴² 拙句）

春 tʃ'uẽ²¹³：啜咕掠军 tʃ'uə⁵⁵ku'lyə⁵⁵tɕy²¹³（双切 tʃ'uə⁵⁵tɕy²¹³ 啜军）

说 ʃuə⁵⁵：勺古略脚 ʃuə⁵⁵ku'lyə²¹³tɕy⁵⁵（双切 ʃuə²¹³tɕy⁵⁵ 勺脚）

三、本字声母是 tɕ、tɕʻ，k、kʻ，四字切最后字 B 声母是 tɕ，k

一般来说，四字切的最后一字 B 与两字切的韵母字 B 相同。但如果本字声母是 tɕ、tɕʻ，k、kʻ，两字切韵母字 B 声母为 tɕ、k 或 l，四字切最后字 B 声母是 tɕ、k，四字切与两字切不同。这是因为两字切如果后字声母还是 tɕ、tɕʻ，就跟本字完全相同，即说漏了；而四字切中间有两个衬字，起到了掩护的作用，可以避免与 Y 音节的声母 l 相同，所以 B 选择跟本字相同的声母。如：

鸡 tɕi²¹³：结个列机 tɕi⁵⁵kəˈliə⁵⁵tɕi²¹³（双切 tɕi⁵⁵li²¹³ 结立）

琴 tɕʻiẽ⁴²：茄个列劲 tɕʻiə⁵⁵kəˈliə⁵⁵tɕʻiẽ⁴²（双切 tɕʻiə⁵⁵liẽ⁴² 茄林）

高 kɔ²¹³：改个来高 kɛ⁵⁵kəˈlɛ⁵⁵kɔ²¹³（双切 kɛ⁵⁵lɔ²¹³ 改捞）

狗 kou⁵⁵：该个来狗 kɛ⁵⁵kəˈlɛ²¹³kou⁵⁵（双切 kɛ²¹³kou⁵⁵ 该狗）

客 kʻei⁵⁵：楷个来隔 kʻɛ⁵⁵kəˈlɛ²¹³kei⁵⁵（双切 kʻɛ²¹³kei⁵⁵ 开隔）

课 kʻuə²¹³：扛古来过 kʻuɛ⁵⁵kuˈluɛ⁵⁵kuə²¹³（双切 kʻuɛ⁵⁵luə²¹³ 块落）

四、声调

四字切 AXYB 的声调为：A 为 55 调，X 为轻声，B 与本字调相同，Y 随 B 的声调不同有所变化，即，Y 随本字声调的不同而变化。本字调是阴平 213，Y 的声调为上声 55，四字切的声调形式是 $A^{55}XˈY^{55}B^{213}$；本字是阳平 42，Y 的声调是上声 55，四字切的声调形式是 $A^{55}XY^{55}B^{42}$；本字是上声，Y 的声调是阴平 213，四字切的声调形式是 $A^{55}XˈY^{213}B^{55}$。

四字切的声母字、韵母字和衬字的规律可见下表：

表 2　四字切一览表

声母字 A			衬字 X	例字	四字切语	衬字 Y	韵母字 B	
声母	条件	附加韵					附加声	韵母
tθ 组	ɿ	ə	kə/tɕi	四 θɿ²¹³	θə⁵⁵kəˈliə⁵⁵tɕi²¹³ 瑟个列鸡	liə	tɕ	i
tʂ 组	ʅ			时 ʂʅ⁴²	ʂə⁵⁵kəˈliə⁵⁵tɕi⁴² 色个列记			
tʃ 组	开			手 ʃou⁵⁵	ʃə⁵⁵kəˈliə⁵⁵tɕiou⁵⁵ 舍个列九			齐

续表

声母字 A			衬字 X	例字	四字切语	衬字 Y	韵母字 B	
声母	条件	附加韵					附加声	韵母
一般声母	齐	iə	kəˑ	店 ti⁴²	tiə⁵⁵kəˑliə⁵⁵tɕiã⁴² 跌个列见	lɛ	k	开（含 p 组拼 u）
	开（含 p 组拼 u）	ɛ		大 ta²¹³	tɛ⁵⁵kəˑlɛ⁵⁵ka²¹³ 逮个来沓			
			kuˑ	步 pu⁴²	pɛ⁵⁵kuˑluɛ⁵⁵ku⁴² 摆古来故	luɛ		合
	合	uɛ		虎 xu⁵⁵	xuɛ⁵⁵kuˑluɛ²¹³ku⁵⁵ 怀古来古			
	撮	yə		驴 ly⁴²	lyə⁵⁵kuˑlyə⁵⁵tɕy⁴² 略古略巨	lyə	tɕ	撮
tʃ 组	合	uə		勺 ʃuə⁴²	ʃuə⁵⁵kuˑlyə⁵⁵tɕyə⁴² 说古略倔			
声调	55		轻声	妈 ma²¹³	mɛ⁵⁵kəˑlɛ⁵⁵ka²¹³ 买个来胳	55	213	
				骂 ma⁴²	mɛ⁵⁵kəˑlɛ⁵⁵ka⁴² 买个来旮		42	
				马 ma⁵⁵	mɛ⁵⁵kəˑlɛ²¹³ka⁵⁵ 买个来嘎	213	55	

切语是秘密语，使用切语的目的是保密，但也有说漏的情况，如前文提到的两字切中说漏的字。相对于双字切，四字切中说漏的情况更为常见。如，哥：拐古来哥 kuɛ⁵⁵kuˑluɛ⁵⁵kuə²¹³；姐：姐记列结 tsiə⁵⁵tɕiˑliə²¹³tɕiə⁵⁵；惹：惹个列结 iə⁵⁵kəˑliə²¹³tɕiə⁵⁵；盖：改个来盖 kɛ⁵⁵kəˑlɛ⁵⁵kɛ⁴²；姑：拐古来姑 kuɛ⁵⁵kuˑluɛ⁵⁵ku²¹³ 等等。在调查的 484 个单字中，有 60 个字的四字切说漏了。这可能是因为四字切相对于两字切来说音节多，比较有干扰作用。

五、切语的语流音变

关于切语的语流音变，如轻声、儿化和变调等。一般地，切语不受变调的影响。如"费油" fei₂₁₃⁴²iou⁴²，切语为 fɛ⁵⁵kei⁴²iə⁵⁵tɕiou⁴²，没有受变调的影响。

轻声音节，如果是"的、地、得、了、么"等较常用的轻声词，一般切语也轻声。如，什么 ʃẽ⁴² mə·，切语为 ʃə⁵⁵tɕiẽ⁴²mɛ⁵⁵kə·；有时"么"可以不切，直接说轻声音节，切成 ʃə⁵⁵tɕiẽ⁴²mə·。如果是非常用轻声音节词，切语有时不切成轻声，如，点点头 tiã⁵⁵tiã‘t'ou⁴²，切语为 tiə²¹³tɕiã⁵⁵tiə²¹³tɕiã⁵⁵t'ɛ⁵⁵kou⁴²，第二个"点"不轻声。

儿化音节也是较随意，有时切成本字，有时切成儿化，如，东西儿 tuŋ²¹³sir⁴²，切语为 tuɛ⁵⁵kuŋ²¹³siə⁵⁵tɕi⁴²；灯芯儿 təŋ²¹³₅₅siɛr²¹³，切语为 tɛ⁵⁵kəŋ²¹³siə⁵⁵tɕiər²¹³。

第三节　500 常用字切语

本节选 500 常用字，用国际音标给出两字和四字切语，为了方便不懂国际音标的读者阅读和了解店埠前张管寨的切语，本书同时给出汉字标注。但因作为秘密语的"切字语"只是口头表达的，所以很多音难找到合适的字。正如赵元任所说："反切语是说的，不是写的。有了附加音的规则，无论遇到要说的字，它的反切就要脱口而出，跟韵书反切取易认字注难认字的用意迥然不同。因此虽然文字的反切都是有字的，而反切语的反切'字'，往往就碰到没有字的音。"[①]

本书对切语用字说明如下：

1. 该表中的切语是以莱西店埠前张管寨方言来记音的。若方言中找不到本字或同音字，用现代汉语普通话的读音，则其后加*号，如背，摆给*。若方言中发音相同但声调不同者，则在其后标上调值，如：家，结俩²¹³；嫁，结俩⁴²。

2. 切语中有的只有读音而找不到相对应的字，甚至现代汉语中没有这个读音，我们只好用国际音标标注其音。如：斧，fɛ²¹³古。

3. 切语同古代的反切注音原理相似，二字切和四字切都是第一个字与被切字的声母相同，最后一个字与被切字韵母与声调相同。因此，我们对二字切四字切的首字确保其与被切字首字声母相同，有时找不到声调完全相同的字，则用声调不同的字。

4. 对于有声调要求的最后一个字，若无本字或发音相同的字，我们采用声韵相同的字，在其右上角标出其在此切语中的声调。如：锅，拐落²¹³，这里 213 表

[①] 转引自张世禄.《中国音韵学史（上）》. 上海：上海书店，1984：115.

示"落"读为阴平。

5．四字切中二三字为衬字，对其声调不过于关注。

6．切语中发 /luɛ/ 音和发 /lɛ/ 音有时混用，我们统一用"来"字表示。

多	他	大	那	哪
tuə²¹³	t'ɑ²¹³	tɑ²¹³	nɑ²¹³	nɑ⁵⁵
tuɛ⁵⁵ 哥	抬旮	逮旮	奶旮	奶尬
tuɛ⁵⁵kuə²¹³	t'ɛ⁵⁵kɑ²¹³	tɛ⁵⁵kɑ²¹³	nɛ⁵⁵kɑ²¹³	nɛ²¹³kɑ⁵⁵
tuɛ⁵⁵ 古来哥	抬个来旮	逮个来旮	奶个来旮	奶个来尬
tuɛ⁵⁵ku˙luɛ⁵⁵kuə²¹³	t'ɛ⁵⁵kə˙lɛ⁵⁵kɑ²¹³	tɛ⁵⁵kə˙lɛ⁵⁵kɑ²¹³	nɛ⁵⁵kə˙lɛ⁵⁵kɑ²¹³	nɛ⁵⁵kə˙lɛ²¹³kɑ⁵⁵
左	哥	个	我	饿
tθuə²¹³	kuə²¹³	kuə⁴²	uə⁵⁵	uə⁴²
tθuɛ⁵⁵ 哥	拐啰	拐落	歪果	歪过
tθuɛ⁵⁵kuə²¹³	kuɛ⁵⁵luə²¹³	kuɛ⁵⁵luə⁴²	uɛ²¹³kuə⁵⁵	uɛ⁵⁵kuə⁴²
tθuɛ⁵⁵ 古来哥	拐古来哥	拐古来个	歪古来果	歪古来过
tθuɛ⁵⁵ku˙luɛ⁵⁵kuə²¹³	kuɛ⁵⁵ku˙luɛ⁵⁵kuə²¹³	kuɛ⁵⁵ku˙luɛ⁵⁵kuə⁴²	uɛ⁵⁵ku˙luɛ²¹³kuə⁵⁵	uɛ⁵⁵ku˙luɛ⁵⁵kuə⁴²
河	坡	破①	躲	坐
xuə⁴²	p'ə⁵⁵	p'ə²¹³	tuə⁵⁵	tθuə⁴²
怀过	排革	排歌	tuɛ²¹³ 果	tθuɛ⁵⁵ 过
xuɛ⁵⁵kuə⁴²	p'ɛ²¹³kə⁵⁵	p'ɛ⁵⁵kə²¹³	tuɛ²¹³kuə⁵⁵	tθuɛ⁵⁵kuə⁴²
怀古来过	排古来革	排个来歌	tuɛ²¹³ 古来果	tθuɛ⁵⁵ 古来过
xuɛ⁵⁵ku˙luɛ⁵⁵kuə⁴²	p'ɛ²¹³ku˙luɛ⁵⁵kə²¹³	p'ɛ⁵⁵kə˙lɛ⁵⁵kə²¹³	tuɛ⁵⁵ku˙luɛ²¹³kuə⁵⁵	tθuɛ⁵⁵ku˙luɛ⁵⁵kuə⁴²
锁	锅	过	课	火
θuə⁵⁵	kuə²¹³	kuə²¹³	k'uə²¹³	xuə⁵⁵
θuɛ²¹³ 果	拐落²¹³	拐落²¹³	抠落²¹³	怀果
θuɛ²¹³kuə⁵⁵	kuɛ⁵⁵luə²¹³	kuɛ⁵⁵luə²¹³	k'uɛ⁵⁵luə²¹³	xuɛ²¹³kuə⁵⁵
θuɛ²¹³ 古来果	拐古来锅	拐古来过	抠古来过	怀古来果
θuɛ⁵⁵ku˙luɛ²¹³kuə⁵⁵	kuɛ⁵⁵ku˙luɛ⁵⁵kuə²¹³	kuɛ⁵⁵ku˙luɛ⁵⁵kuə²¹³	k'uɛ⁵⁵ku˙luɛ⁵⁵kuə²¹³	xuɛ⁵⁵ku˙luɛ²¹³kuə⁵⁵

① "破"的四字切不是 p'ɛ⁵⁵ku˙luɛ⁵⁵kuə²¹³，在本方言中个、哥等的发音都是 kuə。

续表

爸	怕	爬	妈	马
pa⁴²	p'a²¹³	p'a⁴²	ma²¹³	ma⁵⁵
摆尬	排胳	排尬	买胳	买割
pɛ⁵⁵ka⁴²	p'ɛ⁵⁵ka²¹³	p'ɛ⁵⁵ka⁴²	mɛ⁵⁵ka²¹³	mɛ²¹³ka⁵⁵
摆个来尬	排个来胳	排个来尬	买个来胳	买个来割
pɛ⁵⁵kə'lɛ⁵⁵ka⁴²	p'ɛ⁵⁵kə'lɛ⁵⁵ka²¹³	p'ɛ⁵⁵kə'lɛ⁵⁵ka⁴²	mɛ⁵⁵kə'lɛ⁵⁵ka²¹³	mɛ⁵⁵kə'lɛ²¹³ka⁵⁵
骂	拿	家	假 真假	嫁
ma⁴²	na⁴²	tɕia²¹³	tɕia⁵⁵	tɕia⁴²
买尬	奶尬	结俩 ²¹³	结俩	结俩⁽⁴²⁾
mɛ⁵⁵ka⁴²	nɛ⁵⁵ka⁴²	tɕiə⁵⁵lia²¹³	tɕiə²¹³lia⁵⁵	tɕiə⁵⁵lia⁴²
买个来尬	奶个来尬	结个列家	结个列甲	结个列价
mɛ⁵⁵kə'lɛ⁵⁵ka⁴²	nɛ⁵⁵kə'lɛ⁵⁵ka⁴²	tɕiə⁵⁵kə'lia⁵⁵tɕia²¹³	tɕiə⁵⁵kə'lia²¹³tɕia⁵⁵	tɕiə⁵⁵kə'lia⁵⁵tɕia⁴²
牙	下	姐	些	写
ia⁴²	ɕia⁴²	tsiə⁵⁵	siə²¹³	siə⁵⁵
野价	歇价	节结	写杰 ²¹³	些结
iə⁵⁵tɕia⁴²	ɕiə⁵⁵tɕia⁴²	tsiə⁴²tɕiə⁵⁵	siə⁵⁵tɕiə²¹³	siə²¹³tɕiə⁵⁵
野个列价	歇个列价	姐记列结	写个列杰 ²¹³	写个列结
iə⁵⁵kə'lia'tɕia⁴²	ɕiə⁵⁵tɕi'lia⁵⁵tɕia⁴²	tsiə⁵⁵tɕi'lia²¹³tɕiə⁵⁵	siə⁵⁵kə'lia⁵⁵tɕiə²¹³	siə⁵⁵kə'lia²¹³ tɕiə⁵⁵
斜	爹	车	蛇	惹
siə⁴²	tiə²¹³	tʃ'ə⁵⁵	ʃə⁴²	iə⁵⁵
写杰	跌结 ²¹³	扯结 ²¹³	舍杰	热结
siə⁵⁵tɕiə⁴²	tiə⁵⁵tɕiə²¹³	tʃ'ə⁵⁵tɕiə²¹³	ʃə⁵⁵tɕiə⁴²	iə²¹³tɕiə⁵⁵
写个列杰	跌个列结 ²¹³	扯个列结 ²¹³	舍个列杰	惹个列结
siə⁵⁵kə'lia⁵⁵tɕiə⁴²	tiə⁵⁵kə'lia⁵⁵tɕiə²¹³	tʃ'ə⁵⁵kə'lia⁵⁵tɕiə²¹³	ʃə⁵⁵kə'lia⁵⁵tɕiə⁴²	iə⁵⁵kə'lia²¹³tɕiə⁵⁵
爷	野	夜	傻	耍
iə⁴²	iə⁵⁵	iə⁴²	ʃa⁵⁵	ʂua⁵⁵
野杰	也结	野杰	赊假	摔刮
iə⁵⁵tɕiə⁴²	iə²¹³tɕiə⁵⁵	iə⁵⁵tɕiə⁴²	ʃə²¹³tɕia⁵⁵	ʂuɛ²¹³kua⁵⁵
野记列杰	野个列结	野个列杰	赊个列假	摔古来刮
iə⁵⁵kə'lia⁵⁵tɕiə⁴²	iə⁵⁵kə'lia²¹³tɕiə⁵⁵	iə⁵⁵kə'lia⁵⁵tɕiə⁴²	ʃə⁵⁵kə'lia²¹³tɕia⁵⁵	ʂuɛ⁵⁵ku'luɛ²¹³kua⁵⁵

续表

夸	娃	花	普	步
kʻuɑ²¹³	uɑ⁴²	xuɑ²¹³	pʻu⁵⁵	pu⁴²
扛lua²¹³ / 瓜	崴挂	怀瓜	排古	摆故
kʻuɛ⁵⁵luɑ²¹³ / kuɑ²¹³	uɛ⁵⁵kuɑ⁴²	xuɛ⁵⁵kuɑ²¹³	pʻɛ²¹³kuˑ⁵⁵	pɛ⁵⁵ku⁴²
扛古来瓜	崴古来挂	怀古来瓜	排个来古	摆古来故
kʻuɛ⁵⁵kuˑluɛ⁵⁵kuɑ²¹³	uɛ⁵⁵kuˑluɛ⁵⁵kuɑ⁴²	xuɛ⁵⁵kuˑluɛ⁵⁵kuɑ²¹³	pʻɛ⁵⁵kuˑluɛ²¹³ku⁵⁵	pɛ⁵⁵kuˑluɛ⁵⁵ku⁴²
兔	图	路	租	粗
tʻu⁴²	tʻu⁴²	lu⁴²	tθu²¹³	tθʻu²¹³
tʻuɛ⁵⁵ 故	tʻuɛ⁵⁵ 故	来故	宰姑	彩姑
tʻuɛ⁵⁵ku⁴²	tʻuɛ⁵⁵ku⁴²	luɛ⁵⁵ku⁴²	tθuɛ⁵⁵ku²¹³	tθʻuɛ⁵⁵ku²¹³
tʻuɛ⁵⁵ 古来故	tʻuɛ⁵⁵ 古来故	来古来故	宰古来姑	彩古来姑
tʻuɛ⁵⁵kuˑluɛ⁵⁵ku⁴²	tʻuɛ⁵⁵kuˑluɛ⁵⁵ku⁴²	luɛ⁵⁵kuˑluɛ⁵⁵ku⁴²	tθuɛ⁵⁵kuˑluɛ⁵⁵ku²¹³	tθʻuɛ⁵⁵kuˑluɛ⁵⁵ku²¹³
醋	错	姑	苦	裤
tθʻu⁴²	tθʻuɑ²¹³	ku²¹³	kʻu⁵⁵	kʻu⁴²
彩故	彩过	拐露	扛古 / 鲁	扛故
tθʻuɛ⁵⁵ku⁴²	tθʻuɛ⁵⁵kuɑ²¹³	kuɛ⁵⁵lu²¹³	kʻuɛ²¹³ku⁵⁵/lu⁵⁵	kʻuɛ⁵⁵ku⁴²
彩古来故	彩古来过	拐古来姑	扛古来古	扛古来故
tθʻuɛ⁵⁵kuˑluɛ⁵⁵ku⁴²	tθʻuɛ⁵⁵kuˑluɛ⁵⁵kuɑ²¹³	kuɛ⁵⁵kuˑluɛ⁵⁵ku²¹³	kʻuɛ⁵⁵kuˑluɛ²¹³ku⁵⁵	kʻuɛ⁵⁵kuˑluɛ⁵⁵ku⁴²
吴	五	午	虎	女
u⁴²	u⁵⁵	u⁵⁵	xu⁵⁵	ny⁵⁵
崴故	歪古	歪古	怀古	虐举
uɛ⁵⁵ku⁴²	uɛ²¹³ku⁵⁵	uɛ²¹³ku⁵⁵	xuɛ²¹³ku⁵⁵	nyə²¹³tɕy⁵⁵
崴古来故	歪古来古	歪古来古	怀古来古	虐古略举
uɛ⁵⁵kuˑluɛ⁵⁵ku⁴²	uɛ⁵⁵kuˑluɛ²¹³ku⁵⁵	uɛ⁵⁵kuˑluɛ²¹³ku⁵⁵	xuɛ⁵⁵kuˑluɛ²¹³ku⁵⁵	nyə⁵⁵kuˑlyə²¹³tɕy⁵⁵
驴	猪	书	鼠	去
ly⁴²	tʃu²¹³	ʃu²¹³	ʃu⁵⁵	tɕʻy²¹³
掠巨	拙居	说居	说举	却绿
lyə⁵⁵tɕy⁴²	tʃuə⁵⁵tɕy²¹³	ʃuə⁵⁵tɕy²¹³	ʃuə²¹³tɕy⁵⁵	tɕʻyə⁵⁵ly²¹³
略古略巨	拙古略居	说古略居	说古略举	却古略巨
lyə⁵⁵kuˑlyə⁵⁵tɕy⁴²	tʃuə⁵⁵kuˑlyə⁵⁵tɕy²¹³	ʃuə⁵⁵kuˑlyə⁵⁵tɕy²¹³	ʃuə²¹³kuˑlyə⁵⁵tɕy⁵⁵	tɕʻyə⁵⁵kuˑlyə⁵⁵tɕy²¹³

续表

鱼	斧	娶	住	树
y⁴²	fu⁵⁵	tsʻy⁵⁵	tʃu⁴²	ʃu⁴²
野巨	fɛ²¹³古	鹊举	拙巨	说巨
yə⁵⁵tɕy⁴²	fɛ²¹³ku⁵⁵	tsʻyə²¹³tɕy⁵⁵	tʃuə⁵⁵tɕy⁴²	ʃuə⁵⁵tɕy⁴²
野古略巨	fɛ²¹³古来古	鹊古略举	拙古略巨	说古略巨
yə⁵⁵kuʼlyə⁵⁵tɕy⁴²	fɛ⁵⁵kuʼlɛ²¹³ku⁵⁵	tsʻyə⁵⁵kuʼlyə²¹³tɕy⁵⁵	tʃuə⁵⁵kuʼlyə⁵⁵tɕy⁴²	ʃuə⁵⁵kuʼlyə⁵⁵tɕy⁴²
雨	台	开	袋	来
y⁵⁵	tʻɛ⁴²	kʻɛ²¹³	tɛ⁴²	lɛ⁴²
也举	抬盖	楷赖²¹³	逮盖	来盖
yə²¹³tɕy⁵⁵	tʻɛ⁵⁵kɛ⁴²	kʻɛ⁵⁵lɛ²¹³	tɛ⁵⁵kɛ⁴²	lɛ⁵⁵kɛ⁴²
野古略举	抬个来盖	楷个来该	逮个来盖	来个来盖
yə⁵⁵kuʼlyə²¹³tɕy⁵⁵	tʻɛ⁵⁵kəʼlɛ⁵⁵kɛ⁴²	kʻɛ⁵⁵kəʼlɛ⁵⁵kɛ²¹³	tɛ⁵⁵kəʼlɛ⁵⁵kɛ⁴²	lɛ⁵⁵kəʼlɛ⁵⁵kɛ⁴²
灾	菜	在	海	爱
tθɛ²¹³	tθʻɛ²¹³	tθɛ²¹³	xɛ⁵⁵	ɛ²¹³
宰该	彩该	宰该	亥改	碍该
tθɛ⁵⁵kɛ²¹³	tθʻɛ⁵⁵kɛ²¹³	tθɛ⁵⁵kɛ²¹³	xɛ²¹³kɛ⁵⁵	ɛ⁵⁵kɛ²¹³
宰个来该	彩个来该	宰个来该	海个来改	碍个来该
tθɛ⁵⁵kəʼlɛ⁵⁵kɛ²¹³	tθʻɛ⁵⁵kəʼlɛ⁵⁵kɛ²¹³	tθɛ⁵⁵kəʼlɛ⁵⁵kɛ²¹³	xɛ⁵⁵kəʼlɛ²¹³kɛ⁵⁵	ɛ⁵⁵kəʼlɛ⁵⁵kɛ²¹³
太	盖	街	买	卖
tʻɛ²¹³	kɛ⁴²	tɕie²¹³	mɛ⁵⁵	mɛ⁴²
抬该	改赖	结 lie²¹³	卖改	买盖
tʻɛ⁵⁵kɛ²¹³	kɛ⁵⁵lɛ⁴²	tɕiə⁵⁵lie²¹³	mɛ²¹³kɛ⁵⁵	mɛ⁵⁵kɛ⁴²
抬个来该	改个来盖	结记列街	买个来改	买个来盖
tʻɛ⁵⁵kəʼlɛ⁵⁵kɛ²¹³	kɛ⁵⁵kəʼlɛ⁵⁵kɛ⁴²	tɕiə⁵⁵tɕiʼliə⁵⁵ tɕie²¹³	mɛ⁵⁵kəʼlɛ²¹³kɛ⁵⁵	mɛ⁵⁵kəʼlɛ⁵⁵kɛ⁴²
奶	晒	鞋	矮	世
nɛ⁵⁵	ʂɛ²¹³	ɕie⁴²	ie⁵⁵	ʃɿ⁴²
乃改	筛该	歇界	也解	舍记
nɛ²¹³kɛ⁵⁵	ʂɛ⁵⁵kɛ²¹³	ɕiə⁵⁵tɕie⁴²	iə²¹³tɕie⁵⁵	ʃɿ⁵⁵tɕi⁴²
奶个来改	筛个来该	歇个列界	野个列解	舍个列记
nɛ⁵⁵kəʼlɛ²¹³kɛ⁵⁵	ʂɛ⁵⁵kəʼlɛ⁵⁵kɛ²¹³	ɕiə⁵⁵kəʼliə⁵⁵tɕie⁴²	iə⁵⁵kəʼliə²¹³tɕie⁵⁵	ʃɿ⁵⁵kəʼliə⁵⁵tɕi⁴²

续表

米	弟	泥	妻	西
mi⁵⁵	ti²¹³	mi²¹³	tsʻi²¹³	si²¹³
灭几	跌机	蔑机	切机	写机
miə²¹³tɕi⁵⁵	tiə⁵⁵tɕi²¹³	miə⁵⁵tɕi²¹³	tsʻiə⁵⁵tɕi²¹³	siə⁵⁵tɕi²¹³
灭个列几	跌个列机	蔑个列机	切个列机	写个列机
miə⁵⁵kəˈliə²¹³tɕi⁵⁵	tiə⁵⁵kəˈliə⁵⁵tɕi²¹³	miə⁵⁵kəˈliə⁵⁵tɕi²¹³	tsʻiə⁵⁵kəˈliə⁵⁵tɕi²¹³	siə⁵⁵kəˈliə⁵⁵tɕi²¹³
洗	鸡	杯	背	配
si⁵⁵	tɕi²¹³	pei²¹³	pei²¹³	pʻei⁴²
些急	结立	摆给²¹³	摆给*	排给（42）
siə²¹³tɕi⁵⁵	tɕiə⁵⁵li²¹³	pɛ⁵⁵kei²¹³	pɛ⁵⁵kei²¹³	pʻɛ⁵⁵kei⁴²
写个列急	结个列鸡	摆个来给*	摆个来给*	排个来给（42）
siə⁵⁵kəˈliə²¹³tɕi⁵⁵	tɕiə⁵⁵kəˈliə⁵⁵tɕi²¹³	pɛ⁵⁵kəˈlɛ⁵⁵kei²¹³	pɛ⁵⁵kəˈlɛ⁵⁵kei²¹³	pʻɛ⁵⁵kəˈlɛ⁵⁵kei⁴²
赔	倍	妹	对	腿
pʻei⁴²	pei⁴²	mei⁴²	tei²¹³	tʻei⁵⁵
排给	摆给	买给	逮给*	抬隔
pʻɛ⁵⁵kei⁴²	pɛ⁵⁵kei⁴²	mɛ⁵⁵kei⁴²	tɛ⁵⁵kei²¹³	tʻɛ²¹³kei⁵⁵
排个来给	摆个来给	买个来给	逮个来给*	抬个来隔
pʻɛ⁵⁵kəˈlɛ⁵⁵kei⁴²	pɛ⁵⁵kəˈlɛ⁵⁵kei⁴²	mɛ⁵⁵kəˈlɛ⁵⁵kei⁴²	tɛ⁵⁵kəˈlɛ⁵⁵kei²¹³	tʻɛ⁵⁵kəˈlɛ²¹³kei⁵⁵
队	累	罪	碎	回
tei⁴²	lei⁴²	tθei⁴²	θei⁴²	xuei⁴²
逮给	来给	宰给	塞给	怀贵
tɛ⁵⁵kei⁴²	lɛ⁵⁵kei⁴²	tθɛ⁵⁵kei⁴²	θɛ⁵⁵kei⁴²	xuɛ⁵⁵kuei⁴²
逮个来给	来个来给	宰个来给	塞个来给	怀古来贵
tɛ⁵⁵kəˈlɛ⁵⁵kei⁴²	lɛ⁵⁵kəˈlɛ⁵⁵kei⁴²	tθɛ⁵⁵kəˈlɛ⁵⁵kei⁴²	θɛ⁵⁵kəˈlɛ⁵⁵kei⁴²	xuɛ⁵⁵kuˈluɛ⁵⁵kuei⁴²
最	会 开会	坏	挂	歪
tθei²¹³	xuei²¹³	xuɑ⁴²	kuɑ²¹³	uɛ²¹³
宰给*	怀归	怀怪	拐辣（luɑ²¹³）	崴乖
tθɛ⁵⁵kei²¹³	xuɛ⁵⁵kuei²¹³	xuɛ⁵⁵kuɛ⁴²	kuɛ⁵⁵luɑ²¹³	uɛ⁵⁵kuɛ²¹³
宰个来给*	怀古来归	怀古来怪	拐古来挂	崴古来乖
tθɛ⁵⁵kəˈlɛ⁵⁵kei²¹³	xuɛ⁵⁵kuˈluɛ⁵⁵kuei²¹³	xuɛ⁵⁵kuˈluɛ⁵⁵kuɛ⁴²	kuɛ⁵⁵kuˈluɛ⁵⁵kuɑ²¹³	uɛ⁵⁵kuˈluɛ⁵⁵kuɛ²¹³

续表

快	话	岁	皮	纸
k'uɛ²¹³	xuɑ⁴²	θei⁴²	p'i⁴²	tʂʅ⁵⁵
扡lue	怀卦	塞给	撒记	摺急
k'uɛ⁵⁵luɛ²¹³	xuɛ⁵⁵kuɑ⁴²	θɛ⁵⁵kei⁴²	p'iə⁵⁵tɕi⁴²	tʂə²¹³tɕi⁵⁵
扡古来乖	怀古来卦	塞个来给	撒个列记	摺个列急
k'uɛ⁵⁵ku'luɛ⁵⁵kuɛ²¹³	xuɛ⁵⁵ku'luɛ⁵⁵kuɑ⁴²	θɛ⁵⁵kə'lɛ⁵⁵kei⁴²	p'iə⁵⁵kə'liə⁵⁵tɕi⁴²	tʂə⁵⁵kə'liə²¹³tɕi⁵⁵
是	骑	儿	椅	鼻
ʂʅ⁴²	tɕ'i⁴²	ər⁴²	i⁵⁵	pi⁴²
色记	茄立	哀个儿	热急	鳖记
ʂə⁵⁵tɕi⁴²	tɕ'iə⁵⁵li⁴²	ɛ⁵⁵kər⁴²	iə²¹³tɕi⁵⁵	piə⁵⁵tɕi⁴²
色个列记	茄个列寄	哀个来个儿	野个列急	鳖个列记
ʂə⁵⁵kə'liə⁵⁵tɕi⁴²	tɕ'iə⁵⁵kə'liə⁴²	ɛ⁵⁵kə'lɛ⁵⁵kər⁴²	iə⁵⁵kə'liə²¹³tɕi⁵⁵	piə⁵⁵kə'liə⁵⁵tɕi⁴²
眉	美	地	梨	死
mei⁴²	mei⁵⁵	ti⁴²	li⁴²	θʅ⁵⁵
买给	买隔	跌记	裂记	瑟儿
mɛ⁵⁵kei⁴²	mɛ²¹³kei⁵⁵	tiə⁵⁵tɕi⁴²	liə⁵⁵tɕi⁴²	θə²¹³tɕi⁵⁵
买个来给	买个来隔	跌个列记	裂个列记	瑟个列儿
mɛ⁵⁵kə'lɛ⁵⁵kei⁴²	mɛ⁵⁵kə'lɛ²¹³kei⁵⁵	tiə⁵⁵kə'liə⁵⁵tɕi⁴²	liə⁵⁵kə'liə⁵⁵tɕi⁴²	θə⁵⁵kə'liə²¹³tɕi⁵⁵
四	师	二	姨	你
θʅ²¹³	ʂʅ²¹³	ər⁴²	i⁴²	ni⁵⁵
瑟鸡	色鸡	哀盖儿	野记	捏几
θə⁵⁵tɕi²¹³	ʂə⁵⁵tɕi²¹³	ɛ⁵⁵kər⁴²	iə⁵⁵tɕi⁴²	niə²¹³tɕi⁵⁵
瑟个列鸡	色个列鸡	哀个来盖儿	野个列记	捏个列几
θə⁵⁵kə'liə⁵⁵tɕi²¹³	ʂə⁵⁵kə'liə⁵⁵tɕi²¹³	ɛ⁵⁵kə'lɛ⁵⁵kər⁴²	iə⁵⁵kə'liə⁵⁵tɕi⁴²	niə⁵⁵kə'liə²¹³tɕi⁵⁵
李	里	时	耳	记
li⁵⁵	li⁵⁵	ʂʅ⁴²	ər⁵⁵	tɕi⁴²
列几	列几	色记	哀艮儿	结力
liə²¹³tɕi⁵⁵	liə²¹³tɕi⁵⁵	ʂə⁵⁵tɕi⁴²	ɛ²¹³kər⁵⁵	tɕiə⁵⁵li⁴²
裂个列几	裂个列几	色个列记	哀个来艮儿	结个列记
liə⁵⁵kə'liə²¹³tɕi⁵⁵	liə⁵⁵kə'liə²¹³tɕi⁵⁵	ʂə⁵⁵kə'liə⁵⁵tɕi⁴²	ɛ⁵⁵kə'lɛ²¹³kər⁵⁵	tɕiə⁵⁵kə'liə⁵⁵tɕi⁴²

续表

医	机	几	气	衣
i²¹³	tɕi²¹³	tɕi⁵⁵	tɕ'i²¹³	i²¹³
野鸡	结立	结里	茄立	野鸡
iə⁵⁵tɕi²¹³	tɕiə⁵⁵li²¹³	tɕiə²¹³li⁵⁵	tɕ'iə⁵⁵li²¹³	iə⁵⁵tɕi²¹³
野个列鸡	结个列机	结个列几	茄个列记	野个列鸡
iə⁵⁵kə'liə⁵⁵tɕi²¹³	tɕiə⁵⁵kə'liə⁵⁵tɕi²¹³	tɕiə⁵⁵kə'liə²¹³tɕi⁵⁵	tɕ'iə⁵⁵kə'liə⁵⁵tɕi²¹³	iə⁵⁵kə'liə⁵⁵tɕi²¹³
吹	睡	跪	泪	醉
tʂ'uei²¹³	ʂuei⁴²	kuei⁴²	lei⁴²	tθei⁴²
揣归	摔跪	拐 luei⁴²	来给	宰给
tʂ'uɛ⁵⁵kuei²¹³	ʂuɛ⁵⁵kuei⁴²	kuɛ⁵⁵luei⁴²	lɛ⁵⁵kei⁴²	tθɛ⁵⁵kei⁴²
揣古来归	摔古来跪	拐古来跪	来个来给	宰个来给
tʂ'uɛ⁵⁵ku'luɛ⁵⁵kuei²¹³	ʂuɛ⁵⁵ku'luɛ⁵⁵kuei⁴²	kuɛ⁵⁵ku'luɛ⁵⁵kuei⁴²	lɛ⁵⁵kə'lɛ⁵⁵kei⁴²	tθɛ⁵⁵kə'lɛ⁵⁵kei⁴²
追	水	谁	龟	柜
tʂuei²¹³	ʂuei⁵⁵	ʂuei⁴²	kuei²¹³	kuei⁴²
跩归	摔鬼	摔柜	拐累（luei²¹³）	拐类
tʂuɛ⁵⁵kuei²¹³	ʂuɛ²¹³kuei⁵⁵	ʂuɛ⁵⁵kuei⁴²	kuɛ⁵⁵luei²¹³	kuɛ⁵⁵luei⁴²
跩古来归	摔古来鬼	摔古来柜	拐古来归	拐古来柜
tʂuɛ⁵⁵ku'luɛ⁵⁵kuei²¹³	ʂuɛ⁵⁵ku'luɛ⁵⁵kuei⁵⁵	ʂuɛ⁵⁵ku'luɛ⁵⁵kuei⁴²	kuɛ⁵⁵ku'luɛ⁵⁵kuei²¹³	kuɛ⁵⁵ku'luɛ⁵⁵kuei⁴²
飞	鬼	贵	宝	毛
fei²¹³	kuei⁵⁵	kuei²¹³	pɔ⁵⁵	mɔ⁴²
fɛ⁵⁵ 给*	乖磊	拐累	拜搞	买告
fɛ⁵⁵kei²¹³	kuɛ²¹³luei⁵⁵	kuɛ⁵⁵luei²¹³	pɛ²¹³kɔ⁵⁵	mɛ⁵⁵kɔ⁴²
fɛ⁵⁵ 个来给*	拐古来鬼	拐古来贵	摆个来搞	买个来告
fɛ⁵⁵kə'lɛ⁵⁵kei²¹³	kuɛ⁵⁵ku'luɛ⁵⁵kuei⁵⁵	kuɛ⁵⁵ku'luɛ⁵⁵kuei²¹³	pɛ⁵⁵kə'lɛ²¹³kɔ⁵⁵	mɛ⁵⁵kə'lɛ⁵⁵kɔ⁴²
帽	刀	到	桃	道
mɔ⁴²	tɔ²¹³	tɔ⁴²	t'ɔ⁴²	tɔ⁴²
买告	逮高	逮告	抬告	逮告
mɛ⁵⁵kɔ⁴²	tɛ⁵⁵kɔ²¹³	tɛ⁵⁵kɔ⁴²	t'ɛ⁵⁵kɔ⁴²	tɛ⁵⁵kɔ⁴²
买个来告	逮个来高	逮个来告	抬个来告	逮个来告
mɛ⁵⁵kə'lɛ⁵⁵kɔ⁴²	tɛ⁵⁵kə'lɛ⁵⁵kɔ²¹³	tɛ⁵⁵kə'lɛ⁵⁵kɔ⁴²	t'ɛ⁵⁵kə'lɛ⁵⁵kɔ⁴²	tɛ⁵⁵kə'lɛ⁵⁵kɔ⁴²

续表

脑	老	早	枣	草
nɔ^{55}	lɔ^{55}	tθɔ^{55}	tθɔ^{55}	tθ'ɔ^{55}
奶搞	来搞	在搞	在搞	才搞
nɛ^{213}kɔ^{55}	lɛ$^{42/213}$kɔ^{55}	tθɛ^{42}kɔ^{55}	tθɛ^{42}kɔ^{55}	tθ'ɛ^{42}kɔ^{55}
奶个来搞	来个来搞	宰个来搞	宰个来搞	彩个来高
nɛ^{55}kə'lɛ^{213}kɔ^{55}	lɛ^{55}kə'lɛ^{213}kɔ^{55}	tθɛ^{55}kə'lɛ^{213}kɔ^{55}	tθɛ^{55}kə'lɛ^{213}kɔ^{55}	tθ'ɛ^{55}kə'lɛ^{213}kɔ^{55}
扫	嫂	高	好 好坏	号
θɔ^{55}	θɔ^{55}	kɔ^{213}	xɔ^{55}	xɔ^{42}
塞搞	塞搞	改捞	亥搞	海告
θɛ^{213}kɔ^{55}	θɛ^{42}kɔ^{55}	kɛ^{55}lɔ^{213}	xɛ^{213}kɔ^{55}	xɛ^{55}kɔ^{42}
塞个来搞	塞个来搞	改个来高	海个来搞	海个来告
θɛ^{55}kə'lɛ^{213}kɔ^{55}	θɛ^{55}kə'lɛ^{213}kɔ^{55}	kɛ^{55}kə'lɛ^{213}kɔ^{213}	xɛ^{55}kə'lɛ^{213}kɔ^{55}	xɛ^{55}kə'lɛ^{55}kɔ^{42}
袄	包	饱	跑	猫
ɔ^{55}	pɔ^{213}	pɔ^{55}	p'ɔ^{55}	mɔ^{42}
爱搞	摆高	拜搞	排搞	买告
ɛ^{42}kɔ^{55}	pɛ^{55}kɔ^{213}	pɛ^{213}kɔ^{55}	p'ɛ^{213}kɔ^{55}	mɛ^{55}kɔ^{42}
矮个来搞	摆个来高	摆个来搞	排个来搞	买个来告
ɛ^{55}kə'lɛ^{213}kɔ^{55}	pɛ^{55}kə'lɛ^{55}kɔ^{213}	pɛ^{55}kə'lɛ^{213}kɔ^{55}	p'ɛ^{55}kə'lɛ^{213}kɔ^{55}	mɛ^{55}kə'lɛ^{55}kɔ^{42}
找	吵	表	票	小
tʂɔ^{55}	tʂ'ɔ^{55}	piɔ^{55}	p'iɔ^{213}	siɔ^{55}
斋搞	钗搞	憋绞	撇交	些绞
tʂɛ^{213}kɔ^{55}	tʂ'ɛ^{213}kɔ^{55}	piə^{213}tɕiɔ^{55}	p'iə^{55}tɕiɔ^{213}	siə^{213}tɕiɔ^{55}
斋个来搞	钗个来搞	憋个列绞	撇个列交	写个列绞
tʂɛ^{55}kə'lɛ^{213}kɔ^{55}	tʂ'ɛ^{55}kə'lɛ^{213}kɔ^{55}	piə^{55}kə'liə^{213}tɕiɔ^{55}	p'iə^{55}kə'liə^{213}tɕiɔ^{55}	siə^{55}kə'liə^{213}tɕiɔ^{55}
笑	赵	照	烧	少 多少
siɔ^{42}	tʃɔ^{42}	tʃɔ^{213}	ʃɔ^{213}	ʃɔ^{55}
写叫	哲叫	哲交	舍交	赊绞
siə^{55}tɕiɔ^{42}	tʃə^{55}tɕiɔ^{42}	tʃə^{55}tɕiɔ^{213}	ʃə^{55}tɕiɔ^{213}	ʃə^{213}tɕiɔ^{55}
写个列叫	哲个列叫	哲个列交	舍个列交	赊个列交
siə^{55}kə'liə^{55}tɕiɔ^{42}	tʃə^{55}kə'liə^{55}tɕiɔ^{42}	tʃə^{55}kə'liə^{55}tɕiɔ^{213}	ʃə^{55}kə'liə^{55}tɕiɔ^{213}	ʃə^{55}kə'liə^{213}tɕiɔ^{55}

续表

桥	腰	摇	鸟	跳
tɕʻiɔ⁴²	iɔ²¹³	iɔ⁴²	niɔ⁵⁵	tʻiɔ⁴²
茄料	野交	野叫	捏绞	铁叫
tɕʻiə⁵⁵liɔ⁴²	iə⁵⁵tɕiɔ²¹³	iə⁵⁵tɕiɔ⁴²	niə²¹³tɕiɔ⁵⁵	tʻiə⁵⁵tɕiɔ⁴²
茄个列叫	野个列交	野个列叫	捏个列绞	铁个列叫
tɕʻiə⁵⁵kəˈliə⁵⁵tɕiɔ⁴²	iə⁵⁵kəˈliə⁵⁵tɕiɔ²¹³	iə⁵⁵kəˈliə⁵⁵tɕiɔ⁴²	niə⁵⁵kəˈliə⁵⁵tɕiɔ⁵⁵	tʻiə⁵⁵kəˈliə⁵⁵tɕiɔ⁴²
条	掉	浇	叫	偷
tʻiɔ²¹³	tiɔ⁴²	tɕiɔ²¹³	tɕiɔ⁴²	tʻou²¹³
铁交	跌叫	结浇	结料	抬沟
tʻiə⁵⁵tɕiɔ²¹³	tiə⁵⁵tɕiɔ⁴²	tɕiə⁵⁵tɕiɔ²¹³	tɕiə⁵⁵liɔ⁴²	tʻɛ⁵⁵kou²¹³
铁个列交	跌个列叫	结个列浇	结个列叫	抬个来沟
tʻiə⁵⁵kəˈliə⁵⁵tɕiɔ²¹³	tiə⁵⁵kəˈliə⁵⁵tɕiɔ⁴²	tsiə⁵⁵kəˈliə⁵⁵tɕiɔ²¹³	tɕiə⁵⁵kəˈliə⁵⁵tɕiɔ⁴²	tʻɛ⁵⁵kəˈlɛ⁵⁵kou²¹³
头	豆	楼	漏	走
tʻou⁴²	tou⁴²	lou⁴²	lou⁴²	tθou⁵⁵
太够	歹够	来够	来够	宰狗
tʻɛ⁵⁵kou⁴²	tɛ⁵⁵kou⁴²	lɛ⁵⁵kou⁴²	lɛ⁵⁵kou⁴²	tθɛ²¹³kou⁵⁵
太个来够	歹个来够	来个来够	来个来够	宰个来狗
tʻɛ⁵⁵kəˈlɛ⁵⁵kou⁴²	tɛ⁵⁵kəˈlɛ⁵⁵kou⁴²	lɛ⁵⁵kəˈlɛ⁵⁵kou⁴²	lɛ⁵⁵kəˈlɛ⁵⁵kou⁴²	tθɛ⁵⁵kəˈlɛ⁵⁵kou⁵⁵
狗	口	猴	后	富
kou⁵⁵	kʻou⁵⁵	xou⁴²	xou⁴²	fu²¹³
该狗	开狗	亥够	亥够	fɛ⁵⁵ 姑
kɛ²¹³kou⁵⁵	kʻɛ²¹³kou⁵⁵	xɛ²¹³kou⁴²	xɛ²¹³kou⁴²	fɛ⁵⁵ku²¹³
该个来狗	开个来狗	海个来够	海个来够	fɛ⁵⁵ 古来姑
kɛ⁵⁵kəˈlɛ²¹³kou⁵⁵	kʻɛ⁵⁵kəˈlɛ²¹³kou⁵⁵	xɛ⁵⁵kəˈlɛ⁵⁵kou⁴²	xɛ⁵⁵kəˈlɛ⁵⁵kou⁴²	fɛ⁵⁵kuˈluɛ⁵⁵ku²¹³
刘	酒	秋	丑	愁
liou⁴²	tsiou⁵⁵	tsʻiou²¹³	tʃʻou⁵⁵	tʂou⁴²
裂旧	借九	切揪	车九	钗够
liə⁵⁵tɕiou⁴²	tsiə²¹³tɕiou⁵⁵	tsʻiə⁵⁵tsiou²¹³	tʃʻə²¹³tɕiou⁵⁵	tʂʻɛ⁵⁵kou⁴²
裂个列旧	借个列九	切个列揪	车个列九	钗个来够
liə⁵⁵kəˈliə⁵⁵tɕiou⁴²	tsiə⁵⁵kəˈliə²¹³tɕiou⁵⁵	tsʻiə⁵⁵kəˈliə⁵⁵tsiou²¹³	tʃʻə⁵⁵kəˈliə²¹³tɕiou⁵⁵	tʂʻɛ⁵⁵kəˈlɛ⁵⁵kou⁴²

续表

瘦	手	仇	九	舅
ʂou²¹³	ʃou⁵⁵	tʃʻou⁴²	tɕiou⁵⁵	tɕiou⁴²
晒沟	舍九	车旧	结柳	结六
ʂɛ⁵⁵kou²¹³	ʃə²¹³tɕiou⁵⁵	tʃʻə²¹³tɕiou⁴²	tɕie²¹³liou⁵⁵	tɕiɛ⁵⁵liou⁴²
晒个来沟	舍个列九	车个列旧	结个列九	结个列舅
ʂɛ⁵⁵kə'lɛ⁵⁵kou²¹³	ʃə⁵⁵kə'liə⁵⁵tɕiou⁵⁵	tʃʻə⁵⁵kə'liə⁵⁵tɕiou⁴²	tɕiɛ⁵⁵kə'liə⁵⁵tɕiou⁵⁵	tɕiɛ⁵⁵kə'liə⁵⁵tɕiou⁴²
旧	休	有	丢	南
tɕiou⁴²	ɕiou²¹³	iou⁵⁵	tiou²¹³	nã²¹³
结六	歇纠	热九	跌纠	奶杆
tɕiə⁵⁵liou⁴²	ɕiə⁵⁵tɕiou²¹³	iə²¹³tɕiou⁵⁵	tiə⁵⁵tɕiou²¹³	nɛ⁵⁵kã²¹³
结个列旧	歇个列纠	热个列九	跌个列纠	奶个来杆
tɕiə⁵⁵kə'liə⁵⁵tɕiou⁴²	ɕiə⁵⁵kə'liə⁵⁵tɕiou²¹³	iə⁵⁵kə'liə⁵⁵tɕiou⁵⁵	tiə⁵⁵kə'liə⁵⁵tɕiou²¹³	nɛ⁵⁵kə'lɛ⁵⁵kã²¹³
男	含	暗	胆	篮
nã⁴²	xã⁴²	ã²¹³	tã⁵⁵	lã⁴²
奶干	海干	碍肝	呆敢	来干
nɛ⁵⁵kã⁴²	xɛ⁵⁵kã⁴²	ɛ⁵⁵kã²¹³	tɛ²¹³kã⁵⁵	lɛ⁵⁵kã⁴²
奶个来干	海个来干	碍个来肝	呆个来敢	来个来干
nɛ⁵⁵kə'lɛ⁵⁵kã⁴²	xɛ⁵⁵kə'lɛ⁵⁵kã⁴²	ɛ⁵⁵kə'lɛ⁵⁵kã²¹³	tɛ⁵⁵kə'lɛ²¹³kã⁵⁵	lɛ⁵⁵kə'lɛ⁵⁵kã⁴²
三	敢	站	馋	咸
θã²¹³	kã⁵⁵	tʂã²¹³	tʂʻã⁴²	ɕiã⁵⁵
塞甘	该懒	斋肝	钗干	皆减
θɛ⁵⁵kã²¹³	kɛ²¹³lã⁵⁵	tʂɛ⁵⁵kã²¹³	tʂʻɛ⁵⁵kã⁴²	ɕiɛ²¹³tɕiã⁵⁵
塞个来甘	该个来敢	斋个来甘	钗个来干	皆个列减
θɛ⁵⁵kə'lɛ⁵⁵kã²¹³	kɛ⁵⁵kə'lɛ²¹³kã⁵⁵	tʂɛ⁵⁵kə'lɛ⁵⁵kã²¹³	tʂʻɛ⁵⁵kə'lɛ⁵⁵kã⁴²	ɕiɛ⁵⁵kə'liə²¹³tɕiã⁵⁵
衫	尖	脸	盐	欠
ʂã²¹³	tsiã²¹³	liã⁵⁵	iã⁴²	tɕʻiã²¹³
筛甘	节坚	猎减	野见	茄奸
ʂɛ⁵⁵kã²¹³	tsiə⁵⁵tɕiã²¹³	liə²¹³tɕiã⁵⁵	iə⁵⁵tɕiã⁴²	tɕʻiə⁵⁵liã²¹³
筛个来甘	节个列坚	猎个列减	野个列见	茄个列奸
ʂɛ⁵⁵kə'lɛ⁵⁵kã²¹³	tsiə⁵⁵kə'liə⁵⁵tɕiã²¹³	liə⁵⁵kə'liə⁵⁵tɕiã⁵⁵	iə⁵⁵kə'liə⁵⁵tɕiã⁴²	tɕʻiə⁵⁵kə'liə⁵⁵tɕiã²¹³

续表

点	店	甜	林	心
tiã⁵⁵	tiã⁴²	tʻiã⁴²	liẽ⁴²	siẽ²¹³
爹检	跌见	铁见	裂劲	写斤
tiə²¹³tɕiã⁵⁵	tiə⁵⁵tɕiã⁴²	tʻiə⁵⁵tɕiã⁴²	liə⁵⁵tɕiẽ⁴²	siə⁵⁵tɕiẽ²¹³
跌个列检	跌个列见	铁个列见	裂个列劲	写个列斤
tiə⁵⁵kə˙liə²¹³tɕiã⁵⁵	tiə⁵⁵kə˙liə⁵⁵tɕiã⁴²	tʻiə⁵⁵kə˙liə⁵⁵tɕiã⁴²	liə⁵⁵kə˙liə⁵⁵tɕiẽ⁴²	siə⁵⁵kə˙liə⁵⁵tɕiẽ²¹³
沉	琴	阴	单	干 干湿
tʃʻẽ⁴²	tɕʻiẽ⁴²	iẽ²¹³	tã²¹³	kã²¹³
扯劲	茄林	野今	逮甘	改婪
tʃʻə⁵⁵tɕiẽ⁴²	tɕʻiə⁵⁵liẽ⁴²	iə⁵⁵tɕiẽ²¹³	te⁵⁵kã²¹³	ke⁵⁵lã²¹³
扯个列劲	茄个列劲	野个列今	逮个来甘	改个来甘
tʃʻə⁵⁵kə˙liə⁵⁵tɕiẽ⁴²	tɕʻiə⁵⁵kə˙liə⁵⁵tɕiẽ⁴²	iə⁵⁵kə˙liə⁵⁵tɕiẽ²¹³	te⁵⁵kə˙le⁵⁵kã²¹³	ke⁵⁵kə˙le⁵⁵kã²¹³
赶	看	山	眼	班
kã⁵⁵	kʻã²¹³	ʂã²¹³	iã⁵⁵	pã²¹³
该懒	楷婪	筛甘	也检	摆甘
kɛ²¹³lã⁵⁵	kʻɛ⁵⁵lã²¹³	ʂɛ⁵⁵kã²¹³	iə²¹³tɕiã⁵⁵	pɛ⁵⁵kã²¹³
改个来敢	楷个来甘	筛个来甘	也个列检	摆个来甘
kɛ⁵⁵kə˙lɛ²¹³kã⁵⁵	kʻɛ⁵⁵kə˙lɛ⁵⁵kã²¹³	ʂɛ⁵⁵kə˙lɛ⁵⁵kã²¹³	iə⁵⁵kə˙liə⁵⁵tɕiã⁵⁵	pɛ⁵⁵kə˙lɛ⁵⁵kã²¹³
板	慢	变	汗	摊
pã⁵⁵	mã⁴²	piã²¹³	xã⁴²	tʻã²¹³
拜敢	买干	憋奸	海干	太甘
pɛ²¹³kã⁵⁵	mɛ⁵⁵kã⁴²	piə⁵⁵tɕiã²¹³	xɛ⁵⁵kã⁴²	tʻɛ⁵⁵kã²¹³
摆个来敢	买个来干	憋个列奸	海个来干	太个来甘
pɛ⁵⁵kə˙lɛ²¹³kã⁵⁵	mɛ⁵⁵kə˙lɛ⁵⁵kã⁴²	piə⁵⁵kə˙liə⁵⁵tɕiã²¹³	xɛ⁵⁵kə˙lɛ⁵⁵kã⁴²	tʻɛ⁵⁵kə˙lɛ⁵⁵kã²¹³
深	骗	棉	面	连
ʃẽ²¹³	pʻiã⁴²	miã⁴²	miã⁴²	liã⁴²
舍金	撒奸	灭见	灭见	裂见
ʃə⁵⁵tɕiẽ²¹³	pʻiə⁵⁵tɕiã⁴²	miə⁵⁵tɕiã⁴²	miə⁵⁵tɕiã⁴²	liə⁵⁵tɕiã⁴²
舍个列金	撒个列奸	灭个列见	灭个列见	列个列见
ʃə⁵⁵kə˙liə⁵⁵tɕiẽ²¹³	pʻiə⁵⁵kə˙liə⁵⁵tɕiã⁴²	miə⁵⁵kə˙liə⁵⁵tɕiã⁴²	miə⁵⁵kə˙liə⁵⁵tɕiã⁴²	liə⁵⁵kə˙liə⁵⁵tɕiã⁴²

续表

浅	钱	贱	线	边
tsʻiã⁵⁵	tsʻiã⁴²	tsiã⁴²	siã²¹³	piã²¹³
切减	切见	节见	写奸	憋奸
tsʻiə²¹³tɕiã⁵⁵	tsʻiə⁵⁵tɕiã⁴²	tsiə⁵⁵tɕiã⁴²	siə⁵⁵tɕiã²¹³	piə⁵⁵tɕiã²¹³
切个列减	切个列见	节个列见	写个列奸	憋个列奸
tsʻiə⁵⁵kəˈliə²¹³tɕiã⁵⁵	tsʻiə⁵⁵kəˈliə⁵⁵tɕiã⁴²	tsiə⁵⁵kəˈliə⁵⁵tɕiã⁴²	siə⁵⁵kəˈliə⁵⁵tɕiã²¹³	piə⁵⁵kəˈliə⁵⁵tɕiã²¹³
天	电	年	千	前
tʻiã²¹³	tiã⁴²	niã⁴²	tsʻiã²¹³	tsʻiã⁴²
铁奸	跌见	捏见	切奸	切见
tʻiə⁵⁵tɕiã²¹³	tiə⁵⁵tɕiã⁴²	niə⁵⁵tɕiã⁴²	tsʻiə⁵⁵tɕiã²¹³	tsʻiə⁵⁵tɕiã⁴²
铁个列奸	跌个列见	捏个列见	切个列奸	切个列见
tʻiə⁵⁵kəˈliə⁵⁵tɕiã²¹³	tiə⁵⁵kəˈliə⁵⁵tɕiã⁴²	niə³⁵kəˈliə⁵⁵tɕiã⁴²	tsʻiə⁵⁵kəˈliə⁵⁵tɕiã²¹³	tsʻiə⁵⁵kəˈliə⁵⁵tɕiã⁴²
烟	半	满	短	断
iã²¹³	pã²¹³	mã⁵⁵	tã⁵⁵	tã⁴²
野奸	摆甘	埋敢	呆敢	逮干
iə⁵⁵tɕiã²¹³	pɛ⁵⁵kã²¹³	mɛ²¹³kã⁵⁵	tɛ²¹³kã⁵⁵	tɛ⁵⁵kã⁴²
野个列奸	摆个来甘	买个来敢	逮个来敢	逮个来干
iə⁵⁵kəˈliə⁵⁵tɕiã²¹³	pɛ⁵⁵kəˈlɛ⁵⁵kã²¹³	mɛ⁵⁵kəˈlɛ²¹³kã⁵⁵	tɛ⁵⁵kəˈlɛ²¹³kã⁵⁵	tɛ⁵⁵kəˈlɛ⁵⁵kã⁴²
酸	蒜	官	宽	换
θã²¹³	θã²¹³	kuã²¹³	kʻuã²¹³	xuã⁴²
塞甘	塞甘	拐卵*	扤官	怀灌
θɛ⁵⁵kã²¹³	θɛ⁵⁵kã²¹³	kuɛ⁵⁵luã²¹³	kʻuɛ⁵⁵kuã²¹³	xuɛ⁵⁵kuã⁴²
塞个来甘	塞个来甘	拐古来官	扤古来官	怀古来灌
θɛ⁵⁵kəˈlɛ⁵⁵kã²¹³	θɛ⁵⁵kəˈlɛ⁵⁵kã²¹³	kuɛ⁵⁵kuˈluɛ⁵⁵kuã²¹³	kʻuɛ⁵⁵kuˈluɛ⁵⁵kuã²¹³	xuɛ⁵⁵kuˈluɛ⁵⁵kuã⁴²
关	弯	全	穿	船
kuã²¹³	uã²¹³	tsʻyã⁴²	tʃʻuã²¹³	tʃʻuã⁴²
拐卵*	崴关	鹊倦	拙（送气）绢	拙（送气）倦
kuɛ⁵⁵luã²¹³	uɛ⁵⁵kuã²¹³	tsʻyə⁵⁵tɕyã⁴²	tʃʻuə⁵⁵tɕyã²¹³	tʃʻuə⁵⁵tɕyã⁴²
拐古来关	崴古来关	鹊古略倦	拙（送气）古来绢	拙（送气）古来倦
kuɛ⁵⁵kuˈluɛ⁵⁵kuã²¹³	uɛ⁵⁵kuˈluɛ⁵⁵kuã²¹³	tsʻyə⁵⁵kuˈlyə⁵⁵tɕyã⁴²	tʃʻuə⁵⁵kuˈluɛ⁵⁵tɕyã²¹³	tʃʻuə⁵⁵kuˈluɛ⁵⁵tɕyã⁴²

续表

拳	圆	院	翻	饭
tɕ'yã⁴²	yã⁴²	yã⁴²	fã²¹³	fã⁴²
却倦	野倦	野倦/灌	fɛ⁵⁵甘	fɛ⁵⁵干
tɕ'yə⁵⁵tɕyã⁴²	yə⁵⁵tɕyã⁴²	yə⁵⁵tɕyã⁴²/kuã⁴²	fɛ⁵⁵kã²¹³	fɛ⁵⁵kã⁴²
却古略倦	野古略倦	野古略圈	fɛ⁵⁵个来甘	fɛ⁵⁵个来干
tɕ'yə⁵⁵ku'lyə⁵⁵tɕyã⁴²	yə⁵⁵ku'lyə⁵⁵tɕyã⁴²	yə⁵⁵ku'lyə⁵⁵tɕyã⁴²	fɛ⁵⁵kə'lɛ⁵⁵kã²¹³	fɛ⁵⁵kə'lɛ⁵⁵kã⁴²
晚	万	元	远	恨
uã⁵⁵	uã²¹³	yã⁴²	yã⁵⁵	xẽ⁴²
歪敢	歪官	约倦	约卷	海艮
uɛ²¹³kuã⁵⁵	uɛ⁵⁵kuã²¹³	yə⁵⁵tɕyã⁴²	yə²¹³tɕyã⁵⁵	xɛ⁵⁵kẽ⁴²
歪古来敢	歪古来官	约古略倦	野个略卷	海个来艮
uɛ⁵⁵ku'luɛ²¹³kuã⁵⁵	uɛ⁵⁵ku'luɛ⁵⁵kuã²¹³	yə⁵⁵ku'lyə⁵⁵tɕyã⁴²	yə⁵⁵ku'lyə²¹³tɕyã⁵⁵	xɛ⁵⁵kə'lɛ⁵⁵kẽ⁴²
贫	进	新	信	陈
p'iẽ⁴²	tsiẽ²¹³	siẽ²¹³	siẽ²¹³	tʃ'ẽ⁴²
撇劲	节金	写金	写金	车劲
p'iə⁵⁵tɕiẽ⁴²	tsiə⁵⁵tɕiẽ²¹³	siə⁵⁵tɕiẽ²¹³	siə⁵⁵tɕiẽ²¹³	tʃ'ə⁵⁵tɕiẽ⁴²
撇个列劲	节个列金	写个列金	写个列金	车个列劲
p'iə⁵⁵kə'liə⁵⁵tɕiẽ⁴²	tsiə⁵⁵kə'liə⁵⁵tɕiẽ²¹³	siə⁵⁵kə'liə⁵⁵tɕiẽ²¹³	siə⁵⁵kə'liə⁵⁵tɕiẽ²¹³	tʃ'ə⁵⁵kə'liə⁵⁵tɕiẽ⁴²
真	身	人	近	本
tʃẽ²¹³	ʃẽ²¹³	iẽ⁴²	tɕiẽ⁵⁵	pẽ⁵⁵
者金	舍金	野劲	结紧	摆艮（55）
tʃə⁵⁵tɕiẽ²¹³	ʃə⁵⁵tɕiẽ²¹³	iə⁵⁵tɕiẽ⁴²	tɕiə²¹³liẽ⁵⁵	pɛ²¹³kẽ⁵⁵
者个列金	舍个列金	野个列劲	结个列紧	摆个来艮（55）
tʃə⁵⁵kə'liə⁵⁵tɕiẽ²¹³	ʃə⁵⁵kə'liə⁵⁵tɕiẽ²¹³	iə⁵⁵kə'liə⁵⁵tɕiẽ⁴²	tɕiə⁵⁵kə'liə²¹³tɕiẽ⁵⁵	pɛ²¹³kə'lɛ²¹³kẽ⁵⁵
笨	门	村	存	孙
pẽ⁴²	mẽ⁴²	tθ'ẽ²¹³	tθ'ẽ⁴²	θẽ²¹³
摆亘	买亘	彩跟	彩亘	塞跟
pɛ⁵⁵kẽ⁴²	mɛ⁵⁵kẽ⁴²	tθ'ɛ⁵⁵kẽ²¹³	tθ'ɛ⁵⁵kẽ⁴²	θɛ⁵⁵kẽ²¹³
摆个来亘	买个来亘	彩个来跟	彩个来亘	塞个来跟
pɛ⁵⁵kə'lɛ⁵⁵kẽ⁴²	mɛ⁵⁵kə'lɛ⁵⁵kẽ⁴²	tθ'ɛ⁵⁵kə'lɛ⁵⁵kẽ²¹³	tθ'ɛ⁵⁵kə'lɛ⁵⁵kẽ⁴²	θɛ⁵⁵kə'lɛ⁵⁵kẽ²¹³

续表

滚	困	温	春	分
kuẽ⁵⁵	k'uẽ⁴²	uẽ²¹³	tʃ'uẽ²¹³	fẽ²¹³
怪论（55）	扤论*	崴棍⁽³¹²⁾	拙（送气）军	fɛ⁵⁵跟
kuɛ²¹³luẽ⁵⁵	k'uɛ⁵⁵luẽ⁴²	uɛ⁵⁵kuẽ²¹³	tʃ'uə⁵⁵tɕyẽ²¹³	fɛ⁵⁵kẽ²¹³
怪古来滚	扤古来棍	崴古来棍⁽³¹²⁾	拙（送气）古略军	fɛ⁵⁵个来跟
kuɛ⁵⁵ku'luɛ²¹³ kuẽ⁵⁵	k'uɛ⁵⁵ku'luɛ⁵⁵ kuẽ⁴²	uɛ⁵⁵ku'luɛ⁵⁵ kuẽ²¹³	tʃ'uə⁵⁵ku'lyɛ⁵⁵ tɕyẽ²¹³	fɛ⁵⁵kə'lɛ⁵⁵kẽ²¹³
闻	问	云	帮	旁
uẽ⁴²	uẽ⁴²	yẽ⁴²	paŋ²¹³	p'aŋ⁴²
崴棍	崴棍	野菌	摆钢	排杠
uɛ⁵⁵kuẽ⁴²	uɛ⁵⁵kuẽ⁴²	yə⁵⁵tɕyẽ⁴²	pɛ⁵⁵kaŋ²¹³	p'ɛ⁵⁵kaŋ⁴²
崴古来棍	崴古来棍	野个略菌	摆个来钢	排个来杠
uɛ⁵⁵ku'luɛ⁵⁵kuẽ⁴²	uɛ⁵⁵ku'luɛ⁵⁵kuẽ⁴²	yə⁵⁵kə'lyə⁵⁵tɕyẽ⁴²	pɛ⁵⁵kə'lɛ⁵⁵kaŋ²¹³	p'ɛ⁵⁵kə'lɛ⁵⁵kaŋ⁴²
忙	躺	狼	缸	娘
maŋ⁴²	t'aŋ⁵⁵	laŋ⁴²	kaŋ²¹³	niaŋ⁴²
买杠	太港	来杠	改啷	捏降
mɛ⁵⁵kaŋ⁴²	t'ɛ²¹³kaŋ⁵⁵	lɛ⁵⁵kaŋ⁴²	kɛ⁵⁵laŋ²¹³	niə⁵⁵tɕiaŋ⁴²
买个来杠	太个来港	来个来杠	改个来缸	捏个列降
mɛ⁵⁵kə'lɛ⁵⁵kaŋ⁴²	t'ɛ⁵⁵kə'lɛ²¹³kaŋ⁵⁵	lɛ⁵⁵kə'lɛ⁵⁵kaŋ⁴²	kɛ⁵⁵kə'lɛ⁵⁵kaŋ²¹³	niə⁵⁵kə'liə⁵⁵tɕiaŋ⁴²
凉	两	亮	枪	墙
liaŋ⁴²	liaŋ⁵⁵	liaŋ²¹³	ts'iaŋ²¹³	ts'iaŋ⁴²
裂降	列讲	裂姜	切姜	切降
liə⁵⁵tɕiaŋ⁴²	liə²¹³tɕiaŋ⁵⁵	liə⁵⁵tɕiaŋ²¹³	ts'iə⁵⁵tɕiaŋ²¹³	ts'iə⁵⁵tɕiaŋ⁴²
裂个裂降	裂个列讲	裂个裂姜	切个列姜	切个列降
liə⁵⁵kə'liə⁵⁵tɕiaŋ⁴²	liə²¹³kə'liə⁵⁵ tɕiaŋ⁵⁵	liə⁵⁵kə'liə⁵⁵ tɕiaŋ²¹³	ts'iə⁵⁵kə'liə⁵⁵ tɕiaŋ²¹³	ts'iə⁵⁵kə'liə⁵⁵ tɕiaŋ⁴²
长	床	唱	伤	上
tʃ'aŋ⁴²	tʂ'uaŋ⁴²	tʃ'aŋ²¹³	ʃaŋ²¹³	ʃaŋ⁴²
车降	揣逛	车姜	舍姜	舍降
tʃ'ə⁵⁵tɕiaŋ⁴²	tʂ'uɛ⁵⁵kuaŋ⁴²	tʃ'ə⁵⁵tɕiaŋ²¹³	ʃə⁵⁵tɕiaŋ²¹³	ʃə⁵⁵tɕiaŋ⁴²
车个列降	揣古来逛	车个列姜	舍个列姜	舍个列降
tʃ'ə⁵⁵kə'liə⁵⁵tɕiaŋ⁴²	tʂ'uɛ⁵⁵ku'luɛ⁵⁵ kuaŋ⁴²	tʃ'ə⁵⁵kə'liə⁵⁵ tɕiaŋ²¹³	ʃə⁵⁵kə'liə⁵⁵tɕiaŋ²¹³	ʃə⁵⁵kə'liə⁵⁵tɕiaŋ⁴²

续表

姜	响	羊	杨	光
tɕiaŋ²¹³	ɕiaŋ⁵⁵	iaŋ⁴²	iaŋ⁴²	kuaŋ²¹³
结亮	携讲	野降	野降	拐广
tɕiə⁵⁵liaŋ²¹³	ɕiə²¹³tɕiaŋ⁵⁵	iə⁵⁵tɕiaŋ⁴²	iə⁵⁵tɕiaŋ⁴²	kuɛ⁵⁵kuaŋ²¹³
结个列姜	歇个列讲	野个列降	野个列降	拐古来广
tɕiə⁵⁵kəˈliə⁵⁵tɕiaŋ²¹³	ɕiə⁵⁵kəˈliə²¹³tɕiaŋ⁵⁵	iə⁵⁵kəˈliə⁵⁵tɕiaŋ⁴²	iə⁵⁵kəˈliə⁵⁵tɕiaŋ⁴²	kuɛ⁵⁵kuˈluɛ⁵⁵kuaŋ²¹³
王	胖	窗	江	讲
uaŋ⁴²	pʻaŋ⁴²	tʂuaŋ²¹³	tɕiaŋ²¹³	tɕiaŋ⁵⁵
崴逛	排杠	揣光	结两*	结两
uɛ⁵⁵kuaŋ⁴²	pʻɛ⁵⁵kaŋ⁴²	tʂuɛ⁵⁵kuaŋ²¹³	tɕiə⁵⁵liaŋ²¹³	tɕiə²¹³liaŋ⁵⁵
崴古来逛	排个来杠	揣古来光	结个列姜	结个列讲
uɛ⁵⁵kuˈluɛ⁵⁵kuaŋ⁴²	pʻɛ⁵⁵kəˈlɛ⁵⁵kaŋ⁴²	tʂuɛ⁵⁵kuˈluɛ⁵⁵kuaŋ²¹³	tɕiə⁵⁵kəˈliə⁵⁵tɕiaŋ⁵⁵	tɕiə⁵⁵kəˈliə²¹³tɕiaŋ⁵⁵
灯	疼	邓	层	冰
təŋ²¹³	tʻəŋ⁴²	təŋ⁴²	tθʻəŋ⁴²	piŋ²¹³
逮耕	抬更	逮更	彩更	憋经
te⁵⁵kəŋ²¹³	tʻɛ⁵⁵kəŋ⁴²	te⁵⁵kəŋ⁴²	tθʻɛ⁵⁵kəŋ⁴²	piə⁵⁵tɕiŋ²¹³
逮个来耕	抬个来更	逮个来更	彩个来更	憋个列经
te⁵⁵kəˈlɛ⁵⁵kəŋ²¹³	tʻɛ⁵⁵kəˈlɛ⁵⁵kəŋ⁴²	te⁵⁵kəˈlɛ⁵⁵kəŋ⁴²	tθʻɛ⁵⁵kəˈlɛ⁵⁵kəŋ⁴²	piə⁵⁵kəˈliə⁵⁵tɕiŋ²¹³
蒸	胜	打	冷	硬
tʃəŋ²¹³	ʃəŋ²¹³	ta⁵⁵	ləŋ⁵⁵	iŋ⁴²
者经	舍经	呆割	来耿	野敬
tʃə⁵⁵tɕiŋ²¹³	ʃə⁵⁵tɕiŋ²¹³	te²¹³ka⁵⁵	lɛ²¹³kəŋ⁵⁵	iə⁵⁵tɕiŋ⁴²
者个列经	舍个列经	逮个来割	来个来耿	野个列敬
tʃə⁵⁵kəˈliə⁵⁵tɕiŋ²¹³	ʃə⁵⁵kəˈliə⁵⁵tɕiŋ²¹³	te⁵⁵kəˈlɛ²¹³ka⁵⁵	lɛ⁵⁵kəˈlɛ²¹³kəŋ⁵⁵	iə⁵⁵kəˈliə⁵⁵tɕiŋ⁴²
平	病	明	命	镜
pʻiŋ⁴²	piŋ⁴²	miŋ⁴²	miŋ⁴²	tɕiŋ⁴²
撇敬	鳖敬	蔑敬	蔑敬	结令
pʻiə⁵⁵tɕiŋ⁴²	piə⁵⁵tɕiŋ⁴²	miə⁵⁵tɕiŋ⁴²	miə⁵⁵tɕiŋ⁴²	tɕiə⁵⁵liŋ⁴²
撇个列敬	鳖个列敬	蔑个列敬	蔑个列敬	结个列敬
pʻiə⁵⁵kəˈliə⁵⁵tɕiŋ⁴²	piə⁵⁵kəˈliə⁵⁵tɕiŋ⁴²	miə⁵⁵kəˈliə⁵⁵tɕiŋ⁴²	miə⁵⁵kəˈliə⁵⁵tɕiŋ⁴²	tɕiə⁵⁵kəˈliə⁵⁵tɕiŋ⁴²

续表

影	饼	领	清	晴
iŋ^{55}	piŋ^{55}	liŋ^{55}	ts'iŋ^{213}	ts'iŋ^{42}
也景	鳖景	列景	且经	且敬
iə^{213}tɕiŋ^{55}	piə^{213}tɕiŋ^{55}	liə^{42}tɕiŋ^{55}	ts'iə^{55}tɕiŋ^{213}	ts'iə^{55}tɕiŋ^{42}
也个列景	鳖个列景	列个列景	且个列经	且个列敬
iə^{55}kə˙liə^{213}tɕiŋ^{55}	piə^{55}kə˙liə^{213}tɕiŋ^{55}	liə^{55}kə˙liə^{213}tɕiŋ^{55}	ts'iə^{55}kə˙liə^{55}tɕiŋ^{213}	ts'iə^{55}kə˙liə^{55}tɕiŋ^{42}
整	城	瓶	听	停
tʃəŋ^{55}	tʃ'əŋ^{42}	p'iŋ^{42}	t'iŋ^{213}	t'iŋ^{55}
者景	车敬	撇敬	铁经	铁景
tʃə^{213}tɕiŋ^{55}	tʃ'ə^{55}tɕiŋ^{42}	p'iə^{55}tɕiŋ^{42}	t'iə^{55}tɕiŋ^{213}	t'iə^{55}tɕiŋ^{55}
者个列景	车个列敬	撇个列敬	铁个列经	铁个列景
tʃə^{55}kə˙liə^{213}tɕiŋ^{55}	tʃ'ə^{55}kə˙liə^{55}tɕiŋ^{42}	p'iə^{55}kə˙liə^{55}tɕiŋ^{42}	t'iə^{55}kə˙liə^{55}tɕiŋ^{213}	t'iə^{55}kə˙liə^{213}tɕiŋ^{55}
零	星	醒	东	懂
liŋ^{213}	siŋ^{213}	siŋ^{55}	tuŋ^{213}	tuŋ^{55}
裂经	写经	些景	逮工	逮拱
liə^{55}tɕiŋ^{213}	siə^{55}tɕiŋ^{213}	siə^{55}tɕiŋ^{55}	tɛ^{55}kuŋ^{213}	tɛ^{213}kuŋ^{55}
裂个列经	写个列经	写个列景	逮古来工	逮古来拱
liə^{55}kə˙liə^{55}tɕiŋ^{213}	siə^{55}kə˙liə^{55}tɕiŋ^{213}	siə^{55}kə˙liə^{213}tɕiŋ^{55}	tɛ^{55}ku˙luɛ^{55}kuŋ^{213}	tɛ^{55}ku˙luɛ^{213}kuŋ^{55}
冻	桶	同	动	聋
tuŋ^{213}	t'uŋ^{55}	t'uŋ^{42}	tuŋ^{42}	luŋ^{42}
逮供	抬拱	抬供	逮供	来供
tɛ^{55}kuŋ^{213}	t'ɛ^{213}kuŋ^{55}	t'uɛ^{55}kuŋ^{42}	tɛ^{55}kuŋ^{42}	luɛ^{55}kuŋ^{42}
逮古来供	抬古来拱	抬古来供	逮古来供	来古来供
tɛ^{55}ku˙luɛ^{55}kuŋ^{213}	t'ɛ^{55}ku˙luɛ^{213}kuŋ^{55}	t'ɛ^{55}ku˙luɛ^{55}kuŋ^{42}	tɛ^{55}ku˙luɛ^{55}kuŋ^{42}	luɛ^{55}ku˙luɛ^{55}kuŋ^{42}
送	红	冬	风	穷
θuŋ^{213}	xuŋ^{42}	tuŋ^{213}	fəŋ^{213}	tɕ'yŋ^{42}
塞工	怀供	逮工	fɛ^{55}更	却龙
θuɛ^{55}kuŋ^{213}	xuɛ^{55}kuŋ^{42}	tuɛ^{55}kuŋ^{213}	fɛ^{55}kəŋ^{213}	tɕ'yə^{55}lyŋ^{42}
塞古来工	怀古来供	逮古来工	fɛ^{55}古来更	却古略窘$^{(42)}$
θuɛ^{55}ku˙luɛ^{55}kuŋ^{213}	xuɛ^{55}ku˙luɛ^{55}kuŋ^{42}	tuɛ^{55}ku˙luɛ^{55}kuŋ^{213}	fɛ^{55}kə˙lɛ^{55}kəŋ^{213}	tɕ'yə^{55}ku˙lyə^{55}tɕyŋ^{42}

续表

熊	捧	浓	龙	重重量
ɕyŋ⁴²	pʻəŋ⁵⁵	nu⁴²	luŋ⁴²	tʂuŋ⁴²
靴窘（42）	排耿	奶故	略供	跩供
ɕyə⁵⁵tɕyŋ⁴²	pʻɛ²¹³kəŋ⁵⁵	nuɛ⁵⁵ku⁴²	luɛ⁵⁵kuŋ⁴²	tʂuɛ⁵⁵kuŋ⁴²
靴古略窘（42）	排个来耿	奶古来故	略古来供	跩古来供
ɕyə⁵⁵kuˈlyə⁵⁵tɕyŋ⁴²	pʻɛ⁵⁵kəˈlɛ²¹³kəŋ⁵⁵	nuɛ⁵⁵kuˈluɛ⁵⁵ku⁴²	luɛ⁵⁵kuˈluɛ⁵⁵kuŋ⁴²	tʂuɛ⁵⁵kuˈluɛ⁵⁵kuŋ⁴²
肿	用	答	拉	鸽
tʂuŋ⁵⁵	yŋ⁴²	ta⁴²	la⁵⁵	kə⁵⁵
捉拱	野窘（42）	逮尬	来割	该了⁵⁵
tʂuɛ²¹³kuŋ⁵⁵	yə⁵⁵tɕyŋ⁴²	tɛ⁵⁵ka⁴²	lɛ²¹³ka⁵⁵	kɛ²¹³lə⁵⁵
捉古略拱	略古略窘（42）	逮个来尬	来个来割	该个来革
tʂuɛ⁵⁵kuˈluɛ²¹³kuŋ⁵⁵	yə⁵⁵kuˈlyə⁵⁵tɕyŋ⁴²	tɛ⁵⁵kəˈlɛ⁵⁵ka⁴²	lɛ⁵⁵kəˈlɛ²¹³ka⁵⁵	kɛ⁵⁵kəˈlɛ²¹³kə⁵⁵
喝	盒	塌	磕	炸
xa⁵⁵	xuə⁴²	tʻa⁵⁵	kʻa⁵⁵	tʂa⁴²
害割	怀过	太割	开割	斋尬
xɛ²¹³ka⁵⁵	xuɛ⁵⁵kuə⁴²	tʻɛ²¹³ka⁵⁵	kʻɛ²¹³ka⁵⁵	tʂɛ⁵⁵ka⁴²
海个来割	怀古来过	太个来割	开个来割	斋个来尬
xɛ⁵⁵kəˈlɛ²¹³ka⁵⁵	xuɛ⁵⁵kuˈluɛ⁵⁵kuə⁴²	tʻɛ⁵⁵kəˈlɛ²¹³ka⁵⁵	kʻɛ⁵⁵kəˈlɛ²¹³ka⁵⁵	tʂɛ⁵⁵kəˈlɛ⁵⁵ka⁴²
匣	鸭	猎	接	叶
ɕia⁴²	ia⁵⁵	liə²¹³	tsiə⁵⁵	iə⁴²
歇架	也假	裂洁²¹³	借揭	野杰
ɕiə⁵⁵tɕia⁴²	iə²¹³tɕia⁵⁵	liə⁵⁵tɕiə²¹³	tsiə²¹³tɕiə⁵⁵	iə⁵⁵tɕiə⁴²
歇个列架	也个列假	裂个列洁²¹³	接个列揭	野个列杰
ɕiə⁵⁵kəˈliə⁵⁵tɕia⁴²	iə⁵⁵kəˈliə²¹³tɕia⁵⁵	liə⁵⁵kəˈliə⁵⁵tɕiə²¹³	tsiə⁵⁵kəˈliə²¹³tɕiə⁵⁵	iə⁵⁵kəˈliə⁵⁵tɕiə⁴²
业	贴	法	立	集
iə⁴²	tʻiə⁵⁵	fa⁵⁵	li²¹³	tsi⁴²
野杰	铁揭	fɛ⁴² 割	裂击	节记
iə⁵⁵tɕiə⁴²	tʻiə²¹³tɕiə⁵⁵	fɛ⁴²ka⁵⁵	liə⁵⁵tɕi²¹³	tsiə⁵⁵tɕi⁴²
野个列杰	铁个列揭	fɛ⁴² 个来割	裂个列击	节个列记
iə⁵⁵kəˈliə⁵⁵tɕiə⁴²	tʻiə⁵⁵kəˈliə²¹³tɕiə⁵⁵	fɛ⁵⁵kəˈlɛ⁵⁵ka⁵⁵	liə⁵⁵kəˈliə⁵⁵tɕi²¹³	tsiə⁵⁵kəˈliə⁵⁵tɕi⁴²

续表

湿	十	急	给	辣
ʃʅ⁵⁵	ʃʅ⁴²	tɕi⁵⁵	tɕi⁵⁵	la²¹³
赊几	舍记	结里	结里	来旮
ʃə²¹³tɕi⁵⁵	ʃə⁵⁵tɕi⁴²	tɕiə²¹³li⁵⁵	tɕiə²¹³li⁵⁵	le⁵⁵ka²¹³
赊个列几	舍个列记	结个列激	结个列激	来个来旮
ʃə⁵⁵kəˈliə²¹³tɕi⁵⁵	ʃə⁵⁵kəˈliə⁵⁵tɕi⁴²	tɕiə⁵⁵kəˈliə²¹³tɕi⁵⁵	tɕiə⁵⁵kəˈliə²¹³tɕi⁵⁵	le⁵⁵kəˈle⁵⁵ka²¹³
擦	割	渴	八	杀
tθʻa⁵⁵	ka⁵⁵	kʻa⁵⁵	pa⁵⁵	ʂa⁵⁵
猜割	该拉	开割	败割	筛割
tθʻɛ²¹³ka⁵⁵	kɛ²¹³la⁵⁵	kʻɛ²¹³ka⁵⁵	pɛ²¹³ka⁵⁵	ʂɛ²¹³ka⁵⁵
猜个列割	改个来割	开个来割	败个来割	筛个来割
tθʻɛ⁵⁵kəˈle²¹³ka⁵⁵	kɛ⁵⁵kəˈle²¹³ka⁵⁵	kʻɛ⁵⁵kəˈle²¹³ka⁵⁵	pɛ⁵⁵kəˈle²¹³ka⁵⁵	ʂɛ⁵⁵kəˈle²¹³ka⁵⁵
瞎	别	舌	热	歇
ɕia⁵⁵	piə⁴²	ʃə⁴²	iə²¹³	ɕiə⁵⁵
歇假	鳖杰	舍杰	野揭²¹³	歇揭
ɕiə²¹³tɕia⁵⁵	piə⁵⁵tɕiə⁴²	ʃə⁵⁵tɕiə⁴²	iə⁵⁵tɕiə²¹³	ɕiə²¹³tɕiə⁵⁵
歇个列假	鳖个列杰	舍个列杰	野个列揭²¹³	歇个列揭
ɕiə⁵⁵kəˈliə²¹³tɕia⁵⁵	piə⁵⁵kəˈliə⁵⁵tɕiə⁴²	ʃə⁵⁵kəˈliə⁵⁵tɕiə⁴²	iə⁵⁵kəˈliə²¹³tɕiə²¹³	ɕiə⁵⁵kəˈliə²¹³tɕiə⁵⁵
铁	脱	阔	活	挖
tʻiə⁵⁵	tʻuə⁵⁵	kʻuə⁵⁵	xuə⁴²	ua²¹³
帖揭	tʻuɛ²¹³国	扛国	怀过	崴刮
tʻiə²¹³tɕiə⁵⁵	tʻuɛ²¹³kuə⁵⁵	kʻuɛ²¹³kuə⁵⁵	xuɛ⁵⁵kuə⁴²	uɛ⁵⁵kuə²¹³
铁个列揭	tʻuɛ²¹³个来国	扛个来国	怀个来过	崴古来刮
tʻiə⁵⁵kəˈliə²¹³tɕiə⁵⁵	tʻuɛ⁵⁵kuˈluɛ²¹³kuə⁵⁵	kʻuɛ⁵⁵kuˈluɛ²¹³kuə⁵⁵	xuɛ⁵⁵kuˈluɛ⁵⁵kuə⁴²	uɛ⁵⁵kuˈluɛ⁵⁵kua²¹³
刷	雪	说	发	袜
ʂua⁵⁵	syə⁵⁵	ʃuə⁵⁵	fa⁵⁵	ua⁴²
衰刮	薛觉	勺觉	fɛ²¹³割	崴卦
ʂuɛ²¹³kua⁵⁵	syə²¹³tɕyə⁵⁵	ʃuə²¹³tɕyə⁵⁵	fɛ²¹³ka⁵⁵	uɛ⁵⁵kua⁴²
衰古来刮	薛古略觉	勺古略觉	fɛ²¹³个来割	崴古来卦
ʂuɛ⁵⁵kuˈluɛ²¹³kua⁵⁵	syə⁵⁵kuˈlyə²¹³tɕyə⁵⁵	ʃuə⁵⁵kuˈlyə²¹³tɕyə⁵⁵	fɛ⁵⁵kəˈle²¹³ka⁵⁵	uɛ⁵⁵kuˈluɛ⁵⁵kua⁴²

续表

月	血	笔	七	膝
yə²¹³	ɕiə⁵⁵	pi⁵⁵	tsʻi⁵⁵	si⁵⁵
约觉²¹³	歇结	鳖急	切急	些急
yə⁵⁵tɕyə²¹³	ɕiə²¹³tɕiə⁵⁵	piə²¹³tɕi⁵⁵	tsʻiə²¹³tɕi⁵⁵	siə²¹³tɕi⁵⁵
约古略觉²¹³	歇个列结	鳖个列急	切个列急	写个列急
yə⁵⁵kuˀlyə⁵⁵tɕyə²¹³	ɕiə⁵⁵kəˀliə²¹³tɕiə⁵⁵	piə⁵⁵kəˀliə²¹³tɕi⁵⁵	tsʻiə⁵⁵kəˀliə²¹³tɕi⁵⁵	siə⁵⁵kəˀliə²¹³tɕi⁵⁵
日	一	不	脖	没
i⁴²	i⁵⁵	pu⁵⁵	pə⁴²	mu²¹³
野记	也急	败古	摆个	买姑
iə⁵⁵tɕi⁴²	iə²¹³tɕi⁵⁵	pɛ²¹³ku⁵⁵	pɛ⁵⁵kə⁴²	mɛ⁵⁵ku²¹³
野个列记	野个列急	摆个来古	摆个来个	买古来姑
iə⁵⁵kəˀliə⁵⁵tɕi⁴²	iə⁵⁵kəˀliə²¹³tɕi⁵⁵	pɛ⁵⁵kuˀluɛ²¹³ku⁵⁵	pɛ⁵⁵kəˀlɛ²¹³kə⁴²	mɛ⁵⁵kuˀluɛ⁵⁵ku²¹³
出	佛	摸	错	恶
tʃʻu⁵⁵	fu⁴²	mə²¹³	tθʻuə²¹³	uə²¹³
tʃʻuə²¹³ 举	fɛ⁵⁵ 故	买歌	tθʻuɛ⁵⁵ 锅	崴锅
tʃʻuə²¹³tɕy⁵⁵	fɛ⁵⁵ku⁴²	mɛ⁵⁵kə²¹³	tθʻuɛ⁵⁵kuə²¹³	uɛ⁵⁵kuə²¹³
tʃʻuə²¹³ 古略举	fɛ⁵⁵ 古来故	买个来歌	tθʻuɛ⁵⁵ 古来国	崴古来锅
tʃʻuə⁵⁵kuˀlyə²¹³tɕy⁵⁵	fɛ⁵⁵kuˀluɛ⁵⁵ku⁴²	mɛ⁵⁵kəˀlɛ⁵⁵kə²¹³	tθʻuɛ⁵⁵kuˀluɛ²¹³kuə²¹³	uɛ⁵⁵kuˀluɛ⁵⁵kuə²¹³
勺	脚	药	桌	角
ʃuə⁴²	tɕyə⁵⁵	yə²¹³	tʂuə⁵⁵	tɕyə⁵⁵
说倔	撅掠	约觉	拽国	撅掠
ʃuə⁵⁵tɕyə⁴²	tɕyə²¹³lyə⁵⁵	yə⁵⁵tɕyə²¹³	tʂuɛ²¹³kuə⁵⁵	tɕyə²¹³lyə⁵⁵
说古略倔	觉古略觉	约古略觉	跩古来国	觉个略角
ʃuə⁵⁵kuˀlyə⁵⁵tɕyə⁴²	tɕyə⁵⁵kuˀlyə²¹³tɕyə⁵⁵	yə⁵⁵kuˀlyə⁵⁵tɕyə²¹³	tʂuɛ⁵⁵kuˀluɛ²¹³kuə²¹³	tɕyə⁵⁵kəˀlyə²¹³tɕyə⁵⁵
饺	学	北	贼	色
tɕio⁵⁵	ɕy²¹³	pei⁵⁵	tθei⁴²	ʂei⁵⁵
结了	血倔	败隔	宰给	筛隔
tɕiə²¹³lio⁵⁵	ɕy⁵⁵tɕyə⁴²	pɛ²¹³kei⁵⁵	tθɛ⁵⁵kei⁴²	ʂɛ²¹³kei⁵⁵
结古列饺	血古略倔	摆个来隔	宰个来给	筛个来隔
tɕiə⁵⁵kəˀliə²¹³tɕio⁵⁵	ɕy⁵⁵kuˀlyə⁵⁵tɕyə⁴²	pɛ⁵⁵kəˀlɛ²¹³kei⁵⁵	tθɛ⁵⁵kəˀlɛ²¹³kei⁴²	ʂɛ⁵⁵kəˀlɛ²¹³kei⁵⁵

续表

国	百	客	石	木
kuə⁵⁵	pei⁵⁵	k'ei⁵⁵	ʃɿ⁴²	mu²¹³
乖抒	拜隔	开隔	色记	买姑
kuɛ²¹³luə⁵⁵	pɛ²¹³kei⁵⁵	k'ɛ²¹³kei⁵⁵	ʃə⁵⁵tɕi⁴²	mɛ⁵⁵ku²¹³
拐古来国	摆个来隔	楷个来隔	色个列记	买古来姑
kuɛ⁵⁵kuˈluɛ²¹³kuə⁵⁵	pɛ⁵⁵kəˈlɛ²¹³kei⁵⁵	k'ɛ⁵⁵kəˈlɛ²¹³kei⁵⁵	ʃə⁵⁵kəˈliə⁵⁵tɕi⁴²	mɛ⁵⁵kuˈluɛ⁵⁵ku²¹³
哭	屋	毒	福	六
k'u⁵⁵	u²¹³	tu⁴²	fu⁵⁵	liou²¹³
扛古	崴姑	tuɛ⁵⁵ 故	fɛ²¹³ 古	裂纠
k'uɛ²¹³ku⁵⁵	uɛ⁵⁵ku²¹³	tuɛ⁵⁵ku⁴²	fɛ²¹³ku⁵⁵	liə⁵⁵tɕiou²¹³
扛古来古	崴古来姑	tuɛ⁵⁵ 古来故	fɛ²¹³ 古来古	裂个裂纠
k'uɛ⁵⁵kuˈluɛ²¹³ku⁵⁵	uɛ⁵⁵kuˈluɛ⁵⁵ku²¹³	tuɛ⁵⁵kuˈluɛ⁵⁵ku⁴²	fɛ⁵⁵kuˈluɛ²¹³ku⁵⁵	liə⁵⁵kəˈliə⁵⁵tɕiou²¹³
叔	肉	绿	玉	
ʃu⁵⁵	iou²¹³	ly²¹³	y²¹³	
说举	野纠	掠居	野居	
ʃuə²¹³tɕy⁵⁵	iə⁵⁵tɕiou²¹³	lyə⁵⁵tɕy²¹³	yə⁵⁵tɕy²¹³	
说个略举	野个列纠	掠古略居	野个列居	
ʃuə⁵⁵kəˈlyə²¹³tɕy⁵⁵	iə⁵⁵kəˈliə⁵⁵tɕiou²¹³	lyə⁵⁵kuˈlyə⁵⁵tɕy²¹³	yə⁵⁵kuˈlyə⁵⁵tɕy²¹³	

第四节　常用词语切语

本节选取常用的100条方言例词，给出切语说法（双字切），用国际音标标注。同时，为了便于不熟悉国际音标的读者了解和识读，列出了汉字标注的切语。

普通话	方言	方言音标	切语音标	切语汉字
太阳	日头	i⁴² t'ouˑ	iə⁵⁵tɕi⁴²t'ɛ⁵⁵kou⁴²	野记太够
月亮	月明	yə⁴² miŋˑ	yə⁵⁵tɕyə²¹³miə⁵⁵tɕiŋ⁴²	约觉²¹³蔑敬
雷	呼雷	xu²¹³lei⁴²	xuɛ⁵⁵ku²¹³lɛ⁵⁵kei⁴²	怀姑来给

续表

普通话	方言	方言音标	切语音标	切语汉字
雾	雾露	u₅₅⁴²luˑ	uɛ⁵⁵ku⁴²luɛ⁵⁵ku⁴²	歪故来故
霞	烧红	ʃ²¹³xuŋ⁴²	ʃə⁵⁵tɕio²¹³xuɛ⁵⁵kuŋ⁴²	舍交怀供
冰雹	雹子	pa⁵⁵tθɻˑ	pɛ²¹³ka⁵⁵tθə⁵⁵tɕï	掰嘎则鸡
年中	半年	pã²¹³niã⁴²	pɛ⁵⁵kã²¹³niə⁵⁵tɕiã⁴²	摆甘捏见
除夕	过年	kuə²¹³niã⁴²	kuɛ⁵⁵luə²¹³niə⁵⁵tɕiã⁴²	拐落²¹³捏见
昨天	夜来	iə⁴²lɛˑ	iə⁵⁵tɕiə⁴²lɛ⁵⁵kɛ⁴²	野杰来盖
下地	上坡	ʃaŋ⁴²pʻə⁵⁵	ʃə⁵⁵tɕiaŋ⁴²pʻɛ²¹³kə⁵⁵	舍降排格
庄稼	庄稼	tʂuaŋ²¹³tɕia⁴²	tʂuɛ⁵⁵kuaŋ²¹³tɕiə⁵⁵lia⁴²	拽光结俩⁴²
小麦	麦子	mei⁴²tθɻˑ	mɛ⁵⁵kei⁴²tθə⁵⁵tɕï	买给则鸡
花生	长果	tʃʻaŋ⁴²kuə⁵⁵	tʃʻə⁵⁵tɕiaŋ⁴²kuɛ²¹³luə⁵⁵	车降拐落⁵⁵
马铃薯	地豆	ti₂₁₃⁴²tou⁴²	tiə⁵⁵tɕi⁴²tɛ⁵⁵kou⁴²	跌记逮够
香椿	椿香	tʃʻuẽ₅₅²¹³ɕiaŋ²¹³	tʃʻuə⁵⁵tɕyẽ²¹³ɕiə⁵⁵tɕiaŋ²¹³	拙(送气)军携讲²¹³
向日葵	转莲	tʃuã²¹³liã⁴²	tʃuə⁵⁵tɕyã²¹³liə⁵⁵tɕiã⁴²	拙捐裂见
山楂	酸楂	θã₅₅²¹³tʂa²¹³	θɛ⁵⁵kã²¹³tʂɛ⁵⁵ka²¹³	塞甘斋割²¹³
树身	树梃儿	ʃu⁴²tʻiŋɻ²¹³	ʃuə⁵⁵tɕy⁴²tʻiə⁵⁵tɕiŋɻ²¹³	说巨铁经儿
公马	儿马	ər⁴²maˑ	ɛ⁵⁵kər⁴²mɛ²¹³ka⁵⁵	哀盖儿买割
母马	㹗马	kʻuə²¹³maˑ	kʻuɛ⁵⁵luə²¹³mɛ²¹³ka⁵⁵	扩落²¹³买割
公牛	犍子	tɕiã⁴²tθɻˑ	tɕiə⁵⁵liã²¹³tθə⁵⁵tɕï	结连则鸡
母牛	牸牛	ʂɿ⁴²niouˑ	ʂə⁵⁵tɕi⁴²niə⁵⁵tɕiou⁴²	色记捏救
牛犊儿	牛灭子	niou⁴²miə²¹³tθɻˑ	niə⁵⁵tɕiou⁴²miə⁵⁵tɕi²¹³tθə⁵⁵tɕï	捏救灭结²¹³则鸡
公驴	叫驴	tɕio⁴²lyˑ	tɕiə⁵⁵lio⁴²ly⁵⁵tɕy⁴²	结料掠巨
母驴	草驴	tθʻɔ⁵⁵lyˑ	tθʻɛ²¹³kɔ⁵⁵lyə⁵⁵tɕy⁴²	猜搞掠巨
公狗	牙狗	ia⁴²kouˑ	iə⁵⁵tɕia⁴²kɛ⁵⁵kouˑ	野嫁改够
公猫	儿猫	ər⁴²mɔˑ	ɛ⁵⁵kər⁴²mɛ⁵⁵kɔˑ	哀盖儿买告
鸭子	小吧儿	sio⁵⁵par²¹³	siə²¹³tɕio⁵⁵pɛ⁵⁵kar²¹³	些搅摆嘎儿
狼	马虎	ma₄₅xuˑ	mɛ²¹³ka⁵⁵xuɛ⁵⁵kuˑ	买割怀故
黑熊	黑瞎厮	xei²¹³ɕia₄₅⁴²θɻˑ	xɛ⁵⁵kei²¹³ɕiə⁵⁵tɕia⁴²θə⁵⁵tɕï	海给歇假瑟记
蛇	长虫	tʃʻaŋ₂₁⁴²tʂʻuŋ⁴²	tʃʻə⁵⁵tɕiaŋ⁴²tʂʻuɛ⁵⁵kuŋ⁴²	车降揣共
喜鹊	牙鹊儿	ia⁴²tsʻyərˑ	iə⁵⁵tɕia⁴²tsʻyə⁵⁵tɕyər⁴²	也嫁鹊决儿

续表

普通话	方言	方言音标	切语音标	切语汉字
麻雀	家雀儿	tɕia²¹³tsʻyəɻ	tɕiə⁵⁵lia²¹³tsʻyə⁵⁵tɕyəɻ⁴²	结俩*鹊决儿
乌鸦	老乌	lɔ²¹³uˑ	lɛ⁵⁵kɔ²¹³uɛ⁵⁵kuˑ	来高崴姑
蟋蟀	土遮	tʻu²¹³tʃə	tʻuɛ⁵⁵ku²¹³tʃə⁵⁵tɕiə	tʻuɛ⁵⁵姑这结
家兔	山猫	ʂã²¹³₅₅mɔ²¹³	ʂɛ⁵⁵kã²¹³mɛ⁵⁵kɔ²¹³	晒干买告
蚂蚁	蚍蜉	tɕi²¹³iaŋˑ	tɕiə⁵⁵li²¹³iə⁵⁵tɕiaŋˑ	结哩也降
鸽子	布鸽	pu⁴²kəˑ	pɛ⁵⁵ku⁴²kɛ⁵⁵ləˑ	摆故改了
螳螂	刀螂	tɔ²¹³laŋ⁴²	tɛ⁵⁵kɔ²¹³lɛ⁵⁵kaŋ⁴²	逮高来杠
蜘蛛	来来蛛	lɛ⁴²₂₁₃lɛ⁴²tʃu²¹³	lɛ⁵⁵kɛ⁴²lɛ⁵⁵kɛ⁴²tʃuə⁵⁵tɕy²¹³	来盖来盖拙居
花大姐	货郎姑	xuə⁴²laŋˑkuˑ⁵⁵	xuɛ⁵⁵kuə⁴²lɛ⁵⁵kaŋˑkɛ²¹³luˑ⁵⁵	怀过来杠改鲁
院子	天井	tʻiã²¹³tsiŋ⁵⁵	tʻiə⁵⁵tɕiã²¹³tsiə²¹³tɕiŋ⁵⁵	铁奸姐景
影壁	照壁	tʃɔ⁴²pei˙	tʃɔ⁵⁵tɕiə⁴²pɛ⁵⁵kei˙	哲交摆给
篱笆	障子	tʃaŋ⁴²tθəɻ	tʃə⁵⁵tɕiaŋ⁴²tθə⁵⁵tɕi	哲降则鸡
院门	街门	tɕiɛ²¹³mẽ⁴²	tɕiə⁵⁵liɛ²¹³mɛ⁵⁵kẽ⁴²	结列买亘
门闩	门关	mẽ⁴²kuã²¹³	mɛ⁵⁵kẽ⁴²kuɛ⁵⁵luã²¹³	买亘拐卵*
烟囱	浮炱	fu⁴²₅₅tʻɛ⁴²	fɛ⁵⁵ku⁴²tʻɛ⁵⁵kɛ⁴²	fɛ²¹³故太盖
脸盆	铜盆	tʻuŋ⁵⁵pʻẽ⁴²	tʻuɛ²¹³kuŋ⁵⁵pʻɛ⁵⁵kẽ⁴²	tʻuɛ²¹³龚排亘
手电筒	电棒	tiã⁴²₂₁₃paŋ⁴²	tiə⁵⁵tɕiã⁴²pɛ⁵⁵kaŋ⁴²	爹嫁摆杠
水桶	水筲	ʂuei⁵⁵ʂɔ²¹³	ʂuɛ²¹³kuei⁵⁵ʂɛ⁵⁵kɔ²¹³	摔鬼晒高
自行车	脚踏车	tɕyə⁵⁵tsɑʻtʃʻəˑ²¹³	tɕyə²¹³lyə⁵⁵tsɛ⁵⁵kɑˑtʃʻəˑ⁵⁵tɕiə²¹³	觉掠晒嘎扯结²¹³
井绳	灌绳	kuã⁴²ʃəŋˑ	kuɛ⁵⁵luã⁴²ʃə⁵⁵tɕiŋ⁴²	拐乱*舍敬
男孩儿	小厮	siɔ⁵⁵θɻ²¹³	siə²¹³tɕiɔ⁵⁵θə⁵⁵tɕi²¹³	些搅瑟鸡
女孩儿	小嫚儿	siɔ⁵⁵mãɻ²¹³	siə²¹³tɕiɔ⁵⁵mɛ⁵⁵kãɻ²¹³	些搅买干儿
儿子	儿子	əɻ⁴²tθəɻ	ɛ⁵⁵kəɻ⁴²tθə⁵⁵tɕi	哀盖儿则鸡
老头儿	老头儿	lɔ⁵⁵tʻouɻ⁴²	lɛ²¹³kɔ⁵⁵tʻɛ⁵⁵kouɻ⁴²	来搞太够儿
理发师	待诏的	tɛ⁴²tʂɔˑtiˑ	tɛ⁵⁵kɛ⁴²tʂɛ⁵⁵kɔˑtiə⁵⁵tɕi	逮盖斋搞爹记
接生员	老娘婆	lɔ⁵⁵₄₅niaŋˑpʻəˑ⁴²	lɛ²¹³kɔ⁵⁵niə²¹³tɕiaŋ⁴²pʻɛ⁵⁵kəˑ⁴²	来搞捏降拍个
演员	戏子	ɕi⁴²tθəɻ	ɕiə⁵⁵tɕi⁴²tθə⁵⁵tɕï	歇记则鸡
锅碗	锢露子	ku⁴²₅₅luˑtθəɻ	kuɛ⁵⁵lu⁴²luɛ⁵⁵ku⁴²tθə⁵⁵tɕi	拐录 luɛ⁵⁵故则鸡
单身汉	光棍儿	kuaŋ²¹³kuẽɻ⁴²	kuɛ⁵⁵kuaŋ²¹³kuɛ⁵⁵luẽɻ⁴²	拐广拐论*儿

续表

普通话	方言	方言音标	切语音标	切语汉字
再嫁的女人	二套子	ər$_{213}^{42}$t'ɔ^{42}tθŋ˙	ɛ^{55}kər^{42}t'ɛ^{55}kɔ^{42}tθə^{55}tɕi	哀盖儿太告则鸡
姘居	轧伙	ka^{213}xuə˙	kɛ^{55}la^{213}xuɛ^{55}kuə˙	改拉怀过
强盗	断道的	tã$_{55}^{42}$tɔti̇	tɛ^{55}kã^{42}tɛ^{55}kɔ^{42}tiə^{55}tɕi	逮干逮告爹记
相貌	观目	kuã^{213}mu˙	kuɛ^{55}luã^{213}mɛ^{55}ku^{42}	拐卵*买故
耳屎	耳茸	ər$_{42}^{55}$yŋ^{55}	ɛ^{213}kər^{55}yə^{213}tɕyŋ^{55}	哀根儿*也囧
口水	藜水	tʃ'ʅ^{213}suei^{55}	tʃ'ə^{55}tɕi^{213}ʂue^{213}kuei^{55}	车鸡摔鬼
鼻翼	鼻翅	pi$_{213}^{42}$tʂ'er^{42}	piə^{55}tɕi^{42}tʂ'ɛ^{55}tɕier^{42}	别记柴记儿
嗓子	吞子	t'ẽ^{42}tθŋ˙	t'ɛ^{55}kẽ^{42}tθə^{55}tɕi	太亘则鸡
小腿	干腿子	kã^{213}t'ei^{55}tθŋ˙	kɛ^{55}kã^{213}t'ɛ^{213}kei^{55}tθə^{55}tɕi	改干太给则鸡
泻肚	冒肚子	mɔ^{42}tu$_{55}^{42}$tθŋ˙	mɛ^{55}kɔ^{42}tuɛ^{55}ku^{42}tθə^{55}tɕi	买告 tue^{55} 故则鸡
耳背	背声	pei^{42}ʂəŋ^{213}	pɛ^{55}kei^{42}ʂə^{55}tɕiŋ^{213}	摆给赊经
背心	汗溜儿	xã^{42}our^{55}	xɛ^{55}kã^{42}ɛ^{213}kour^{55}	海干哀狗儿
耳环	坠子	tʂuei$_{55}^{42}$tθŋ˙	tʂuɛ^{55}kuei^{42}tθə^{55}tɕi	拽贵则鸡
锅巴	疙渣	ka^{213}tʂa˙	kɛ^{55}la^{213}tʂe^{55}ka˙	改拉斋嘎
面条	面汤	miã^{42}t'aŋ^{213}	miə^{55}tɕiã^{42}t'ɛ^{55}kaŋ^{213}	灭见太钢
饺子	馉饳	ku^{213}tʂʅ˙	kuɛ^{55}lu^{213}tʂə^{55}tɕi	拐撸斋记
醋	忌讳	tɕi^{42}xueï	tɕiə^{55}li^{42}xuɛ^{55}kueï	结立怀贵
白酒	烧酒	ʃɔ^{213}tsiou^{55}	ʃə^{55}tɕiɔ^{213}tsiə^{213}tɕiou^{55}	舍交节九
坟地	茔盘	iŋ^{213}p'ã^{42}	iə^{55}tɕiŋ^{213}p'ɛ^{55}kã^{42}	野景排干
肥皂	胰子	i$_{55}^{42}$tθŋ˙	iə^{55}tɕi^{42}tθə^{55}tɕi	野记则鸡
饿了	饥困	tɕi^{213}k'uẽ^{42}	tɕiə^{55}li^{213}k'uɛ^{55}luẽ^{42}	结哩扛论*
打嗝	打勾豆	ta^{55}kou^{213}tou˙	tɛ^{213}ka^{55}kɛ^{55}lou^{213}tɛ^{55}kou˙	待嘎改搂逮够
吸烟	吃烟	tʃ'ʅ^{55}iã^{213}	tʃ'ə^{213}tɕi^{55}ɛ^{55}tɕiã^{213}	车儿野家
熬夜	熬眼	ɔ^{42}iã^{55}	ɛ^{55}kɔ^{42}iə^{55}tɕiã^{55}	哀告耶假
回家	家去	tɕia^{213}tɕ'i^{42}	tɕiə^{55}lia^{213}tɕ'iə^{55}li^{42}	结俩怯立
作假	熊人	ɕyŋ$_{213}^{42}$iẽ^{42}	ɕyə^{55}tɕyŋ^{42}iə^{55}tɕiẽ^{42}	雪囧野近
装傻	装痴	tʂuaŋ^{213}tʃ'ʅ^{213}	tʂuɛ^{55}kuaŋ^{213}tʃ'ə^{55}tɕi^{213}	拽光车鸡
出洋相	出官目	tʃ'uə$^{213}_{55}$kuã^{213}mu˙	tʃ'uə^{55}tɕy^{42}kuɛ^{55}luã^{213}mɛ^{55}ku˙	tʃ'uə^{213} 举拐卵*买故
丢人	窝囊人	uə^{213}naŋ˙iẽ^{42}	uɛ^{55}kuə^{213}nɛ^{55}kaŋ˙iə^{55}tɕiẽ^{42}	外国奶杠野近

续表

普通话	方言	方言音标	切语音标	切语汉字
开支	支出	tʂɿ²¹³tʃʻuˑ	tʂə⁵⁵tɕi²¹³tʃʻuə⁵⁵tɕy²¹³	遮*鸡 tʃʻuə²¹³举
留级	蹲级	tẽ²¹³₅₅tɕi²¹³	tɛ⁵⁵kẽ²¹³tɕiə⁵⁵li²¹³	逮跟结哩
弯腰	锅腰	kuə²¹³₅₅iɔ²¹³	kuɛ⁵⁵luə²¹³iə⁵⁵tɕiɔ²¹³	拐罗野交
拍马屁	添腚	tʻiã⁵⁵tiŋ⁴²	tʻiə²¹³tɕiã⁵⁵tiə⁵⁵tɕiŋ⁴²	贴减爹镜
散步	蹓跶	liou²¹³tɑˑ	liɛ⁵⁵tɕiou²¹³tɛ⁵⁵kɑˑ	列纠逮嘎
打岔	打翻译	tɑ⁵⁵fã²¹³ïˑ	tɛ²¹³kɑ⁵⁵fɛ⁵⁵kã²¹³iə⁵⁵tɕï	待嘎 fɛ⁵⁵ 干耶记
多少	多少	tuə²¹³ʃɔ⁵⁵	tuɛ⁵⁵kuə²¹³ʃə²¹³tɕiɔ⁵⁵	tuɛ⁵⁵锅赊绞
生气	生气	ʂəŋ²¹³tɕʻi⁴²	ʂɛ⁵⁵kəŋ²¹³tɕʻiə⁵⁵li⁴²	晒庚怯立
非常	非常	fei²¹³tʃʻaŋ⁴²	fɛ⁵⁵kei²¹³tʃʻə⁵⁵tɕiaŋ⁴²	fɛ⁵⁵ 给车降
什么	什么	ʃẽ⁴²məˑ	ʃə⁵⁵tɕiẽ⁴²mɛ⁵⁵kəˑ	赊近买个

第七章　店埠前张管寨方言及切语语料

第一节　常用句式

本节根据句式特点选取了 40 个常用句子，句子从《中国语言资源调查手册·汉语方言》中"肆　语法"部分的 50 个例句中选出，个别略作修改。下文中先列出普通话说法的句子，接着给出方言句子，最后给出切语说法（双字切）。

1. 小张昨天钓了一条大鱼，我没有钓到鱼。

   小张夜来钓了一条大鱼，俺没钓着。

   siɔ⁵⁵tʂɑŋ²¹³iə̯⁴²₅₅lɛˑtiɔ⁴²liɔˑi⁵⁵t'iɔ²¹³tɑ²¹³y⁴², ã⁵⁵mu²¹³tiɔ⁴²tʂʅ˙.

   siə⁵⁵tɕiɔ²¹³tʂə⁵⁵tɕiɑŋ²¹³iə²¹³tɕiɔ⁴²lɛ⁵⁵kɛ⁴²tiə⁵⁵tɕiɔ⁴²liə⁵⁵tɕiɔ⁴²iə²¹³tɕi⁵⁵t'iə⁵⁵tɕiɔ²¹³

   tɛ⁵⁵kɑ²¹³yə⁵⁵tɕy⁴², ɛ²¹³kã⁵⁵ mɛ⁵⁵ku²¹³ tiə⁵⁵tɕiɔ⁴²tʂə⁵⁵tɕi˙.

2. a. 你平时抽烟吗？

   你平常吃烟吗？

   ni³³p'iŋ²¹³tʃ'ɑŋ⁴²tʃ'ʅ²¹³₅₅iã²¹³ɯɯ˙?

   niə²¹³tɕi⁵⁵p'iə⁵⁵tɕiŋ²¹³tʃə⁵⁵tɕiɑŋ⁴²tʃ'ə²¹³tɕiə⁵⁵iə⁵⁵tɕiã²¹³mɛ⁵⁵kɑ⁴²?

   b. 不，我不抽烟。

   不，我不吃烟。

   pu⁴², uə⁵⁵pu⁴²tʃ'ʅ²¹³₅₅iã²¹³.

   pɛ⁵⁵ku⁴², uɛ²¹³kuə⁵⁵pɛ⁵⁵ku⁴²tʃ'ə²¹³tɕi⁵⁵iə⁵⁵tɕiã²¹³.

3. a. 你告诉他这件事儿了吗？

   你向他说这块事儿唻？

   ni⁵⁵xɑŋ⁴²t'ɑ²¹³ʃuə⁵⁵tʃə⁴²k'uɛ⁴²₂₁₃ʂer⁴²lɛ˙?

   niə²¹³tɕi⁵⁵xɛ⁵⁵kɑŋ⁴²t'ɛ⁵⁵kɑ²¹³ʃuə²¹³tɕy⁵⁵tʃə⁵⁵tɕi⁴²k'uɛ⁵⁵luɛ⁴²ʂɛ⁵⁵kɛr⁴²lɛ⁵⁵kɛ˙?

   b. 是，我告诉他了。

   我向他说了。

uə⁵⁵xaŋ⁴²tʻɑ²¹³ʃuə⁵⁵lə·.

uɛ²¹³kuə⁵⁵xɛ²¹³kaŋ⁴²tʻɛ⁵⁵kɑ²¹³ʃuə²¹³tɕyə⁵⁵lɛ⁵⁵kə·.

4. 你吃米饭还是吃馒头？

你吃干饭还是吃饳饳？

ni⁵⁵₄₂ tʃʻʅ⁵⁵kɑ²¹³fɑ̃⁴²xɑ̃⁴²₂₁ʂʅ⁴²tʃʻʅ⁵⁵puə²¹³puə·?

niə²¹³tɕi⁵⁵tʃʻə²¹³tɕi⁵⁵kɛ⁵⁵lɑ̃²¹³fɛ⁵⁵kɑ̃⁴²xɛ⁵⁵kɑ̃⁴²ʂə⁵⁵tɕi⁴²tʃʻə²¹³tɕi⁵⁵pɛ⁵⁵kuə²¹³pɛ⁵⁵kuə·?

5. 你到底答应不答应他？

你应不应他？

ni⁵⁵iŋ²¹³puˑiŋ²¹³tʻɑ²¹³?

niə²¹³tɕi⁵⁵iə⁵⁵tɕiŋ²¹³pɛ²¹³kuˑiə⁵⁵tɕiŋ²¹³tʻɛ⁵⁵kɑ²¹³?

6. a. 叫老张一起去电影院看电影。

咱叫着老张一块去看电影儿。

tθẽ⁴²tɕiə⁴²tʂʅlɔ⁵⁵tʃaŋ²¹³iˑ⁵⁵kʻuɛ⁴²tɕʻy²¹³₅₅kʻɑ̃²¹³tiɑ̃⁴²iŋr⁵⁵.

tθɛ⁵⁵kẽ⁴²tɕiə⁵⁵liɔ⁴²tʂə⁵⁵tɕiˑlɛ²¹³kɔ⁵⁵ʃə⁵⁵tɕiaŋ²¹³iə²¹³tɕi⁵⁵kʻuɛ⁵⁵luɛ⁴²tɕʻyə⁵⁵ly²¹³kʻɛ⁵⁵lɑ̃²¹³tiə⁵⁵tɕiɑ̃⁴²iə²¹³tɕiŋr⁵⁵.

b. 这部电影他看过了。

这块电影儿他看过咪。

tʃə²¹³kʻuɛ⁴²tiɑ̃⁴²iŋr⁵⁵tʻɑ²¹³kʻɑ̃⁴²kuəˑlɛ·.

tʃə⁵⁵tɕiə²¹³kʻuɛ⁵⁵luɛ⁴²tiə⁵⁵tɕiɑ̃⁴²iə²¹³tɕiŋr⁵⁵tʻɛ⁵⁵kɑ²¹³kʻɛ⁵⁵lɑ̃⁴²kuɛ⁵⁵luəˑlɛ⁵⁵kɛ·.

7. 你把碗洗一下。

你刷刷碗吧。

ni⁵⁵ʂuɑ⁵⁵ʂuɑˑuɑ̃⁵⁵pɑ·.

niə²¹³tɕi⁵⁵ʂuɛ²¹³kuɑˑʂuɛ²¹³kuɑˑuɛ²¹³kuɑ̃⁵⁵pɛ²¹³kɑ·.

8. 我们用什么车从南京往这里运家具呢？

咱使什么车从南京上这里运家什？

tθẽ⁴²ʂʅ⁵⁵₅₅ʃẽ⁴²məˑtʃʻə²¹³tθʻuŋ⁴²nɑ̃⁴²tɕiŋ²¹³ʃaŋ⁵⁵tʃə⁴²₅₅liˑyẽ⁴²tɕiɑ²¹³ʃʅ⁴²?

tθɛ⁵⁵kẽ⁴²ʂə²¹³tɕi⁵⁵ʃə⁵⁵kẽ⁴²mɛ⁵⁵kəˑtʃʻə²¹³tθʻuɛ⁵⁵kuŋ⁴²nɛ⁵⁵kɑ̃⁴²tɕiə⁵⁵liŋ²¹³ʃə⁵⁵tɕiaŋ²¹³tʃə⁵⁵tɕiə⁴²liə⁵⁵tɕïə⁵⁵tɕyẽ⁴²tɕiə⁵⁵liɑ²¹³ʃə⁵⁵tɕi⁴²?

9. 他们把教室都装上了空调。

    人家把屋里都安上空调了。

    iẽ$_{55}^{42}$tɕi·pa$_{55}^{213}$u^{213}li·tou^{213}ã^{213}xaŋˑk'uŋ^{213}t'ɔ$_{55}^{42}$lə·.

    iə^{213}tɕiẽ^{42}tɕiə^{55}li·pɛ^{42}ka^{55}uɛ^{55}ku^{42}lə^{55}tɕi^{42}tɛ^{55}kou^{213}ɛ^{55}kã^{213}xɛ^{55}kaŋ^{42}k'uɛ^{55}luŋ^{213}t'ɔ^{55}tɕɔ^{42}lə·.

10. 帽子被风吹走了。

    帽子叫风刮走了。

    mɔ$_{55}^{42}$tθɿ·tɕiɔ^{42}fəŋ$_{55}^{213}$kua^{213}tθou^{55}lə·.

    mɛ^{213}kɔ^{42}tθə^{55}tɕɿ·tɕiə^{55}liɔ^{42}fɛ^{55}kəŋ^{213}kuɛ^{213}lua^{55}tθɛ^{213}kou^{55}lə·.

11. 张明被坏人抢走了一个包，人也差点儿被打伤。

    张明把包儿叫人抢去了，还挨了顿揍。

    tʃaŋ^{213}miŋ^{42}pa$_{55}^{213}$pɔr^{213}tɕiɔ^{42}iẽ^{42}tɕ'iaŋ^{55}tɕ'y^{42}lə·, xã^{42}iɛ^{213}lə·tẽ$_{213}^{42}$tθou^{42}.

    tʃə^{55}tɕiaŋ^{213}miə^{55}tɕiŋ^{42}pɛ^{213}ka^{55}pɛ^{55}kɔr^{213}tɕiə^{55}liɔ^{42}iə^{55}tɕiẽ^{42}tɕ'iə^{213}tɕiaŋ^{55}tɕ'yə^{55}ly^{42}lə·, xɛ^{55}kã^{42}iə^{55}tɕiɛ^{213}lə·tɛ^{55}kẽ^{42}tθə^{55}kou^{42}.

12. 快要下雨了，你们别出去了。

    要下雨了，您别出去了。

    iɔ$_{213}^{42}$ɕia^{42}y^{55}lə·, nẽ^{55}pɛ^{42}tʃ'u^{55}tɕ'y^{42}lə·.

    iə^{55}tɕiɔ^{213}ɕiə^{55}tɕia^{42}yə^{213}tɕy^{55}lə·, nɛ^{213}kẽ^{55}pɛ^{55}kɛ^{42}tʃ'uə^{213}tɕy^{55}tɕ'yə^{55}ly^{42}lə·.

13. 这毛巾很脏了，扔了它吧。

    这手巾太窝囊了，撂了它吧。

    tʃə^{213}ʃou^{55}tɕiẽt'ɛ^{213}uə^{55}naŋ^{42}lə·, liɔ^{42}lə·t'a^{213}pa·.

    tʃə^{55}tɕiə^{213}ʃə^{213}tɕiou^{55}tɕiə^{55}liẽt'ɛ^{55}kɛ^{213}uɛ^{55}kuə^{213}nɛ^{55}kaŋ^{42}lə·, liə^{55}tɕiɔ^{42}lə·t'ɛ^{55}ka^{213}pɛ^{55}ka·.

14. 我们是在车站买的票。

    俺在车站买的票。

    ã^{55}tei^{55}tʃ'ə$_{55}^{213}$tʂã^{213}mɛ^{55}ti·p'iɔ^{213}.

    ɛ^{213}kã^{55}tɛ^{213}kei^{55}tʃ'ə^{55}tɕiə^{213}tʂɛ^{55}kã^{213}mɛ^{213}kɛ^{55}tiə^{55}tɕi·p'iə^{55}tɕiɔ^{213}.

15. 墙上贴着一张地图。

    ts'iaŋ$_{55}^{42}$ʃaŋˑt'iə^{55}tʂʅ^{55}tʃaŋ^{213}ti^{213}t'u^{42}.

tsʻiə⁵⁵tɕiaŋ⁴²ʃə⁵⁵tɕiaŋ⁴²tʻiə²¹³tɕiə⁵⁵tʂə⁵⁵tɕiiə²¹³tɕi⁵⁵tʃə⁵⁵tɕiaŋ²¹³tiə⁵⁵tɕi²¹³tʻuɛ⁵⁵ku⁴².

16. 床上躺着一个老人。

    床上歛着一个老人。

    tʂʻuaŋ⁴²xaŋtɕʻiə²¹³tʂʅ⁵⁵kuəˈlɔ⁵⁵iẽ⁴².

    tʂʻuɛ⁵⁵kuaŋ⁴²xɛ⁵⁵kaŋ⁴²tɕʻiə⁵⁵liə²¹³tʂə⁵⁵tɕi⁴²iə²¹³tɕi⁵⁵kuɛ⁵⁵luə²¹³lɛ²¹³kɔ⁵⁵iə⁵⁵tɕiẽ⁴².

17. 河里游着好多小鱼。

    河里若干小鱼。

    xuə⁴²₅₅ləˈyə⁵⁵kã²¹³siɔ⁵⁵y⁴².

    xuɛ⁵⁵kuə⁴²lɛ⁵⁵kəˈyə²¹³tɕyə⁵⁵kɛ⁵⁵lã²¹³siə²¹³tɕiɔ⁵⁵yə⁵⁵tɕy⁴².

18. 前面走来了一个胖胖的小男孩儿。

    前面来了一个小胖孩儿。

    tsʻiã⁴²miã⁴²lɛˈiə⁵⁵kuə²¹³siɔ⁵⁵pʻaŋ²¹³xɛr⁴².

    tsʻiə⁵⁵tɕiã⁴²miə⁵⁵tɕiã⁴²lɛ⁵⁵kɛ⁴²ləˈiə²¹³tɕi⁵⁵kuɛ⁵⁵luə²¹³siə²¹³tɕiɔ⁵⁵pʻɛ⁵⁵kaŋ²¹³xɛ⁵⁵kɛr⁴².

19. 他家一下子死了三头猪。

    他家一下子死了三个猪。

    tʻə²¹³₅₅tɕia²¹³iˈ⁵⁵ɕia⁴²tθŋˈθŋ⁵⁵ləˈθã²¹³kuəˈtʃu²¹³.

    tʻɛ⁵⁵kə²¹³tɕiə⁵⁵lia²¹³iə⁵⁵tɕi⁵⁵ɕiə⁵⁵tɕia⁴²tθə²¹³tɕi⁵⁵θə²¹³tɕi⁵⁵ləˈθɛ⁵⁵kã²¹³kuɛ⁵⁵luə²¹³tʃuə⁵⁵tɕy²¹³.

20. 这辆汽车要开到广州去。

    这辆汽车要上广州。

    tʃə²¹³liŋ⁵⁵tɕʻi⁴²tʃʻəˈ²¹³iɔ⁴²ʃaŋˈkuaŋ⁵⁵tʃou²¹³.

    tʃə⁵⁵tɕiə²¹³liə²¹³tɕiŋ⁵⁵tɕʻiə⁵⁵li⁴²tʃʻə⁵⁵²¹³iə⁵⁵tɕiɔ⁴²ʃə⁵⁵tɕiaŋ⁴²kuɛ²¹³luaŋ⁵⁵tʃə⁵⁵tɕiou²¹³.

21. 学生们坐汽车坐了两整天了。

    学生们整坐两天车了。

    ɕyə⁴²₅₅ʂəŋˈmẽtʃəŋ⁵⁵tθuə⁴²liaŋ⁵⁵tʻiã²¹³tʃʻəˈ²¹³lə.

ɕyə⁵⁵tɕyə⁴²ʂɛ²¹³kəŋ⁵⁵mɛ⁵⁵kẽ⁴²tʃ'ə²¹³tɕiŋ⁵⁵tθuɛ⁵⁵kuə⁴²liə²¹³tɕiaŋ⁵⁵t'iə⁵⁵tɕiã²¹³tʃ'ə⁵⁵tɕiə²¹³lə·.

22. 你尝尝他做的点心再走吧。

你试试他做的点心再走吧。

ni⁵⁵ʂʅ⁴²ʂʅ't'ə²¹³tθou⁴²ti·tiã⁵⁵siẽtθɛ²¹³tθou⁵⁵pa·.

niə²¹³tɕi⁵⁵ʂə⁵⁵tɕi⁴²ʂə⁵⁵tɕi⁴²t'ɛ⁵⁵kə²¹³tθɛ⁵⁵kou⁴²tiə⁵⁵tɕi⁴²tiə²¹³tɕiã⁵⁵siə⁵⁵tɕiẽ²¹³tθɛ²¹³kou⁵⁵tθɛ²¹³kou⁵⁵pɛ⁵⁵ka·.

23. a. 你在唱什么？

ni⁵⁵tθɛ⁴²tʃ'aŋ²¹³ʃẽ⁴²₅₅mə·?

niə²¹³tɕi⁵⁵tθɛ⁵⁵kɛ⁴²tʃ'ə⁵⁵tɕiaŋ²¹³ʃə⁵⁵tɕiẽ⁴²mɛ²¹³kə·?

b. 我没在唱，我放着录音呢。

不是我唱的，我在放录音。

pu⁴²₅₅ʂʅuə⁵⁵tʃ'aŋ²¹³ti, uə⁵⁵tθɛ⁴²faŋ²¹³lu⁴²iẽ²¹³.

pɛ⁵⁵ku⁴²ʂə⁵⁵tɕi⁴²uɛ²¹³kuə⁵⁵tʃ'ə⁵⁵tɕiaŋ⁴²tiə⁵⁵tɕi⁴², uɛ²¹³kuə⁵⁵tθɛ⁵⁵kɛ⁴²fɛ⁵⁵kaŋ⁴²luɛ⁵⁵ku⁴²iə⁵⁵tɕiẽ²¹³.

24. a. 我吃过兔子肉，你吃过没有？

我吃遭儿兔子肉，你吃遭儿没耶？

uə⁵⁵tʃ'ɿ⁵⁵tθɔr·t'u⁴²₅₅tθʲiou²¹³, ni⁵⁵tʃ'ɿ⁵⁵tθɔr·mə²¹³iə·?

uɛ²¹³kuə⁵⁵tʃ'ə²¹³tɕi⁵⁵tθɛ⁵⁵kɔr·t'uɛ⁵⁵ku⁴²tθə⁵⁵tɕi⁴²iə⁵⁵tɕiou²¹³, niə²¹³tɕi⁵⁵tʃ'ə²¹³tɕi⁵⁵tθɛ⁵⁵kɔr·mɛ²¹³ku⁵⁵iə⁵⁵tɕiə·?

b. 没有，我没吃过。

没耶，我没吃遭儿。

mə²¹³iə·, uə⁵⁵mə²¹³tʃ'ɿ⁵⁵tθɔr·.

mɛ²¹³ku⁴²iə⁵⁵tɕiə·, uɛ²¹³kuə⁵⁵mɛ⁵⁵kə²¹³tʃ'ə⁵⁵tɕi⁵⁵tθɛ⁵⁵kɔr·.

25. 我吃过饭了，你别做了。

我吃饭了，你别做了。

uə⁵⁵tʃ'ɿ⁵⁵fã⁴²lə·, ni⁵⁵pɛ⁴²tθou⁴²₅₅lə·.

uɛ²¹³kuə⁵⁵tʃ'ə²¹³tɕi⁵⁵fɛ⁵⁵kã⁴²lə·, niə²¹³tɕi⁵⁵pɛ⁵⁵kɛ⁴²tθɛ⁵⁵kou⁴²lə·.

26. 我算得太快算错了，让我重新算一遍。
    我算得太急算错了，让我再算算。
    uə⁵⁵θã⁴²ti˙'ɛ²¹³tɕi⁴²θã²¹³tθ'uə⁴²lə，iaŋ⁴²uə⁵⁵tθɛ²¹³θã⁴²₂₁₃θã⁴².
    uɛ²¹³kuə⁵⁵θɛ⁵⁵kã⁴²tiə⁵⁵tɕi⁴²t'ɛ⁵⁵kɛ²¹³tɕiə⁵⁵li⁴²θɛ⁵⁵kã²¹³tθ'uɛ⁵⁵kuə⁴²lə，iə⁵⁵tɕiaŋ⁴²
    uɛ²¹³kuə⁵⁵tθɛ⁵⁵kɛ²¹³θɛ⁵⁵kã⁴²θɛ⁵⁵kã⁴².

27. 他一高兴就唱起歌来了。
    他一欢气就唱起来了。
    t'ɑ²¹³i⁵⁵xuã⁵⁵₂₁₃tɕ'ïtɕiou⁴²tʃ'aŋ⁴²tɕ'i˙lɛ˙lə.
    t'ɛ⁵⁵kɑ²¹³iə²¹³tɕi⁵⁵xuɛ⁵⁵kuã²¹³tɕ'iə⁵⁵li⁴²tɕiə⁵⁵liou⁴²tʃ'ə⁵⁵tɕiaŋ⁴²tɕ'iə⁵⁵li⁴²lɛ⁵⁵kɛ˙lə.

28. 谁刚才议论我老师来着？
    才谁讲咕我老师唻？
    tθ'ɛ⁴²ʂuei⁴²kaŋ²¹³ku⁴²uə⁵⁵lɔ⁵⁵ʂɻ²¹³lɛ˙?
    tθ'ɛ⁵⁵kɛ⁴²ʂuɛ⁵⁵kuei⁴²kɛ⁵⁵laŋ²¹³kɛ⁵⁵lu⁴²uɛ²¹³kuə⁵⁵lɛ²¹³kɔ⁵⁵ʂə⁵⁵tɕi²¹³lɛ⁵⁵kɛ⁴²?

29. 只干了一半，还得干下去。
    干得半利不落，还得干。
    kã⁴²ti˙pã⁴²₅₅li˙pu⁴²₅₅luə˙，xɛ⁴²₅₅tei˙kã⁴².
    kɛ⁵⁵lã⁴²tiə²¹³tɕi˙pɛ⁵⁵lã⁴²liə²¹³tɕi˙pɛ⁵⁵ku⁴²luɛ⁵⁵kuə⁴²，xɛ⁵⁵kɛ⁴²tɛ⁵⁵kei⁴²kɛ⁵⁵lã⁴².

30. 你才吃了一碗米饭，再吃一碗吧。
    你才吃了一碗，再吃点儿。
    ni⁵⁵tθ'ɛ⁴²tʃ'ɻ⁵⁵lə˙i²¹³uã⁵⁵，tθɛ²¹³tʃ'ɻ⁵⁵tiãr⁵⁵.
    niə²¹³tɕi⁵⁵tθ'ɛ⁵⁵kɛ⁴²tʃ'ə²¹³tɕi⁵⁵lə˙iə⁵⁵tɕi²¹³uɛ²¹³kuã⁵⁵，tθɛ⁵⁵kɛ²¹³tʃ'ə²¹³tɕi⁵⁵tiə²¹³tɕiãr⁵⁵.

31. 让孩子们先走，你再把展览仔仔细细地看一遍。
    让孩子们先走，你再把展览好好看看。
    iaŋ⁴²xɛ⁴²₅₅tθɻ˙mẽɕiã²¹³tθou⁵⁵，ni⁵⁵tθɛ²¹³pa⁵⁵tʃã²¹³lã⁵⁵xɔ²¹³xɔk'ã²¹³k'ã.
    iə⁵⁵tɕiaŋ⁴²xɛ⁵⁵kɛ⁴²tθ'ɛ⁵⁵tɕi⁴²mɛ⁵⁵kẽ⁴²ɕiə⁵⁵tɕiã²¹³tθɛ²¹³kou⁵⁵，niə²¹³tɕi⁵⁵tθɛ⁵⁵kɛ²¹³pɛ²¹³kɑ⁵⁵tʃə⁵⁵tɕiã²¹³lɛ²¹³kã⁵⁵xɛ⁵⁵kɔ²¹³xɛ⁵⁵kɔ²¹³k'ɛ⁵⁵lã²¹³k'ɛ⁵⁵lã²¹³.

32. 他在电视机前看着看着睡着了。

    他赶看着电视睡着了。

    tʻa²¹³kã²¹³kʻã⁴²tʂʳtiã²¹³ʂʳ⁴²ʂueiᵢᵢ⁴²tʂʳlə˙.

    tʻɛ⁵⁵ka²¹³kɛ⁵⁵lã²¹³kʻɛ⁵⁵lã²¹³tʂə⁵⁵tɕi⁴²tiã²¹³tɕiã⁵⁵tɕi⁴²ʂuɛ⁵⁵kuei⁴²tʂə⁵⁵tɕiˑlə˙.

33. 你算算看，这点儿钱够不够花？

    你算算，这点儿钱够不够？

    ni⁵⁵θã²¹³θã˙, tʃə²¹³tiãr⁵⁵tsʻiã⁴²kou²¹³pu⁴²kou²¹³?

    niə²¹³tɕi⁵⁵θɛ⁵⁵kã²¹³θɛ⁵⁵kã²¹³, tʃə⁵⁵tɕiə²¹³tiə²¹³tɕiãr⁵⁵tsʻiə⁵⁵tɕiã⁴²kɛ⁵⁵lou²¹³pɛ²¹³ku⁵⁵kɛ⁵⁵lou²¹³?

34. 他妈给了他一件很厚的衣服。

    他妈给了他一件厚衣裳。

    tʻa⁵⁵²¹³ma²¹³tɕʻi⁵⁵ləˑtʻa²¹³iˑ⁵⁵tɕiã⁴²xou⁴²iˑ²¹³ʃaŋ˙.

    tʻɛ⁵⁵ka²¹³mɛ⁵⁵ka²¹³tɕʻiə²¹³li⁵⁵ləˑtʻɛ⁵⁵ka²¹³iə²¹³tɕi⁵⁵tɕiə⁵⁵liã⁴²xɛ⁵⁵kou⁴²iə⁵⁵tɕi²¹³ʃə⁵⁵tɕiaŋ⁴².

35. 那个卖药的骗了他一千块钱呢。

    卖药的熊了他一千块钱。

    mɛ⁴²yə²¹³tiˑɕyŋᵢᵢ⁴²ləˑtʻa²¹³iˑ⁵⁵tsʻiã²¹³kʻuɛ²¹³²¹³tsʻiã⁴².

    mɛ⁵⁵kɛ⁴²yə⁵⁵tɕyə²¹³tiə⁵⁵tɕïɕyə⁵⁵tɕyŋ⁴²ləˑtʻɛ⁵⁵ka²¹³iə²¹³tɕi⁵⁵tsʻiə⁵⁵tɕiã²¹³kʻuɛ⁵⁵luɛ²¹³tsʻiə⁵⁵tɕiã⁴².

36. a. 我上个月借了他三百块钱。（借入）

    我上个月借了他三百块钱。

    uə⁵⁵ʃaŋ⁴²kuəˑyə²¹³tsiə²¹³ləˑtʻa⁵⁵²¹³θã²¹³pei⁵⁵kʻuɛ²¹³tsʻiã⁴².

    uɛ²¹³kuə⁵⁵ʃə⁵⁵tɕiaŋ⁴²kuɛ⁵⁵luəˑyə⁵⁵tɕyə²¹³tsiə⁵⁵tɕiə⁴²ləˑtʻɛ⁵⁵ka²¹³θɛ⁵⁵kã²¹³pɛ²¹³kei⁵⁵kʻuɛ⁵⁵luɛ²¹³tsʻiə⁵⁵tɕiã⁴².

    b. 我上个月借了他三百块钱。（借出）

    他上个月借了我三百块钱。

    tʻa²¹³ʃaŋ⁴²kuəˑyə²¹³tsiə²¹³ləˑuə⁵⁵θã²¹³pei⁵⁵kʻuɛ²¹³tsʻiã⁴².

    tʻɛ⁵⁵ka²¹³ʃə⁵⁵tɕiaŋ⁴²kuɛ⁵⁵luəˑyə⁵⁵tɕyə²¹³tsiə⁵⁵tɕiə⁴²ləˑuə²¹³kuə⁵⁵θɛ⁵⁵kã²¹³pɛ²¹³kei⁵⁵kʻuɛ⁵⁵luɛ²¹³tsʻiə⁵⁵tɕiã⁴².

37.a. 王大夫的刀开得很好。（王大夫是医生）

　　王先生的刀开得很好。

　　uaŋ⁴²ɕiã²¹³ʂəŋˈtiˈtɔ²¹³kˈɛ²¹³təxẽ²¹³xɔ⁵⁵.

　　uɛ⁵⁵kuaŋ⁴²ɕiə⁵⁵tɕiã²¹³ʂɛ⁵⁵kəŋ²¹³tiə²¹³tɕi⁵⁵tɛ⁵⁵kɔ²¹³kˈɛ⁵⁵lɛ²¹³tɛ⁵⁵kəˈxɛ⁵⁵kẽ²¹³xɛ²¹³kɔ⁵⁵.

　b. 王大夫的刀开得很好。（王大夫是病人）

　　王先生开刀开得很好。

　　uaŋ⁴²ɕiã²¹³ʂəŋˈkˈɛ²¹³₅₅tɔ²¹³kˈɛ²¹³təxẽ²¹³xɔ⁵⁵.

　　uɛ⁵⁵kuaŋ⁴²ɕiə⁵⁵tɕiã²¹³ʂɛ²¹³kəŋ²¹³kˈɛ⁵⁵lɛ²¹³tɛ⁵⁵kɔ²¹³kˈɛ⁵⁵lɛ²¹³tɛ⁵⁵kəˈxɛ⁵⁵kẽ²¹³xɛ²¹³kɔ⁵⁵.

38. 我不能怪人家，只能怪自己。

　　我不能怨人家，只能怨自己。

　　uə⁵⁵pu⁴²nəŋ⁴²yã⁴²iẽ⁴²₅₅tɕi, tʃɿ⁵⁵nəŋ⁴²yã⁴²tθɿ⁴²₅₅tɕï.

　　uɛ²¹³kuə⁵⁵pɛ⁵⁵ku⁴²nɛ⁵⁵kəŋ⁴²yə⁵⁵tɕyã⁴²iə⁵⁵tɕiẽ⁴²tɕiə⁵⁵lï, tʃə²¹³tɕi⁵⁵nɛ⁵⁵kəŋ⁴²yə⁵⁵tɕyã⁴²tθə⁵⁵tɕi⁴²tɕiə⁵⁵lï.

39.a. 明天王主任来村儿里吗？

　　明天王主任来村儿里吗？

　　miŋ⁴²tˈiã²¹³uaŋ⁴²tʃu⁵⁵iẽ⁴²lɛ⁴²tθˈẽr²¹³liˈmaˈ?

　　miə⁵⁵tɕiŋ⁴²tˈiə²¹³tɕiã²¹³uɛ⁵⁵kuaŋ⁴²tʃə²¹³tɕy⁵⁵iə⁵⁵tɕiẽ⁴²lɛ⁵⁵kɛ⁴²tθˈɛ⁵⁵kẽr²¹³liə⁵⁵tɕïmɛ⁵⁵kaˈ?

　b. 我看他不会来。

　　我看够呛。

　　uə⁵⁵kˈã⁴²kou²¹³tɕˈiaŋ⁴².

　　uɛ²¹³kuə⁵⁵kˈɛ⁵⁵lã⁴²kɛ⁵⁵lou²¹³tɕˈiə⁵⁵tɕiaŋ⁴².

40. 他像个病人似的靠在椅子上。

　　他像个病人样儿倚在椅子上。

　　tˈa²¹³ɕiaŋ⁴²kuəˈpiŋ⁴²iẽiaŋr⁴²iˈ⁵⁵tθɛ⁴²iˈ⁵⁵tθɿʃaŋ.

　　tˈɛ⁵⁵ka²¹³ɕiə⁵⁵tɕiaŋ⁴²kuɛ⁵⁵luəˈpiə⁵⁵tɕiŋ⁴²iə⁵⁵tɕiẽiə⁵⁵tɕiaŋr⁴²iə²¹³tɕi⁵⁵tθɛ⁵⁵ kɛ⁴²iə²¹³tɕi⁵⁵tθə²¹³tɕi⁵⁵ʃə⁵⁵tɕiaŋ⁴².

第二节　语　料

一、谜语

1. 一盘耪，两头翘，光拉屎，不尿尿。（鸡）

   i^{55}p'ã$^{42}_{213}$lɔ^{42}, liaŋ^{55}t'ou^{42}tɕ'iɔ^{42}, kuaŋ$^{213}_{55}$la^{213}ʂʅ^{55}, pu^{55}niɔ$^{42}_{213}$niɔ^{42}. — tɕi^{213}iə^{213}tɕi^{55}p'ɛ^{55}kã^{213}lɛ^{55}kɔ^{42}, liə^{213}tɕiaŋ^{55}t'ɛ^{55}kou^{42}tɕ'iə^{55}liɔ^{42}, kuɛ^{55}luaŋ^{213}lɛ^{55}ka^{213}ʂə^{213}tɕi^{55}, pɛ^{213}ku^{55}niə^{55}tɕiɔ^{42}niə^{55}tɕi^{42}. — tɕiə^{55}li^{213}

2. 说是鸡，不是鸡，光走水，不走泥。（船）

   ʃuə^{213}ʂʅ^{42}tɕi^{213}, pu^{55}ʂʅ^{42}tɕi^{213}, kuaŋ^{213}tθou^{55}ʂuei^{55}, pu^{55}tθou^{55}mi^{55}. — tʃ'uã^{42}ʃuə^{213}tɕyə^{55}ʂə^{55}tɕi^{42}tɕiə^{55}li^{213}, pɛ^{213}ku^{55}ʂə^{55}tɕi^{42}tɕiə^{55}li^{213}, kuɛ^{55}luaŋ^{213}tθɛ^{213}kou^{55}ʂuɛ^{213}kuei^{55}, pɛ^{213}ku^{55}tθɛ^{213}kou^{55}miə^{213}tɕi^{55}. — tʃ'uɛ^{55}kuã^{42}

3. 说是船，不是船，两头落地中间悬。（桥）

   ʃuə^{213}ʂʅ^{42}tʃ'uã^{42}, pu^{5}ʂʅ^{42}tʃ'uã^{42}, liaŋ^{55}t'ou^{42}luə^{213}ti^{42}tʂuŋ$^{213}_{55}$tɕia^{213}syã^{42}. — tɕ'iɔ^{42}ʃuə^{213}tɕyə^{55}ʂə^{55}tɕi^{42}tʃ'uã^{55}kuã^{42}, pɛ^{213}ku^{55}ʂə^{55}tɕi^{42}tʃ'uɛ^{55}kuã^{42}, liə^{213}tɕiaŋ^{55}t'ɛ^{55}kou^{42}luə^{55}kuə^{213}tiə^{42}tɕi^{42}tʂuɛ^{55}kuŋ^{213}tɕiə^{55}liã^{213}syɔ^{55}tɕyã^{42}. — tɕ'iə^{55}liɔ^{42}

4. 从那来个踥拉踥，不脱裤子下了海。（鸭）

   tθ'uŋ^{42}niə^{213}lɛ$^{42}_{55}$kuə^{55}tʂuɛ^{213}la·tʂuɛ^{213}, pu^{42}t'uə^{213}k'uʅ^{55}tθi̯ɕia^{42}ləxɛ^{55}. — ia^{213}tθ'uɛ^{55}kuŋ^{42}niə^{55}tɕiə^{213}lɛ^{55}kə^{42}kuə^{55}luə^{213}tʂuɛ^{213}kuɛ^{55}lɛ^{55}ka·tʂuɛ^{213}kuɛ^{55}, pɛ^{213}ku^{42}t'uə^{213}kuə^{55}k'uɛ^{55}ku^{42}tθə^{213}tɕi̯ɕiə^{55}tɕia^{42}ləxɛ^{213}kɛ^{55}. — iə^{55}tɕia^{213}

5. 一条腿儿，蹬哒蹬。光遮雨，不遮风。（伞）

   i^{55}t'iɔ^{213}t'eir^{55}, təŋ^{213}ta·təŋ^{213}. kuaŋ^{213}tʃə^{213}y^{55}, pu^{55}tʃə$^{213}_{55}$fuŋ^{213}. — θã^{55}iə^{213}tɕi^{55}t'iə^{55}tɕiə^{213}t'ɛ^{213}keir^{55}, tɛ^{55}kəŋ^{213}tɛ^{213}ka^{42}tɛ^{55}kəŋ^{213}, kuɛ^{55}luaŋ^{213}tʃə^{213}iə^{213}tɕy^{55}, pɛ^{213}ku^{55}tʃə^{213}tɕiə^{213}fɛ^{55}kəŋ^{213}. — θɛ^{213}kã^{55}

6. 两条腿，叫五更。（鸡）

   liaŋ^{55}t'iɔ^{213}t'eir^{55}, tɕiɔ^{213}u^{55}kəŋ^{213}. — tɕi^{213}liə^{213}tɕiaŋ^{55}t'iə^{55}tɕiɔ^{213}t'ɛ^{213}keir^{55}, tɕiɔ^{55}liə^{213}uɛ^{213}ku^{55}kɛ^{55}ləŋ^{213}. — tɕiə^{55}li^{213}

7. 三条腿，正北坐。（香炉儿）

θã^{55}t'iɔ^{213}t'eir^{55}，tʃəŋ^{213}pei^{55}tθuə^{42}.—ɕiaŋ^{213}our^{42}

θɛ^{55}kã^{213}t'iɔ^{55}tɕiɔ^{213}t'ɛ^{213}keir^{55}，tʃə^{55}tɕiŋ^{213}pɛ^{213}kei^{55}tθuɛ^{55}kuə^{42}.—ɕiɔ^{55}liaŋ^{213}ɛ^{55}kour^{42}

8. 四条腿，会拉磨。（驴）

θɿ^{213}t'iɔ^{213}t'eir^{55}，xuei^{213}la^{55}mə^{42}.—ly^{42}

θə^{55}tɕi^{213}t'iɔ^{55}tɕiɔ^{213}t'ɛ^{213}keir^{55}，xuɛ^{55}kuei^{42}lɛ^{213}ka^{55}mɛ^{55}kə^{42}.—lyə^{55}tɕy^{42}

二、故事二则

（一） 　　　　　　　　　梦先生

　　　　　　　　　məŋ^{42}　siã^{213}　ʂəŋ·

　　　　　　　　　mɛ^{55}kəŋ^{42}　siɔ^{55}tɕiã^{213}　ʂɛ^{55}kəŋ·

从　　　前　　　有　　　位　　　会　　　做　　　梦

tθ'uŋ$^{42}_{213}$　ts'iã^{42}　iou^{55}　uei^{42}　xuei^{42}　tθuə^{213}　məŋ^{42}

tθ'uɛ^{55}kuŋ^{213}ts'iɔ^{55}tɕiã^{42}iɔ^{213}tɕiou^{55}uɛ^{55}kuei^{42}xuɛ^{55}kuei^{42}tθuɛ^{55}kuə^{213}mɛ^{55}kəŋ^{42}

的　先　　　生，　自　　称　　　做　　　梦　　　很

tï　siã^{213}　ʂəŋ·，　tθɿ^{42}　tʃ'əŋ^{213}　tθuə^{213}　məŋ^{42}　xɛ^{55}

tï·siɔ^{55}tɕiã^{213}ʂɛ^{55}kəŋ·，tθə^{55}tɕi^{42}tʃ'ə^{55}tɕiŋ^{213}tθuɛ^{55}kuə^{213}mɛ^{55}kəŋ^{42}xɛ^{213}kẽ^{55}

灵。　不　　管　　　谁　　　家　　少　　　了　　　什　　么

liŋ^{42}.　pu$^{55}_{42}$　kuã^{55}　ʂuei^{42}　tɕia^{213}　ʃɔ^{55}　lə·　ʃẽ^{42}　mə·

liə^{55}tɕiŋ^{42}.pɛ^{213}ku^{55}kuɛ^{213}luã^{55}ʂuɛ^{55}kuei^{42}tɕiɔ^{55}liɔ^{213}ʃɛ^{213}kɔ^{55}lə·ʃɔ^{55}tɕiẽ^{42}mɛ^{55}kə·

东　　　西，　他　　一　　梦　　　就　　　能　　梦

tuŋ^{213}　sï·，　t'ɑ^{213}　i^{55}　məŋ^{42}　tsiou^{42}　nəŋ^{42}　məŋ^{42}

tɛ^{55}kuŋ^{213}siɔ^{55}tɕï·，t'ɛ^{55}ka^{213}iɔ^{213}tɕi^{55}mɛ^{55}kəŋ^{42}tsiɔ^{55}tɕiou^{42}nɛ^{55}kəŋ^{42}mɛ^{55}kəŋ^{42}

见，　并　　　能　　　找　　　到。　一　　传　　　十

tɕiã，　piŋ^{42}　nəŋ^{42}　tʂɔ^{55}　tɔ^{42}.　i^{55}　tʃ'uã^{42}　ʃɿ^{42}

tɕiɔ^{55}liã^{42}，piə^{55}tɕiŋ^{42}nɛ^{55}kəŋ^{42}tʂɛ^{213}kɔ^{55}tɛ^{55}kɔ^{42}.iɔ^{213}tɕi^{55}tʃ'uɔ^{55}tɕyã^{42}ʃɔ^{55}tɕi^{42}

十　　传　　　百　　　很　　快　　　就　　　出　　了

ʃɿ^{42}　tʃ'uã^{42}　pei^{55}　xẽ^{55}　kuɛ^{42}　tsiou^{42}　tʃ'u^{55}　lə·

ʃɔ^{55}tɕi^{42} tʃ'uɔ^{55}tɕyã^{42} pɛ^{213}kei^{55} xɛ^{213}kẽ^{55} k'uɛ^{55}kuɛ^{42} tsiɔ^{55}tɕiou^{42} tʃ'uɔ^{213}tɕy^{55} lə·

名，消息传到了京城。
miŋ⁴², siɔ²¹³ sï tʃʻuã⁴²₂₁ tɔ⁴² lə· tɕiŋ²¹³ tʃʻəŋ⁴².
miə²¹³tɕiŋ⁴², siə⁵⁵siɔ²¹³siə²¹³tɕi·tʃʻuə⁵⁵tɕyã⁴²te⁵⁵kɔ⁴²lə·tɕiə⁵⁵liŋ²¹³tʃʻə⁵⁵tɕiŋ⁴².

有 一 天，朝 廷 玉 玺 不
iou⁵⁵₄₂ i⁵⁵ tʻiã²¹³, tʃʻɔ⁴²₂₁ tʻiŋ⁴² y²¹³₄² si⁵⁵ pu⁵⁵
iə²¹³tɕiou⁵⁵iə²¹³tɕi⁵⁵tʻiə⁵⁵tɕiã²¹³, tʃʻə⁵⁵tɕiɔ⁴²tʻiə⁴²tɕiŋ⁴² yə²¹³tɕy⁴² siə²¹³tɕi⁵⁵ pɛ²¹³ku⁵⁵

见 了，命 人 找 了 好 几 天，
tɕiã⁴² lə·, miŋ⁴²₂₁₃ iẽ⁴² tʂɔ⁵⁵ lə· xɔ⁵⁵ tɕi⁵⁵ tʻiã²¹³,
tɕiə⁵⁵liã⁴²lə·, miə²¹³tɕiŋ⁴²iə⁵⁵tɕiẽ⁴²tʂɛ²¹³kɔ⁵⁵ lə·xɛ²¹³kɔ⁵⁵ tɕiə²¹³li⁵⁵tʻiə⁵⁵tɕiã²¹³,

也 没 找 到。后 得 知 有
iə⁵⁵ mu⁴² tʂɔ⁵⁵ tɔ⁴². xou⁴² tə⁴² tʃɿ²¹³ iou⁵⁵
iə²¹³tɕiə⁵⁵ mɛ⁵⁵ku⁴² tʂɛ²¹³kɔ⁵⁵ tɛ⁵⁵kɔ⁴².xɛ⁵⁵kou⁴² tɛ⁵⁵kə⁴² tʃə⁵⁵tɕi²¹³ iə²¹³tɕiou⁵⁵

位 会 做 梦 的 先 生，做
uei⁴² xuei⁴² tθuə²¹³ məŋ⁴² ti siã²¹³ ʂəŋ·, tθuə²¹³
uɛ⁵⁵kuei⁴²xuɛ⁵⁵kuei⁴²tθuɛ⁵⁵kuə²¹³ mɛ⁵⁵kəŋ⁴²ti·siə⁵⁵tɕiã²¹³ ʂɛ⁵⁵kəŋ·, tθuɛ⁵⁵kuə²¹³

梦 找 东 西 很 准。皇 上
məŋ⁴² tʂɔ⁵⁵ tuŋ²¹³ sï xẽ⁵⁵₄₂ tʃuẽ⁵⁵. xuaŋ⁵⁵ ʃaŋ·
mɛ⁵⁵kəŋ⁴²tʂɛ²¹³kɔ⁵⁵ tɛ⁵⁵kuŋ²¹³ siə⁵⁵tɕi xɛ²¹³kẽ⁵⁵ tʃuə²¹³kuẽ⁵⁵. xuɛ⁵⁵kuaŋ⁴²ʃə⁵⁵tɕiaŋ·

就 下 令 把 他 叫 来。说 道：
tsiou⁴² ɕia⁴²₂₁₃ liŋ⁴² pa²¹³₅₅ tʻa²¹³ tɕiɔ⁴² lɛ·. ʃuə²¹³ tɔ⁴²:
tsiə⁵⁵tɕiou⁴²ɕiə⁵⁵tɕia⁴²liə⁵⁵tɕiŋ⁴²pɛ⁵⁵ka²¹³tʻɛ⁵⁵ka²¹³tɕiə⁵⁵liɔ⁴²lɛ⁵⁵kɛ·ʃuə⁵⁵tɕyə²¹³tɛ⁵⁵kɔ⁴²:

"玉 玺 没 有 了，如 果 你 能
"y²¹³₄₂ si⁵⁵ mu⁴² iou⁵⁵ lə·, y⁴² kuɔ⁵⁵ ni⁵⁵ nəŋ⁴²
"yə²¹³tɕy⁴²siə²¹³tɕi⁵⁵ mɛ⁵⁵ku⁴²iə²¹³tɕiou⁵⁵lə·, yə⁵⁵tɕy⁴²kuɛ²¹³luə⁵⁵ niə²¹³tɕi⁵⁵ nɛ⁵⁵kəŋ⁴²

做 梦 找 到，我 就 重 金
tθuə²¹³ məŋ⁴² tʂɔ⁵⁵ tɔ⁴², uɔ⁵⁵ tsiou⁴² tʂuŋ⁴² tɕiẽ²¹³
tθuɛ⁵⁵kuə²¹³mɛ⁵⁵kəŋ⁴²tʂɛ²¹³kɔ⁵⁵tɛ⁵⁵kɔ⁴², uɛ²¹³kuɔ⁵⁵tsiə⁵⁵tɕiou⁴²tʂuɛ⁵⁵kuŋ⁴²tɕiə⁵⁵liẽ²¹³

酬 谢 你。"梦 先 生 听 罢，
tʃʻou²¹³₂₁₃ siɛ⁴² ni⁵⁵."məŋ⁴² siã²¹³ ʂəŋ· tʻiŋ²¹³ pa⁴²,
tʃʻə⁵⁵tɕiou⁴²siə⁵⁵tɕiə⁴²niə²¹³tɕi⁵⁵."mɛ⁵⁵kəŋ⁴²siə⁵⁵tɕiã²¹³ʂɛ⁵⁵kəŋ·tʻiə⁵⁵tɕiŋ²¹³ pɛ⁵⁵ka⁴²,

可 吓 坏 了， 心 想： "我
k'uə⁵⁵ ɕia⁴² xuɛ⁴²₅₅ lə˙, siɛ̃²¹³ siaŋ⁵⁵： "uɛ⁵⁵
k'ɛ²¹³luə⁵⁵ɕiə⁵⁵tɕia⁴²xuɛ⁵⁵kuɛ⁴²lə˙, siə⁵⁵tɕiɛ̃²¹³siã²¹³tɕiaŋ⁵⁵: "uɛ²¹³kuɛ⁵⁵
哪 会 做 什 么 梦！" 不 管
na⁵⁵ xuei⁴² tθuə²¹³ ʃɛ̃⁴² mə˙ məŋ⁴²！" pu⁵⁵ kuã⁵⁵
nɛ²¹³ka⁵⁵xuɛ⁵⁵kuei⁴²tθuɛ⁵⁵kuə²¹³ʃə⁵⁵tɕiɛ̃⁴²mə˙mɛ⁵⁵kəŋ⁴²！"pɛ²¹³ku⁵⁵kuɛ²¹³luã⁵⁵
怎 么 样， 先 让 皇 上 准
tθɛ̃⁵⁵ mə˙ iaŋ⁴², siã²¹³ iaŋ⁴² xuaŋ⁴²₅₅ ʃaŋ˙ tʃuɛ̃⁵⁵
tθɛ²¹³kɛ̃⁵⁵mɛ⁵⁵kəiə⁵⁵tɕiaŋ⁴², siə⁵⁵tɕiã²¹³iə⁵⁵tɕiaŋ⁴²xuɛ⁵⁵kuaŋ⁴²ʃə⁵⁵tɕiaŋ˙tʃuɛ²¹³tɕyɛ̃⁵⁵
备 房 间， 假 装 去 做
peï faŋ⁴² tɕiã²¹³, tɕia⁵⁵ tʂuaŋ²¹³ tɕ'y⁴² tθuə²¹³
pɛ⁵⁵keïfɛ⁵⁵kaŋ⁴²tɕiə⁵⁵liã²¹³, tɕiə²¹³liã⁵⁵tʂuɛ⁵⁵kuaŋ²¹³tɕ'yə⁵⁵tɕy⁴²tθuɛ⁵⁵kuə²¹³
梦， 并 让 两 个 人 在 门
məŋ⁴², piŋ⁴² iaŋ⁴² liaŋ⁵⁵ kə˙ iɛ⁴² tθɛ²¹³ mɛ̃⁴²
mɛ⁵⁵kəŋ⁴², piə⁵⁵tɕiŋ⁴²iə⁵⁵tɕiaŋ⁴²liə²¹³tɕiaŋ⁵⁵kəïə⁵⁵tɕiɛ⁴²tθɛ⁵⁵kɛ²¹³mɛ⁵⁵kɛ̃⁴²
外 站 岗， 不 让 人 进 去
uɛ⁴² tʂã⁴² kaŋ⁵⁵, pu⁵⁵ iaŋ⁴² iɛ⁴² tsiɛ̃⁴² tɕ'y
uɛ⁵⁵kuɛ⁴²tʂɛ²¹³kã⁴²kɛ²¹³laŋ⁵⁵, pɛ²¹³ku⁵⁵iə²¹³tɕiaŋ⁴²iə⁵⁵tɕiɛ⁴²tsiə⁵⁵tɕiɛ⁴²tɕ'yə⁵⁵tɕy˙
打 扰。 皇 上 就 命 令
ta⁵⁵₄₂ iao⁵⁵˙ xuaŋ⁴²₅₅ ʃaŋ˙ tsiou⁴² miŋ⁴²₂₁₃ liŋ⁴²
tɛ²¹³ka⁵⁵iə²¹³tɕiao⁵⁵. xuɛ⁵⁵kuaŋ⁴²ʃə⁵⁵tɕiaŋ˙tsiə⁵⁵tɕiou⁴²miə⁵⁵tɕiŋ⁴² liə⁵⁵tɕiŋ⁴²
张 三、 李 四 站 岗 守 候，
tʃaŋ²¹³₅₅ θã²¹³、 li⁵⁵ θɿ²¹³ tʂã⁴² kaŋ⁵⁵ ʃou⁵⁵ xou⁴²,
tʃɛ²¹³kaŋ θɛ⁵⁵kã²¹³、 liə²¹³tɕi θɛ⁵⁵tɕi²¹³tʂɛ²¹³kã⁴²kɛ²¹³laŋ⁵⁵ʃɛ²¹³kou⁵⁵xɛ⁵⁵kou⁴²,
叫 梦 先 生 进 房 间 做
tɕio²¹³ məŋ⁴² siã²¹³ ʂəŋ˙ tsiɛ̃⁴² faŋ⁴² tɕiã²¹³ tθuə²¹³
tɕiə⁵⁵liə²¹³mɛ⁵⁵kəŋ⁴²siə⁵⁵tɕiã²¹³ʂɛ⁵⁵kəŋ˙tsiə⁵⁵tɕiɛ⁴²fɛ⁵⁵kaŋ⁴²tɕiə⁵⁵liã²¹³tθuɛ⁵⁵kuə²¹³
梦。 这 可 把 梦 先 生 愁
məŋ⁴²˙ tʃə²¹³ k'uə⁵⁵ pa⁵⁵ məŋ⁴² siã²¹³ ʂəŋ˙ tsʻou⁴²
mɛ⁵⁵kəŋ⁴².tʃə⁵⁵tɕiə²¹³k'uɛ²¹³luə⁵⁵ pɛ²¹³ka⁵⁵mɛ⁵⁵kəŋ⁴² siə⁵⁵tɕiã²¹³ʂɛ⁵⁵kəŋtʂʻɛ⁵⁵kou⁴²

坏 了, 在 床 上 翻 来 覆 去,
xuɛ$_{55}^{42}$ lə˙, tɛ^{55} tʂ'uaŋ^{42} ʃaŋ fɑ^{213} lɛ^{42} fu$_{213}^{42}$ tɕ'y^{42},
xuɛ^{55}kuɛ^{42}lə˙, tɛ^{213}kɛ^{55} tʂ'uɛ^{55}kuaŋ^{42}ʃə^{55}tɕiaŋ'fɛ^{55}kɑ̃^{213} lɛ^{55}kɛ^{42} fɛ^{55}ku^{42}tɕ'yə^{55}ly^{42},
哪 能 睡 觉! 自 言 自 语 地
nɑ^{55} nəŋ^{42} ʂuei$_{213}^{42}$ tɕiɑ^{42}! tθ$_{213}^{42}$ iɑ̃^{42} tθŋ^{42} y^{55} ti˙
nɛ^{213}kɑ^{55} nɛ^{55}kəŋ^{42} ʂuɛ^{55}kuei^{42}tɕi^{55}liə^{42}! tθə^{55}tɕi^{42} iə^{55}tɕiɑ̃^{42} tθə^{55}tɕi^{42} yə^{213}tɕy^{55} ti˙
说: "这 玉 玺 不 是 张 三
ʃuə^{213}: "tʃə^{42} y$_{213}^{42}$ si^{55} pu^{55} ʂʅ^{42} tʃaŋ$_{55}^{213}$ θɑ̃^{213}
ʃuə^{55}tɕyə^{213}: "tʃə^{42}tɕi^{42}yə^{213}tɕy^{42}siə^{213}tɕi^{55}pɛ^{213}ku^{55} ʂə^{55}tɕi^{42}tʃɛ^{213}kaŋ θɛ^{55}kɑ̃^{213}
就 是 李 四 干 的。" 此 话 正
tsiou^{42} ʂʅ^{42} li^{55} θŋ^{213} kɑ̃^{42} ti˙." tθ'ŋ^{55} xuɑ^{42} tʃəŋ^{42}
tsiə^{55}tɕiou^{42} ʂə^{55}tɕi^{42} liə^{213}tɕi^{55}θə^{55}tɕi^{213} kɛ^{55}lɑ̃^{42}ti˙."tθ'ə^{213}tɕi^{55}xuɛ^{55}kɑ^{42} tʃə^{55}tɕiŋ^{42}
被 门 外 的 张 三、李 四 听
pei^{42} mɛ̃^{42} uɛ^{42} ti˙ tʃaŋ$_{55}^{213}$ θɑ̃^{213}、li^{55} θŋ^{213} t'iŋ^{213}
pɛ^{55}kei^{42} mɛ^{55}kɛ̃^{42} uɛ^{55}kuɛ^{42}ti˙ tʃɛ^{213}kaŋ θɛ^{55}kɑ̃^{213}、liə^{55}tɕi^{55}θə^{55}tɕi^{213} t'iə^{55}tɕiŋ^{213}
见 了, 因 为 玉 玺 就 是 他
tɕiɑ̃ lə˙, iɛ^{213} uei^{42} y$_{213}^{42}$ si^{55} tsiou^{42} ʂʅ^{42} t'ɑ^{213}
tɕiə^{55}liɑ̃^{42}lə˙, iə^{55}tɕiɛ^{213}uɛ^{55}kuei^{42} yə^{213}tɕy^{42} siə^{213}tɕi^{55} tsiə^{55}tɕiou^{42} ʂə^{55}tɕi^{42}t'ɛ^{55}kɑ^{213}
们 偷 的, 可 把 他 们 吓 坏
mɛ̃ t'ou^{213} ti˙, k'uə^{55} pɑ^{55} t'ɑ^{213} mɛ̃ ɕiɑ^{42} xuɛ^{42}
mɛ^{55}kɛ̃ t'ɛ^{55}kou^{213} ti˙, k'uɛ^{213}luə^{55}pɛ^{213}kɑ^{55}t'ɛ^{55}kɑ^{213} mɛ^{55}kɛ̃ ɕiə^{55}tɕiɑ^{42} xuɛ^{55}kuɛ^{42}
了, 忙 把 门 推 开 跪 在 地
lə˙, maŋ^{42} pɑ^{55} mɛ̃^{42} t'ei$_{55}^{213}$ k'ɛ^{213} kuei^{42} tθɛ^{42} ti^{42}
lə˙, mɛ^{55}kaŋ^{42}pɛ^{213}kɑ^{55} mɛ^{55}kɛ̃^{42}t'ɛ^{55}kei^{42}k'ɛ^{55}lɛ^{213} kuɛ^{55}luei^{42} tθɛ^{55}kɛ^{42}tiə^{55}li^{42}
上 求 饶, 让 梦 先 生 开
ʃaŋ˙ tɕ'iou$_{213}^{42}$ iao^{42}, iaŋ^{42} məŋ^{42} siɑ̃^{213} ʂəŋ˙ k'ɛ^{213}
ʃə^{55}tɕiaŋ˙tɕ'iə^{55}liou^{42} iə^{55}tɕiao^{42}, iə^{55}tɕiaŋ^{42}mɛ^{55}kəŋ^{42} siə^{55}tɕiɑ̃^{213} ʂɛ^{55}kəŋ˙k'ɛ^{55}lɛ^{213}
恩 救 命, 他 们 说: "玉 玺
ẽ^{213} tɕiou$_{213}^{42}$ miŋ^{42}, t'ɑ^{213} mɛ̃ ʃuə^{213}: "y$_{213}^{42}$ si^{55}
ɛ^{55}kẽ^{213} tɕiə^{55}liou^{42} miə^{55}tɕiŋ^{42}, t'ɛ^{55}kɑ^{213} mɛ^{55}kɛ̃ʃuə^{55}tɕyə^{213}: "yə^{213}tɕy^{42} siə^{213}tɕi^{55}

被 盗 之 事 正 是 俺 两 干
pei⁴² tɔ⁴² tʂʅ²¹³ ʂʅ⁴² tʃəŋ⁴²₂₁₃ ʂʅ⁴² ã̃⁵⁵₄₂ liaŋ⁵⁵ kã⁴²
pɛ⁵⁵kei⁴²tɛ⁵⁵kɔ⁴²tsə⁵⁵tɕi²¹³ʂə⁵⁵tɕi tʃə⁵⁵tɕiŋ⁴² ʂə⁵⁵tɕi⁴² ɛ²¹³kã⁵⁵ liə²¹³tɕiaŋ⁵⁵ uɛ⁵⁵kuɛ⁴²

的， 千 万 别 让 皇 上 知 道
ti˙, tsʰiã²¹³ uã⁴² piə⁴² iaŋ⁴² xuaŋ⁴²₅₅ ʃaŋ˙ tʃʅ²¹³ tɔ˙
ti˙, tsʰiə⁵⁵tɕiã²¹³uɛ⁵⁵kuã⁴² piə⁵⁵tɕiə⁴² iə⁵⁵tɕiaŋ⁴² xuɛ⁵⁵kuaŋ⁴²ʃə⁵⁵tɕiaŋ˙tʃə⁵⁵tɕi²¹³ tɛ⁵⁵kɔ˙

此 事， 望 你 只 给 皇 上
tθʰʅ⁵⁵ ʂʅ⁴², uaŋ⁴² ni⁵⁵ tʃʅ⁴²₄₂ kei⁵⁵ xuaŋ⁴²₅₅ ʃaŋ˙
tθʰə²¹³tɕi⁵⁵ʂə⁵⁵tɕi⁴², uɛ⁵⁵kuaŋ⁴² niə²¹³tɕi⁵⁵tʃə²¹³tɕi⁵⁵ kɛ²¹³lei⁵⁵ xuɛ⁵⁵kuaŋ⁴²ʃə⁵⁵tɕiaŋ

找 到 玉 玺， 不 要 供 出
tʂɔ⁵⁵ tɔ⁴² y²¹³₄₂ si⁵⁵, pu⁵⁵ iɔ⁴² kuŋ⁴² tʃʰu⁵⁵
tʂɛ²¹³kɔ⁵⁵tɛ⁵⁵kɔ⁴²yə²¹³tɕy⁴²siə²¹³tɕi⁵⁵, pɛ²¹³ku⁵⁵iə⁵⁵tɕiɔ⁴²kuɛ⁵⁵luŋ⁴²tʃʰuə²¹³tɕy⁵⁵

俺 两 的 名 字。 事 后 我 俩
ã̃⁵⁵₄₂ liaŋ⁵⁵ ti˙ miŋ⁴² tθŋ˙ ʂʅ⁴² xou⁴² uə⁵⁵ liaŋ⁵⁵
ɛ²¹³kã⁵⁵liə²¹³tɕiaŋ⁵⁵ti˙miə²¹³tɕiŋ⁴²tθə⁵⁵tɕi˙ ʂə⁵⁵tɕi⁴² xɛ⁵⁵kou⁴² uə²¹³kuə⁵⁵ liə²¹³tɕiaŋ⁵⁵

定 有 重 金 酬 谢。" 梦
tiŋ⁴² iou⁵⁵ tʂuŋ⁴² tɕiɛ²¹³ tʃʰou²¹³₂₁₃ siə⁴²." məŋ⁴²
tiə⁵⁵tɕiŋ⁴²iə²¹³tɕiou⁵⁵tʂuɛ⁵⁵kuŋ⁴²tɕiə⁵⁵liɛ²¹³tʃʰə⁵⁵tɕiou⁴² siə⁵⁵tɕiə⁴²." mɛ⁵⁵kəŋ⁴²

先 生 问： "玉 玺 藏 在 什
siã²¹³ ʂəŋ˙ uɛ⁴²： "y⁴²₂₁₃ si⁵⁵ tθʰaŋ⁴²₂₁ tθɛ⁴² ʃẽ⁴²
siə⁵⁵tɕiã²¹³ʂɛ⁵⁵kəŋ˙uɛ⁵⁵kɛ⁴²： "yə²¹³tɕy⁴² siə²¹³tɕi⁵⁵ tθʰɛ⁵⁵kaŋ⁴² tθɛ⁵⁵kɛ⁴² ʃə⁵⁵tɕiẽ⁴²

么 地 方？" 两 位 说； "藏 在
mə˙ ti⁴² faŋ˙？" liaŋ⁵⁵ uei⁴² ʃuə²¹³： "tθʰaŋ⁴²₂₁ tθɛ⁴²
mɛ⁵⁵kətiə⁵⁵tɕi⁴²fɛ⁵⁵kaŋ˙？"liə²¹³tɕiaŋ⁵⁵uɛ⁵⁵kuei⁴²ʃuə⁵⁵tɕyə²¹³："tθʰɛ⁵⁵kaŋ⁴² tθɛ⁵⁵kɛ⁴²

玉 花 园 羊 沟 口 里。" 梦
y⁴² xua²¹³ yã⁴² iaŋ⁴² kou²¹³ kʰou⁵⁵ li˙." məŋ⁴²
yə²¹³tɕy⁴² xuɛ⁵⁵kua²¹³ yə⁵⁵tɕyã⁴² iə⁵⁵tɕiaŋ⁴²kɛ⁵⁵lou²¹³kʰɛ²¹³lou⁵⁵ liə⁵⁵tɕi˙." mɛ⁵⁵kəŋ⁴²

先 生 把 藏 玉 玺 的 地 方
siã²¹³ ʂəŋ˙ pa⁵⁵ tθʰaŋ⁴² y⁴²₂₁₃ si⁵⁵ ti˙ ti⁴² faŋ˙
siə⁵⁵tɕiã²¹³ʂɛ⁵⁵kəŋ˙pɛ²¹³ka⁵⁵tθʰɛ⁵⁵kaŋ⁴²yə²¹³tɕy⁴²siə²¹³tɕi⁵⁵ ti˙tiə⁵⁵tɕi⁴²fɛ⁵⁵kaŋ˙

转 告 皇 上， 很 快 玉 玺
tʃuã⁵⁵ kɔ⁴² xuaŋ₅₅⁴² ʃaŋˑ xɛ̃⁵⁵ kuɛ⁴² yə²¹³₂₁₃ si⁵⁵
tʃuə²¹³kuã⁵⁵kɛ⁵⁵lɔ⁴²xuɛ⁵⁵kuaŋ⁴²ʃə⁵⁵tɕiaŋˑ xɛ²¹³kẽ⁵⁵kʻuɛ⁵⁵kuɛ⁴²yə²¹³tɕy⁴² siə²¹³tɕi⁵⁵
取 回， 皇 上 大 喜， 命
tsʻy⁵⁵ xuei⁴², xuaŋ₅₅⁴² ʃaŋˑ ta⁴² ɕi⁵⁵, miŋ⁴²
tsʻyə²¹³tɕy⁵⁵xuɛ⁵⁵kuei⁴², xuɛ⁵⁵kuaŋ⁴²ʃə⁵⁵tɕiaŋˑtɛ⁵⁵ka⁴²ɕiə²¹³tɕi⁵⁵, miə⁵⁵tɕiŋ⁴²
人 赏 黄 金 二 百 两。
iẽ⁴² ʃaŋ⁵⁵ xuaŋ⁴² tɕiẽ²¹³ ər⁴² pei₄₂⁵⁵ liaŋ⁵⁵.
iə⁵⁵tɕiẽ⁴²ʃə²¹³tɕiaŋ⁵⁵ xuɛ⁵⁵kaŋ⁴²tɕiə⁵⁵liẽ²¹³ɛ⁵⁵kər⁴²pɛ⁵⁵kei⁴² liə²¹³tɕiaŋ⁵⁵.
此 事 被 娘 娘 知 道，
tθʻŋ⁵⁵ ʂʅ⁴² pei⁴² niaŋ₅₅⁴² niaŋˑ tʃʅ²¹³ tɔ⁴²,
tθʻə²¹³tɕi⁵⁵ʂə⁵⁵tɕi⁴² ɛ⁵⁵kei⁴²niə²¹³tɕiaŋ⁵⁵niə²¹³tɕiaŋˑtʃə⁵⁵tɕi²¹³tɛ⁵⁵kɔ⁴²,
娘 娘 不 信， 想 验 证
niaŋ₅₅⁴² niaŋˑ pu⁵⁵ siẽ²¹³, siaŋ⁵⁵ iã²¹³ tʃəŋ⁴²
niə²¹³tɕiaŋ⁵⁵niə²¹³tɕiaŋˑpɛ²¹³ku⁵⁵siə⁵⁵tɕiẽ²¹³, siə²¹³tɕiaŋ⁵⁵iə⁵⁵tɕiã²¹³tʃə⁵⁵tɕiŋ⁴²
一 下， 命 人 把 一 只 瞎
i⁵⁵ ɕia⁴², miŋ⁴² iẽ⁴² pa⁵⁵ i⁵⁵ tʃʅ²¹³ ɕia²¹³
iə²¹³tɕi⁵⁵ɕiə⁵⁵tɕia⁴², miə⁵⁵tɕiŋ⁴²iə⁵⁵tɕiẽ⁴²pɛ²¹³ka⁵⁵ iə²¹³tɕi⁵⁵tʃə⁵⁵tɕi²¹³ ɕiə⁵⁵tɕia²¹³
猫 放 在 箱 子 里， 让 他
mɔ²¹³ faŋ⁴² tθɛ⁴² siaŋ²¹³ tθʅˑ liˑ iaŋ⁴² tʻa²¹³
mɛ⁵⁵kɔ²¹³fɛ⁵⁵kaŋ⁴²tθɛ⁵⁵kɛ⁴²siə⁵⁵tɕiaŋ²¹³tθə⁵⁵tɕiˑliə⁵⁵tɕiˑ, iə⁵⁵tɕiaŋ⁴²tʻɛ⁵⁵ka²¹³
梦 一 下， 看 是 否 准 确。
məŋ⁴² i⁵⁵ ɕia⁴², kʻã²¹³ ʂʅ⁴² fou⁵⁵ tʃuẽ⁵⁵ tɕʻyə⁴².
mɛ⁵⁵kəŋ⁴²iə²¹³tɕi⁵⁵ ɕiə⁵⁵tɕia⁴², kʻɛ⁵⁵lã²¹³ ʂə⁵⁵tɕi⁴² fɛ²¹³kou⁵⁵ tʃuə²¹³kuẽ⁵⁵ tɕʻyə⁵⁵lyə⁴².
就 命 人 把 梦 先 生 叫
tsiou⁴² miŋ⁴² iẽ⁴² pa⁵⁵ məŋ⁴² siã²¹³ ʂəŋˑ tɕiɔ⁴²
tsiə⁵⁵tɕiou⁴² miə⁵⁵tɕiŋ⁴² iə⁵⁵tɕiẽ⁴² pɛ²¹³ka⁵⁵ mɛ⁵⁵kəŋ⁴² siə⁵⁵tɕiã²¹³ ʂɛ⁵⁵kəŋˑtɕiə⁵⁵lio⁴²
来， 让 他 梦 一 梦 箱 子 里
lɛˑ iaŋ⁴² tʻa²¹³ məŋ⁴² i⁵⁵ məŋ⁴² siaŋ²¹³ tθʅˑ liˑ
lɛ⁵⁵kɛˑ iə⁵⁵tɕiaŋ⁴²tʻɛ⁵⁵ka²¹³mɛ⁵⁵kəŋ⁴²iə²¹³tɕi⁵⁵mɛ⁵⁵kəŋ⁴²siə⁵⁵tɕiaŋ²¹³tθə⁵⁵tɕiˑliə⁵⁵tɕi

装   的   什   么。 这   又   把   梦
tʂuaŋ²¹³ tï   ʃẽ⁴² mə˙ tʃə²¹³ iou⁴² pa⁵⁵ məŋ⁴²
tʂuɛ⁵⁵kuaŋ²¹³ tiə⁵⁵tɕï ʃə⁵⁵tɕiẽ⁴² mɛ⁵⁵kə˙ tʃə⁵⁵tɕiə²¹³ iə⁵⁵tɕiou⁴² pɛ²¹³ka⁵⁵ mɛ⁵⁵kəŋ⁴²

先   生   愁   坏   了。 心   想：   "这
siã²¹³ ʂəŋ   tʂ'ou⁴² xuɛ⁴² lə˙ siẽ²¹³ siaŋ⁵⁵： "tʃə⁴²
siə⁵⁵tɕiã²¹³ ʂɛ⁵⁵kəŋ tʂ'ɛ⁵⁵kou⁴² xuɛ⁵⁵kuɛ⁴²lə˙ siə⁵⁵tɕiẽ²¹³siə²¹³tɕiaŋ⁵⁵："tʃə⁵⁵tɕiə⁴²

下   可   完   了。" 忙   跪   倒   在
ɕia⁴² k'uə⁵⁵ uã lio˙" maŋ⁴² kuei⁴² tɔ⁵⁵₄₂ tθɛ⁵⁵
ɕiə⁵⁵tɕia⁴² k'uɛ²¹³luə⁵⁵uɛ⁵⁵kuã⁴²liə²¹³tɕio˙" mɛ⁵⁵kaŋ⁴² kuɛ⁵⁵luei⁴²tɛ²¹³kɔ⁵⁵tθɛ⁵⁵kɛ⁴²

地，   哆   哆   嗦   嗦   地   说：   "娘
ti⁴², tuə²¹³ tuə˙ θuə²¹³ θuə˙ tï ʃuə²¹³： "niaŋ⁴²₅₅
tiə⁵⁵tɕi⁴², tuɛ⁵⁵kuə²¹³ tuɛ⁵⁵kuə˙ θuə⁵⁵tɕyə²¹³θuə⁵⁵tɕyə˙tï ʃuə⁵⁵tɕyə²¹³："niə²¹³tɕiaŋ⁵⁵

娘，   那   是   瞎   猫 （吓   得   把
niaŋ˙, na⁴² ʂɿ⁴² ɕia²¹³ mɔ²¹³ （ɕia⁴² tï   pa⁵⁵
niə²¹³tɕiaŋ˙, nɛ⁵⁵ka⁴²ʂə⁵⁵tɕi⁴²ɕiə⁵⁵tɕia²¹³ mɛ⁵⁵kɔ²¹³ （ɕiə⁵⁵tɕia⁴²tiə⁵⁵tɕïpɛ²¹³ka⁵⁵

梦   念   成   猫）。" 让   人   打   开
məŋ⁴² niã̃²¹³₄₂ tʃ'əŋ⁴² mɔ²¹³）." iaŋ⁴² iẽ⁴² ta⁵⁵ k'ɛ²¹³
mɛ⁵⁵kəŋ⁴² niə⁵⁵tɕiã⁴² tʃ'ə⁵⁵tɕiŋ⁴² mɛ⁵⁵kɔ²¹³)."iə⁵⁵tɕiaŋ⁴² iə⁵⁵tɕiẽ⁴² tɛ²¹³ka⁵⁵ k'ɛ⁵⁵lɛ²¹³

箱   子   一   看，   果   然   是   一   只
siaŋ²¹³ tθɿ   i⁵⁵ k'ã²¹³, kuə⁵⁵ iã⁴² ʂɿ⁴² i⁵⁵ tʃɿ²¹³
siə⁵⁵tɕiaŋ²¹³tθə⁵⁵tɕïiə²¹³tɕi⁵⁵k'ɛ⁵⁵lã²¹³, kuɛ²¹³luə⁵⁵iə⁵⁵tɕiã⁵⁵tɕi⁴²iə²¹³tɕi⁵⁵tʃə⁵⁵tɕi²¹³

瞎   猫。   娘   娘   大   喜，   重   赏
ɕia²¹³ mɔ²¹³. niaŋ⁴²₅₅ niaŋ˙ ta⁴² ɕi⁵⁵, tʂuŋ⁴² ʃaŋ⁵⁵
ɕiə⁵⁵tɕia²¹³mɛ⁵⁵kɔ²¹³. niə²¹³tɕiaŋ⁵⁵niə²¹³tɕiaŋ˙tɛ⁵⁵ka⁴²ɕiə²¹³tɕi⁵⁵, tʂuɛ⁵⁵kuŋ⁴²ʃə²¹³tɕiaŋ⁵⁵

梦   先   生。
məŋ⁴² siã²¹³ ʂəŋ˙
mɛ⁵⁵kəŋ⁴² siə⁵⁵tɕiã²¹³ ʂɛ⁵⁵kəŋ˙

（二） 钱氏父子

ts'iã$^{42}_{21}$ ʂʅ^{42} fu^{42} tθʅ^{55}

ts'iə^{55}tɕiã^{42} ʂə^{55}tɕi^{42} fɛ^{55}kuə^{42} tθə^{213}tɕi^{55}

从 前 有 一 位 姓 钱

tθ'uŋ$^{42}_{213}$ ts'iã^{42} iou^{55} i^{55} uei^{213} siŋ^{213} ts'iã^{42}

tθ'uɛ^{55}kuŋ^{213}ts'iə^{55}tɕiã^{42} iə^{213}tɕiou^{55}iə^{213}tɕi^{55} uɛ^{55}kuei^{213}siə^{55}tɕiŋ^{213}ts'iə^{55}tɕiã^{42}

的 老 头儿, 名 叫 钱 贵儿, 他

ti$^{\cdot}$ lɔ^{55} t'our^{42}, miŋ^{42} tɕiɔ^{213} ts'iã$^{42}_{213}$ kueir^{42}, t'a^{213}

tiə^{55}tɕi'lɛ^{213}kɔ^{55}t'ɛ^{55}kour^{42}, miə^{55}tɕiŋ^{42} tɕiə^{55}liɔ^{213} ts'iə^{55}tɕiã^{42}kuɛ^{55}lueir^{42}, t'ɛ^{55}ka^{213}

一 生 中 把 钱 看 得 比

i^{55} ʂuŋ^{213} tʂuŋ^{213} pa^{55} ts'iã^{42} k'ã^{42} tə$^{\cdot}$ pi^{55}

iə^{213}tɕi^{55}ʂuɛ^{55}kuŋ^{213} tʂuɛ^{55}kuŋ^{213} pɛ^{213}ka^{55}ts'iə^{55}tɕiã^{42}k'ɛ^{55}lã^{42}tɛ^{55}kə^{42}piə^{213}tɕi^{55}

什 么 都 贵 重。 虽 说

ʃẽ^{42} mə$^{\cdot}$ tou^{213} kuei$^{42}_{21}$ tʂuŋ^{42}。 θei$^{213}_{55}$ ʃuə^{213}

ʃə^{55}tɕiẽ^{42}mə^{55}kə'tɛ^{55}kou^{213}kuɛ^{55}lei^{42}tʂuɛ^{55}kuŋ^{42}。θɛ^{55}kei^{213}ʃuə^{55}tɕyə^{213}

日 子 过 得 比 较 富 裕, 但

i^{42} tθʅ$^{\cdot}$ kuə^{42} tə$^{\cdot}$ pi^{55} tɕiɔ^{42} fu^{42} y^{42}, tã^{213}

iə^{55}tɕi^{42}tθə^{55}tɕi'kuɛ^{55}luə^{42}tɛ^{55}kə'piə^{213}tɕi^{55}tɕiə^{55}liə^{42}fɛ^{55}ku^{42}yə^{55}tɕy^{42}, tɛ^{55}kã^{213}

在 日 常 生 活 中 非 常

tθɛ^{42} i^{42} tʃ'aŋ^{42} ʂuŋ^{213} xuə^{42} tʂuŋ^{213} fei^{213} tʃ'aŋ^{42}

tθɛ^{55}kɛ^{42} iə^{55}tɕi^{42}tʃ'ə^{55}tɕiaŋ^{42}ʂɛ^{55}kuŋ^{213}xuɛ^{55}kuə^{42}tʂɛ^{55}kuŋ^{213} fɛ^{55}kei^{213} tʃ'ə^{55}tɕiaŋ^{42}

俭 朴, 不 管 干 什 么 事儿 都

tɕiã^{55} p'u^{213}, pu$^{55}_{42}$ kuã^{55} kã^{42} ʃẽ^{42} mə$^{\cdot}$ ʂer^{42} tou^{213}

tɕiə^{213}liã^{55}p'ɛ^{55}ku^{213}, pɛ^{213}ku^{55}kuɛ^{213}luã^{55} kɛ^{55}lã^{42}ʃə^{55}tɕiẽ^{42}mə$^{\cdot}$ ʂɛ^{55}ker^{42} tɛ^{55}kou^{213}

舍 不 得 多 花 一 分 钱。

ʃə$^{55}_{42}$ pu^{55} tə$^{\cdot}$ tuə^{213} xuə^{213} i^{55} fẽ^{213} ts'iã^{42}.

ʃə^{213}tɕiə^{55}pɛ^{213}ku^{55}tɛ^{213}kə'tuɛ^{55}kuə^{213}xuɛ^{55}kuə^{213}iə^{213}tɕi^{55}fɛ^{55}kẽ^{213}ts'iə^{55}tɕiã^{42}.

他 有 两 个 儿 子, 长 子

t'a^{213} iou^{55} liaŋ^{55} kə$^{\cdot}$ ər^{42} tθʅ$^{\cdot}$, tʃaŋ^{213} tθʅ^{55}

t'ɛ^{55}ka^{213}iə^{213}tɕiou^{55}liə^{213}tɕiaŋ^{55} kə'ɛ^{55}kər^{42}tθə^{55}tɕi$^{\cdot}$, tʃə^{213}tɕiaŋ^{55}tθə^{55}tɕi^{42}

钱　　　眼儿，　二　子　　钱　　紧。　　就　　连
tsʻiã⁴² iãr⁵⁵, ər⁴² tθɿ⁵⁵ tsʻiã⁴² tɕiẽ⁵⁵. tsiou⁴² liã⁴²
tsʻiə⁵⁵tɕiã⁴²iə²¹³kuãr⁵⁵, ɛ⁵⁵kər⁴²tθə⁵⁵tɕi⁴²tsʻiə⁵⁵tɕiã⁴²tɕiə²¹³liẽ⁵⁵.tsiə⁵⁵tɕiou⁴² liə⁵⁵tɕiã⁴²
儿　子　娶　媳　妇　都　舍　不　得　花
ər⁴² tθɿ tsy⁵⁵ si⁵⁵ fu˙ tou²¹³ ʃ⁵⁵ pu⁴² tə˙ xua²¹³
ɛ⁵⁵kər⁴²tθə⁵⁵tɕi⁴²tsyə²¹³tɕy⁵⁵siə²¹³tɕi⁵⁵fɛ⁵⁵kuˑtɛ⁵⁵kou²¹³ʃə⁵⁵tɕiə⁵⁵pɛ⁵⁵ku⁴²təˑxuɛ⁵⁵kua²¹³
钱，　　至　今　两　个　儿　子　还
tsʻiã⁴², tʃɿ⁴² tɕiẽ²¹³ liaŋ⁵⁵ kuəˑ ər⁴² tθɿ xɛ⁴²
tsʻiə⁵⁵tɕiã⁴², tʃə⁵⁵tɕi⁴² tɕiə⁵⁵liẽ²¹³ liə²¹³tɕiaŋ⁵⁵ kuɛ⁵⁵luə²¹³ ɛ⁵⁵kər⁴² tθə⁵⁵tɕïxɛ⁵⁵kɛ⁴²
没　　成　　家。　有　一　　天，　大
mei⁴² tʃʻəŋ⁴² tɕia²¹³。iou⁵⁵₄₂ i⁵⁵ tʻiã²¹³, ta⁴²
mɛ⁵⁵kei⁴² tʃʻə⁵⁵tɕiŋ⁴² tɕiə⁵⁵liɑ²¹³.iə²¹³tɕiou⁵⁵ iə²¹³tɕi⁵⁵tʻiə⁵⁵tɕiã²¹³, tɛ⁵⁵kɑ⁴²
儿　子　去　赶　集，　回　家　的　路
ər⁴² tθɿ tɕʻy⁴² kã⁵⁵ tsi⁴², xuei⁴² tɕia²¹³ tï˙ lu⁴²₅₅
ɛ⁵⁵kər⁴² tθə⁵⁵tɕïtɕʻyə⁵⁵ly⁴²kɛ²¹³lã⁵⁵tsiə⁵⁵tɕi⁴², xuɛ⁵⁵luei⁴²tɕiə⁵⁵liɑ²¹³tïˑluɛ⁵⁵ku⁴²
上　　拾　了　一　　条　　咸　　鱼。　一　到
ʃaŋˑ ʃɿ⁴² lə˙ i⁵⁵ tʻiɔ⁴² ɕiã̰⁴²₂₁₃ y⁴². i⁵⁵ tɔ⁴²
ʃə⁵⁵tɕiaŋ⁴²ʃə⁵⁵tɕi⁴²lə˙iə²¹³tɕi⁵⁵ tʻiə⁵⁵tɕiɔ⁵⁵ɕiə⁵⁵tɕiã⁴² yə⁵⁵tɕy⁴².iə²¹³tɕi⁵⁵tɛ⁵⁵kɔ⁴²
家　被　钱　贵儿　看　　见了，　　钱
tɕia²¹³ pei⁴² tsʻiã⁴²₂₁₃ kueir⁴² kʻã⁴² tɕiã⁴²lə˙ tsʻiã⁴²₂₁₃
tɕiə⁵⁵liɑ²¹³pɛ⁵⁵kei⁴²tsʻiə⁵⁵tɕiã⁴²₂₁₃kuɛ⁵⁵lueir⁴²kʻɛ⁵⁵lã⁴² tɕiə⁵⁵liã⁴²lə˙,　tsʻiə⁵⁵tɕiã⁴²₂₁₃
贵儿　很　　生　　气　地　说：　"谁　　叫
kueir⁴² xẽ⁵⁵ ʂəŋ²¹³ tɕʻi⁴² tï˙ ʃuə⁵⁵: "ʂuei⁵⁵ tɕiɔ⁴²
kuɛ⁵⁵lueir⁴²xɛ²¹³kẽ⁵⁵sɛ⁵⁵tɕiŋ²¹³ tɕʻiə⁵⁵li⁴²tïʃuə⁵⁵tɕyə²¹³: "ʂuɛ⁵⁵kuei⁴² tɕiə⁵⁵liɔ⁴²
你　买　鱼　来？　花　了　多　少　钱？"
ni⁵⁵ mɛ⁵⁵ y⁴² lɛ? xua²¹³ lə˙ tuə²¹³ ʃ⁵⁵ tsʻiã⁴²?"
niə²¹³tɕi⁵⁵mɛ²¹³kɛ⁵⁵ yə⁵⁵tɕy⁴²lɛ? xuɛ⁵⁵kuɑ²¹³ lə˙tuɛ⁵⁵kuɑ²¹³ ʃə²¹³tɕiə⁵⁵ tsʻiə⁵⁵tɕiã⁴²?"
儿　子　说：　"不　是　买　的，是　拾
ər⁴² tθɿ ʃuə²¹³: "pu⁵⁵ ʂɿ⁴² mɛ⁵⁵ ti˙, ʂɿ⁴² ʃɿ⁴²₅₅
ɛ⁵⁵kər⁴² tθə⁵⁵tɕïʃuə⁵⁵tɕyə²¹³: "pɛ²¹³ku⁵⁵ʂə⁵⁵tɕi⁴² mɛ²¹³kɛ⁵⁵tiə⁵⁵tɕï, ʂə⁵⁵tɕi ʃə⁵⁵tɕi⁴²

的。"钱　　贵儿　　大　声　　问　道：　"是
tï." ts'iã⁴²₂₁₃ kueir⁴² ta⁴² ʂəŋ²¹³ uẽ⁴² tɔ⁴²: "ʂʅ⁴²
tiə⁵⁵tɕï." ts'iə⁵⁵tɕiã⁴²kue⁵⁵lueir⁴²tɛ⁵⁵ka⁴²ʂɛ⁵⁵tɕiŋ²¹³ ue⁵⁵kuẽ⁴² tɛ⁵⁵kɔ⁴²: "ʂə⁵⁵tɕi⁴²
真　的　吗？"　儿　子　说：　"是　真　的。"
tʂẽ²¹³ tï ma? " ər⁴² tθɿ ʃuə²¹³: "ʂʅ⁴² tʂẽ²¹³ tï."
tʂə⁵⁵tɕiẽ²¹³tiə⁵⁵tɕïmɛ⁵⁵ka? "ɛ⁵⁵kər⁴²tθə⁵⁵tɕïʃuə²¹³tɕyə²¹³: "ʂə⁵⁵tɕi⁴²tʂə⁵⁵tɕiẽ²¹³tiə²¹³tɕï."
钱　　贵儿　听　　罢　　眯　　眯　　着　　小
ts'iã⁴²₂₁₃ kueir⁴² t'iŋ²¹³ pa⁴² miə⁵⁵₂₁₃ mi⁵⁵ tʂʅ˙ siɔ⁵⁵₄₂
ts'iə⁵⁵tɕiã⁴²kue⁵⁵lueir⁴²t'iə⁵⁵tɕiŋ²¹³ pe⁵⁵ka⁴² miə²¹³tɕi⁵⁵miə²¹³tɕi⁵⁵tʂə⁵⁵tɕi siə²¹³tɕiə⁵⁵
眼儿，一　笑　　说：　"那　好，　就
iãr⁵⁵, i⁵⁵ siɔ⁴² ʃuə²¹³: "nɛ⁴² xɔ⁵⁵, tsiou⁴²
iə²¹³tɕiãr⁵⁵, iə²¹³tɕi⁵⁵siə⁵⁵tɕiə⁴² ʃuə⁵⁵tɕyə²¹³: "nɛ⁵⁵ka⁴²x²¹³kɔ⁵⁵, tsiə⁵⁵tɕiou⁴²
做　　做　吃　了　吧。一　定　别　使
tθou⁴² tθou˙ tʂʅ²¹³ lə˙ pa˙. i⁵⁵ tiŋ⁴² pɛ⁴² ʂʅ⁵⁵
tθɛ⁵⁵kou⁴² tθɛ⁵⁵kou˙tʂə⁵⁵tɕi²¹³lɛ⁵⁵kə˙pe⁵⁵ka˙. iə²¹³tɕi⁵⁵tiə⁵⁵tɕiŋ⁴² pe⁵⁵kɛ⁴² ʂə²¹³tɕi⁵⁵
油，　把　　它　　煮　　熟　　就　　行　了。"
iou⁴², pa⁵⁵ t'a²¹³ tʂu⁵⁵ ʃu⁴² tsiou⁴²₂₁₃ ɕiŋ⁴² lə˙."
iə⁵⁵tɕiou⁴², pe²¹³ka⁵⁵ t'ɛ⁵⁵ka²¹³ tʂuə²¹³tɕy⁵⁵ʃuə⁵⁵tɕy⁴²tsiə⁵⁵tɕiou⁴²ɕiə⁵⁵liŋ⁴² lə˙.
把　鱼　煮　熟　了，爷　三　个　就　着
pa⁵⁵ y⁴² tʂu⁵⁵ ʃu⁴² lə˙, iə⁴² θã²¹³ kə˙ tsiou⁴² tʂʅ˙
pe²¹³ka⁵⁵ yə⁵⁵tɕy⁴²tʂuə²¹³tɕy⁵⁵ʃuə⁵⁵tɕy⁴²lə˙, iə⁵⁵tɕiə⁴²θe⁵⁵kã²¹³kə˙tsiə⁵⁵tɕiou⁴² tʂə⁵⁵tɕi
鱼，每　人　吃　了　两　个　大
y⁴², mei⁵⁵ iẽ⁴² tʂʅ⁵⁵ lə˙ liaŋ⁵⁵ kuə˙ ta²¹³
yə⁵⁵tɕy⁴², mɛ²¹³kei⁵⁵iə⁵⁵tɕiẽ⁴²tʂə⁵⁵tɕi⁵⁵lɛ⁵⁵kə˙liə²¹³tɕiaŋ⁵⁵ kuə⁵⁵luə˙tɛ⁵⁵ka²¹³
饼　子。这　可　把　钱　贵儿
piŋ⁵⁵ tθɿ˙. tʂə²¹³ k'uə⁵⁵ pa⁵⁵ ts'iã⁴²₂₁₃ kueir⁴²
piə²¹³tɕiŋ⁵⁵tθə⁵⁵tɕï. tʂə⁵⁵tɕiə²¹³k'uə²¹³luə⁵⁵pe²¹³ka⁵⁵ts'iə⁵⁵tɕiã⁴²kue⁵⁵lueir⁴²
疼　坏　了，说　道：　"不　吃　鱼　的
t'əŋ⁴²₂₁₃ xue⁴² lə˙, ʃuə²¹³ tɔ⁴²: "pu⁵⁵ tʂʅ⁵⁵ y⁴² tï
t'ɛ⁵⁵kəŋ⁴²xue⁵⁵kue⁴²lə˙, ʃuə⁵⁵tɕyə²¹³tɛ⁵⁵kɔ⁴²: "pe²¹³ku⁵⁵tʂə⁵⁵tɕi⁵⁵yə⁵⁵tɕy⁴² tiə²¹³tɕi

时 候儿， 我 们 一 个 人 一 个 饼
ʂʅ⁵⁵ xouɹ˙, uə⁵⁵ mẽ i⁵⁵ kəˑ iẽ⁴ i⁵⁵ kəˑ piŋ⁵⁵
ʂə²¹³tɕi⁵⁵xɛ⁵⁵kouɹ, uɛ²¹³kuə⁵⁵mẽ⁵⁵kẽiə²¹³tɕi⁵⁵kəˑiə²¹³tɕiẽ⁴²iə²¹³tɕi⁵⁵kəˑpiə²¹³tɕiŋ⁵⁵
子 就 够 了， 今 天 每 人
tθʅ tsiou⁴² kou⁴² ləˑ, tɕiẽ²¹³₅₅ t'iã²¹³ mei⁵⁵ iẽ⁴²
tθ⁵⁵tɕitsiə⁵⁵tɕiou⁴² kɛ⁵⁵lou⁴² ləˑ, tɕiə²¹³liẽ⁵⁵t'i⁵⁵tɕiã²¹³mɛ²¹³kei⁵⁵iə⁵⁵tɕiẽ⁴²
吃 了 两 个， 不 上 算。 以 后
tʃ'ʅ⁵⁵ ləˑ liaŋ⁵⁵ kuəˑ, pu⁵⁵ ʃaŋ⁴² θã²¹³. i⁵⁵ xou⁴²
tʃ'ə²¹³tɕi⁵⁵ləˑliə²¹³tɕiaŋ⁵⁵kuɛ⁵⁵luə²¹³, pɛ²¹³ku⁵⁵ʃə⁵⁵tɕiaŋ⁴²θɛ⁵⁵kã²¹³.iə²¹³tɕi⁵⁵xɛ⁵⁵kou⁴²
不 管 谁 见 到 鱼 都 不
pu⁵⁵₄₂ kuã⁵⁵ ʂuei⁴² tɕiã⁴² toˑ y⁴² tou²¹³ pu⁵⁵
pɛ²¹³ku⁵⁵ kuə²¹³luã⁵⁵ʂuɛ⁵⁵kuei⁴²tɕiə⁵⁵liã⁴²tɛ⁵⁵kə⁴²yə⁵⁵tɕy⁴²tɛ⁵⁵kou²¹³ pɛ²¹³ku⁵⁵
要 说 给 我 拾！" 儿 子 点
iɔ⁴² ʃuə²¹³ kei⁵⁵ uə⁵⁵ ʃʅ⁴²！" ər⁴² tθʅ tiã⁵⁵
iə⁵⁵tɕi⁴²ʃuə⁵⁵tɕyə²¹³kɛ²¹³lei⁵⁵uɛ²¹³kuə⁵⁵ʃə⁵⁵tɕi⁴²！"ɛ⁵⁵kər⁴²tθə⁵⁵tɕi˙tiə²¹³tɕiã⁵⁵
点 头 说： "以 后 绝 不
tiã t'ou⁴² ʃuə²¹³： "i⁵⁵ xou⁴² tsyə⁴² pu⁵⁵
tiə²¹³tɕiã⁵⁵t'ɛ⁵⁵kou⁴²ʃuə⁵⁵tɕyə²¹³："iə²¹³tɕi⁵⁵xɛ⁵⁵kou⁴²tsyə⁵⁵lyə⁴² pɛ²¹³ku⁵⁵
拾 了。"
ʃʅ⁴²₅₅ ləˑ."
ʃə⁵⁵tɕi⁴² ləˑ."

随 着 年 纪 增 长， 钱
θei⁴²₅₅ tʂəˑ niã⁴² tɕi⁴² tθəŋ²¹³ tʃaŋ⁵⁵， ts'iã⁴²₂₁₃
θɛ⁵⁵kei⁴² tʂə⁵⁵kəˑniə⁵⁵tɕiã⁴² tɕiə⁵⁵li⁴²tθɛ⁵⁵kəŋ²¹³tʃə²¹³tɕiaŋ⁵⁵"， ts'iə⁵⁵tɕiã⁴²
贵儿 得 了 一 场 重 病。 舍
kueir⁴² tə⁴²₅₅ ləˑ i⁵⁵₄₂ tʃ'aŋ⁵⁵ tʂuŋ⁴²₂₁₃ piŋ⁴². ʃə⁵⁵
kuɛ⁵⁵lueir⁴²tɛ²¹³kə⁵⁵ ləˑiə²¹³tɕi⁵⁵tʃ'ə²¹³tɕiaŋ⁵⁵tʂuɛ⁵⁵kuŋ⁴²piə⁵⁵tɕiŋ⁴². ʃə²¹³tɕiə⁵⁵
不 得 花 钱 请 大 夫，
puˑ tə⁵⁵ xuɑ²¹³ ts'iã⁴² ts'iŋ⁵⁵ tɛ²¹³ fuˑ,
pɛ²¹³ku⁵⁵tɛ²¹³kə⁵⁵xuɛ⁵⁵kuɑ²¹³ts'iə⁵⁵tɕiã⁴²ts'iə²¹³tɕiŋ⁵⁵tɛ⁵⁵kɛ²¹³fɛ⁵⁵kuˑ,

抓　　药，　　就　　连　　儿　子　　做
tʂua²¹³　　yə²¹³,　　tsiou⁴²　liã⁴²　ər⁴²　tθʅ　　tθuə⁴²
tʂuɛ⁵⁵kua²¹³yə⁵⁵tɕyə²¹³, tsiə⁵⁵tɕiou⁴²liə⁵⁵tɕiã⁴²ɛ⁵⁵kər⁴²tθə⁵⁵tɕi˙tθuɛ⁵⁵kuə⁴²
的　　好　　饭　　也　　舍　　不　　得　　吃。
tï　　xɔ⁵⁵　　fã⁴²　iə⁵⁵　ʃə⁵⁵　puˑ　tə⁵⁵　tʃʅ⁵⁵.
tiə²¹³tɕi˙xɛ²¹³kɔ⁵⁵fɛ⁵⁵kã⁴²iə²¹³tɕiə⁵⁵ʃə²¹³tɕiə⁵⁵pɛ²¹³ku⁵⁵tɛ²¹³kə⁵⁵tʃʻə²¹³tɕi⁵⁵.
一　　天　　天　　下　　去，身　子　　撑
i⁵⁵　t'iã²¹³　t'iã　ɕia⁴²₅₅　tɕ'y˙　ʃẽ²¹³　tθʅ　tʃ'əŋ²¹³
iə²¹³tɕi⁵⁵ t'iə⁵⁵tɕiã²¹³ t'iə⁵⁵tɕiã²¹³ɕiə⁵⁵tɕia⁴²tɕ'yə⁵⁵ly˙, ʃə⁵⁵kẽ²¹³tθə⁵⁵tɕitʃ'ɛ⁵⁵kəŋ²¹³
不　　住　　了。两　个　　儿　子　　日　夜
pu⁵⁵　tʃu⁴²　lə˙. liaŋ⁵⁵　kuə　ər⁴²　tθʅ　i⁴²₂₁₃　iə⁴²
pɛ²¹³ku⁵⁵tʃuə⁵⁵tɕy⁴² lə˙.liə²¹³tɕiaŋ⁵⁵kuɛ⁵⁵luəˑɛ⁵⁵kər⁴²tθə⁵⁵tɕi˙iə⁵⁵tɕi⁴²iə⁵⁵tɕiə⁴²
守　　候　　在　　身　　旁。有　　一　　天
ʃou⁵⁵　xou⁴²　tθɛ⁴²　ʃẽ²¹³　p'aŋ⁴². iou⁵⁵₄₂　i⁵⁵　t'iã²¹³
ʃɛ²¹³kou⁵⁵xɛ⁵⁵kou⁴ tθɛ⁵⁵kɛ⁴²ʃə⁵⁵kẽ²¹³p'ɛ⁵⁵kaŋ⁴². iə²¹³tɕiou⁵⁵ iə²¹³tɕi⁵⁵t'iə⁵⁵tɕiã²¹³
晚　　上，他　瞪　眼　看　那　盏
uã⁵⁵　ʃaŋˑ,　t'a²¹³　təŋ⁴²　iã⁵⁵　k'ã²¹³　na⁴²　tʃã⁵⁵
uɛ²¹³kuã⁵⁵ʃə⁵⁵tɕiaŋˑ, t'ɛ⁵⁵ka²¹³tɛ⁵⁵kəŋ⁴²iə²¹³tɕiã⁵⁵k'ɛ⁵⁵lã²¹³ nɛ⁵⁵ka⁴² tʃə²¹³tɕiã⁵⁵
煤　　油　　灯，儿　子　　问　　他："你
mei⁴²₂₁　iou⁴²　təŋ²¹³,　ər⁴²　tθʅ　uẽ⁴²　t'a²¹³: "ni⁵⁵
mɛ⁵⁵keiiə⁵⁵tsiou⁴²tɛ⁵⁵kəŋ²¹³, ɛ⁵⁵kər⁴²tθə⁵⁵tɕi˙uɛ⁵⁵kuɛ⁴² t'ɛ⁵⁵ka²¹³: "niə²¹³tɕi⁵⁵
看　灯　干　什　么？" 他　上　气儿　不
k'ã⁴²　təŋ²¹³　kã⁴²　ʃẽ⁴²　mə?"　t'a²¹³　ʃaŋ⁴²　tɕ'ir⁴²　pu⁵⁵
k'ɛ⁵⁵lã²¹³tɛ⁵⁵kəŋ²¹³kɛ⁵⁵lã⁴²ʃə⁵⁵tɕiẽ⁴²mə?" t'ɛ⁵⁵ka²¹³ʃə⁵⁵tɕiaŋ⁴²tɕ'iə⁵⁵li⁴²pɛ²¹³ku⁵⁵
接　下　气儿　说："灯　芯儿　太　大　了，
tsiə²¹³　ɕia⁴²　tɕ'ir⁴²　ʃuə²¹³: "təŋ²¹³₅₅ siẽr²¹³ t'ɛ²¹³ ta⁴² lə˙,
tsiə⁵⁵tɕiə²¹³ ɕiə⁵⁵liə⁴²tɕ'iə⁵⁵li⁴² ʃuə⁵⁵tɕyə²¹³: "tɛ⁵⁵kəŋ²¹³siə⁵⁵tɕiər²¹³ t'ɛ²¹³kɛ²¹³ tɛ⁵⁵ka⁴² lə˙,
太　费　油。不　过　日　子　的　东　西儿，
t'ɛ²¹³ fei⁴²₂₁₃ iou⁴². pu⁵⁵ kuə⁴² i⁴² tθʅ tə˙ tuŋ²¹³ sir⁴²,
t'ɛ⁵⁵kɛ²¹³fɛ⁵⁵kei⁴²iə⁵⁵tɕiou⁴². pɛ²¹³ku⁵⁵kuɛ⁵⁵luə⁴²iə⁵⁵tɕi⁴²tθə⁵⁵tɕi˙tə⁵⁵kuŋ²¹³siə⁵⁵tɕi⁴²,

快 把 灯 给 我 吹 了！" 儿
kʻuɛ⁴² pa⁵⁵ təŋ²¹³ kei⁵⁵ uə⁵⁵ tʂʻuei²¹³ lə˙！" ər⁴²
kʻuɛ⁵⁵kuɛ⁴²pɛ²¹³ka⁵⁵tɛ⁵⁵kəŋ²¹³kɛ²¹³lei⁵⁵uɛ²¹³kuə⁵⁵tʂʻuɛ⁵⁵luei²¹³ lə˙！" ɛ⁵⁵kər⁴²
子 把 灯 熄 了, 问: "还 有
tθɿ pa⁵⁵ təŋ²¹³ si²¹³ lə˙, uẽ⁴²: "xuã⁴² iou⁵⁵
tθə⁵⁵tɕiˑpɛ²¹³ka⁵⁵tɛ⁵⁵kəŋ²¹³siə⁵⁵tɕi²¹³lə˙, uɛ⁵⁵kuẽ⁴²: "xuɛ⁵⁵kuã⁴² iə²¹³tɕiou⁵⁵
什 么 话 要 说？" 钱 贵儿 问
ʃẽ⁴² mə˙ xua⁴² iɔ⁴² ʃuə²¹³？" tsʻiã⁴²₂₁₃ kueir⁴² uẽ⁴²
ʃə⁵⁵tɕiɛ⁴²mə˙xuɛ⁵⁵kua⁴²iɔ⁵⁵tɕi⁴² ʃuə⁵⁵tɕyɔ²¹³？" tsʻiə⁵⁵tɕiã⁴²kuɛ⁵⁵lueir⁴² uɛ⁵⁵kuẽ⁴²:
大 儿 子 说: "等 我 死 了, 恁
ta⁴² ər⁴² tθɿ ʃuə²¹³: "təŋ⁵⁵ uə⁵⁵ θɿ⁵⁵ lə˙, nẽ⁵⁵
tɛ⁵⁵ka⁴²ɛ⁵⁵kər⁴² tθə⁵⁵tɕiˑʃuə⁵⁵tɕyɔ²¹³: "tɛ²¹³kəŋ⁵⁵uɛ⁵⁵kuə⁵⁵θə²¹³tɕi⁵⁵ lə˙, nɛ²¹³kẽ⁵⁵
兄 弟 俩 准 备 怎 么 给
ɕyŋ²¹³ ti⁴² liaŋ⁵⁵ tʃuɛ⁵⁵ pei˙ tθẽ⁵⁵ mə˙ kei⁵⁵
ɕyə⁵⁵tɕyŋ²¹³tiə⁵⁵tɕi⁴²liə²¹³tɕiaŋ⁵⁵tʃuə²¹³tɕyẽ⁵⁵pɛ⁵⁵kei˙tθə²¹³kẽ⁵⁵mɛ⁵⁵kə˙kɛ²¹³lei⁵⁵
我 处 理 后 事 啊？" 大 儿 子
uə⁵⁵ tʃʻu⁵⁵ liˑ xou⁴² ʂɿ⁴² a˙？" ta⁴² ər⁴² tθɿ
uɛ²¹³kuə⁵⁵tʃʻuə²¹³tɕy⁵⁵liə⁵⁵tɕixɛ⁵⁵kou⁴²ʂə⁵⁵tɕi⁴² a˙？" tɛ⁵⁵ka⁴²ɛ⁵⁵kər⁴² tθə⁵⁵tɕi
说: "挖 个 窝儿 把 你 埋 了 算 了。"
ʃuə²¹³: "ua²¹³ kuə˙ uər²¹³ pa⁵⁵ ni⁵⁵ mɛ₅₅⁴² lə˙ θã⁴² lə˙。"
ʃuə⁵⁵tɕyɔ²¹³: "uɛ⁵⁵kua²¹³kuɛ⁵⁵luə˙uər²¹³pɛ⁵⁵ka⁵⁵niə²¹³tɕi⁵⁵mɛ⁵⁵kɛ⁴²lə˙θə⁵⁵kã⁴²lə˙。"
钱 贵儿 一 听 大 怒, 生 气 了:
tsʻiã⁴²₂₁₃ kueir⁴² i⁵⁵ tʻiŋ²¹³ ta²¹³ nu⁴², ʂəŋ²¹³ tɕʻi⁴² lə˙
tsʻiə⁵⁵tɕiã⁴²kuɛ⁵⁵lueir⁴²iə²¹³tɕi˙tʻiə²¹³tɕiŋ²¹³tɛ²¹³kaʻ²¹³nuɛ⁵⁵ku⁴², ʂɛ⁵⁵tɕiŋ²¹³tɕʻi⁵⁵li⁴²lə˙:
"你 这 个 败 家 子！ 你 就
"ni⁵⁵ tʃə⁴² kuə˙ pɛ⁴² tɕia²¹³ tθɿ⁵⁵！ ni⁵⁵ tsiou⁴²
"niə²¹³tɕi⁵⁵tʃə⁵⁵tɕiə⁴²kuɛ⁵⁵luə˙pɛ⁵⁵kɛ⁴²tɕiə⁵⁵liə²¹³tθə²¹³tɕi⁵⁵！ niə²¹³tɕi⁵⁵tsiə⁵⁵tɕiou⁴²
不 能 想 个 赚 钱 的 办
pu⁵⁵ nəŋ⁴² siaŋ⁵⁵ kuə˙ tʃuã⁴²₂₁₃ tsʻiã⁴² ti pã⁴²
pɛ²¹³ku⁵⁵nɛ⁵⁵kəŋ⁴²siə²¹³tɕiaŋ⁵⁵kuɛ⁵⁵luə˙tʃuə⁵⁵tɕyã⁴² tsʻiə⁵⁵tɕiã⁴²tiə⁵⁵tɕi pɛ⁵⁵kã⁴²

法？ 老 二， 我 听 听 你 怎 么
fa⁵⁵? lɔ⁵⁵ ər⁴² uə⁵⁵ t'iŋ²¹³ t'iŋ ni⁵⁵ tθẽ⁵⁵ mə˙
fɛka⁵⁵? lɛ²¹³kɔ⁵⁵ɛ⁵⁵kər⁴², uɛ²¹³kuə⁵⁵t'iə⁵⁵tɕiŋ²¹³t'iə⁵⁵tɕiŋ'niə²¹³tɕi⁵⁵tθɛ²¹³kẽ⁵⁵mɛ⁵⁵kə˙
打 算？ 怎 么 处 理？" 钱 紧
ta⁵⁵ θã⁴²? tθẽ⁵⁵ mə˙ tʃ'u⁴² li˙?" ts'iã⁴² tɕiê⁵⁵
tɛ²¹³kɑ⁵⁵θə⁵⁵kã⁴²? tθẽ²¹³kẽ⁵⁵mɛ⁵⁵kə˙tʃ'uə²¹³tɕy⁵⁵liə⁵⁵tɕi˙?"ts'iə⁵⁵tɕiã⁴²tɕiə²¹³liẽ⁵⁵
一 本 正 经 的 说： "那 我 就
i⁵⁵₄₂ pẽ⁵⁵ tʃəŋ⁴² tɕiŋ²¹³ ti ʃuə²¹³: "na⁴² uə⁵⁵ tsiou⁴²
iə²¹³tɕiə⁵⁵pɛ²¹³kẽ⁵⁵tʃə⁵⁵tɕiŋ⁴²tɕiə⁵⁵liŋ²¹³tiə⁵⁵li˙ʃuə⁵⁵tɕyə²¹³: "nɛ⁵⁵kɑ⁴²uɛ²¹³kuə⁵⁵tsiə⁵⁵tɕiou⁴²
拿 刀 把 你 劈 成 几 块，
na⁴² tɔ²¹³ pɑ⁵⁵ ni⁵⁵ p'i²¹³ tʃ'əŋ⁴² tɕi⁵⁵ k'uɛ⁴²,
nɛ⁵⁵kɑ⁴²tɛ⁵⁵kɔ²¹³pɛ²¹³kɑ⁵⁵niə²¹³tɕi⁵⁵p'iə⁵⁵tɕi²¹³tʃ'ə⁵⁵tɕiŋ⁴²tɕiə²¹³li⁵⁵k'uɛ⁵⁵kuɛ⁴²,
煮 熟 了， 拿 到 集 上 去， 当
tʃu⁵⁵ ʃu⁴² lə˙ na⁴²₂₁ tɔ⁴² tsi⁴² ʃaŋ tɕ'y˙ taŋ²¹³
tʃuə²¹³tɕy⁵⁵ʃuə⁵⁵tɕy⁴²lə˙, nɛ⁵⁵kɑ⁴²tɛ⁵⁵kɔ⁴²tsiə⁵⁵tɕi⁴²ʃə⁵⁵tɕiaŋ⁴²tɕ'yə⁵⁵tɕy˙, tɛ⁵⁵kaŋ²¹³
狗 肉 卖 了 算 了。" 钱 贵 儿 一 听，
kou⁵⁵ iou⁴² mɛ⁴² lə˙ θã⁴² lə˙." ts'iã⁴²₂₁ kueir⁴² i⁵⁵ t'iŋ²¹³,
kɛ²¹³lou⁵⁵iə⁵⁵tɕiou⁴²mɛ⁵⁵kɛ⁴²lə˙θə⁵⁵kã⁴²lə˙."ts'iə⁵⁵tɕiã⁴²kuɛ⁵⁵lueir⁴²iə²¹³tɕi⁵⁵t'iə⁵⁵tɕiŋ²¹³,
笑 笑 说： "还 是 老 二 会
siɔ⁴² siɔ˙ ʃuə²¹³: "xɛ⁴² ʂʅ⁴² lɔ⁵⁵ ər⁴² xuei⁴²
siə⁵⁵tɕiɔ⁴²siə⁵⁵tɕiɔ˙ʃuə⁵⁵tɕyə²¹³: "xuɛ⁵⁵kuã⁴²ʂə⁵⁵tɕi⁴²lɛ²¹³kɔ⁵⁵ɛ⁵⁵kər⁴²xuɛ⁵⁵kuei⁴²
过 日 子。 不 过 我 告 诉
kuə⁴² i⁴² tθʅ˙. pu⁵⁵ kuə⁴² uə⁵⁵ kɔ⁴² θu˙
kuɛ⁵⁵luə⁴²iə⁵⁵tɕi⁴²tθə⁵⁵tɕi˙.pɛ²¹³ku⁵⁵kuɛ⁵⁵luə⁴²uɛ²¹³kuə⁵⁵kɛ⁵⁵kɔ⁴²θuə⁵⁵tɕy
你， 赶 集 时 千 万 别 顺
ni⁵⁵, kã⁵⁵ tsi⁴² ʂʅ⁴² ts'iã²¹³ uã⁴² pɛ⁴² ʃuẽ⁴²
niə²¹³tɕi⁵⁵, kɛ²¹³lã⁵⁵tsiə⁵⁵tɕi⁴²ʂə⁵⁵tɕi⁴²ts'iə⁵⁵tɕiã²¹³uɛ⁵⁵kuã⁴²pɛ⁵⁵kɛ⁴²ʃuə⁵⁵tɕyẽ⁴²
怹 舅 儿 舅 儿 门 前 走， 怹 舅 儿
nẽ⁵⁵ tɕiour⁴² tɕiour⁴² mẽ⁴²₂₁ ts'iã⁴² tθou˙, nẽ⁵⁵ tɕiour⁴²
nɛ²¹³kẽ⁵⁵tɕiə⁵⁵liour⁴²tɕiə⁵⁵liour⁴²mɛ⁵⁵kẽ⁴²ts'iə⁵⁵tɕiã⁴²tθə²¹³kou⁵⁵, nɛ²¹³kẽ⁵⁵tɕiə⁵⁵liour⁴²

买 东 西 从 来 不 给 钱。"
mɛ⁵⁵ tuŋ²¹³ si⁴² tθ'uŋ⁴²₂₁₃ lɛ⁴² pu⁵⁵ kei⁵⁵ ts'iã⁴²。"
mɛ²¹³kɛ⁵⁵tuɛ⁵⁵kuŋ²¹³siə⁵⁵tɕi⁴²tθ'uɛ⁵⁵kuŋ⁴²lɛ⁵⁵kɛ⁴²pɛ²¹³ku⁵⁵kɛ²¹³lei⁵⁵ts'iə⁵⁵tɕiã⁴²

钱 紧 点 点 头 说： "好！"
ts'iã⁴² tɕiẽ⁵⁵ tiã⁵⁵ tiã t'ou⁴² ʃuə²¹³： "xɔ⁵⁵！"
ts'iə⁵⁵tɕiã⁴²tɕiə⁵⁵liẽ⁵⁵tiə²¹³tɕiã⁵⁵tiə²¹³tɕiãt'ɛ⁵⁵kou⁴²ʃuɑ⁵⁵tɕyə²¹³："xɛ²¹³kɔ⁵⁵！"

钱 贵 儿 见 钱 紧 答 应 了，
ts'iã⁴²₂₁₃ kueir⁴² tɕiã⁴² ts'iã⁴² tɕiẽ⁵⁵ ta⁵⁵ iŋ lə，
ts'iə⁵⁵tɕiã⁴²kuɛ⁵⁵lueir⁴²tɕiə⁵⁵liã⁴²ts'iə⁵⁵tɕiã⁴²tɕiə²¹³liẽ⁵⁵tɛ²¹³kɑ⁵⁵iə⁵⁵tɕiŋ˙lə，

就 把 眼 一 闭， 腿 一 蹬，
tsiou⁴² pa⁵⁵ iã⁵⁵ i⁵⁵ pi⁴², t'ei⁵⁵ i⁵⁵ təŋ²¹³,
tsiə⁵⁵tɕiou⁴²pɛ²¹³kɑ⁵⁵iə²¹³tɕiã⁵⁵iə²¹³tɕi⁵⁵piə⁵⁵tɕi⁴², t'ɛ²¹³kei⁵⁵iə²¹³tɕiã⁵⁵tɛ⁵⁵kən²¹³,

再 也 没 有 说 话， 就 这
tθɛ⁴² iɑ⁵⁵ mei⁴² iou⁵⁵ ʃuə²¹³ xuɑ⁴², tsiou⁴² tʃə⁴²₂₁
tθɛ⁵⁵kɛ⁴²iə²¹³tɕiə⁵⁵mɛ⁵⁵kei⁴²iə²¹³tɕiou⁵⁵ʃuə⁵⁵tɕyə²¹³xuɛ⁵⁵kuɑ⁴², tsiə⁵⁵tɕiou⁴²tʃə⁵⁵tɕiə⁴²

样 死 了。
iɑŋ⁴² θɿ⁵⁵ lə˙.
iə⁵⁵tɕiɑŋ⁴²θə²¹³tɕi⁵⁵lə˙.

参 考 文 献

[1] 安家驹. 盲人密语. 汉语学习, 1986（6）
[2] 陈克秀. 雁北鼓吹乐艺人的"黑话". 中国音乐学, 2007（4）
[3] 陈振寰. 中国语言学研究的四大阶段及其形成的原因和条件. 国际关系学院学报, 1983
[4] 陈振寰. 音韵学. 长沙：湖南人民出版社, 1986
[5] 程灿谟. 莱西方言与民俗. 青岛：中国海洋大学出版社, 2011
[6] 店埠乡志编纂领导小组.《店埠乡志》（内部资料）, 1986
[7] 丁声树、李荣. 汉语音韵学讲义. 上海：上海教育出版社, 1984
[8] 侯精一 温端政. 山西方言调查研究报告. 太原：陕西高校联合出版社, 1993
[9] 黄景湖. 汉语方言学. 厦门：厦门大学出版社, 1987
[10] 黄侃. 文字声韵训诂笔记. 上海：上海古籍出版社, 1983
[11] 姜元昊. 胶东 mɛ-ka 式反切语研究. 汉字文化, 2012, 2
[12] 李如龙. 汉语方言特征词研究. 厦门：厦门大学出版社, 2002
[13] 李行杰. 青岛市志·方言志. 北京：新华出版社, 1997
[14] 李行杰. 莱西店埠方音四题. 钱曾怡、李行杰主编. 首届官话方言国际学术讨论会论文集. 青岛：青岛出版社, 2000
[15] 梁玉璋. 语海拾贝. 福州：海峡文艺出版社, 2009
[16] 刘俐李等. 现代汉语方言核心词·特征词集. 南京：凤凰出版社, 2007
[17] 钱曾怡. 钱曾怡汉语方言研究文选. 济南：山东大学出版社, 2008
[18] 钱曾怡主编. 山东方言研究. 济南：齐鲁书社, 2001
[19] 王锳. 宋元明市语略论. 语言研究, 1995（1）
[20] 温端政. 汉语语汇学. 北京：商务印书馆, 2006
[21] 温端政. 新华语典. 北京：商务印书馆, 2014

[22] 武小军. 青川民间语言语汇研究. 成都：巴蜀书社，2007
[23] 殷焕先. 反切释要. 济南：山东人民出版社，1979
[24] 游汝杰. 汉语方言学导论. 上海：上海教育出版社，1992
[25] 于克仁. 平度方言志. 北京：语文出版社，1992
[26] 张成材. 西安方言的反语. 语言研究，1987（2）
[27] 张世禄. 中国音韵学史. 上海：上海书店，1984
[28] 张天堡. 切语初探. 淮北煤师院学报社科版，1986（3）
[29] 张天堡. 中国民间反切语简论. 淮北煤师院学报社科版，2001（1）
[30] 张天堡. 淮河流域民间反切语. 淮北煤师院学报社科版，1996（3）
[31] 赵日新、沈明、崔长举等. 即墨方言志. 北京：语文出版社，1991
[32] 赵元任. 赵元任语言学论文集. 北京：商务印书馆，2002
[33] 中国语言资源有声数据库建设领导小组办公室 中国语言资源有声数据库调查手册 汉语方言. 北京：商务印书馆，2015
[34] 周振鹤，游汝杰. 方言与中国文化. 上海：上海人民出版社，1986

后　记

　　田野调查，是方言研究的基础工作，从2012年冬季开始，在李行杰先生的带领下，我们先后进行了十四次现场调查，每次一到两天，现场记音，同步实时录音。调查工作，以邢军和朱葆华为主，每次调查的记音材料，由邢军对照录音进行整理。

　　书稿的撰写，四人各有侧重：刘中富，负责方言词汇和语汇部分；朱葆华，负责切语用字和方言语音部分；牛云龙，负责方言语法、切语的历时发展和空间分布部分；邢军，负责方言音系分析、方言语料及切语部分。全书通稿，由邢军完成。

　　钱曾怡教授是著名的语言学家，是方言学的权威。今年暑期，她冒着酷暑，审阅了全部书稿，对关键部分作了重要修改。钱先生这种提携后进的精神，令我们深深地感动，谨表示真诚的感谢。

　　王显坤同志、王恒义同志、王子信同志不辞辛劳，认真地为我们的调查发音，对于他们的辛勤付出，我们表示衷心的感谢。项目进行的后期，王恒义同志不幸因病逝世，在此表示深切的哀悼。

　　感谢北京大学出版社责任编辑唐娟华女士为本书的顺利出版付出的辛苦劳动。

编　者

2016年10月